普通高等教育应用技能型精品规划教材·会计系列

会计学

——理论·实务·案例·实训

李 贺 编著

上海财经大学出版社

图书在版编目(CIP)数据

会计学:理论·实务·案例·实训/李贺编著.—上海:上海财经大学出版社,2017.4

(普通高等教育应用技能型精品规划教材·会计系列)

ISBN 978-7-5642-2666-4/F·2666

Ⅰ.会… Ⅱ.①李… Ⅲ.①会计学-高等学校-教材 Ⅳ.①F230

中国版本图书馆 CIP 数据核字(2017)第 022839 号

□ 策划编辑 何苏湘
□ 责任编辑 何苏湘
□ 封面设计 张克瑶

KUAI JI XUE

会 计 学

——理论·实务·案例·实训

李 贺 编著

上海财经大学出版社出版发行
(上海市中山北一路 369 号 邮编 200083)
网 址:http://www.sufep.com
电子邮箱:webmaster @ sufep.com
全国新华书店经销
上海译文印刷厂印刷
上海淞杨装订厂装订
2017 年 4 月第 1 版 2017 年 4 月第 1 次印刷

787mm×1092mm 1/16 25.75 印张 659 千字
印数:0 001—4 000 定价:49.00 元

前 言

随着我国社会主义市场经济体制的逐步完善，会计作为一种国际通用的商业语言，在经济管理中的作用越来越重要，会计信息对经济管理决策和控制的作用日益显著。要想做好经济管理工作，就必须掌握会计的基本理论、基本方法和基本技能。在这种背景下，很多高等院校经管类专业的教学计划中将“会计学”作为核心课程，说明了会计在管理中的重要作用。

本书的编写不求细而全，但愿少而精，力求由浅入深、通俗易懂，为经管类非会计学专业的学生而编写，非会计专业学生能够利用所学的会计知识去从事经济管理工作，站在管理的角度去学习会计，主要的目的是让学生掌握会计的基本原理和基本方法，了解会计信息的加工过程，理解各项会计指标的概念，并能熟练地运用各项会计政策和阅读会计报表，以便更好地从事管理工作，能够从会计信息使用者的角度而非会计人员的角度来理解会计，用会计信息生成的原理、程序和方法，正确理解会计信息的真实概念，在日后工作岗位中进行管理决策时能够合理利用会计信息。

《会计学——理论·实务·案例·实训》全书共分为 13 个项目、50 个任务，涵盖了会计总论、会计核算基础、会计循环、货币资金与应收项目、存货、投资、固定资产与无形资产、负债、所有者权益、费用与成本、收入与利润、财务报表列报、财务报表分析。全书在结构安排上，尽可能地考虑到经管类不同专业和不同层次的需求，每一个项目都设有【知识目标】、【技能目标】、【素质目标】、【项目引例】；课后编排了【关键术语】、【应知考核】（包括单项选择题、多项选择题、判断题、简述题），【应会考核】（包括“观念应用”、“技能应用”、“案例分析”），【项目实训】（包括“实训项目”、“实训情境”、“实训任务”。这样设置使读者在学习每一项目内容时做到有的放矢，增强学习效果；应知、应会考核对学生所学习的知识的巩固加深大有裨益，同时项目实训又使学生加深对会计的理解，学会在实际工作中把会计的基本理论和应用技巧赋予实践。

根据普通高等教育应用技能型人才的需要，本书力求体现以下特色：

1. 结构合理，体系规范。本书针对高等教育和应用技能型院校经管类课程的特点，将内容庞杂的会计基础知识系统性地呈现出来，在每个项目中，尽量采用会计业务流程图展示；力求做到理论知识必需、够用，体系科学规范，内容简明实用，增强学生分析问题、解决问题的能力。

2. 与时俱进，紧跟准则。会计始终是处于发展与变化之中的，而教材也应该紧跟这种发展与变化。本书结合了财政部于 2014 年最新陆续修订的《企业会计准则第 30 号——财务报表列报》、《企业会计准则第 9 号——职工薪酬》等准则和制定的《企业会计准则第 39 号——公允价值计量》等准则的相关内容和实务变化要求，对教材内容进行了编写。

3. 学练结合，突出技能。本书从高等教育和应用技能型院校教育教学规律出发，与实际接轨，介绍了最新的会计理论知识和案例，在注重会计学必要理论的同时，强调会计实务基本技能的应用；主要引导学生“学中做”和“做中学”，一边学理论，一边将理论知识加以应用，实现理论和实训一体化，使课后的应知考核和应会考核、项目实训得以体现。

4. 栏目丰富，形式生动。本书栏目形式丰富多样，每个项目设有【知识目标】、【技能目标】、

【素质目标】、【项目引例】、【应知考核】、【应会考核】、【项目实训】等栏目，丰富了教材内容与知识体系，也为教师教学和学生更好地掌握知识内容提供了首尾呼应、层层递进的可操作性教学方法。

5. 职业技能，双证融通。本教材遵循高等教育规律，立足教学与行业考试相融合的目标，内容与我国会计专业技术资格考试的内容相衔接，学生学完本书后，可直接参加会计专业技术资格考试，实现双证融通，较好地满足了学生职业生涯发展的要求。

6. 课程资源，配套上网。为了配合课堂教学，我们精心设计制作教师课件、习题答案、教学大纲、配套习题、模拟试卷等并实现网上运行，充分发挥网络课程资源的作用，探索课堂教学和网络教育有机结合的新途径，需要者可登录 http://www.sufep.com，在“教学资源”中下载。

本书由李贺编著。赵昂、李明明、李虹、美荣四位负责了本书全套教学资源包的制作以及写作中的资料收集工作。本书适用于普通高等教育和应用技能型高等教育层次的财经类学生使用，同时也可以用作在职经营管理人员、财会人员的培训，以及专升本考试的学生参考用书。本书在编写过程中，参阅了参考文献中所涉及作者的教材、著作，同时得到了上海财经大学出版社何苏湘副编审的大力支持，谨此一并表示衷心的感谢！由于编写时间仓促，加之编者水平有限，本书难免存在一些不足之处，恳请专家、学者批评指正，以便改进与完善。

编著者
2017 年 2 月
大连

目　录

项目一　会计总论

【知识目标】

理解:会计的产生与发展、会计的概念、特点和分类。

熟知:会计目标、企业的性质和组织形式、会计的作用、会计信息使用者。

掌握:会计的职能、会计信息质量要求、财务报告及其要素、会计等式。

【技能目标】

能够运用财务报告要素的基本特征,正确地确认、计量和报告会计要素;能按照会计信息质量要求提供会计信息,保证会计目标的实现。

【素质目标】

能够运用所学的会计理论和实务知识研究相关案例,培养和提高学生在特定业务情境中分析问题和决策设计的能力,结合“总论”的教学内容,分析会计行业的善恶,强化学生的职业道德素养。

【项目引例】

会计在企业中扮演的角色

你能够用400元(人民币)或不足400元成功地创办一个企业吗?不管你相信与否,你的确能够。刘月娟是北京一所美术学院的学生。和其他大学生一样,她也常常为了补贴日常花销而不得不去挣一些零用钱。现在她正为购买一台具有特别设计功能的计算机缺钱而烦恼。尽管她目前手头仅有400元,可决心还是促使她于2016年12月开始创办一个美术培训部。她支出了120元在一家餐厅请朋友坐一坐,帮她出出主意,又根据她曾经在一家美术培训班服务兼讲课的经验,她首先向她的一个师姐借款4 000元,以备租房等使用。她购置了一些讲课所必备的书籍等,并支出一部分钱装修画室。她为她的美术培训部取名为“周围”。刘月娟支出100元印制了500份广告发放,用100元购置了信封、邮票等。8天后她已经有了17名学员,规定每人每月学费1 800元,并且找到了一位有较强能力的同学做合伙人。她与合伙人分别为“周围”的发展担当着不同的角色(合伙人兼做“周围”的会计和讲课教师)并获取一定的报酬。至2017年1月末,她们已经招收了50名学员,除了归还师姐的借款和利息计5 000元、抵销各项必需的费用外,她与合伙人各获得讲课、服务等净收入30 000元和22 000元。她们用这笔钱又继续租房,扩大了画室面积,为了扩大招收学员,她们聘请了非常有经验的教授、留学归国学者免费做了两次讲座,为下一步“周围”的发展奠定了非常好的基础。

4个月下来,她们的“周围”平均每月共招收学员39位,获取收入24 000元。她们还以每小时200元的讲课报酬雇用了4位同学做兼职教师。至此,她们核算了一下,除去房租等各项费用共获利67 800元。这笔钱足够她们各自购买一台非常可心的计算机并且还有一笔不小的节余。但更重要的是，她们通过4个月来的锻炼，明确了许多营销的技巧，也懂得了应该怎样与人合作和打交道，学到了不少有关财务上的知识，获得了比财富更为宝贵的工作经验。

【讨论】

(1)会计在这里扮演了什么样的角色？

(2)从中你是不是获得了有关会计方面的许多术语，如投资、借款、费用、收入、盈余、投资人投资以及独资企业、合伙企业和公司，等等。

知识精讲

任务一　会计的意义

一、会计的产生与发展

(一)会计的产生

人们对于会计的第一印象，大概就是"记账、算账"。也就是说，人们通常认为会计是一种计量、记录活动。追溯早期的会计活动，我们可以发现，这种说法不无道理。会计产生于何时何地，已经无从考证了，我们能够知道的是：会计是社会生产发展到一定阶段的产物，是随着社会生产的发展和经济管理的需要而产生、发展并不断完善起来的。会计的历史非常悠久，据考古发现，我们的祖先早在100万年以前的原始群居生活时期，就已经有原始的计量记录行为了。生活在数十万年前的"北京人"，已学会使用火把来记数。原始社会末期的"结绳记事"、"刻契计数"，更是有据可考的早期计量行为。这些早期的计量行为，就是会计的萌芽阶段。众所周知，生产活动是人类赖以生存和发展的最基本的实践活动。在生产活动中，人们必然关心劳动成果的计算和分配。开始人们凭头脑记忆，随着生产力水平的逐步提高，生产活动日益复杂，单凭记忆已不能满足需要，于是就产生了"结绳记事"、"刻契计数"等简单的计量行为。会计最初就表现为人类对经济活动的计量与记录行为。这些简单的计量行为，主要计算劳动成果，为劳动成果的分配服务。当然，在原始社会，由于生产力水平的限制，会计行为只能是生产活动的附属物(也就是由生产者兼职从事)。随着社会经济的发展，生产力不断提高，剩余产品大量出现，有了足够的物质基础，会计才逐步从生产经营过程中脱离出来，成为独立职能(可以理解为出现了专职会计人员)。

随着社会生产的发展，人类过渡到商品经济社会，会计的核算内容、核算方法也随之发展、变化。在进入资本主义社会以后，随着商品经济规模的扩大，会计逐步从简单的对财产记录、计量，为财产分配服务，发展到对经济活动的所得与所费进行比较，计算和反映经济活动的盈亏损益情况。马克思在《资本论》里引述了一个故事："我们这位从破船上抢救出表、账簿、墨水和笔的鲁滨逊，马上就作为一个地道的英国人开始记起账来。他的账本上记载着他所有的各种使用物品，生产这些物品所必需的各种活动，最后还记载着他制造这种一定量的产品平均耗费的劳动时间。"鲁滨逊孤身一人在荒岛上靠自己劳动才能生存下去，为什么还要记账呢？原来他记账的目的是为了精确地分配他生产各种生活资料的劳动时间，力求耗费最少的时间生产出足够的生活资料。可见，会计起源于社会生产实践的需要。

（二）会计的发展

1. 西方会计的发展

对于会计的发展，理论界一般将其划分为古代会计、近代会计和现代会计三个阶段。

古代会计一般是指复式簿记出现以前的簿记。簿记（bookkeeping），在西方国家是指在本子上保持记录，即记账的意思。古代会计是会计工作的初级阶段，仅限于事后的记账、算账。早在公元前3600年就已经有了反映经济情况的记录。古希腊和古罗马都曾有过专门从事记录的人员，对宫廷的赋税和财产收支进行记录。随着欧洲大陆商品经济的发展，在公元前300多年到公元500年这段时间，出现了商业及政府记账。

西方从13世纪起，在意大利北方城市的金融业中逐步形成了借贷复式记账法。到14世纪中叶，借贷复式记账法已发展成为有组织的复式簿记。1494年，意大利数学家兼会计学家卢卡·帕乔利在其所著的《算术、几何与比例概要》一书中，对复式记账法进行了总结和理论说明。该书的出版，标志着古代会计时期的结束。

近代会计始于15世纪末，终于19世纪末，发源于意大利，发展于英国。从15世纪末到18世纪，意大利簿记在许多国家广为传播，簿记技术没有根本性的变化。18世纪后期发生的工业革命，极大地促进了西方社会生产力的发展和产业组织的变化，出现了公司制。到19世纪，英、美两国公司制得到广泛发展，成为具有代表性的企业组织形式。同时，公司的发展促使工业生产迅速扩大，投资者显著增加，从而有力地推动着公司将簿记扩展为会计，在此期间出现了成本会计。

“公众会计”准则（General Accepted Accounting Principles，GAAP）以“会计研究公报”（ARB）的出现为起点。这一会计发展阶段，会计理论与会计实务都取得惊人的发展，标志着会计的发展进入成熟时期。从20世纪30年代至今，西方会计进入现代会计阶段。

2. 我国会计的发展

会计是适应生产活动发展的需要而产生的，并随着生产的发展而发展。经济越发展，会计越重要。伴随着社会生产的不断发展和生产规模的日益扩大，生产、分配、交换、消费活动也更加频繁，会计经历了一个由简单到复杂、由低级到高级的不断发展完善的过程。会计从简单地计算和记录财物收支，逐渐发展到利用货币计量来综合地反映和监督经济过程。通过长期实践及吸收其他学科的理论成果，会计的方法和技术，从无序到统一规范，会计理论逐渐完善起来。整理会计资料的手段从全盘手工逐渐发展到利用机械，直至现在部分或全盘地利用电子计算机。

我国会计从产生到现在经历了一个漫长的发展历程：

（1）原始社会。原始社会出现原始的计量、记录行为。当时会计的任务主要是登记原始公社社员共同劳动的过程及其成果。在原始社会末期，出现了最简单的“结绳”、“刻板”、“刻石”计量的记录行为，这标志着会计的萌芽。

（2）奴隶社会。“会计”一词大约产生于我国西周时代，它本来的概念主要是指对财务收支业务的记录、计算和考核。奴隶社会出现了“簿记”，用“入”和“出”作为记账符号来反映各种经济业务。据《周礼》记载：“司会主天下之大计，以岁会考岁成……”，又据清代对官厅会计的考察，提出：“零星算之为计，总合算之为会”。岁会就是计算全年的收支，司会根据会计记录考核当年的收支情况。

（3）封建社会。在封建社会，唐代出现“账簿”一词，到了宋朝，会计有了突飞猛进的发展，出现了“四柱结算”，也称“四柱清册”。四柱是指旧管、新收、开除和实在。它们之间的关系是：旧管＋新收＝开除＋实在。明清时代又出现了“龙门账”，即把全部账目划分为“进”、“缴”、“存”、“该”四大类，运用“进－缴＝存－该”的平衡等式进行试算平衡。这是中国最早的复式记账。由于封建社会是以自然经济为主的社会，会计主要是核算和监督朝廷官府的钱粮赋税收支活动，通常将这个时期的会计称为“官厅会计”。

(4)资本主义社会。在商品经济社会，商品和货币交换普及，人们为了以尽可能少的劳动消耗生产出更多更好的物质产品，以满足生产生活需要，于是选择以货币的形式从数量方面对再生产活动进行全面、系统、综合的记录、计算、分析和比较，以取得经济管理的有效信息，此时会计发展成了一门独立的学科。股份公司的出现，经营权与所有权的分离，出现了注册会计师职业。

(5)社会主义社会。会计发展可以分为三个阶段：

①1949～1980年，在会计核算方法上主要是效仿苏联的做法，为计划经济服务。1949年中华人民共和国成立以后，我国的社会制度发生了根本的变化。从20世纪50年代初期起，国家财政部根据国家的经济体制和社会主义建设的需要，结合我国多种所有制并存的特点，制定了多种统一的会计制度，为我国社会主义建设事业的顺利发展发挥了积极作用。

②1980～1992年，是会计核算的改革过渡阶段，是在原有的会计制度、方法上进行改革的尝试，但没有跳出计划经济时期的一贯做法。1985年全国人大颁布《中华人民共和国会计法》，我国会计工作从此进入法治阶段。

③1993年以后，我国会计力争与国际会计接轨，根据我国社会主义市场经济的特色，适应改革开放和发展外向型经济的需要，主要效仿以美国为首的西方资本主义国家的常规做法。为了适应我国社会主义市场经济的需要，1992年财政部颁布了《企业会计准则》，于1993年7月1日起施行。这是引导我国会计工作与国际流行的会计实务接轨的一项重大措施。1998年上半年又颁布了《现金流量表》和《资产负债表日后事项》等六个具体会计准则。2000年6月国务院发布了《企业财务会计报告条例》，进一步规范了企业财务会计报告的编制。2000年以来财政部陆续发布了《企业会计制度》、《金融企业会计制度》、《小企业会计制度》，使企业会计核算的具体标准更加明确，对提高会计信息的质量有重要的意义。至2002年末财政部已陆续发布了16个具体会计准则，对会计核算做出了具体规定。为了规范企业会计确认、计量和报告行为，保证会计信息质量，财政部对《企业会计准则》进行修订，于2006年2月15日公布了新的《企业会计准则——基本准则》，同时公布了《企业会计准则第1号——存货》等38项具体准则，自2007年1月1日起施行。2014年财政部颁布和修订了多条新《企业会计准则》：企业会计准则体系1个基本准则、41个具体准则、38个应用指南和6个会计准则解释。

二、会计的概念与特点

(一)会计的概念

会计，即会计的本质。对会计进行考察的角度不同，则对会计本质的描述也会有所不同。

1. 方法论

会计是以货币为主要计量单位，对经济活动进行记录和计算的一种方法。

2. 管理工具论

会计是反映和监督生产过程的一种方法，是管理经济的一种工具。这种观点曾一度流行于20世纪50年代的苏联、东欧等社会主义国家。

3. 信息系统论

会计是为了提高微观经济效益，加强管理而在企业（或行政事业单位）范围内建立的一个以提供财务信息为主的经济信息系统。这种观点把会计对各种经济活动的数据进行汇集、加工、整理和提供当成一个信息系统。

具体来讲，会计就是将企业或单位所发生的各项经济活动，通过收集原始数据，并经过确认、计量、记录、报告等工作程序，向会计信息使用者提供相关会计信息的信息系统。也可以说，会计是将经济信息转换为会计信息的系统，强调会计是为决策者提供决策所需的财务信息的这一特点。

"会计信息系统论"承认会计的社会性和技术性，但更强调技术性，认为会计在企业的经营管理中只处于参谋或顾问的地位，并不直接履行管理职能。

4. 管理活动论

会计是对各单位的经济业务，主要运用货币形式，借助于专门的方法和程序，进行核算、实行监督，产生一系列财务信息和其他经济信息，旨在提高经济效益的一项具有反映和控制职能的管理活动。

这种观点认为，会计是经济管理活动的重要组成部分，是对经济活动采用专门方法进行反映和监督，并参与计划、组织、控制等活动的一种管理活动。它强调会计的本质是一种管理活动，会计工作是一种管理工作，这种管理工作是随着经济的发展、企业规模的扩大，逐渐从综合管理中分离出来的。

5. 控制论

会计从本质上说是一个控制系统，是市场经济发展的必然结果。

由此可见，对会计立足于不同的考察角度，得出的结论也是不同的。我们不能说以上观点孰对孰错，这只是从不同的角度理解会计的概念以及对会计的哪一种作用更重要的争论。

随着社会经济的发展和人们认识的不断深入，会计是一个管理活动的观点正在被更多的人所接受和认可。基于这种观点，我们对会计进行如下描述：会计是以货币为主要计量单位，通过运用一系列专门的方法和程序，对经济活动进行连续、系统、全面地反映和监督，为相关方面做出正确决策而建立的以提供财务信息为主，旨在实现最佳经济效益的一种管理活动。

（二）会计的特点

会计的特点主要体现在会计核算阶段，会计核算有以下几个基本特点：

1. 以货币为主要计量单位

在会计核算中，经常运用实物计量和劳动计量，但因实物计量缺乏综合反映的功能，而劳动计量虽然具有综合性，但由于商品货币经济的存在，价值规律依然发生作用，劳动耗费还无法广泛利用劳动计量进行度量。因此，在会计核算中，实物计量和劳动计量仅作为货币计量的辅助记录。这也是会计核算区别于统计核算和业务核算的特点。

2. 会计拥有一系列专门方法

会计方法是指在对经济活动进行核算、监督和分析时，形成的一整套有别于其他工作的独特方法。会计最根本性的工作就是运用这些方法，并结合其他方法的运用来实现会计工作的目的。会计方法有广义和狭义之分，狭义的会计方法就是指会计核算方法，即对已经发生的经济业务综合地、连续地、全面地进行确认、计量、记录和报告，生成有效的会计信息，主要包括：①设置会计科目和账户；②复式记账；③填制和审核凭证；④登记账簿；⑤成本计算；⑥财产清查；⑦编制会计报表等。这里主要讲授会计方法中的"狭义"方法，即涉及会计计算的一系列专门方法。

广义的会计方法一般包括会计分析方法、会计考核方法、会计核算方法和会计控制方法等。下面简要介绍前两种方法。

(1)会计分析方法是指根据会计核算信息，应用一定的分析方法，对企业的经营过程及其成果进行定性和定量的分析，并根据会计分析的结果对其进行会计预测和会计考核的一种会计方法。

(2)会计考核方法是指将会计核算、会计分析提供的资料，与原预定目标进行比较，从而来检查与考核企业的生产经营过程或经营结果是否合理、合法，是否实现了预定目标，以及差异的数量与原因，以检测和修订经济过程，使之按照预定的轨道运行的一种会计方法。

3. 对经济活动要进行综合、连续、系统、完整的核算和监督

所谓综合性表现在由于主要以货币计量，所以能够提供总括反映各项经济活动情况的价值指标；所谓连续性表现在对各种经济活动能按其发生的时间先后顺序不间断地进行记录；所谓系统性表现在对各项经济活动既要进行相互联系的记录，又要进行必要的、科学的分类，只有这样才能取得管理所需要的各种不同的信息资料；所谓完整性表现在对各项经济活动的来龙与去脉都必须进行全面记录、计量，不能有所遗漏。会计利用货币计量，既横向反映各项经济活动的经济内容，对每一项经济活动又能纵向地、自始至终地反映各个阶段的变化过程和结果，构成了一个完整的会计核算网络，这是区别于统计核算和业务核算的又一特征。

三、会计的职能

会计的职能是指会计在经济管理中所具有的功能。简单来说，就是会计是用来做什么的。千百年来的会计实践，使人们认识到会计具有核算和监督(控制)两大基本职能。

(一)核算职能

会计的核算职能又称反映职能，是指会计能对经济活动进行记录、计量和报告，从而向关心企业经济发展状况的各有关方面提供反映企业财务状况、经营成果、现金流量等方面的信息，帮助他们进行经济决策。从会计的产生发展历程中，我们知道，会计是基于人们记录、计量经济活动，反映经济活动的过程与结果的需要而产生的。通过对经济活动过程与结果的记录、计量，向有关各方提供信息。会计的核算职能具有下列显著的特征：

1. 会计核算以货币为主要计量单位

会计核算主要是从价值量方面反映各单位的经济活动情况。会计在对各单位经济活动进行核算时，主要是从数量而不是从质的方面进行反映的。如企业对固定资产进行核算时，只记录其数量、成本、折旧等数量变化，而并不反映其技术性能、运行状况等。会计在核算各单位经济活动时主要使用货币量度，实物量度、其他指标及其文字说明等都处于附属地位。因为货币是衡量各种商品的价值尺度，而且企业最初的投资都是用货币度量的，所以，对这些投资使用的追踪记录也只能使用货币量度。

2. 会计主要反映过去已经发生的经济活动

会计反映经济活动就是要反映其事实，探索并说明其真相，因此，只有在每项经济业务发生或完成以后，才能取得该项经济业务完成的书面凭证。这种凭证具有可验证性，据以记录账簿，才能保证会计所提供的信息真实可靠。而这必须是在经济业务已经发生或完成之后，至少在传统会计上是这样的。虽然管理会计等具有预测职能，其核算的范围可能扩大到未来的经济活动，但从编制会计报表、对外提供会计信息来看仍然是面向过去的。

3. 会计核算具有连续性、系统性和全面性

会计核算的连续性，是指对经济业务的记录是连续的，逐笔、逐日、逐月、逐年进行，不能间断；会计核算的系统性，是指对会计对象要按科学的方法进行分类，进而系统地加工、整理和汇总，以便提供管理所需要的各类信息；会计核算的全面性，是指对每个会计主体所发生的全部经济业务都应该进行记录和反映，不能有任何遗漏。

会计的核算职能在客观上体现为通过会计的信息系统对会计信息进行优化。这一过程又具体体现为记账、算账和报账三个阶段。记账就是把一个会计主体所发生的全部经济业务运用一定的程序和方法在账簿上予以记载；算账就是在记账的基础上，运用一定的程序和方法来计算该会计主体在生产经营过程中的资产、负债、所有者权益、收入、成本、费用以及损益情况；报账就是在记账和算账的基础上，通过编制会计报表等方式将该会计主体的财务状况和经营成果向会计信息使用者报出。

核算职能是会计工作的基础。它通过会计信息系统所提供的信息，既服务于国家的宏观调控部门，又服务于会计主体的外部投资者和内部管理者。这种服务作用是具有能动性的，从这一角度来看，会计的核算职能也在一定程度上体现了管理精神。

(二)监督(控制)职能

会计的监督职能是指会计能对各单位发生的经济活动的真实性、合法性和合理性进行监督，以维护经济秩序。根据《中华人民共和国会计法》(以下简称《会计法》)的规定，会计机构、会计人员对不真实、不合法的原始凭证有权不予接受，并向单位负责人报告；对记载不准确、不完整的原始凭证予以退回，并要求按照国家统一的会计制度的规定更正、补充；发现会计账簿记录与实物、款项及有关资料不相符的，按照国家统一的会计制度的规定有权自行处理的，应当及时处理，无权处理的，应当立即向单位负责人报告，请求查明原因，做出处理；对违反《会计法》和国家统一的会计制度规定的事项，有权拒绝办理或者按照职权予以纠正，等等。会计的监督(控制)职能具有下列显著的特征：

1. 会计监督具有强制性和严肃性

会计监督是依据国家的财经法规和财经纪律来进行的，《会计法》不仅赋予会计机构和会计人员实行监督的权利，而且规定了监督者的法律责任，放弃监督，听之任之，情节严重的，给予行政处分，给公共财产造成重大损失，构成犯罪的，依法追究刑事责任。因此，会计监督是以国家的财经法规和财经纪律为基础的，具有强制性和严肃性。

2. 会计监督具有连续性

只要社会再生产过程不间断，会计核算就要不断地进行下去，在这个过程中，始终离不了会计监督。各会计主体每发生一笔经济业务，都要进行会计核算，在核算的同时，就要审查它们是否符合法律、制度、规定和计划。会计核算具有连续性，会计监督也就具有连续性。

3. 会计监督具有完整性

会计监督不仅体现在已经发生或已经完成的业务方面，还体现在业务发生过程中及尚未发生之前，包括事前监督、事中监督和事后监督。事前监督是指会计部门或会计人员在参与制定各种决策以及相关的各项计划或费用预算时，就依据有关政策、法规、准则等的规定对各项经济活动的可行性、合理性、合法性和有效性等进行审查，它是对未来经济活动的指导；事中监督是指在日常会计工作中，随时审查所发生的经济业务，一旦发现问题，及时提出建议或改进意见，促使有关部门或人员采取措施予以改正；事后监督是指以事先制定的目标、标准和要求为依据，利用会计核算取得的资料对已经完成的经济活动进行考核、分析和评价。会计事后监

督可以为制订下期计划、预算提供资料，也可以预测今后经济活动的发展趋势。

监督职能在会计行为实施之前就发挥了作用，同时又是会计工作的落脚点。它通过会计信息系统与会计控制系统的有机结合，突出地表现了会计在企事业单位经营管理中的能动性作用，体现了“会计管理活动论”的基本思想。

【例1—1】 张苍是秦汉时期著名的会计专家。秦时张苍任柱下史，主管郡国上计，是一个善于抓会计核算的老手。西汉时归顺刘邦，萧何因他在秦国做过上计事务，能算计，对管理地方图书有经验，就推举他以列侯身份居相府主持郡国上计事宜。具体办法是：各封王侯国和各郡，都专设上计史，主管地方财政会计，掌握户口、垦田、物价、农业丰歉等基本情况和数字资料，每年底由各县核实情况后，上报郡国；每年年末专派上计史携带计籍到京师参加正月朝贺，向皇帝汇报工作，并据此考核官吏的政绩，政绩优良者奖励，差次者予以督责，违法乱纪者治罪。通过这些办法，使上计制度在秦汉时期得到发展和完善，加强了会计核算和监督，使汉初的经济逐步得以恢复和发展。

（三）核算和监督职能的关系

会计核算和监督职能是密切联系、相辅相成的。会计核算是基础，没有会计核算提供的信息，会计监督就没有了依据，也就不能进行会计监督。会计监督是会计核算的保证，没有会计监督进行控制，会计核算就不能保证提供真实可靠的会计信息。因此，只有在正确核算的同时加以严格的监督，才能为管理经济提供真实可靠的会计信息，才能发挥会计的作用。

【例1—2】 刘晏是唐代著名的理财家。“安史之乱”使唐王朝的财政状况濒于崩溃，他通过调查，采取了一些管理措施来治理财政，统筹兼顾，有效地充实了国家财政收入，在对待费用的问题上，刘晏认为凡必须开支的一定要如数支付，凡不必要的开支则应力求节俭。粮食运输是唐代一个十分棘手的问题，一是转运速度缓慢，二是运输费用太高，三是损失浪费惊人。以前的转运使都无法有效地处理这些问题。刘晏接管后，采取了以下措施：积极整顿漕运；合理组织运输，采取“因地制宜、分段运输”的办法，费用花销由逐级核算到汇总核算；改进运输包装，改散装为袋装，大大减少了损耗。由于采取这些措施，不仅加快了运输速度，而且极大地减少了运输费用。过去由扬州运粮至长安要用9个月时间，沿途损耗达20%，改进后仅需40天，且无开斗损失，每石米只需要700文的运输费，使长安粮价平稳，唐肃宗曾称他为“当朝的萧何”。

（四）会计职能的延伸

随着社会的发展、科学技术的进步，经济关系的复杂化和管理理论的提高，会计的基本职能也得到了不断的发展和完善，会计的新职能不断出现。会计职能不但有核算和监督两职能学说，还有三职能、四职能、六职能、九职能等学说。目前，在国内会计学界比较流行的是“六职能”论。这一学说认为会计具有“核算经济情况、监督经济活动、控制经济过程、分析经济效果、预测经济前景、参与经济决策”六项职能，并认为这六项职能也是密切联系、相辅相成的。其中，两项基本职能是四项新职能的基础，而四项新职能又是两项基本职能的延伸和提高。在“六职能”学说中，“会计管理活动论”得到了进一步的体现。

四、会计的目标

会计的目标又称财务报告的目标，是指人们通过会计工作所预期达到的目的。一般说来，会计的目标要明确表述会计为谁服务（向谁提供会计信息）、提供什么样的信息、以什么方式提供三方面的内容。

关于会计目标，学术界有两种观点：决策有用观和受托责任观。这两种观点都是与一定的社会经济环境相适应的，相对于某一环境，它们都具有一定程度的合理性，由于环境变化，它们又会存在一定的局限性。

决策有用观认为，会计的目标是向信息使用者提供有用的信息，来帮助他们做出合理的决策。其依据是，资源的所有权和经营权分离后，在资本市场中，资源所有者对受托资源有效管理的关注程度会降低，转而更为关注所投资企业在资本市场上的风险与报酬。决策有用学派更强调会计信息的相关性，即要求信息具有预测价值、反馈价值和及时性，更关注与企业未来现金流动有关的信息。

受托责任观认为，会计的目标是向委托人报告受托责任的履行情况。其依据是，资源所有者将资源的经营管理权授予受托人，同时通过相关的法规、合约和惯例等来激励与约束受托人的行为，受托人接受委托，对资源进行有效管理和经营，并通过向委托人如实报告资源的受托责任情况来解除其受托责任。受托责任学派更强调信息的可靠性，它在重视资产负债表的基础上格外重视损益表。

决策有用观和受托责任观两种观点并不完全排斥，反映决策有用的会计信息和受托责任的会计信息是相互交叉的。

企业会计准则规定，企业应当编制财务会计报告（又称财务报告，下同）。财务会计报告的目标是向财务会计报告使用者提供与企业财务状况、经营成果和现金流量等有关的会计信息，反映企业管理层受托责任的履行情况，有助于财务会计报告使用者做出经济决策。财务会计报告使用者包括投资者、债权人、政府及其有关部门和社会公众等。会计目标的具体表现如下：

(1)会计向谁提供会计信息。单位性质不同，会计服务的对象也有所不同，企业会计服务的对象主要包括以下几个方面：投资者（国家、法人、个人、外商等）、政府及其有关部门（财政、工商、税务等）、债权人（银行等金融机构、其他单位等）、企业管理者和社会公众等。

(2)提供什么样的信息。企业要想进行经营，就需要资金投入，其资金来源渠道之一是投资者对企业的投资。投资者为了选择投资对象，衡量投资风险，做出投资决策，需要了解和掌握企业的经营能力和获利能力等情况，因此需要会计为其提供会计信息。这里所讲的投资者包括现实的投资者和潜在的投资者。

企业的会计信息是国家进行宏观调控和管理的主要依据，政府有关部门需要了解各单位的经济活动，通过各单位会计信息的汇总分析，做出宏观调控的决策。

企业资金的另一个来源渠道是从企业外部借入资金，资金拥有者将资金借给企业，出于自身资金安全的考虑，债权人需要了解和掌握企业的运营情况，了解债务人的偿债能力等会计信息，以便做出信贷决策，因此，需要企业向其提供会计信息。

在市场经济条件下，企业始终处于激烈的市场竞争中，保持企业竞争力的一个重要途径，就是加强企业的内部管理。企业管理者需要了解单位的经济活动情况，通过运用会计信息，对日常的经济活动进行控制，以便及时发现问题，进行经营决策。

社会公众（包括纳税人、选举人等）需要通过会计信息了解企业的发展趋势、经营范围、财务状况、获利能力等方面的信息，据以做出是否进行投资等经济决策。会计有责任向其提供有关财务状况和资源管理状况与效果的会计信息。

(3)以什么方式提供会计信息。会计为上述会计信息使用者提供会计信息的主要方式是财务报告，即能够反映实际经营情况或提供预测基础的一系列报表、说明等。会计信息使用者通过阅读和分析财务报告，达到正确决策的目的。有关财务报告的详细内容将在本书项目十二和项目十三中介绍。

会计目标指明了会计实践活动的目的和方向，同时也明确了会计在经济管理中的使命，成为会计发展的导向。

五、会计信息质量要求

会计信息质量要求是对企业财务报告中所提供会计信息质量的基本要求，是使财务报告中所提供会计信息对投资者等使用者决策有用应具备的基本特征。有用的会计信息都存在一个质量问题，对决策有用的会计信息在质量上必须达到一定的质量要求。高质量的会计信息应具备可靠性、相关性、可理解性、可比性。

（一）可靠性

可靠性是指会计信息必须是客观的和可验证的。信息如果不可靠，不仅对决策无帮助，而且会造成决策失误。因此，可靠性也是会计信息的重要质量特征。一项信息是否可靠取决于以下三个因素，即真实性、可核性和中立性。

1. 真实性

所谓真实性，就是要如实表达，即会计核算应以实际发生的经济业务为依据，内容真实、数字准确、资料可靠，会计的记录和报告不加任何掩饰。

2. 可核性

所谓可核性，是指信息可经得住复核和验证，即由独立的专业和文化素养基本相同的人员，分别采用同一计量方法，对同一事项加以计量，能得出相同的结果。

3. 中立性

所谓中立性，是指会计信息应不偏不倚，不带主观成分。将真相如实地和盘托出，结论让用户自己去判断。会计人员不能为了某种特定利益者的意愿或偏好而对会计信息做特殊安排，故意选用不适当的计量和计算方法，隐瞒或歪曲部分事实，来诱使特定的行为反映。

会计信息的可靠性一方面取决于会计人员的工作质量，但又不完全为会计人员所左右，有时会计人员受环境和会计方法本身的局限，对提高会计信息的可靠性无能为力。

（二）相关性

相关性是指会计信息与信息使用者所要解决的问题相关联，即与使用者进行的决策有关，并具有影响决策的能力。相关性的核心是对决策有用。一项信息是否具有相关性取决于三个因素，即预测价值、反馈价值和及时性。

1. 预测价值

如果一项信息能帮助决策者对过去、现在及未来事项的可能结果进行预测，则此项信息具有预测价值。决策者可根据预测的可能结果，做出其认为最佳的选择，从而影响其决策。因此，预测价值是相关性的重要因素，具有影响决策者决策的作用。

2. 反馈价值

一项信息如能有助于决策者验证或修正过去的决策和实施方案，即具有反馈价值。把过去决策所产生的实际结果反馈给决策者，使之与当初的预期的结果相比较，验证过去的决策是否有误，总结经验防止今后决策时再犯同样的错误。因此，反馈价值有助于未来决策。

信息反馈价值与信息预测价值同时并存，相互影响。验证过去才有助于预测未来。不明白过去，预测就缺乏基础。

3. 及时性

所谓及时性，是指信息在对用户失效之前就提供给用户。任何信息如果要影响决策，就必须在决策之前提供，相关信息如果不能及时提供，相关也就变成不相关了，成为无用的信息。当然，及时提供的信息如不相关，也是无用的信息。

（三）可理解性

可理解性要求企业提供的会计信息应当清晰明了，便于投资者等财务报告使用者理解和使用。

企业编制财务报告、提供会计信息的目的在于使用，而要让使用者有效使用会计信息，应当能让其了解会计信息的内涵，弄懂会计信息的内容，这就要求财务报告所提供的会计信息应当清晰明了，易于理解。只有这样，才能提高会计信息的有用性，实现财务报告的目标，满足向投资者等财务报告使用者提供决策有用信息的要求。

会计信息毕竟是一种专业性较强的信息产品，在强调会计信息的可理解性要求的同时，还应假定使用者具有一定的有关企业经营活动和会计方面的知识，并且愿意付出努力去研究这些信息。对于某些复杂的信息，如交易本身较为复杂或者会计处理较为复杂，但其对使用者的经济决策是相关的，企业也应当在财务报告中予以充分披露。

（四）可比性

可比性是指一个企业的会计信息与其他企业的同类会计信息尽量做到口径一致，相互可比。不同企业的会计信息或同一企业不同时期的会计信息如能相互可比，就会大大增强信息的有用性。一家企业的会计信息如能与其他企业类似的会计信息相比较，如能与本企业以前年度同日期或其他时点的类似会计信息相比较，就不难发现它们之间相似相异之处，发现本企业当前生产经营管理上的问题。

为保证会计信息的可比性，就必须有统一的会计准则和会计制度来保证不同企业的信息共性，这就是会计信息的统一性。没有这种统一性就无法保证会计指标口径一致，相互可比。为了使同一企业不同时期的会计信息具有可比性，会计人员在处理会计事项时，所采用的会计方法和会计程序前后各期应具有连贯性，前后一致。这就要求企业对会计方法或原则的选用应慎重，一旦选用，除非有正当理由，不得任意变动，以确保会计信息的可比性。

统一性和一贯性是构成可比性的两个因素，作为会计信息的质量要求，它们从属于可比性。

六、会计的分类

会计学是研究会计理论和方法的一门经济管理学科。会计学来源于实践，反过来又指导会计实践。会计学具有完整的理论体系和方法体系。会计学按照不同的标准划分，存在不同的会计分类。

（一）按照会计服务的领域分类

会计学按照会计服务领域的不同，可以分为财务会计和管理会计。

1. 财务会计

着重通过提供财务报表来满足各外部利益关系人的需要，侧重于对企业外部利益相关者提供有助于决策的信息，以“财务报表”为工作核心，又称外部会计。

2. 管理会计

主要为企业内部经营管理服务，为企业管理部门正确进行管理决策和解放经营提供相关信息，侧重于为企业内部经营管理提供相关信息，以“经营管理为核心”，又称内部会计。

（二）按照会计主体业务性质分类

会计学按照的不同，可以分为企业会计、政府与非营利组织会计。

1. 企业会计

企业会计是营利组织会计，是反映企业财务状况、经营成果、帮助企业提高经济效益的会计。企业有不同的类型，按照组织形式分为独资企业、合伙企业和公司制企业；按照规模分为小企业和大中型企业；按照行业分为工业、商业、农业、交通运输业等。

2. 政府与非营利组织会计

政府与非营利组织会计是指核算和监督政府与非营利组织资金来源和运用以及资金使用效果的会计。非营利组织包括学校、医院、科研机构等。

任务二　会计与企业

一、企业的性质

企业是指从事生产、流通、服务等经济活动，以产品或劳务满足社会需要并获取盈利，自主经营、自负盈亏、依法设立的经济实体，是社会经济的基本单位。

现代企业作为商品生产者和经营者，在不同社会制度下，虽然具有不同的社会性质，但作为商品经济条件下的劳动组织形式，一般具有以下几个共同特征：企业是经济实体，以盈利为主要目的；企业必须自主经营、自负盈亏；企业必须承担社会责任；企业必须依法设立、依法经营。

二、企业的组织形式

根据企业财产组织形式和所负法律责任划分，分为个人独资型企业、合伙型企业、公司型企业。

（一）个人独资型企业

个人独资企业，也称单个业主制企业、个体企业、独资企业，是最早产生的也是最简单的一种企业。它是指由业主个人出资兴办，完全归业主个人所有，自己经营，收益归自己，风险也由自己承担的企业，业主要以其全部的个人财产或家庭财产对企业承担无限责任。

（二）合伙型企业

合伙企业是指依法在中国境内设立的由各合伙人订立合伙协议，共同出资、合伙经营、共享收益、共担风险，并对合伙企业债务承担无限连带责任的营利性组织。合伙人可以用货币、实物、土地使用权、知识产权或者其他财产权利出资，但合伙人的出资应当是合伙人的合法财产及财产权利。

（三）公司型企业

公司是指由两个以上的出资者（称为股东）出资兴办并组成一个法人，能够独立自主经营、自负盈亏，对共同出资经营的财产享有民事权利、承担民事责任的经济实体。公司在法律上具有独立人格，是法人，而个人独资企业和合伙企业是非法人企业，这是公司与个人独资企业及合伙企业的重要区别。公司以“资合”为特征，特别是在负担有限责任方面与后两者不同。

公司依照股东所负责任的不同，可以将公司分为无限责任公司、两合公司、股份两合公司、有限责任公司、股份有限公司；公司依照公司信用基础的不同，可以把公司分为人合公司、资合公司、人合兼资合公司；根据公司之间的控制与被控制关系，可以把公司分为母公司与子公司；根据公司的组织管辖关系，可以把公司分为总公司和分公司。

三、会计信息使用者

总的来说，会计信息需求来自企业外部和内部两方面，它们分别是会计信息的外部使用者和内部使用者。

(一)会计信息的外部使用者

会计信息的外部使用者是与企业具有利益关系的个人和其他企业，但他们不参与该企业的日常管理。具体包括：

1. 股东

企业的股东最关心公司的经营，他们需要评价过去和预测未来。有关年度财务报告是满足这些需要的最重要的手段，季度财务报告、半年度报告也是管理部门向股东报告的重要形式。向股东提供这些报告是会计信息系统的传统职责，股东借助于财务报告反映的常规信息，获得有关股票交易和股利支付的情况，从而做出决策。

2. 债权人

企业债权人对公司的信誉、偿债能力，以及企业的未来发展是非常关心的。公司的财务报告是这些信息的一个重要来源。债权人需要的有关借贷业务的常规信息，是通过与借款单位的会计信息交换得来的。

3. 政府机关

政府的许多不同机关需要有关企业的信息。税务机关需要有关公司利润和向国家交纳税额的信息；社会保障机关需要有关企业缴纳各项社会保障基金的信息；国有企业还必须向国家财政、审计机关提供财务报告，以便接受经济监督；很多外国政府需要经营国际业务的公司报告在它们国家内所从事的经济活动的信息。

4. 职工

作为一个利益集团，职工个人期望定期收到工资和薪金，并同时得到有关企业为个人提供社会保障的各类基金方面的信息和企业的某些综合性的信息，诸如工资平均水平、福利金和利润等，职工代表大会、工会也会代表职工要求得到这些信息，这些信息的大部分是由会计信息系统提供的。

5. 供应商

企业往往有很多原材料、产成品或可供销售的商品。采取赊销方式的供应商需要了解客户的有关经营稳定性、信用状况以及支付能力等方面的信息。

6. 顾客

在市场经济体制下，企业的顾客可以说是最重要的外部利益集团。顾客对于信息的需要，包括有关企业及其产品的信息，如价格、性能、企业信誉、企业商业信用方面的政策、可得到的折扣额、支付的到期日以及所欠金额等。这些常规的信息一般也是由会计提供。

以上列举了企业外部需要会计信息的主要集团，除这些集团以外尚有许多其他集团需要这种信息。它们包括：①信用代理人，这种机构专门公布有关公司信用的信息；②工商业协会，这种机构公布某一种行业的有关信息需要利用会计信息进行行业管理；③竞争者，它们对于公司的价格政策和获利能力感兴趣；④企业组织所在的社区；⑤财务报表分析家，他们向委托人提出投资建议；⑥关心公司某个方面经济活动的公民。

（二）会计信息内部使用者

企业的内部员工也要使用会计信息。会计信息内部使用者包括：董事会、首席执行官（CEO）、首席财务官（CFO）、副董事长（主管信息系统、人力资源、财务等等）、经营部门经理、分厂经理、分部经理、生产线主管等。

每位员工使用会计信息的具体目标不同，但这些目标的宗旨是一样的，都是旨在帮助企业实现其总体的战略和任务。所有企业都遵循与他们的会计信息系统设计有关的规则以确保会计信息的规范性并保护企业的资产。但是关于报告的类型或能产生的会计信息种类并没有什么规则。只要快速地审视一个企业的内部，就会看到在员工决策过程中产生和使用的会计信息的多样性。

与外部的信息需要对比，向内部报送的会计信息显然具有较多的"自由性"。因此，设计满足企业经营管理需要的会计信息系统，比设计外部报表面临着更大的困难。

四、会计的作用

会计具有核算和监督两大基本职能。会计对象是会计所核算和监督的内容。一般说来，会计对象就是社会再生产过程中的资金运动。会计的作用是运用会计的职能在会计实践中所产生的客观效果，它是会计职能的外在表现。会计在经济管理中发挥着重要的作用，总体来说有以下几个方面的作用。

（一）帮助投资者和债权人做出合理的决策

财务会计的最主要目标就是帮助投资者和债权人做出合理的投资和信贷决策。一般认为，最为关注企业会计信息的莫过于投资者和债权人。而这类使用者的决策对于资源的分配具有重大影响。此外，符合投资者和债权人需要的信息，一般对其他使用者也是有用的。因此，财务会计把服务于投资者和债权人作为其主要目标。

投资者和债权人所需要的经济信息包括企业某一时日的财务状况；某一期间的经营绩效和财务状况的变动；但从决策有用性的观点看，不论是投资者还是债权人甚至企业职工，其经济利益都同企业未来的现金流动密切相关。例如，投资者应分得的股利、债权人应得到的贷款本金及利息、职工应得的工资和奖金等，都需要预期现金流量的信息。

（二）考评企业管理当局管理资源的责任和绩效

企业的经济资源均为投资人及债权人所提供，委托企业经营者保管和经营，投资者和经营者之间存在着一种委托和代理关系。投资者和债权人要随时了解和掌握企业经营者管理和运用其资源的情况，以便考评经营者的经营绩效，适时改变投资方向或更换经营者。这就要求企业财务报告提供这方面的信息，说明企业的经营者怎样管理和使用资源，向所有者报告其经营情况，以便明确其经营责任。

（三）为国家提供宏观调控所需要的特殊信息

国家是国民经济的组织者与管理者，为了达到这一目标，国家还要求从一切企业编报的会计报表中，获取进行宏观调控所需要的特殊信息。国家不仅是通用报表的使用者，而且是特殊报表的使用者。尤其在社会主义国家更是如此。

(四)为企业经营者提供经营管理所需要的各种信息

企业管理人员也要利用企业的会计信息对企业的生产经营进行管理。通过对企业财务状况、收入与成本费用的分析,可以发现企业在生产经营上存在的问题,以便采取措施,改进经营。

会计信息系统应怎样处理数据和加工信息,最后将提供什么样的财务报表,在很大程度上取决于会计目标。目标指引着财务会计信息系统的运行方向。

任务三　财务报告及其要素

企业的会计信息系统所形成的会计信息,最终体现在企业的财务报告中。企业的财务报告是财务会计信息的最终体现。因此,掌握财务报告的要素,就等于掌握了财务会计的要素。

一、财务报告

财务报告是对企业对外提供的反映企业某一特定日期的财务状况和某一会计期间的经营成果、现金流量等会计信息的文件。编制财务报表的目标是向财务报表使用者提供与企业财务状况、经营成果和现金流量等有关的会计信息,反映企业管理层受托责任履行情况,有助于财务报告使用者做出经济决策。财务报告使用者包括投资者、债权人、政府以及有关部门和社会公众等。

由于本书有专门的项目来介绍财务报告,本项目知识通过介绍资产负债表和利润表的基本内容,来呈现账务会计要素的各项内容。

(一)资产负债表

资产负债表是指反映企业在某一特定日期(如月末、季末或年末)财务状况的报表,属于重要的静态报表。它是以"资产=负债+所有者权益"这一会计等式最为理论依据,按照一定的分类标准和排列次序,将企业在某一特定日期的资产、负债和所有者权益项目进行排列编制而成。

资产负债表是左右结构,左方为资产项目,大体按资产的流动性大小排列,流动性大的资产如"货币资金"、"交易性金融资产"等排在前面,流动性小的资产如"长期股权投资"、"固定资产"等排在后面。右方为负债及所有者权益项目,一般按要求清偿时间的先后顺序排列:"短期借款"、"应付票据"、"应付账款"等需要在一年以内或者长于一年的一个正常营业周期内偿还的流动负债排在前面,"长期借款"等在一年以上才需偿还的非流动负债排在中间,在企业清算之前不需要偿还的所有者权益项目排在后面。

【例 1—3】　某公司 2016 年 12 月 31 日各资产、负债和所有者权益类账户的期末余额如表 1—1 所示。

资产类账户	借或贷	余额(元)	负债和所有者权益类账户	借或贷	余额(元)
库存现金	借	10 872	短期借款	贷	618 600
银行存款	借	522 350	应付账款	贷	152 700

续表

资产类账户	借或贷	余额(元)	负债和所有者权益类账户	借或贷	余额(元)
应收账款	借	164 700	其他应付款	贷	11 850
坏账准备	贷	14 700	应付职工薪酬	贷	74 402
其他应收款	借	14 476	应交税费	贷	23 700
材料采购	借	7 200	应付股利	贷	29 774
原材料	借	2 342 114	应付利息	贷	2 700
库存商品	借	857 250	实收资本	贷	5 501 640
长期待摊费用	借	71 400	资本公积	贷	299 700
固定资产	借	5 435 700	盈余公积	贷	191 700
累计折旧	贷	2 108 100	未分配利润	贷	396 496
合计		7 303 262	合计		7 303 262

根据上表资料编制资产负债表,如表1—2所示。

表1—2 **资产负债表**

会企01表

编制单位: 2016年12月31日 单位:元

资　产	期末余额	年初余额	负债和所有者权益(或股东权益)	期末余额	年初余额
流动资产:			流动负债:		
货币资金	533 222		短期借款	618 600	
交易性金融资产			交易性金融负债		
应收票据			应付票据		
应收账款	150 000		应付账款	152 700	
预付款项			预收款项		
应收利息			应付职工薪酬	74 402	
应收股利			应交税费	23 700	
其他应收款	14 476		应付利息	2 700	
存货	3 206 564		应付股利	29 774	
一年内到期的非流动资产			其他应付款	11 850	
其他流动资产			一年内到期的非流动负债		
流动资产合计	3 904 262		其他流动负债		
非流动资产			流动负债合计	913 726	
可供出售金融资产			非流动负债		

续表

资　产	期末余额	年初余额	负债和所有者权益（或股东权益）	期末余额	年初余额
持有至到期投资			长期借款		
长期应收款			应付债券		
长期股权投资			长期应付款		
投资性房地产			专项应付款		
固定资产	3 327 600		预计负债		
在建工程			递延所得税负债		
工程物资			其他非流动负债		
固定资产清理			非流动负债合计		
生产性生物资产			负债合计	913 726	
油气资产			所有者权益：		
无形资产			实收资本(或股本)	5 501 640	
开发支出			减：库存股		
商誉			资本公积	299 700	
长期待摊费用	71 400		盈余公积	191 700	
递延所得税资产			未分配利润	396 496	
其他非流动资产			所有者权益合计	6 389 536	
非流动资产合计	3 399 000				
资产总计	7 303 262		负债和所有者权益总计	7 303 262	

（二）利润表

利润表属于动态报表，是反映企业在一定会计期间的生产经营成果及其分配情况的会计报表。利润表和利润分配表可合并编制成一张表，也可分别编制成两张表，我国现行会计制度采用后者。

利润表是以“收入－费用＝利润”这一平衡公式所包含的经济内容为依据编制的。通过利润表可以反映企业一定会计期间的收入实现情况和费用耗费情况；可以反映企业一定会计期间生产经营活动的成果，据以判断资本保值、增值情况。可以为报表使用者提供会计主体当期收入结构、会计主体当期成本费用结构、会计主体当期利润结构。利润表有两种：单步式利润表和多步式利润表。我国现行企业会计制度采用了多步式，要通过几个步骤分别计算出营业利润、利润总额和净利润。具体方法如下：

1. 计算营业利润

营业利润＝营业收入－营业成本－营业税金及附加－销售费用－管理费用－财务费用－资产减值损失＋公允价值变动收益＋投资收益

2. 计算利润总额

利润总额＝营业利润＋营业外收入－营业外支出

3. 计算净利润

净利润=利润总额−所得税费用

【例 1—4】 根据下述资料编制利润表，如表 1—3 所示。

表 1—3

账　户	借方发生额	贷方发生额
营业收入		1 200 000
营业成本	630 000	
营业税金及附加	18 000	
销售费用	39 000	
管理费用	30 000	
财务费用	6 000	
投资收益		8 000
营业外收入		28 000
营业外支出	27 000	
所得税费用	121 500	

根据上表资料编制利润表，如表 1—4 所示。

表 1—4　　利润表

会企 02 表

编制单位：××公司　　2016 年 12 月　　单位：元

项　目	本期金额	上期金额
一、营业收入	1 200 000	
减：营业成本	630 000	
营业税金及附加	18 000	
销售费用	39 000	
管理费用	30 000	
财务费用	6 000	
资产减值损失		
加：公允价值变动收益（损失以"—"号填列）		
投资收益（损失以"—"号填列）	8 000	
其中：对联营企业和合营企业的投资收益		
二、营业利润（亏损以"—"号填列）	485 000	
加：营业外收入	28 000	
减：营业外支出	27 000	

续表

项 目	本期金额	上期金额
其中:非流动资产处置损失		
三、利润总额(亏损总额以"—"号填列)	486 000	
减:所得税费用	121 500	
四、净利润(净亏损以"—"号填列)	364 500	
五、每股收益:		
(一)基本每股收益		
(二)稀释每股收益		

二、财务报告要素

(一)资产

企业从事生产经营活动,必须具备一定的物质资源,或者说物质条件。在市场经济条件下,这些必备的物质条件表现为货币资金、原料、材料、厂房场地、机器设备等。除货币资金以及具有物质形态的资产以外,还包括那些不具备物质形态的权利,如债权、股权、专利权、商标权等。它们都是企业从事生产经营活动的物质基础。

1. 资产的概念及特征

资产是指企业过去的交易或事项形成的、由企业拥有或控制的、预期会给企业带来经济利益的资源。资产具有以下特征:

(1)资产应为企业拥有或者控制的资源

资产作为一项资源,应当由企业拥有或者控制,具体是指企业享有某项资源的所有权,或者虽然不享有某项资源的所有权,但该资源能被企业所控制。

企业享有资产的所有权,通常表明企业能够排他性地从资产中获取经济利益。一般而言,在判断资产是否存在时,所有权是考虑的首要因素。有些情况下,资产虽然不为企业所拥有,即企业并不享有其所有权,但企业控制了这些资产,同样表明企业能够从资产中获取经济利益,符合会计上对资产的概念。例如,某企业以融资租赁方式租入一项固定资产,尽管企业并不拥有其所有权,但是如果租赁合同规定的租赁期相当长,接近于该资产的使用寿命,表明企业控制了该资产的使用及其所能带来的经济利益,应当将其作为企业资产予以确认、计量和报告。

(2)资产预期会给企业带来经济利益

资产预期会给企业带来经济利益,是指资产直接或者间接导致现金和现金等价物流入企业的潜力。这种潜力可以来自企业日常的生产经营活动,也可以是非日常活动;带来经济利益的形式可以是现金或者现金等价物形式,也可以是能转化为现金或者现金等价物的形式,或者是可以减少现金或者现金等价物流出的形式。

资产预期能否会为企业带来经济利益是资产的重要特征。例如,企业采购的原材料、购置的固定资产等可以用于生产经营活动,对外出售后可收回货款,货款即为企业所获得的经济利益。如果某一项目预期不能给企业带来经济利益,那么就不能将其确认为企业的资产。前期已经确认为资产的项目，如果不能再为企业带来经济利益，也不能再确认为企业的资产。例如，已经毁损失去价值的财产、无法收回的债权等，由于不符合资产概念，均不应当确认为资产。

会计上狭义的"现金"通常是指企业的库存现金，广义的"现金"还包括随时可用于支付的企业银行存款和其他货币资金。现金等价物是指企业持有的具有以下四个特点的投资：①期限短(一般指从购买日起3个月内到期)；②流动性强(如短期债券)；③易于转换为已知金额现金；④价值变动风险很小。

(3)资产是由企业过去的交易或者事项形成的

资产应当是由企业过去的交易或者事项形成的，过去的交易或者事项包括购买、生产、建造行为或者其他交易或事项。换句话说，只有过去的交易或者事项才能产生资产，企业预期在未来发生的交易或者事项不能形成资产。例如，企业有购买某项存货的意愿或者计划，但是购买行为尚未发生，就不符合资产的概念，不能因此而确认其为存货资产。

2. 资产的确认条件

将一项资源确认为资产，需要符合资产的概念，还应同时满足以下两个条件：

(1)与该资源有关的经济利益很可能流入企业

从资产的概念来看，能否带来经济利益是资产的一个本质特征，但在现实生活中，由于经济环境瞬息万变，与资源有关的经济利益能否流入企业或者能够流入多少，实际上带有不确定性。因此，资产的确认还应与经济利益流入的不确定性程度的判断结合起来。如果根据编制财务报表时所取得的证据，与资源有关的经济利益很可能流入企业，那么就应当将其作为资产予以确认；反之，不能确认为资产。

【例1—5】 2016年12月20日，A公司状告B公司侵犯了其专利权。至2016年12月31日，法院尚未对该起诉讼案进行公开审理，A公司是否胜诉尚难判断。

对于A公司来说，将来可能胜诉而获得的赔偿(即经济利益的流入)是否可确认为2016年的一项资产？

【分析提示】 A公司将来可能胜诉而获得的赔偿(即经济利益的流入)不能确认为2016年的一项资产。因"法院尚未对该起诉讼案进行公开审理，A公司是否胜诉尚难判断"，没有足够的证据表明该经济利益很可能流入企业。

(2)该资源的成本或者价值能够可靠的计量

财务会计系统是一个确认、计量和报告的系统，其中可计量性是所有会计要素确认的重要前提，资产的确认也是如此。只有当有关资源的成本或者价值能够可靠的计量时，资产才能予以确认。在实务中，企业取得的许多资产是发生了实际成本的，例如，企业购买或者生产的存货，企业购置的厂房或者设备等，对于这些资产，只要实际发生的购买成本或者生产成本能够可靠计量，就视为符合了资产确认的可计量条件。在某些情况下，企业取得的资产没有发生实际成本或者发生的实际成本很小，例如，企业持有的某些衍生金融工具形成的资产，对于这些资产，尽管它们没有实际成本或者发生的实际成本很小，但是如果其公允价值能够可靠计量的话，也被认为符合了资产可计量性的确认条件。

一项资源在同时具备资产的三个特征的前提下，并同时满足资产确认的两项条件时，才可确认为资产。如果只符合资产的概念，但不符合资产的确认条件的，也不得确认为资产。例如，一项债权，通常是作为资产处理的。但是，如果债务人财务状况发生恶化，很可能无法偿付所欠企业的债务时，债权人企业就不应再将该笔债权视为资产披露。

3. 资产的分类

资产可按不同标准进行分类。例如，按是否具有实物形态，可分为有形资产和无形资产；按来源不同，可分为自有资产和租入资产。最常见的是按流动性分类。资产的流动性是指资产转换成现金的能力，即通过对其正常使用、最终以现金的形式实现其价值的能力。这种能力的体现一般以其变现时间的长短作为衡量标准。按流动性分类，可以将资产分为流动资产和非流动资产。

流动资产是指可以在一年内（含一年）或者超过一年的一个正常营业周期内变现的资产，如交易性金融资产、应收账款、存货等。营业周期是指企业完成一次资金循环所需要的时间。有些企业经营活动比较特殊，其营业周期可能长于一年，例如，船舶、飞机、大型机械制造，从购料到销售商品直到收回货款，周期比较长，往往超过一年，在这种情况下，一般将变现时间是否超过一个营业周期作为划分资产流动性的标志。

非流动资产是指流动资产以外的资产，如持有至到期投资、长期应收款、长期股权投资、固定资产、无形资产等。

按流动性对资产进行分类，有助于掌握企业资产的变现能力，从而可以进一步分析企业的偿债能力和支付能力。一般来说，流动资产所占比重越大，说明企业资产的变现能力越强。流动资产中，货币资金、交易性金融资产比重越大，那么其短期支付能力也越强。

资产分类及一般企业资产的主要构成内容如图1—1所示。

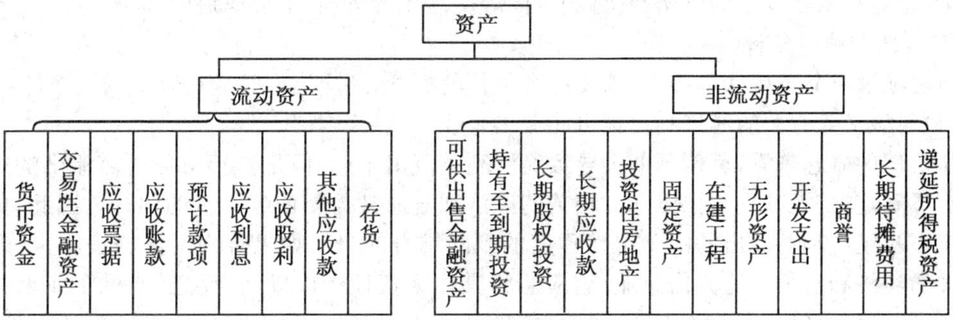

图1—1　资产的分类及其主要内容

（二）负债

1. 负债的概念及特征

负债是指企业过去的交易或者事项形成的，预期会导致经济利益流出企业的现时义务。负债具有以下特征：

（1）负债是企业承担的现时义务

负债必须是企业承担的现时义务，这是负债的一个基本特征。其中，现时义务是指企业在现行条件下已承担的义务。未来发生的交易或者事项形成的义务，不属于现时义务，不应当确认为负债。这里所指的义务可以是法概念务，也可以是推概念务。

法概念务是指因合同、法规或其他司法解释等产生的义务，通常是企业在经济管理和经济协调中，依照经济法律、法规的规定必须履行的责任。例如，企业购买原材料形成应付账款，企业向银行借入款项形成借款，企业按照税法规定应当缴纳的税款等，均属于企业承担的法概念务，需要依法予以偿还。

推概念务是指因企业的特定行为而产生的义务。企业的特定行为，泛指企业以往的习惯做法、已公开的承诺或已公开宣布的经营政策。由于以往的习惯做法，或通过这些承诺或公开的声明，企业向外界表明了它将承担特定的责任，从而使受影响的各方形成了其将履行那些责任的合理预期。

例如，甲公司是一家化工企业，因扩大经营规模，到A国创办了一家分公司。假定A国尚未针对甲公司这类企业的生产经营可能产生的环境污染制定相关法律，因而甲公司的分公司对在A国生产经营可能产生的环境污染不承担法概念务。但是，甲公司为在A国树立良好的形象，自行向社会公告，宣称将对生产经营可能产生的环境污染进行治理。甲公司的分公司为此承担的义务就属于推概念务。

(2)负债预期会导致经济利益流出企业

预期会导致经济利益流出企业也是负债的一个本质特征，只有企业在履行义务时会导致经济利益流出企业的，才符合负债的概念，如果不会导致企业经济利益流出，就不符合负债的概念。在履行现时义务清偿负债时，导致经济利益流出企业的形式多种多样，例如，用现金偿还或以实物资产形式偿还；以提供劳务形式偿还；以部分转移资产、部分提供劳务形式偿还；将负债转为资本等。

(3)负债是由企业过去的交易或者事项形成的

负债应当由企业过去的交易或者事项所形成。换句话说，只有过去的交易或者事项才形成负债，企业在未来发生的承诺、签订的合同等交易或者事项，不形成负债。

2. 负债的确认条件

将一项现时义务确认为负债，需要符合负债的概念，还应当同时满足以下两个条件：

(1)与该义务有关的经济利益很可能流出企业

从负债的概念来看，负债预期会导致经济利益流出企业，但是履行义务所需流出的经济利益带有不确定性，尤其是与推概念务相关的经济利益通常需要依赖大量的估计。因此，负债的确认应当与经济利益流出的不确定性程度的判断结合起来。如果有确凿证据表明，与现时义务有关的经济利益很可能流出企业，就应当将其作为负债予以确认；反之，如果企业承担了现时义务，但是导致经济利益流出企业的可能性若已不复存在，就不符合负债的确认条件，不应将其作为负债予以确认。

(2)未来流出的经济利益的金额能够可靠的计量

负债的确认在考虑经济利益流出企业的同时，对于未来流出的经济利益的金额应当能够可靠计量。对于与法概念务有关的经济利益流出金额，通常可以根据合同或者法律规定的金额予以确定，考虑到经济利益流出的金额通常在未来期间，有时未来期间较长，有关金额的计量需要考虑货币时间价值等因素的影响。对于与推概念务有关的经济利益流出金额，企业应当根据履行相关义务所需支出的最佳估计数进行估计，并综合考虑有关货币时间价值、风险等因素的影响。

3. 负债的分类

负债可按不同的标准进行分类。例如，按应付金额是否确定，可分为应付金额肯定的负债(如应付票据)、应付金额视经营情况而定的负债(如应交税费)、应付金额需要估计的负债(如预计负债)等；按形成渠道和偿付对象，可分为应付金融机构的负债(如短期借款)、应付投资人的负债(如应付利润)、应付给供应单位的负债(如应付账款)、应付给国家的负债(如应交税费)、应付给企业内部职工个人的负债(如应付职工薪酬)等。最常见的是按偿还期限的长短分类，一般将负债分为流动负债和非流动负债。

流动负债是指将在一年（含一年）或超过一年的一个正常营业周期内偿还的债务。例如，短期借款、应付账款、应付职工薪酬、应交税费、应付利息、应付股利、其他应付款等。

非流动负债是指流动负债以外的负债，例如，长期借款、应付债券、长期应付款等。

负债分类及一般企业负债的主要构成内容如图 1—2 所示。

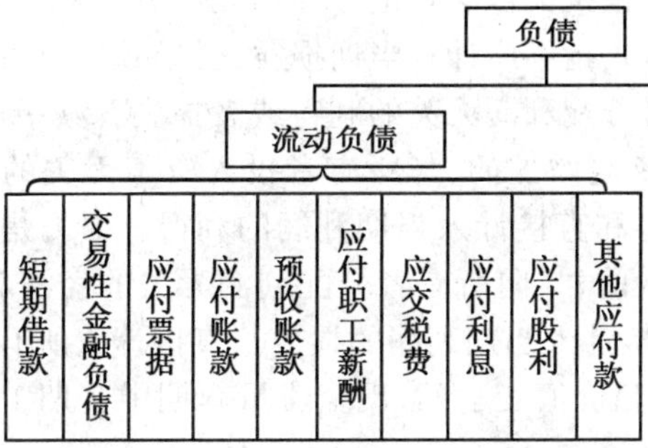

图 1—2　负债的分类及其主要内容

（三）所有者权益

1. 所有者权益的概念及特征

所有者权益是指企业资产扣除负债后由所有者享有的剩余权益。公司的所有者权益又称为股东权益。所有者权益是所有者对企业资产的剩余索取权，它是企业资产中扣除债权人权益后应由所有者享有的部分，既可反映所有者投入资本的保值增值情况，又体现了保护债权人权益的理念。

企业的所有者和债权人均是企业资金的提供者，因而所有者权益和负债（债权人权益）二者均是对企业资产的要求权，但二者之间又存在着明显的区别。所有者权益与债权人权益比较，一般具有以下四个基本特征：

（1）所有者权益在企业经营期内可供企业长期、持续地使用，企业不必向投资人返还资本金，而负债则须按期还本付息给债权人。

（2）企业所有者凭其对企业投入的资本，享受税后分配利润的权利，所有者权益是企业分配税后净利润的主要依据，它反映的是企业所有者对企业资产的索取权；债权人除按规定取得利息外，无权分配企业的盈利。负债反映的是债权人对企业资产的索取权，但债权人对企业资产的索取权通常要优先于所有者对企业资产的索取权。即所有者享有的是企业资产的剩余索取权，两者在性质上有着本质区别。

（3）企业所有者有权行使企业的经营管理权，或者授权管理人员行使经营管理权，但债权人并没有经营管理权。

（4）企业的所有者对企业的债务和亏损负有无限的责任或有限的责任，而债权人与企业的其他债务不发生关系，一般也不承担企业的亏损。

2. 所有者权益的来源构成

所有者权益的来源包括所有者投入的资本、直接计入所有者权益的利得和损失、留存收益等，通常由实收资本（或股本）、资本公积（含资本溢价或股本溢价、其他资本公积）、盈余公积和未分配利润构成，商业银行等金融企业按照规定在税后利润中提取的一般风险准备，也构成所有者权益。

所有者投入的资本是指所有者投入企业的资本部分，它既包括构成企业注册资本或者股本部分的金额，也包括投入资本超过注册资本或者股本部分的金额，即资本溢价或者股本溢价，这部分投入资本在我国企业会计准则体系中被计入了资本公积，并在资产负债表中的资本公积项目下反映。注册资本也称法定资本，是公司制企业章程规定的全体股东或发起人认缴的出资额或认购的股本总额，并在公司登记机关依法登记。

直接计入所有者权益的利得和损失，是指不应计入当期损益、会导致所有者权益发生增减变动的、与所有者投入资本或者向所有者分配利润无关的利得或者损失。其中，利得是指由企业非日常活动所形成的、会导致所有者权益增加的、与所有者投入资本无关的经济利益的流入，利得包括直接计入所有者权益的利得和直接计入当期利润的利得。损失是指由企业非日常活动所发生的、会导致所有者权益减少的、与向所有者分配利润无关的经济利益的流出，损失包括直接计入所有者权益的损失和直接计入当期利润的损失。直接计入所有者权益的利得和损失主要包括可供出售金融资产的公允价值变动额、现金流量套期中套期工具公允价值变动额(有效套期部分)等。

留存收益是企业历年实现的净利润留存于企业的部分，主要包括累计计提的盈余公积和未分配利润。

所有者权益的来源构成如图 1—3 所示。

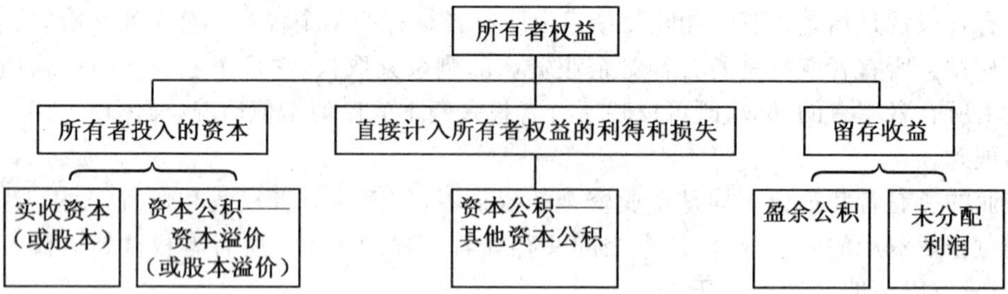

图 1—3　所有者权益的来源构成

3. 所有者权益的确认条件

所有者权益的确认、计量主要取决于资产、负债、收入、费用等其他会计要素的确认和计量。所有者权益即企业的净资产，是企业资产总额中扣除债权人权益后的净额，反映所有者(股东)财富的净增加额。通常企业收入增加时，会导致资产的增加，相应地会增加所有者权益；企业发生费用时，会导致负债增加，相应地会减少所有者权益。因此，企业日常经营的好坏和资产负债的质量将直接决定着企业所有者权益的增减变化和资本的保值增值。

企业在会计确认、计量和报告中应当严格区分负债和所有者权益，以如实反映企业的财务状况，尤其是企业的偿债能力和产权比率等。在实务中，企业某些交易或者事项可能同时具有负债和所有者权益的特征，在这种情况下，企业应当将属于负债和所有者权益的部分分开核算和列报。例如，企业发行的可转换公司债券，企业应当将其中的负债部分和权益性部分进行分拆，分别确认负债和所有者权益。

【例 1—6】 武汉钢铁股份有限公司(股票简称：武汉钢铁，证券代码：600005)2010 年半年度报告中的母公司资产负债表如表 1—5 所示。

表 1—5 母公司

资产负债表

2016 年 6 月 30 日

编制单位：武汉钢铁股份有限公司 单位：元 币种：人民币

资 产	期末余额	年初余额	负债和所有者权益（或股东权益）	期末余额	年初余额
流动资产：			流动负债：		
货币资金	1 112 141 412.61	2 974 278 725.79	短期借款	12 406 606 770.00	9 959 605 660.00
交易性金融资产			交易性金融负债		
应收票据	1 296 951 179.73	1 042 414 905.81	应付票据	3 057 126 383.86	2 998 200 000.00
应收账款	2 485 538 259.17	891 426 210.27	应付账款	13 545 573 780.00	14 710 752 345.32
预付账款	31 669 097.75	64 386 627.47	预收账款	3 668 409 414.08	4 162 365 883.80
应收利息	1 868 493.14	876 712.33	应付职工薪酬	273 695 195.30	209 524 817.98
应收股利			应交税费	−360 671 564.18	−2 198 442 703.51
其他应收款	41 009 309.44	13 439 933.75	应付利息	47 545 948.18	92 481 609.35
存货	7 683 992 013.07	5 711 270 338.85	应付股利		
一年内到期的非流动资产	50 000 000.00	50 000 000.00	其他应付款	221 920 864.60	189 297 326.15
其他流动资产			一年内到期的非流动负债	2 628 554 552.90	4 602 262 441.39
流动资产合计	12 703 169 764.91	10 748 093 454.27	其他流动负债	9 630 795.79	15 323 292.55
非流动资产：			流动负债合计	35 498 392 140.53	34 741 370 673.03
可供出售金融资产			非流动负债：		
持有至到期投资			长期借款	3 233 182 233.91	3 588 407 091.79
长期应收款			应付债券	7 199 610 613.00	7 119 791 745.00
长期股权投资	6 245 829 118.22	6 245 952 056.35	长期应付款		
投资性房地产			专项应付款		
固定资产	42 808 177 609.01	41 891 826 198.09	预计负债		
在建工程	11 389 972 795.20	13 475 438 134.97	递延所得税负债		
工程物资			其他非流动负债	84 988 550.91	84 988 550.91
固定资产清理			非流动负债合计	10 517 781 397.82	10 793 187 387.70
生产性生物资产			负债合计	46 016 173 538.35	45 534 558 060.73
油气资产			所有者权益(或股东权益)：		
无形资产			实收资本(或股本)	7 838 152 333.00	7 838 152 333.00
开发支出			资本公积	5 287 918 054.71	5 287 918 054.71
商誉			减：库存股		
长期待摊费用			专项储备	25 667 238.42	4 266 565.90
递延所得税资产	205 567 377.31	133 360 809.12	盈余公积	4 162 158 152.77	4 162 158 152.77
其他非流动资产			未分配利润	10 022 647 347.40	9 667 617 485.69
非流动资产合计	60 649 546 899.74	61 746 577 198.53	所有者权益(或股东权益)合计	27 336 543 126.30	26 960 112 592.07
资产总计	73 352 716 664.65	72 494 670 652.80	负债和所有者权益(或股东权益)总计	73 352 716 664.65	72 494 670 652.80

法定代表人： 主管会计工作负责人： 会计机构负责人：

表 1—5 反映了 2016 年 6 月 30 日武汉钢铁股份有限公司母公司的资产、负债、所有者权益的总体规模和结构，可据以进行公司财务状况。

(四)收入

1. 收入的概念及特征

收入是指企业在日常活动中形成的、会导致所有者权益增加的、与所有者投入资本无关的经济利益的总流入。收入具有以下特征：

(1)收入是企业在日常活动中形成的

日常活动是指企业为完成其经营目标所从事的经常性活动以及与之相关的活动。例如，工业企业制造并销售产品、商业企业销售商品、保险公司签发保单、咨询公司提供咨询服务、软件企业为客户开发软件、安装公司提供安装服务、商业银行对外贷款、租赁公司出租资产等，均属于企业的日常活动。

明确界定日常活动是为了将收入与利得相区分，日常活动是确认收入的重要判断标准，凡是日常活动所形成的经济利益的流入应当确认为收入；反之，非日常活动所形成的经济利益的流入不能确认为收入，而应当计入利得。例如，处置固定资产属于非日常活动，所形成的经济利益就不应确认为收入，而应当确认为利得。再如，无形资产出租所取得的租金收入属于日常活动所形成的，应当确认为收入，但是处置无形资产属于非日常活动，所形成的经济利益，不应当确认为收入，而应当确认为利得。

(2)收入会导致所有者权益的增加

与收入相关的经济利益的流入应当会导致所有者权益的增加，不会导致所有者权益增加的经济利益的流入不符合收入的概念，不应确认为收入。例如，企业向银行借入款项，尽管也导致企业经济利益的流入，但该流入并不导致所有者权益的增加，而使企业承担了一项现时义务，因此不应将其确认为收入，而应当确认为一项负债。

(3)收入是与所有者投入资本无关的经济利益的总流入

收入应当会导致经济利益的流入，从而导致资产的增加。例如，企业销售商品，应当收到现金或者在未来有权收到现金，才表明该交易符合收入的概念。但是，经济利益的流入有时是所有者投入资本的增加所致，所有者投入资本的增加不应当确认为收入，而应当将其直接确认为所有者权益。

收入可从狭义和广义两个角度理解。我国企业会计准则和国际会计准则以及美国公认会计原则、日本公认会计原则使用的都是狭义的收入概念。我国《企业会计准则——基本准则》中规定：收入，是指企业在日常活动中形成的、会导致所有者权益增加的、与所有者投入资本无关的经济利益的总流入。《企业会计准则第 14 号——收入》中所涉及的收入，包括销售商品收入、提供劳务收入和让渡资产使用权收入。狭义收入强调收入产生于日常经营活动，而不是产生于偶然的交易或事项。广义的收入包括前述狭义收入，还包括与企业日常生产经营活动没有直接关系的各项收入，即营业外收入。营业外收入项目主要有接受捐赠收入、处置固定资产净收益、处置无形资产净收益、罚款收入、债务重组收益、非货币性资产交换收益等。澳大利亚会计准则中使用的是广义的收入概念。

2. 收入的确认条件

企业收入的来源渠道多种多样，不同收入来源的特征有所不同，其收入确认条件也往往存在一些差别，例如，销售商品、提供劳务、让渡资产使用权等。一般而言，收入只有在经济利益很可能流入从而导致企业资产增加或者负债减少、经济利益的流入额能够可靠计量时才能予以确认，即收入的确认至少应当符合以下条件：

(1)与收入相关的经济利益应当很可能流入企业。

(2)经济利益流入企业的结果会导致资产的增加或者负债的减少。

(3)经济利益的流入额能够可靠计量。

3. 收入的分类

收入可按不同标准分类。按收入的来源,可分为销售商品收入、提供劳务收入、让渡资产使用权收入等。销售商品收入包括企业销售商品、产品、代制品、代修品、自制半成品、原材料、包装物等获得的收入;提供劳务收入包括提供咨询、安装、技术等服务、为客户开发软件等获得的收入;让渡资产使用权收入包括利息收入、企业转让无形资产等资产的使用权形成的使用费收入、对外出租资产收取的租金、进行债权投资收取的利息、进行股权投资取得的现金股利等。

按收入所占比重和业务主次及经常性情况,可分为主营业务收入和其他业务收入。主营业务收入是指企业经常性的、主要业务所产生的收入,如制造业的销售产品、半成品和提供工业性劳务作业的收入;商品流通企业的销售商品收入;旅游服务业的门票收入、客户收入、餐饮收入等。其他业务收入是指企业主营业务以外的其他业务所取得的收入。例如,对于制造业而言,其材料销售、技术转让、代购代销、固定资产出租、包装物出租、运输等非工业性劳务收入属于其他业务收入。

收入的分类如图 1—4 所示。

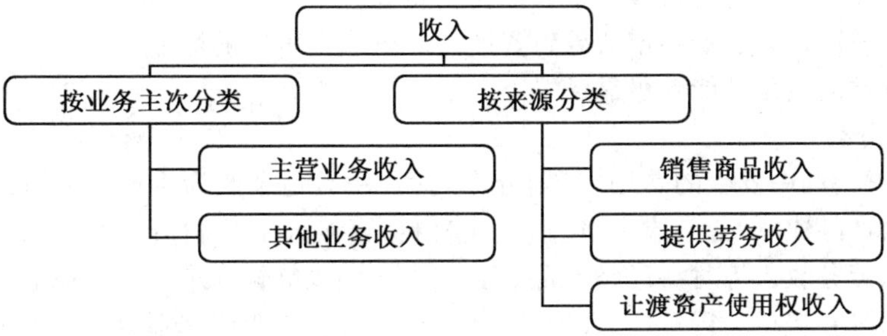

图 1—4 收入的分类

(五)费用

1. 费用的概念及特征

费用是指企业在日常活动中发生的、会导致所有者权益减少的、与向所有者分配利润无关的经济利益的总流出。根据费用的概念,费用具有以下特征:

(1)费用是企业在日常活动中形成的

费用必须是企业在其日常活动中所形成的,这些日常活动的界定与收入概念中涉及的日常活动的界定相一致。日常活动所产生的费用通常包括销售成本(营业成本)、管理费用等。将费用界定为日常活动所形成的,目的是为了将其与损失相区分,企业非日常活动所形成的经济利益的流出不能确认为费用,而应当计入损失。

(2)费用会导致所有者权益的减少

与费用相关的经济利益的流出应当会导致所有者权益的减少,不会导致所有者权益减少的经济利益的流出不符合费用的概念,不应确认为费用。

(3)费用是与向所有者分配利润无关的经济利益的总流出

费用的发生应当会导致经济利益的流出,从而导致资产的减少或者负债的增加(最终也会导致资产的减少)。其表现形式包括现金或者现金等价物的流出,存货、固定资产和无形资产等的流出或者消耗等。企业向所有者分配利润也会导致经济利益的流出，而该经济利益的流出属于投资者投资回报的分配，是所有者权益的直接抵减项目，不应确认为费用，应当将其排除在费用的概念之外。

费用可从狭义和广义两个角度理解。依据收入与费用相配比的原则，费用的概念应当是与收入相对应的。我国《企业会计准则——基本准则》中规定：费用是指企业在日常活动中发生的、会导致所有者权益减少的、与向所有者分配利润无关的经济利益的总流出。即狭义的费用是指企业因销售商品、提供劳务、让渡资产使用权等日常经营活动而形成的经济利益总流出。狭义费用强调费用因企业的日常活动而发生，不是产生于偶然的交易或事项。广义的费用包括前述狭义费用，还包括与企业日常生产经营活动没有直接关系的各项支出，即营业外支出。营业外支出项目主要有捐赠支出、罚款支出、固定资产盘亏、处置固定资产净损失、处置无形资产净损失、债务重组损失、非货币性资产交换损失等。

2. 费用的确认条件

费用的确认除了应当符合概念外，也应当满足严格的条件，即费用只有在经济利益很可能流出从而导致企业资产减少或者负债增加、经济利益的流出额能够可靠计量时才能予以确认，费用的确认至少应当符合以下条件：

(1)与费用相关的经济利益应当很可能流出企业。

(2)经济利益流出企业的结果会导致资产的减少或者负债的增加。

(3)经济利益的流出额能够可靠计量。

3. 费用的分类

企业在日常活动中发生的费用，可划分为两类：一类是企业为生产产品、提供劳务等发生的费用，应计入产品成本、劳务成本，包括直接材料、直接人工和制造费用，且企业应当在确认产品销售收入、劳务收入等时将已销产品、已提供劳务的成本等计入当期损益；另一类是不计入成本的期间费用，包括销售费用、管理费用和财务费用，企业应当在其发生时确认为费用，直接计入当期损益。

费用的分类如图1—5所示。

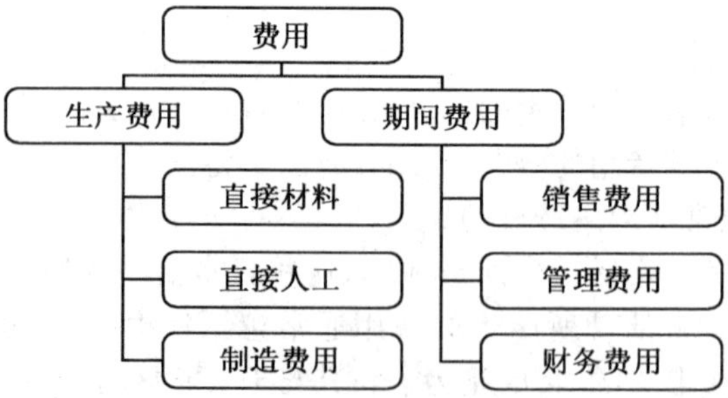

图1—5　费用的分类

(六)利润

1. 利润的概念

利润是指企业在一定会计期间的经营成果。通常情况下，如果企业实现了利润，表明企业的所有者权益将增加，业绩得到了提升；反之，如果企业发生了亏损(即利润为负数)，表明企业的所有者权益将减少，业绩下降。利润是评价企业管理层业绩的指标之一，也是投资者等财务报告使用者进行决策时的重要参考依据。

2. 利润的来源构成

利润包括收入减去费用后的净额、直接计入当期利润的利得和损失等。其中，收入减去费用后的净额反映企业日常活动的经营业绩，直接计入当期利润的利得和损失反映企业非日常活动的业绩。直接计入当期利润的利得和损失，是指应当计入当期损益、最终会引起所有者权益发生增减变动的、与所有者投入资本或者向所有者分配利润无关的利得或者损失。企业应当严格区分收入和利得、费用和损失之间的区别，以更加全面地反映企业的经营业绩。

3. 利润的确认条件

利润反映收入减去费用、利得减去损失后的净额。利润的确认主要依赖收入和费用以及利得和损失的确认，其金额的确定也主要取决于收入、费用、利得、损失金额的计量。

【例 1—7】 武汉钢铁股份有限公司(股票简称：武汉钢铁，证券代码：600005)2016 年半年度报告中的母公司利润表如表 1—6 所示。

利润表中列示了 2016 年 1～6 月武汉钢铁股份有限公司母公司的经营成果，并列示了上年同时期的经营成果。该表反映了企业一定会计期间的收入实现情况、费用耗费情况、生产经营活动的成果，即净利润的实现情况。将利润表中的信息与资产负债表中的信息相结合，可以进一步进行财务报表分析。

表 1—6　　**母公司利润表**

2016 年 1～6 月

编制单位：武汉钢铁股份有限公司　　单位：元　　币种：人民币

项　目	本期金额	上期金额
一、营业收入	38 346 068 644.92	23 236 263 151.71
减：营业成本	34 990 022 915.62	22 091 332 667.64
营业税金及附加	75 553 283.26	23 462 324.35
销售费用	243 043 048.79	139 510 803.09
管理费用	953 522 461.48	707 577 540.98
财务费用	415 825 328.42	300 549 846.69
资产减值损失	191 215 206.11	9 789 541.57
加：公允价值变动收益(损失以“—”填列)		
投资收益(损失以“—”填列)	50 165 174.54	307 795 272.61
其中：对联营企业和合营企业的投资收益	49 173 393.73	79 626 553.27
二、营业利润(亏损以“—”填列)	1 527 051 575.78	271 835 700.00
加：营业外收入	6 049 351.7	13 286 365.90
减：营业外支出	9 564 725.88	5 009 971.50
其中：非流动资产减值损失	9 464 725.88	1 240 971.37
三、利润总额(亏损总额以“—”填列)	1 523 536 201.66	280 112 094.40

续表

项　目	本期金额	上期金额
减:所得税费用	384 691 106.65	60 212 562.96
四、净利润(净亏损以"—"填列)	1 138 845 095.01	219 899 531.44
五、每股收益:		
(一)基本每股收益		
(二)稀释每股收益		
六、其他综合收益		49 285 166.97
七、综合收益总额	1 138 845 095.01	269 184 698.41

法定代表人:邓崎琳　　主管会计工作负责人:程赣秋　　会计机构负责人:余汉生

综上所述,财务报告要素项目分类如图 1—6 所示。

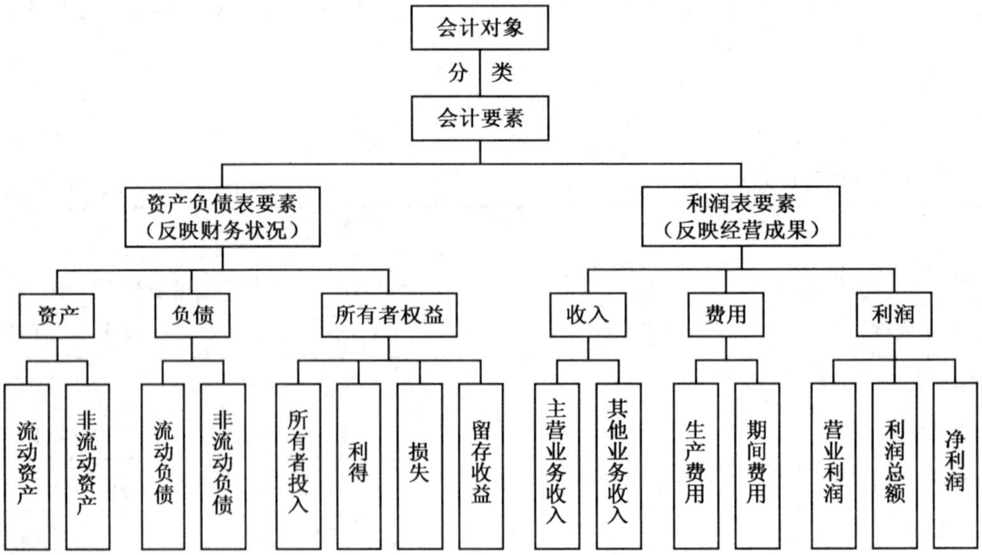

图 1—6　财务报告要素项目分类

行政事业单位的会计要素划分为资产、负债、净资产、收入和支出五大类。与企业会计要素六大类有所不同,即使相同名称的会计要素,其内容也存在较大差异。例如,《事业单位会计准则》中对各会计要素的解释为:资产是事业单位占有或者使用的能以货币计量的经济资源,包括各种财产、债权和其他权利。负债是指事业单位所承担的能以货币计量的,需要以资产或劳务偿付的债务,包括借入款项、应付账款、预收账款、其他应付款、各种应缴款项等。事业单位的净资产是指资产减去负债的差额,包括事业基金、固定基金、专用基金、结余等。收入是指事业单位为开展业务活动,依法取得的非偿还性资金,包括财政补助收入、上级补助收入、事业收入、经营收入、附属单位缴款、其他收入和基本建设拨款收入等。支出是指事业单位为开展业务活动和其他活动所发生的各项资金耗费及损失以及用于基本建设项目的开支,包括事业支出、经营支出、对附属单位补助、上缴上级支出、基本建设支出等。

会计要素是最基本的会计概念，是连接会计理论和会计实践的关键，会计要素的划分科学与否，对于完善企业会计准则、实现会计目标以及为信息使用者提供有用的会计信息具有重要意义，同时也关系到会计确认、计量、记录与报告的准确性，因此各国会计准则制定机构都致力于会计要素相关问题的研究。但由于政治、经济、法律和文化等因素的差异，各国对会计要素的划分又不尽相同。

三、会计等式

（一）反映资产、负债、所有者权益三者关系的基本会计等式

资产＝负债＋所有者权益　　(1)

这是最基本的会计等式，通常称为第一会计等式或会计恒等式。它反映了企业在任一时点所拥有的资产以及债权人和所有者对企业资产要求权的基本状况，表明了资产与负债、所有者权益之间的基本关系。

企业为了从事生产经营活动，获取利润，必须拥有一定量的资产。企业所拥有的资产，均有其来源。为企业提供资金来源者，对企业的资产就具有求索权，比如，企业投资者有参与企业管理和分享企业利润的权利。在会计上称这种求索权为权益。权益是资产的提供者对企业资产具有的要求权。企业对其资产的提供者承担着满足其要求权的经济责任。

资产与权益反映了同一经济资源的两个不同方面，即一方面是归会计主体所拥有或支配的各项资产，另一方面是经济资源提供者对资产的一系列要求的权益。资产表示企业拥有哪些经济资源，以及拥有多少。权益则表示资产的来源，即资产由谁提供，归谁所有。资产与权益是同一事物的两个方面，两者之间存在着相互依存、相互制约的关系。没有资产就没有权益，同样，没有权益也就没有资产，两者不能彼此脱离而各自独立存在。从数量方面来观察，一个企业有多少资产，就必定有多少权益；反之，有多少权益，也就必然有多少资产。从任何一个时点来观察，一个企业的资产总额必然等于权益总额。两者之间的这种数量关系可表达如下：

资产＝权益　　(2)

在现代企业中，筹集资金的方式除了投资者对企业的投资外，还有一种重要的筹资渠道就是举债。企业可以向银行等金融机构借款，也可以通过发行公司债券向社会公众借款。这些款项都有约定的支付期限，但在尚未到期偿还以前，企业可以周转使用，形成了购置企业资产的一项来源。凡是向企业提供借款的称为企业的债权人，企业为债务人。

企业所有者和债权人把资产投入企业，供企业在生产经营过程中使用，因而对企业的资产就享有一定的权利，包括在一定时间收回本金及获取投资报酬的权利等。这种权利在会计上统称为权益，其中属于债权人的权利称为债权人权益；属于所有者的权利称为所有者权益。

债权人权益和所有者权益虽然都是权益，但两者具有明显的区别。债权人将资产提供给企业后，一般要求企业到期偿还本金，并按规定的形式支付利息。所以，会计上将债权人权益称为负债。所有者将资产提供给企业，供企业长期使用，并不规定偿付期限，也不规定应定期支付的投资报酬。投资的目的是希望分享企业的利润，获取较高的报酬。所有者权益在金额上等于所有者投入企业的资本和企业累积的利润，也就是企业的全部资产扣除全部负债后的余额，在会计上称为净资产，即所有者权益。

上述等式称为静态等式，也称为资产负债表会计等式，它反映了会计主体在某一时日资产

与权益(负债和所有者权益)之间的恒等关系,是设置账户、复式记账、试算平衡、设计与编制资产负债表的理论依据。

企业在生产经营过程中发生的各种经济业务会引起各会计要素的增减变动,但无论怎样变动,都不会影响会计恒等式的平衡关系。下面通过具体的经济业务来说明其对会计恒等式的影响。

【例 1—8】 甲企业 2017 年 3 月 31 日资产总额为 800 万元,负债和所有者权益总额为 800 万元,资产与权益总额相等。该企业在 4 月份发生了以下经济业务:

1. 资产与负债要素同时等额增加

甲企业向银行借入两个月期的短期借款 5 万元,款已存入银行。

这项经济业务发生后,甲企业资产中的银行存款和负债中的短期借款同时增加了 5 万元。由于资产与负债都以相等的金额同时增加,因此等式的数量关系变成了资产=负债+所有者权益=805 万元,等式仍然平衡。

2. 资产与负债要素同时等额减少

甲企业以存款偿还了前欠乙企业的购料款 2 万元。

这项经济业务发生后,甲企业资产中的银行存款和负债中的应付账款同时减少了 2 万元。由于资产与负债都以相等的金额同时减少,因此等式的数量关系变成了资产=负债+所有者权益=803 万元,等式仍然平衡。

3. 资产与所有者权益要素同时等额增加

甲企业收到所有者追加的投资款 50 万元,款已存入银行。

这项经济业务发生后,甲企业资产中的银行存款和所有者权益中的实收资本同时增加了 50 万元。由于资产与所有者权益都以相等的金额同时增加,因此等式的数量关系变成了资产=负债+所有者权益=853 万元,等式仍然平衡。

4. 资产与所有者权益要素同时等额减少

甲企业经批准减少了注册资本 100 万元,并以银行存款发还给投资者。

这项经济业务发生后,甲企业资产中的银行存款和所有者权益中的实收资本同时减少了 100 万元。由于资产与所有者权益都以相等的金额同时减少,因此等式的数量关系变成了资产=负债+所有者权益=753 万元,等式仍然平衡。

5. 资产要素内部项目等额有增有减,负债与所有者权益要素不变

甲企业收回上个月的销货款 10 万元,款已存入银行。

这项经济业务发生后,甲企业资产中的银行存款增加了 10 万元,同时资产中的应收账款减少了 10 万元。由于资产内部一增一减,负债与所有者权益没有发生变化,因此等式的数量关系仍然是资产=负债+所有者权益=753 万元,等式仍然平衡。

6. 负债要素内部项目等额有增有减,资产与所有者权益要素不变

甲企业开出商业汇票以偿还前欠丙公司的购料款 8 万元。

这项经济业务发生后,甲企业负债中的应付票据增加了 8 万元,同时负债中的应付账款减少了 8 万元。由于负债内部一增一减,资产与所有者权益没有发生变化,因此等式的数量关系仍然是资产=负债+所有者权益=753 万元,等式仍然平衡。

7. 所有者权益要素内部项目等额有增有减,资产与负债要素不变

甲企业经批准以资本公积 50 万元转增注册资本。

这项经济业务发生后,甲企业所有者权益中的实收资本增加了 50 万元,同时所有者权益

中的资本公积减少了50万元。由于所有者权益内部一增一减，资产与负债没有发生变化，因此等式的数量关系仍然是资产＝负债＋所有者权益＝753万元，等式仍然平衡。

8. 负债要素减少，所有者权益要素等额增加，资产要素不变

甲企业经与债权人协商，将所欠20万元债务转为资本。

这项经济业务发生后，甲企业负债中的应付账款减少了20万元，所有者权益中的实收资本增加了20万元。由于负债减少，所有者权益等额增加，资产要素不变，因此等式的数量关系仍然是资产＝负债＋所有者权益＝753万元，等式仍然平衡。

9. 负债要素增加，所有者权益要素等额减少，资产要素不变

甲企业经研究决定，向投资者分配利润40万元，一个月后发放。

这项经济业务发生后，甲企业负债中的应付利润项目增加了40万元，所有者权益中的利润分配减少了40万元。由于负债增加，所有者权益等额减少，资产要素不变，因此等式的数量关系仍然是资产＝负债＋所有者权益＝753万元，等式仍然平衡。

（二）反映收入、费用和利润三者关系的基本会计等式

收入－费用＝利润　　(3)

这个会计等式是对会计基本等式的补充和发展，称为第二会计等式。它表明了企业在一定会计期间经营成果与相应的收入和费用之间的关系，说明了企业利润的实现过程。企业的资产投入营运，要取得营运收入和发生耗费，合理地比较一定期间的营业收入与费用，便可确定企业在该期间所实现的经营成果。营业收入大于费用的差额称为利润；反之，营业收入小于费用时，其差额为亏损。

上述等式称为动态会计等式，也称为利润表会计等式，它是企业计算确定经营成果，设计和编制利润表的理论依据。

（三）会计要素的综合表现形式

企业在一定时期内取得的经营成果能够对资产和所有者权益产生影响：收入可导致企业资产增加或负债减少，最终会导致所有者权益增加；费用可导致企业资产减少或负债增加，最终会导致所有者权益减少。所以，一定时期的经营成果必然影响一定时点的财务状况。因此，企业资产、负债、所有者权益、收入、费用、利润之间的数量关系存在着一种内在的有机联系。上述两个会计基本等式可以综合在一起表示为：

资产＝负债＋所有者权益＋(收入－费用)

移项：

资产＋费用＝负债＋所有者权益＋收入　　(4)

以上这个关系式是动态会计等式，表示企业在营运过程中增值的情况。收入是所有者权益的增加因素，费用是所有者权益的抵减因素。在会计期末结算时，将收入与费用配比，计算出利润，并进行利润分配，转入所有者权益中，会计等式(4)又恢复为会计等式(1)或(2)。换句话说会计等式(4)，只是在会计期间内的任一时刻(未结算之前)存在，体现企业在某一时期内的资产、负债、所有者权益、收入和费用这五者之间所存在的恒等关系。这一等式对于进一步探讨账户和复式记账原理至关重要。

关键术语

会计　核算职能　监督(控制)职能　会计的目标　可靠性　相关性　可理解性　可比性　财务报告　利润表　资产负债表　资产　负债　所有者权益　收入　费用　利润

◎ 应知考核 ◎

一、单项选择题

1. 根据资产定义，下列事项中不属于资产特征的是(　　)。

A. 资产是企业拥有或控制的经济资源

B. 资产预期会给企业带来未来经济利益

C. 资产是由企业过去交易或事项形成的

D. 资产是投资者投入的

2. 下列各项对收入的描述正确的是(　　)。

A. 在日常活动中形成的，会导致所有者权益增加的、与所有者投入资本无关的经济利益的总流入

B. 销售商品收入、提供劳务收入和让渡资产使用权收入，包括企业代第三方收取的款项

C. 销售商品收入、提供劳务收入和计入损益的利得

D. 销售商品收入、直接计入所有者权益的利得和损失和让渡资产使用权收入

3. 下列项目中，能同时使资产和负债发生变化的是(　　)。

A. 赊购商品　　B. 支付股票股利　　C. 接受捐赠　　D. 收回应收账款

4. 下列经济业务中，能引起公司股东权益总额变动的是(　　)。

A. 盈余公积弥补亏损　　B. 股东大会向投资者宣告分配现金股利

C. 向投资者分配股票股利　　D. 用资本公积金转增股本

5. 会计是以货币为(　　)计量单位，反映和监督一个单位经济活动的一种经济管理活动。

A. 主要　　B. 唯一　　C. 次要　　D. 以上答案都是错误的

6. (　　)职能是会计最基本的职能。

A. 预测和决策　　B. 分析和检查　　C. 核算　　D. 监督

7. 会计作为独立的管理职能从生产职能分离出来，大概是在(　　)。

A. 原始社会末期　　B. 古代会计时期　　C. 近代会计时期　　D. 现代会计时期

8. 企业提供的会计信息应有助于财务会计报告使用者对企业过去、现在或者未来的情况做出评价或者预测，这体现了会计核算质量要求的(　　)。

A. 相关性　　B. 可靠性　　C. 可理解性　　D. 可比性

9. 强调某一企业各期提供的会计信息应当采用一致的会计政策，不得随意变更的会计核算质量要求的是(　　)。

A. 可靠性　　B. 相关性　　C. 可比性　　D. 可理解性

10. 企业提供的会计信息应当清晰明了，便于财务会计报告使用者理解和使用。这体现的是(　　)。

A. 相关性　　B. 可靠性　　C. 及时性　　D. 可理解性

二、多项选择题

1. 下列项目中不应作为负债确认的有(　　)。

A. 因购买货物而暂欠外单位的货款

B. 按照购货合同约定以赊购方式购进货物的货款

C. 计划向银行借款 100 万元

D. 因经济纠纷导致的法院尚未判决且金额无法合理估计的赔偿

2. 相关性要求所提供的会计信息(　　)。

A. 满足企业内部加强经营管理的需要

B. 满足国家宏观经济管理的需要

C. 满足有关各方面了解企业财务状况和经营成果的需要

D. 满足提高全民素质的需要

3. 下列做法中，违背会计核算可比性的是(　　)。

A. 鉴于某项固定资产经改良性能提高，决定延长其折旧年限

B. 鉴于利润计划完成情况不佳，将固定资产折旧方法由原来的双倍余额递减法改为平均年限法

C. 鉴于某项专有技术已经陈旧过时，未来不能给企业带来经济利益，将其账面价值一次性核销

D. 鉴于某被投资企业将发生亏损，将该投资由权益法核算改为成本法核算

4. 会计信息的使用者包括(　　)。

A. 投资者　　B. 债权人

C. 企业内部经营管理者　　D. 税务部门

5. 会计的产生和发展大致经历了(　　)三个阶段。

A. 古代会计阶段　　B. 近代会计阶段　　C. 科学会计阶段　　D. 现代会计阶段

6. 会计的职能除了会计核算与监督两大基本职能外，还包括(　　)等扩展职能。

A. 会计预测　　B. 会计决策　　C. 会计控制　　D. 会计分析

7. 下列等式中属于正确的会计等式的有(　　)。

A. 资产＝权益　　B. 资产＝负债＋所有者权益

C. 收入－费用＝利润　　D. 资产＝负债＋所有者权益＋(收入－费用)

8. 能够引起会计等式左右两边会计要素变动的经济业务有(　　)。

A. 收到某单位前欠货款存入银行　　B. 以银行存款偿还短期借款

C. 收到某企业投入设备一套　　D. 以银行存款偿还前欠货款

9. 下列项目中，反映企业财务状况要素的有(　　)。

A. 负债　　B. 收入　　C. 费用　　D. 利润

10. 下列项目中，反映企业经营成果的会计要素有(　　)。

A. 资产　　B. 收入　　C. 费用　　D. 利润

三、判断题

1. 会计是以货币为主要计量单位，反映和监督一个单位经济活动的一种经济管理工作。(　　)

2. 会计的基本职能包括进行会计核算和实施会计监督两个方面。(　　)

3. 会计核算与会计监督两大职能相辅相成，辩证统一，会计监督居于主导地位。(　　)

4. 会计要素分为资产、负债、所有者权益、收入、费用和利润，统称为企业的六大会计要素。(　　)

5. 流动资产是指可以在1年或超过1年的一个营业周期内变现或耗用的资产。(　　)

6. 留存收益是归所有者共有的，由收益转化而形成的所有者权益，主要包括法定盈余公积、任意盈余公积和未分配利润。(　　)

7. 反映企业财务状况的会计要素是收入、费用和利润。(　　)

8. 负债增加则资产一定增加。(　　)

9. 负债是指企业过去的交易或者事项形成的、预期会导致经济利益流出企业的现时义务。(　　)

10. 资产是指能为企业带来经济利益的资源。(　　)

四、简述题

1. 简述会计的概念和特征。

2. 简述核算和监督职能的关系。

3. 简述高质量的会计信息质量要求。
4. 简述资产的概念及特征。
5. 简述收入的确认条件。

◎ 应会考核 ◎

★观念应用

【背景资料】

资料：东方电子实业有限公司 2017 年 10 月 1 日资产、负债及所有者权益状况如表 1—7 所示。

表 1—7　　2016 年 10 月 1 日　　单位：元

资　产	金　额	负债及所有者权益	金　额
库存现金	1 600	短期借款	36 000
银行存款	52 000	应付账款	84 000
应收账款	70 000	应交税费	16 000
原材料	84 000	长期借款	212 000
长期股权投资	280 000	实收资本	520 000
固定资产	400 000	资本公积	19 600
总　计	887 600	总　计	887 600

该公司 10 月份发生下列经济业务。

(1)5 日，以银行存款购入材料24 000元；

(2)7 日，将长期借款债务200 000元转为银行对本企业的投资；

(3)13 日，外单位投入机器设备一台，价值100 000元；

(4)15 日，以银行存款偿还应付账款10 000元。

【考核要求】

根据上述资料判断财务报告要素增减情况，完成下表 1—8(变动金额增加用“+”表示，减少用“—”表示)。

表 1—8　　单位：元

资　产	原金额	变动金额	变动后金额	负债及所有者权益	原金额	变动金额	变动后金额
库存现金	1 600			短期借款	36 000		
银行存款	52 000			应付账款	84 000		
应收账款	70 000			应交税费	16 000		
原材料	84 000			长期借款	212 000		
长期股权投资	280 000			实收资本	520 000		
固定资产	400 000			资本公积	19 600		
总计	887 600			总计	887 600		

★技能应用

星海公司2017年7月31日的资产负债表显示资产总计375 000元，负债总计112 000元，该公司2016年8月份发生如下经济业务：

(1)用银行存款购入全新机器一台，价值30 000元。

(2)投资者投入原材料，价值10 000元。

(3)以银行存款偿还所欠供应单位账款5 000元。

(4)收到购货单位所欠账款8 000元，收存银行。

(5)将一笔长期负债50 000元转化为对企业的投资。

(6)按规定将20 000元资本公积金转增资本金。

【技能要求】

根据经济业务的类型及其对会计等式的影响，分析下面两个问题：

(1)根据8月份发生的经济业务，分析说明引起会计要素情况的影响。

(2)计算8月份末星海公司的资产总额、负债总额和所有者权益总额。

★案例分析

【情景与背景】

在某大学任教的王毅教授暑假期间遇到四位活跃于股市的大学同学，这四位同学中，第一位是代理股票买卖的证券公司的经纪人，第二位是受国家投资公司委托任某公司董事，第三位是个人投资者，最后一位是某报经济栏目的记者。

他们在聚会时一起谈论关于股票投资的话题，当讨论到如何在股市中操作时，四位同学都发表了自己的意见。他们的答案分别是：

经纪人：随大流。

董事：跟着感觉走。

个人投资者：关键是获取各种信息，至于财务信息是否重要很难说。

记者：至关重要的是掌握公司财务信息。

回到学校，王毅教授将四个同学的答案说给了同学们。

【分析要求】

假如你是其中的听者，试问你支持哪种见解？为什么？

◎ 项目实训 ◎

【实训项目】

财务报告要素

【实训情境】

泰豪公司某年5月31日有关资产、负债和所有者权益的情况见表1—9。

表1—9 单位：元

项　目	金　额	资　产	负　债	所有者权益
生产用厂房	190 000			
办公用房	120 000			
库存产成品	300 000			

续表

项　目	金　额	资　产	负　债	所有者权益
库存半成品	150 000			
货运汽车	60 000			
库存现金	2 000			
银行存款	278 000			
持有的某公司债券	80 000			
应收回的销货款	50 000			
应付购料款	64 000			
尚未偿还的银行借款	186 000			
应支付的职工工资	40 000			
尚未缴纳的税金	10 000			
国家投入的资金	500 000			
外商投入的资金	220 000			
本年已实现利润	120 000			
以前年度的未分配利润	90 000			
合　计				

【实训任务】

要求:根据所给资料,划分各项目所属的财务报告要素(资产、负债和所有者权益)类别,并汇总各类金额,检验其平衡关系。

项目二　会计核算基础

【知识目标】

理解：会计科目的概念和分类、会计账户的概念、会计账户的基本结构。

熟知：财务报告要素确认与计量的原则、会计科目设置的原则、会计科目与会计账户的关系。

掌握：会计核算的基本前提、复式记账与借贷记账法、权责发生制和收付实现制。

【技能目标】

复式记账是各种会计记账方法的基础，能够应用借贷记账法处理简单的经济业务、编制试算平衡表等技能，以培养学生掌握应用会计记账方法的能力。

【素质目标】

能够运用所学的会计理论和实务知识研究相关案例，培养和提高学生在特定业务情境中分析问题和决策设计的能力，结合“总论”的教学内容，分析会计行业的善恶，强化学生的职业道德素养。

【项目引例】

会计核算中的记录交易错误理解

张山和李斯拥有一家面包房，他们做的姜汁面包非常有名。他们都没有接受过会计教育。但他们认为只要在记录采用复式记账的方法就不会出现错误了，于是自己设计了一个用来记录交易的系统，自认为很有效。下面列示的是本月所发生的一些交易：

(1)收到商品的定单，当货物发出后将收到1 000元。

(2)发出一份商品定单，订购价值600元的商品。

(3)将货物运给顾客并收到1 000元。

(4)收到所订的货物并支付600元现金。

(5)用现金支付银行400元的利息。

(6)赊购6 000元的设备。

张山和李斯对以上业务进行了记录，如下表所示。

资产＝		负债＋所有者权益	＋(收入－费用)	
收到商品定单	1 000		销售	1 000
发出订购商品的定单	600		存货支出	－600
现金	1 000			

续表

资产=		负债+所有者权益		+(收入-费用)	
将货物发运给顾客	-1 000				
收到所定的商品	600	应付账款	-600		
支付现金	400			利息支出	-400
赊购设备		应付账款	6 000	设备支出	-6 000

【讨论】

(1)向他们解释他们对记录交易的错误理解。

(2)请改正他们记录中的错误。

知识精讲

任务一　会计核算的基本前提

会计核算的基本前提,也称为会计的基本假设,是指会计核算工作赖以生存的前提条件。它是人们对某些未被确切认识的事物,根据客观的正常的情况和趋势,所做的合乎情理的推论而形成的一系列不需要证明就可以接受的假定前提。它概括了现代会计的基本先决条件,是会计理论中最基础的组成部分,是会计核算工作赖以存在的前提条件。

会计基本假设是企业会计确认、计量和报告的前提,是对会计核算所处时间、空间环境等所做的合理设定。会计基本假设包括会计主体、持续经营、会计分期和货币计量。

一、会计主体

会计主体,是指企业会计确认、计量和报告的空间范围。为了向财务报告使用者反映企业财务状况、经营成果和现金流量,提供与其决策有用的信息,会计核算和财务报告的编制应当集中反映特定对象的活动,并将其与其他经济实体区别开,才能实现财务报告的目标。

在会计主体假设下,企业应当对其本身发生的交易或者事项进行会计确认、计量和报告,反映企业本身所从事的各项生产经营活动。明确界定会计主体是开展会计确认、计量和报告工作的重要前提。

首先,明确会计主体,才能划定会计所要处理的各项交易或事项的范围。在会计工作中,只有那些影响企业本身经济利益的各项交易或事项才能加以确认、计量和报告,那些不影响企业本身经济利益的各项交易或事项则不能加以确认、计量和报告。会计工作中通常所讲的资产和负债的确认、收入的实现、费用的发生等,都是针对特定会计主体而言的。

其次,明确会计主体,才能将会计主体的交易或者事项与会计主体所有者的交易或者事项以及其他会计主体的交易或者事项区分开。例如,企业所有者的经济交易或者事项是属于企业所有者主体所发生的,不应纳入企业会计核算的范围,但是企业所有者投入到企业的资本或者企业向所有者分配的利润,则属于企业主体所发生的交易或者事项,应当纳入企业会计核算的范围。

【例 2－1】 汪女士是一位退休的会计人员，因其具有丰富的会计专业知识和实务操作经验，同时被 A、B、C 三家企业聘请，代为进行会计核算工作。该例子中涉及的会计主体有几个？

若 A 企业向 B 企业销售了一批物资，货款尚未收取。汪女士应如何记账？

若 C 企业为一家个人独资企业，该企业老板个人及其家庭成员的生活开支如房租、水电费等，是否可以计入 C 企业的成本费用中？

【分析提示】 该例子中涉及的会计主体有三个：A 企业、B 企业和 C 企业。

汪女士应这样记账：A 企业确认销售收入，并同时确认对 B 企业的应收账款；B 企业将所采购的物资确认为资产入账，并同时确认对 A 企业的应付账款。C 企业老板及其家庭成员的生活开支不能纳入 C 企业的会计核算中。

会计主体不同于法律主体。一般来说，法律主体必然是一个会计主体。例如，一个企业作为一个法律主体，应当建立财务会计系统，独立反映其财务状况、经营成果和现金流量等。但是，会计主体不一定是法律主体。例如，就企业集团而言，母公司拥有若干子公司，母、子公司虽然是不同的法律主体，但是母公司对子公司拥有控制权，为了全面反映企业集团的财务状况、经营成果和现金流量，有必要将企业集团作为一个会计主体，编制合并财务报表。在这种情况下，尽管企业集团不属于法律主体，但它却是会计主体。再如，由企业管理的证券投资基金、企业年金、基金等，尽管不属于法律主体，但属于会计主体，应当对每项基金进行会计确认、计量和报告。

二、持续经营

持续经营，是指在可以预见的将来，企业将会按当前的规模和状态继续经营下去，不会停业，也不会大规模削减业务。持续经营前提是规定了会计核算的时间范围。它要求会计确认、计量和报告应当以企业持续、正常的生产经营活动为前提，并在此前提下选择会计程序及会计处理方法。明确这个前提，会计人员就可在此基础上选择会计原则和方法，比如资产能够按计量基础计算成本，费用能够定期进行分配。

企业会计准则体系是以企业持续经营为前提加以制定和规范的，涵盖了从企业成立到清算（包括破产）整个期间的交易或者事项的会计处理。如果一个企业在不能持续经营时还假定企业能够持续经营，并仍按持续经营基本假设选择会计确认、计量和报告的原则与方法，就不能客观地反映企业的财务状况、经营成果和现金流量，会误导会计信息使用者的经营决策。

【例 2－2】 某企业购入一条生产线，预计使用寿命为 10 年，考虑到该企业将会持续经营下去，因此可以假定企业的固定资产会在持续的生产经营过程中长期发挥作用，并服务于生产经营过程，即不断地为企业生产产品，直至生产线使用寿命结束。为此，该生产线就应当根据历史成本进行记录，并采用折旧的方法，将历史成本分摊到预计使用寿命期间所生产的相关产品的成本当中。

当然，在市场经济环境下，任何企业都存在着破产、清算的风险，也就是说，企业不能持续经营的可能性总是存在的。因此，需要企业定期对其持续经营基本假设做出分析和判断。如果可以判断企业不能持续经营，就应当改变会计核算的原则和方法，并在企业财务报告中作相应披露。如果一个企业在不能持续经营时还假定企业能够持续经营，并仍按持续经营的基本假设选择会计核算的原则和方法，就不能客观地反映企业的财务状况、经营成果和现金流量，就会误导财务报告使用者的经济决策。

三、会计分期

会计分期，是指将一个企业持续经营的生产经营活动划分为一个个连续的、长短相同的期间。会计分期的目的，在于通过会计期间的划分，将持续经营的生产经营活动划分成连续、相等的期间，据以结算盈亏，按期编报财务报告，从而及时向财务报告使用者提供有关企业财务状况、经营成果和现金流量的信息。

根据持续经营假设，一个企业将按当前的规模和状态持续经营下去。但是，无论是企业的生产经营决策还是投资者、债权人等有关各方的决策都需要及时的信息，因此，需要将企业持续的生产经营活动划分为一个个连续的、长短相同的期间，分期确认、计量和报告企业的财务状况、经营成果和现金流量。明确会计分期假设意义重大，由于会计分期，才产生了当期与以前期间、以后期间的差别，才使不同类型的会计主体有了记账的基准，进而出现了折旧、摊销等会计处理方法。

在会计分期假设下，企业应当划分会计期间、分期结算账目和编制财务报告。会计期间通常分为年度和中期。中期，是指短于一个完整的会计年度的报告期间，包括月度、季度和半年度。

会计年度的运用，与各国或地区的政治、历史、习惯等密切相关。对会计年度的划分，主要有公历年度、预算年度、营业年度等标准。世界各国的会计年度有多种不同类型。有采用历年制的，如德国、俄罗斯等国家。我国《会计法》第十一条规定："会计年度自公历1月1日至12月31日止。"有采用十月制的，从10月1日至次年9月30日为一个会计年度，如美国、墨西哥等国家。有采用七月制的，从7月1日至次年6月30日为一个会计年度，如瑞典、澳大利亚等国家。有采用四月制的，从4月1日至次年3月31日，如英国、加拿大等国家。除此之外还有其他类型的，此处就不一一列述了。

四、货币计量

货币计量，是指会计主体在财务会计确认、计量和报告时以货币作为统一的、主要的计量单位，记录和反映会计主体的生产经营活动。

货币计量有两层概念：

（一）会计核算要以货币作为主要的计量尺度

我国《会计法》第十二条规定，"会计核算以人民币为记账本位币。业务收支以人民币以外的货币为主的单位，可以选定其中一种作为记账本位币，但是编报的财务会计报表应当折算为人民币。"记账本位币是在会计核算中，日常登记账簿和编制会计报表用以计量的货币，也就是单位会计核算业务主要使用的货币。为了完整地反映经济业务全貌，在以货币作为主要计量单位的同时，有必要也应当以实物量度和劳动量度作为补充。

（二）假定币值稳定

只有在币值稳定或相对稳定的情况下，不同时点上的资产的价值才有可比性，不同期间的收入和费用才能进行比较，并计算确定其经营成果，会计核算提供的会计信息才能真实地反映会计主体的经济活动情况。但现实经济社会中，币值变动时有发生，有时甚至还可能发生急剧变动，出现恶性通货膨胀，此时可采用"通货膨胀会计"。但无论如何，货币计量及币值不变，仍然是组织正常会计核算的基本前提。

在会计的确认、计量和报告过程中之所以选择货币为基础进行计量，是由货币的本身属性决定的。货币是商品的一般等价物，是衡量一般商品价值的共同尺度，具有价值尺度、流通手段、贮藏手段和支付手段等特点。其他计量单位，如重量、长度、容积、台、件等，只能从一个侧面反映企业的生产经营情况，无法在量上进行汇总和比较，不便于会计计量和经营管理。只有选择货币尺度进行计量，才能充分反映企业的生产经营情况，所以，《企业会计准则——基本准则》规定，会计确认、计量和报告选择货币作为计量单位。

在有些情况下，统一采用货币计量也有缺陷，某些影响企业财务状况和经营成果的因素，如企业经营战略、研发能力、市场竞争力等，往往难以用货币来计量，但这些信息对于使用者制定决策也很重要，此时企业可以在财务报告中补充披露有关非财务信息来弥补上述缺陷。

【例2—3】 某中国境内的股份有限公司系外资合资企业，生产的产品在国内和国外均有销售。随着业务的拓展，外销业务不断扩大，到2010年12月，外销业务占其全部业务的80%以上，而且主要集中在西欧国家。企业财务部门考虑收入业务主要是欧元区国家，而且每天按外汇牌价折算人民币也非常繁琐，于是便向公司董事会提出会计核算由人民币为记账本位币改为以欧元为记账本位币。

该企业改变记账本位币的依据是什么？若采用欧元作为记账本位币，其日常会计核算和会计报表的编报应遵守什么规定？

【分析提示】 该企业改变记账本位币依据的是我国《会计法》第十二条规定，业务收支以人民币以外的货币为主的单位，可以选定其中一种货币作为记账本位币。若采用欧元作为记账本位币，该企业主要的会计核算业务即日常登记账簿和编制财务会计报表所使用的货币为欧元，但是编报的财务会计报表应当折算为人民币。

任务二　财务报告要素确认、计量的原则

财务报告要素确认、计量的原则主要包括资产、收入、费用与利润的确认与计量原则，即历史成本原则、实质重于形式原则、重要性原则、谨慎性原则、收入与费用、配比原则划分收益性支出与资本性支出原则。

一、历史成本

历史成本又称实际成本，就是取得或制造某项财产物资时所实际支付的现金或者其他等价物。在历史成本计量下，资产按照其购置时支付的现金或者现金等价物的金额，或者按照购置资产时所付出的对价的公允价值计量；负债按照其因承担现时义务而实际收到的款项或者资产的金额，或者承担现时义务的合同金额，或者按照日常活动中为偿还负债预期需要支付的现金或者现金等价物的金额计量。

二、实质重于形式

实质重于形式要求企业应当按照交易或者事项的经济实质进行会计确认、计量和报告，不仅仅以交易或者事项的法律形式为依据。企业发生的交易或事项在多数情况下，其经济实质和法律形式是一致的。但在有些情况下会出现不一致。

例如，以融资租赁方式租入的资产虽然从法律形式上来讲企业并不拥有其所有权，但是由

于租赁合同中规定的租赁期相当长，接近于该资产的使用寿命，租赁期结束时承租企业有优先购买该资产的选择权，在租赁期内承租企业有权支配租入资产并从中受益等。因此，从其经济实质来看，企业能够控制融资租入资产所创造的未来经济利益，在会计确认、计量和报告上就应当将以融资租赁方式租入的资产视为企业的资产，列入企业的资产负债表。

又如，企业按照销售合同销售商品但又签订了售后回购协议，虽然从法律形式上实现了收入，但如果企业没有将商品所有权上的主要风险和报酬转移给购货方，没有满足收入确认的各项条件，即使签订了商品销售合同或者已将商品交付给购货方，也不应当确认销售收入。

三、重要性

重要性要求企业提供的会计信息应当反映与企业财务状况、经营成果和现金流量有关的所有重要交易或者事项。在实务中，如果会计信息的省略或者错报会影响投资者等财务报告使用者据此做出的决策，该信息就具有重要性。重要性的应用需要依赖职业判断，企业应当根据其所处环境和实际情况，从项目的性质和金额大小两方面加以判断。

四、谨慎性

谨慎性要求企业对交易或者事项进行会计确认、计量和报告时应当保持应有的谨慎，不应高估资产或者收益，低估负债或者费用。

在市场经济环境下，企业的生产经营活动面临着许多风险和不确定性，如应收款项的可收回性、固定资产的使用寿命、无形资产的使用寿命、售出商品可能发生的退货或者返修等。会计信息质量的谨慎性要求，需要企业在面临不确定性因素的情况下做出职业判断时，应当保持应有的谨慎，充分估计到各种风险和损失，既不高估资产或者收益，也不低估负债或者费用。例如，要求企业对可能发生的资产减值损失计提资产减值准备，对售出商品可能发生的保修义务等确认预计负债等，就体现了会计信息质量的谨慎性要求。

谨慎性的应用也不允许企业设置秘密准备，如果企业故意低估资产或者收益，或者故意高估负债或者费用，将不符合会计信息的可靠性和相关性要求，损害会计信息质量，扭曲企业实际的财务状况和经营成果，从而对使用者的决策产生误导，这是会计准则所不允许的。

五、收入与费用配比

企业通过经营活动获取营业收入必然会发生相应的耗费。为了确定某一会计期间的经营收益，根据权责发生制会计核算基础，在确定本期营业收入与营业费用外，还需要将营业收入与营业费用进行配比，以计算经营收益。收入与费用配比会计惯例要求企业在进行会计核算时，收入与其耗费应当相互配比，同一会计期间内的各项收入与其相关的耗费，应当在该会计期间内确认。收入与费用配比会计惯例包括两层概念：①因果配比，是指将营业收入与营业费用相配比，计算出营业利润，即“营业收入－营业费用＝营业利润”；②时间配比，是指将一定时期的收入与同期的费用相配比，而不能将本期收入与上期费用配比，这也是权责发生制会计核算基础的基本要求。

六、划分收益性支出与资本性支出

收益性支出是指企业所发生的支出仅与一个会计期间的收益相关，例如，购买办公用品的支出、支付的当月职工工资薪酬等；资本性支出是指企业发生的支出不仅仅与一个会计期间的收益相关，而是与一个以上的会计期间相关，例如，企业购建一栋厂房，该厂房在使用寿命期内，企业收益都和该项支出相关。企业在会计核算中应当正确划分收益性支出与资本性支出，两类不同性质的支出在对外会计报表中的列示不同：收益性支出应列入利润表中，计入当期损益，以便正确计算企业当期的经营成果；资本性支出应列入资产负债表中，作为企业资产反映，以便真实地反映企业的财务状况。这主要是因为：收益性支出的效益只在一个会计期间发挥作用，而资本性支出的效益却可以在连续的一个以上的会计期间发挥作用。

任务三　会计科目和账户

一、会计科目

(一)会计科目的概念

会计科目是对会计要素的具体内容进行分类核算的项目。具体地说，它是按照经济业务的内容和经济管理的要求，对会计要素作进一步分类，以达到对各种不同类型、不同内容的经济业务进行分类核算、分类控制的目的。

(二)会计科目设置的原则

会计科目作为反映会计要素的构成及其变化情况，为投资者、债权人、企业经营管理者等提供会计信息的重要手段，在其设置过程中应努力做到科学、合理、适用，应遵循以下原则。

1. 合法性原则

为了保证会计信息的可比性，会计科目一般由国家财政部门统一制定，以便统一"口径"，充分发挥会计管理的作用。企业应按统一的会计准则的要求设置和使用会计科目。在不影响会计核算要求和会计报表指标汇总，以及对外提供统一的会计报表的前提下，"企业可以根据自身的实际情况自行增设、减少或合并某些会计科目。

2. 相关性原则

会计科目的设置，应为有关各方提供所需要的会计信息服务，满足对外报告与对内管理的要求。要求充分考虑会计信息的使用者对本企业会计信息的需要设置会计科目，以提高会计核算所提供的会计信息相关性，满足相关各方的信息需求。

3. 实用性原则

企业的组织形式、所处行业、经营内容及业务种类等不同，在会计科目的设置上亦应有所区别。在合法性的基础上，应根据企业自身特点，设置符合企业需要的会计科目。会计科目的名称要求简单明确、字意相符，这样才能避免误解和混乱。会计科目要统一编号，一般由财政部统一规定。

(三)会计科目的分类

为了便于掌握运用不同的会计科目，有必要对会计科目进行分类。

1. 按会计科目所提供会计信息的详细程度及统驭关系分类

按会计科目所提供会计信息的详细程度及统驭关系的不同，可分为总分类科目(一级会计科目或总账科目)和明细分类科目。

(1)总分类科目

总分类科目是对会计要素进行总括分类的科目,它所提供的核算指标是企业各类经济业务的总括指标。例如,通过“固定资产”科目,我们可以了解到某一时期内企业所有固定资产的增加、减少和结存的总括情况。总分类科目一般是由财政部统一制定的。

(2)明细分类科目

明细分类科目是对总分类科目作进一步分类,以提供更详细、更具体会计信息的科目。对于明细科目较多的总分类科目,可在总分类科目与明细科目之间设置二级或多级科目,如表2—1所示。

表2—1　　总分类科目与明细分类科目的关系表

总分类科目	明细分类科目	
一级科目	二级科目(子目)	三级科目(细目)
原材料	原材料及主要材料	圆木
		方木
	辅助材料	油漆
		润滑油
	燃料	煤
		天然气

在实际工作中,对于明细分类科目的设置,企业可以根据需要自行设计和确定,并不是所有总分类科目都必须设置明细分类科目的,如“库存现金”“坏账准备”这些总分类科目一般就不设明细科目。

2. 按会计科目所反映的经济内容分类

按会计科目所反映的经济内容不同,可分为资产类科目、负债类科目、共同类科目、所有者权益类科目、成本类科目和损益类科目。

(1)资产类科目

资产类科目是反映企业各种财产、物资增减变化和结存情况的科目。“库存现金”“银行存款”“库存商品”“应收账款”“交易性金融资产”“固定资产”等均属于这类科目。

(2)负债类科目

负债类科目是反映企业在一定时间内所承担债务的增加变化和结存情况的科目。“短期借款”“应付票据”“应付职工薪酬”“应付账款”“应交税费”“长期借款”等均属于这类科目。

(3)共同类科目

共同类科目是指可能具有资产性质,也可能具有负债性质,其性质取决于科目核算的结果(期末余额),当其核算结果出现借方余额时,则作为资产科目,而当其出现贷方余额时则作为负债科目。共同类科目包括“清算资金往来”“货币兑换”“衍生工具”“套期工具”“被套期项目”。

(4)所有者权益类科目

所有者权益类科目是对企业所有者权益的具体内容进行分类核算的项目,是提供有关所有者权益类项目会计信息的会计科目。“实收资本”“资本公积”“盈余公积”“本年利润”“利润分配”等均属于这类科目。

(5)成本类科目

成本类科目是指用于核算成本的发生和归集情况，提供成本有关信息的会计科目，包括“生产成本”“劳务成本”“制造费用”等科目。该科目可以反映经营过程中某一阶段所发生的各项生产费用。

(6)损益类科目

损益类科目是用来核算企业的各种收入和费用的科目，包括收入类和费用类两类科目。收入类科目是用来核算企业在一定时期内取得的各种收入和收益的，如“主营业务收入”“其他业务收入”“营业外收入”等；费用类科目是用来核算企业在一定时期内所发生的应计入当期损益的各项费用、成本和支出的科目，如“主营业务成本”“管理费用”“销售费用”“营业外支出”等。

企业常用的会计科目表如表2—2所示。

表2—2 **会计科目表**

序号	编号	会计科目名称	序号	编号	会计科目名称
一、资产类					
1	1001	库存现金	22	1521	持有至到期投资
2	1002	银行存款	23	1522	持有至到期投资减值准备
3	1015	其他货币资金	24	1523	可供出售金融资产
4	1101	交易性金融资产	25	1524	长期股权投资
5	1121	应收票据	26	1525	长期股权投资减值准备
6	1122	应收账款	27	1526	投资性房地产
7	1123	预付账款	28	1531	长期应收款
8	1131	应收股利	29	1541	未实现融资收益
9	1132	应收利息	30	1601	固定资产
10	1133	其他应收款	31	1602	累计折旧
11	1141	坏账准备	32	1603	固定资产减值准备
12	1321	代理业务资产	33	1604	在建工程
13	1401	材料采购	34	1605	工程物资
14	1402	在途物资	35	1606	固定资产清理
15	1403	原材料	36	1701	无形资产
16	1404	材料成本差异	37	1702	累计摊销
17	1406	库存商品	38	1703	无形资产减值准备
18	1407	发出商品	39	1711	商誉
19	1410	商品进销差价	40	1801	长期待摊费用
20	1411	委托加工物资	41	1811	递延所得税资产
21	1412	包装物及低值易耗品	42	1901	待处理财产损溢
二、负债类					
43	2001	短期借款	53	2314	代理业务负债
44	2101	交易性金融负债	54	2401	预提费用
45	2201	应付票据	55	2411	预计负债
46	2202	应付账款	56	2501	递延收益

续表

序 号	编 号	会计科目名称	序 号	编 号	会计科目名称
47	2205	预收账款	57	2601	长期借款
48	2211	应付职工薪酬	58	2602	长期债券
49	2221	应交税费	59	2801	长期应付款
50	2231	应付股利	60	2802	未确认融资费用
51	2232	应付利息	61	2811	专项应付款
52	2241	其他应付款	62	2901	递延所得税负债
三、共同类					
63	3101	衍生工具	65	3202	被套期项目
64	3201	套期工具			
四、所有者权益类					
66	4001	实收资本	69	4103	本年利润
67	4002	资本公积	70	4104	利润分配
68	4101	盈余公积	71	4201	库存股
五、成本类					
72	5001	生产成本	74	5201	劳务成本
73	5101	制造费用	75	5301	研发支出
六、损益类					
76	6001	主营业务收入	84	6601	销售费用
77	6051	其他业务收入	85	6602	管理费用
78	6101	公允价值变动损益	86	6603	财务费用
79	6111	投资收益	87	6604	勘探费用
80	6301	营业外收入	88	6701	资产减值损失
81	6401	主营业务成本	89	6711	营业外支出
82	6402	其他业务成本	90	6801	所得税
83	6405	营业税金及附加	91	6901	以前年度损益调整

二、会计账户

(一)会计账户的概念

会计账户也称账户,是根据会计科目开设的,用以分类、系统、连续地记录各项经济业务,反映会计要素增减变化及其结果的一种信息载体。

通过科学地设置会计科目,只能达到对企业会计核算内容(会计要素)进行分类的目的,并不能通过其本身把这些内容的数量变动表现出来,因而必须设置账户。

(二)会计账户的基本结构

为了在账户中记录各项经济业务的发生所引起各会计要素的增减变动,要求账户有一定的结构。在实际工作中,账户的结构根据企业核算和管理以及提供会计信息的需要,有多项不同的内容,但是任何一种账户格式都应包括下列内容,账户格式如表 2—3 所示。

(1)账户的名称,即会计科目。

(2)日期和摘要,即经济业务发生的时间和内容。

(3)凭证号数,即账户记录的来源和依据。

(4)反映增加和减少的金额及余额。

表 2—3　　账户名称(会计科目)

日　期	凭证号数	摘　要	增加金额	减少金额	余　额

为了便于学习,在会计教学过程中,我们经常采用简化格式来表示账户的结构,即"T"字形账户,其账户格式见表 2—4。在这一格式中,账户分为左、右两方,在具体账户的左、右两方中究竟哪一方记录增加额,哪一方记录减少额,取决于各账户所记录的经济内容和所采用的记账方法、账户的性质。账户的余额一般与记录的增加额在同一方向。

表 2—4　　账户格式

左方	账户名称(会计科目)	右方

从账户所登记的内容来看,账户记录可分为期初余额、本期增加额、本期减少额和期末余额。期初余额反映的是某类经济业务的期初结存数;本期增加额和减少额是指在一定的会计期间(如月份、季度或年度)内,账户所分别登记的增加金额和减少金额合计数;期末余额是某类经济业务的期末结存数。如果将本期的期末余额转入下一期,就是下一期的期初余额。上述四项金额要素的关系可以用下列公式来表示:

本期期末余额＝本期期初余额＋本期增加额－本期减少额

三、会计科目与会计账户的关系

会计账户与会计科目是两个既有联系又相互区别的概念。

二者的联系:二者都是要对经济业务进行分类,所反映的经济业务内容是一致的。

二者的区别:会计科目只是对会计对象具体内容所作的分类,是对账户核算内容高度概括的名称;而会计账户则是在会计科目分类的基础上提供具体的数据资料,它有一定的结构和格式,具体反映会计要素的增减变化及其结余情况。

任务四　复式记账与借贷记账法

为了核算与监督会计对象,应当首先设置会计科目,并根据规定的会计科目开设账户。但是,要取得经济管理所需要的核算指标,就需要采用一定的记账方法将经济业务所反映的会计要素的增减变动登记在账户中。记账方法是指在账簿中登记各项经济业务的方法。按所记录经济业务内容的方式不同，将记账方法分为两类：一类是单式记账法；另一类是复式记账法。

一、单式记账法

单式记账法是指对所发生经济业务只在一个账户中进行登记的一种记账方法。在这种记账法下，通常只登记现金和银行存款的收付业务，以及应收、应付款的结算业务，一般不登记实物的收付业务。这是因为单式记账法只着重考虑现金、银行存款的收付不要记错，欠人的债务（应付款）和对外债权（应收款）的结算必须记清楚，其他资产物资因为都在本单位管理之下，无需记账。例如，甲企业以银行存款 2 000 元购入原材料一批。这项经济业务的发生，一方面使企业的银行存款减少了 2 000 元，另一方面使企业的原材料增加了 2 000 元。按照单式记账法的原理，只记录银行存款减少 2 000 元，而对原材料增加 2 000 元不进行记录。虽然有时也登记实物账，但各记各的，两个账户之间没有直接的关系，账户之间也没有相互平衡的概念。因此，单式记账不能全面、系统地反映资金运动的来龙去脉，不能全面地反映经济业务之间的对应关系，也不便于检查账户记录的正确性、真实性，但记账手续比较简单。

二、复式记账法

复式记账法是单式记账法的对称，是指对所发生的每一项经济业务，都要以相等的金额，同时在相互联系的两个或两个以上账户中进行登记的方法。例如，以银行存款 20 000 元购买原材料为例，按照复式记账法，一方面在原材料账户登记增加 20 000 元，另一方面在银行存款账户中登记减少 20 000 元。这样登记的结果，就使得所发生经济业务涉及的原材料和银行存款之间的关系能够完整地展现出来。

复式记账的基本原理是会计等式。也就是任何一项经济业务的发生，都会引起资产、负债、所有者权益、收入和费用等会计要素具体项目资金的变动，而且涉及这些项目变动的金额必须相等。尽管经济业务种类繁多、千变万化、错综复杂，但都可以把它们归纳为九种类型。它们的变动并不会破坏会计等式的平衡关系。因此，为了全面、完整地把这些经济业务记录下来，反映经济业务的来龙去脉，必须进行复式记账。

可见，复式记账法与单式记账法比较有如下优点。

(1)由于对每一项经济业务都要在相互联系的两个或两个以上的账户中做记录，因此根据账户记录的结果，不仅可以了解每一项经济业务的来龙去脉，而且可以通过会计要素的增减变动，全面、系统地反映经济活动的过程和结果。

(2)由于复式记账对每一项经济业务都以相等的金额在相互联系的账户中同时进行登记，因此记录的结果必然是平衡的，运用这种平衡关系可以检查账户记录的正确性，由此可见复式记账法的科学性和合理性。

复式记账法是一种科学、全面地反映经济业务发生的记账方法，目前被世界各国广泛采用。复式记账法主要有借贷记账法、增减记账法和收付记账法。其中后两种方法有其不足之处。

三、借贷记账法

借贷记账法是世界各国普遍采用的一种复式记账方法，其最早起源于 13 世纪的意大利，在这个时期，西方资本主义的商品经济有了长足发展，在商品交换中，为了适应商业资本和借贷资本经营者管理的需要，逐步形成了借贷记账法。“借”、“贷”二字的概念，最初是从借贷资本家的角度来解释的，借贷资本家以经营货币资金的借入和贷出为主要业务，对于借进的款项，记在贷主(creditor)名下，表明自身的债务增加；对于贷出的款项，则记在借主(debtor)名下，表明自身的债权增加。这样，“借”“贷”二字分别表示债权(应收款)、债务(应付款)的增减变化。随着商品经济的发展，经济活动的内容日趋复杂化，会计所记录的经济业务也不再仅限于货币资金的借贷，而是逐渐扩展到财产物资、经营损益和经营资本等的增减变化。因此，为了取得账簿记录的统一，应用“借”“贷”二字来记录经济业务的增减变化情况。这样，“借”“贷”二字逐渐失去了原来的字面概念，转化为纯粹的记账符号，成为会计上的专用术语。

(一)借贷记账法的概念

借贷记账法，是指以“借”和“贷”作为记账符号的一种复式记账方法。借贷记账法以会计等式为理论依据，其概念如下：

1.“借”和“贷”只是单纯的记账符号

借贷记账法是以“借”“贷”作为记账符号，分别作为账户的左方和右方，以此表示经济业务应记入有关账户的记账方向，反映会计要素的变化。这里的“借”“贷”已失去其原有的概念，变成了纯粹的记账符号。

2.“借和贷”具有双重概念

“借和贷”具有双重概念，其都具有“增加和减少”的双重概念，具体哪方记增加或记减少要视账户性质而定。其中，借方表示“资产、费用”类的增加，“负债、所有者权益、收入、利润”类的减少；贷方表示“负债、所有者权益、收入、利润”类的增加，“资产、费用”类的减少。

(二)借贷记账法的账户结构

借贷记账法的账户基本结构是：每一个账户都分为“借方”和“贷方”，一般来说规定账户的左方为“借方”，账户的右方为“贷方”。

1. 资产类账户结构

资产类账户的基本结构为：借方登记增加数，贷方登记减少数，该类账户期初、期末余额，在借方反映。

资产类账户期末余额的计算公式如下，用T型账户表示如表2—5所示。

期末借方余额＝期初借方余额＋本期借方发生额－本期贷方发生额

表2—5 **资产类账户**

借方	资产类账户		贷方
期初余额	×××		
本期发生增加额	×××	本期发生减少额	×××
本期发生额合计	×××	本期发生额合计	×××
期末余额	×××		

2. 负债及所有者权益类账户结构

负债及所有者权益类账户的基本结构为：贷方登记增加数，借方登记减少数，该类账户期初、期末若有余额，一般为贷方余额，表示负债的实有数额。

负债及所有者权益类账户期末余额的计算公式如下，用“T”型账户表示如表2—6所示。

期末贷方余额＝期初贷方余额＋本期贷方发生额－本期借方发生额

表 2—6　负债及所有者权益类账户

借方		贷方	
		期初余额	×××
本期发生减少额	×××	本期发生增加额	×××
本期发生额合计	×××	本期发生额合计	×××
		期末余额	×××

由此可见，借贷记账法下各类账户的期末余额都在记录增加额的一方，即资产类账户的期末余额在借方，负债及所有者权益类账户的期末余额在贷方。

3. 成本类账户的结构

成本类账户的结构与资产类账户相同，其基本结构为：借方登记增加数，贷方登记减少数，该类账户期初期、初末若有余额，一般为借方余额，表示所归集成本的累计数额。

成本类账户期末余额的计算公式如下，用"T"型账户表示如表 2－7 所示。

期末借方余额＝期初借方余额＋本期借方发生额－本期贷方发生额

表 2—7　成本类账户

成本类账户

借方		贷方	
期初余额	×××		
本期增加额	×××	本期减少额	×××
本期借方发生额合计	×××	本期贷方发生额合计	×××
期末余额	×××		

4. 费用类账户的结构

费用类账户的基本结构与成本类账户基本相同，其基本结构为：借方登记增加数，贷方登记冲减或转销数（一般期末将借方金额转入"本年利润"账户），该类账户期末结转以后应无余额。用"T"型账户表示如表 2－8 所示。

表 2—8　费用类账户

费用类账户

借方		贷方	
本期增加额	×××	本期减少额	×××
本期借方发生额合计	×××	本期贷方发生额合计	×××

5. 收入类账户结构

收入类账户的结构与负债、所有者权益类账户基本相同，其基本结构为：贷方登记增加数，借方登记冲减或转销数（一般期末将贷方金额转入"本年利润"账户），该类账户期末结转后应无余额。用"T"型账户表示如表 2－9 所示。

表 2—9 **收入类账户**

借方			贷方
本期发生减少额	×××	本期发生增加额	×××
本期发生额合计	×××	本期发生额合计	×××

现将借贷记账法下各类账户结构进行归纳，如表 2—10 所示。

表 2—10 **借贷记账法下各类账户结构**

账户类型	借　方	贷　方	余额方向
资产类	增加(＋)	减少(－)	借方
负债类及所有者权益类	减少(－)	增加(＋)	贷方
收入类	减少(转销)	增加(＋)	一般无余额
成本类	增加(＋)	减少(转销)	借方
费用类	增加(＋)	减少(转销)	一般无余额
利润类	减少(－)	增加(＋)	一般在贷方

(三)借贷记账法的记账规则

借贷记账法是建立在会计各要素平衡关系基础上的一种复式记账法。在这种记账法中，“借”和“贷”这两个符号对会计等式双方的会计要素规定了相反的概念。每笔经济业务的发生，都会引起两个或两个以上的账户发生数量和金额的变化，我们都要在相应账户的“借”“贷”双方进行记录，并且记入的金额相等，在运用借贷记账法登记经济业务时，一般要从以下三个方面考虑。

(1)根据经济业务的内容，分析确定它所影响的会计要素的类别，确定所涉及账户的种类，即是资产、负债、所有者权益类，还是收入、费用或利润类账户。

(2)确定经济业务所涉及账户的名称及其增减变动情况。

(3)根据账户的结构，确定账户的借、贷方向。

现举例说明借贷记账法的记账规则。

【例 2—4】 企业从银行提取现金 2 000 元以备日常零星支出所用。这项经济业务的发生，一方面使企业的银行存款减少了 2 000 元；另一方面使企业的库存现金增加了 2 000 元。这项经济业务分别涉及“银行存款”和“库存现金”两个账户，这两个账户均属于资产类账户，按照它们的账户结构，银行存款减少记入“银行存款”账户的贷方，现金增加记入“库存现金”账户的借方，因此这项经济业务应该在这两个账户中作如下记录。

借　　银行存款	贷
	2 000

借　　库存现金	贷
2 000	

【例 2—5】 企业购买一栋厂房价值500 000元，该款项企业用其银行存款支付。这项经济业务的发生，一方面使企业的银行存款减少了500 000元；另一方面使企业的固定资产增加了500 000 元。这项经济业务分别涉及“银行存款”和“固定资产”两个账户，这两个账户均属于资产类账户，按照它们的账户结构，银行存款减少记入“银行存款”账户的贷方，固定资产增加记入“固定资产”账户的借方，因此这项经济业务应该在这两个账户中作如下记录。

借	银行存款	贷
		500 000

借	固定资产	贷
500 000		

【例 2—6】 企业从银行取得借款 300 000 元，期限为 6 个月，银行通知该笔款项已经划入企业银行存款账户。这项经济业务的发生，一方面使企业的银行存款增加了300 000元；另一方面使企业的短期借款增加了300 000元。这项经济业务分别涉及“银行存款”和“短期借款”两个账户，这两个账户分别属于资产类账户和负债类账户，按照它们的账户结构，银行存款增加记入“银行存款”账户的借方，短期借款增加记入“短期借款”账户的贷方，因此这项经济业务应该在这两个账户中作如下记录。

借	短期借款	贷
		300 000

借	银行存款	贷
300 000		

【例 2—7】 企业开出一张商业汇票——面值200 000元的无息票据，用于偿还前欠某单位货款。这项经济业务的发生，一方面使企业的应付票据增加了200 000元；另一方面使企业的应付账款减少了200 000元。这项经济业务分别涉及“应付票据”和“应付账款”两个账户，这两个账户均属于负债类账户，按照它们的账户结构，应付票据增加记入“应付票据”账户的贷方，应付账款减少记入“应付账款”账户的借方，因此这项经济业务应该在这两个账户中作如下记录。

借	应付票据	贷
		200 000

借	应付账款	贷
200 000		

【例 2—8】 经股东大会批准，企业将盈余公积 200 000 元转增为企业的实收资本。这项经济业务的发生，一方面使企业的盈余公积减少了200 000元；另一方面使企业的实收资本增加了200 000元。这项经济业务分别涉及“盈余公积”和“实收资本”两个账户，这两个账户均属于所有者权益类账户，按照它们的账户结构，盈余公积减少记入“盈余公积”账户的借方，实收资本增加记入“实收资本”账户的贷方，因此这项经济业务应该在这两个账户中作如下记录。

借　　实收资本　　贷

	200 000

借　　盈余公积　　贷

200 000	

【例 2—9】 企业用银行存款支付广告费50 000元。这项经济业务的发生，一方面使企业的银行存款减少了50 000元；另一方面使企业的销售费用增加了50 000元。这项经济业务分别涉及“银行存款”和“销售费用”两个账户，这两个账户分别属于资产类账户和成本、费用类账户，按照它们的账户结构，银行存款减少记入“银行存款”账户的贷方，销售费用增加记入“销售费用”账户的借方，因此这项经济业务应该在这两个账户中作如下记录。

借　　银行存款　　贷

	50 000

借　　销售费用　　贷

50 000	

【例 2—10】 企业销售产品取得收入70 000元，款项全部存入银行。这项经济业务的发生，一方面使企业的银行存款增加了70 000元；另一方面使企业的收入增加了70 000元。这项经济业务分别涉及“银行存款”和“主营业务收入”两个账户，这两个账户分别属于资产类账户和收入类账户，按照它们的账户结构，银行存款增加记入“银行存款”账户的借方，主营业务收入增加记入“主营业务收入”账户的贷方，因此这项经济业务应该在这两个账户中作如下记录。

借　　主营业务收入　　贷

	70 000

借　　银行存款　　贷

70 000	

从以上所举例子可以看出，每一项经济业务发生之后，运用借贷记账法进行账务处理，都必须是在记入相关账户借方的同时记入相关账户的贷方，而且记入借方和贷方的金额总是相等的。因此，可以总结出借贷记账法的记账规则是：“有借必有贷，借贷必相等。”

(四)账户的对应关系和会计分录

1. 账户的对应关系

在借贷记账法下，当某项经济业务发生时，都会在相关的两个或两个以上的账户中以相等的金额进行登记，账户之间就形成了应借、应贷的相互关系。我们把这种关系称为账户的对应关系，把构成这种对应关系的账户称为对应账户。

2. 会计分录

会计分录是指在借贷记账法下，表明每项经济业务应借、应贷的账户及其金额的记录。每笔会计分录包括三个要素，即会计科目及其所属明细分类科目、记账符号和金额。

会计分录可分为简单会计分录和复合会计分录两种，简单会计分录是指经济业务只涉及两个会计科目的会计分录(一借一贷);复合会计分录是指涉及三个或三个以上会计科目的会计分录(一借多贷、多借一贷、多借多贷)。为了清楚地指明账户之间的对应关系,一般不编制“多借多贷”的会计分录。会计分录的编制可以按照以下步骤进行。

(1)分析经济业务所涉及的账户。

(2)根据账户的性质和结构,确定记账方向。

(3)确定记账金额。

(4)检验应借、应贷账户是否正确,借贷双方金额是否相等(依据记账规则)。

如在前述案例2-4～案例2-10中,在借贷记账法下应编制的会计分录如下。

案例2-4 借:库存现金	2 000	
贷:银行存款		2 000
案例2-5 借:固定资产	500 000	
贷:银行存款		500 000
案例2-6 借:银行存款	300 000	
贷:短期借款		300 000
案例2-7 借:应付账款	200 000	
贷:应付票据		200 000
案例2-8 借:盈余公积	200 000	
贷:实收资本		200 000
案例2-9 借:销售费用	50 000	
贷:银行存款		50 000
案例2-10 借:银行存款	70 000	
贷:主营业务收入		70 000

编制会计分录,必须以会计凭证作为依据,以便日后进行查考。会计分录必须如实地反映经济业务的内容,就会计核算的全部过程来说,编制会计分录是会计工作的起始阶段,如果会计分录有了错误,必然会影响整个会计记录的正确性。

(五)借贷记账法的试算平衡

试算平衡是指根据平衡公式,按照记账规则的要求,通过汇总计算和比较来检查各类账户记录正确性的方法。借贷记账法下的试算平衡方法一般有两种,即发生额试算平衡法和余额试算平衡法。

1. 发生额试算平衡法

根据借贷记账法的记账规则,每笔经济业务都必须分别在相互联系的两个或两个以上的账户的借方和贷方登记,而且登记在有关账户的借方金额和贷方金额相等,那么,将一定时期(如一个月)内的全部经济业务都登记入账后,所有账户的借方本期发生额的合计数必然与所有账户贷方本期发生额的合计数相等,用公式可表示为:

全部账户借方发生额合计=全部账户贷方发生额合计

2. 余额试算平衡法

借贷记账法以“资产=负债+所有者权益”这个等式为理论依据,资产类账户一般是借方余额,负债及所有者权益类账户一般是贷方余额。所有账户的借方余额合计反映的是某时点企业资产的总和,所有账户的贷方余额合计反映的是某时点企业负债及所有者权益的总和,这两者又必然相等,用公式可表示为:

全部账户借方余额合计＝全部账户贷方余额合计

对账簿记录进行试算平衡，通常是在月末计算出各种账户的本期发生额和期末余额之后，通过编制“试算平衡表”来进行的，其格式如表 2—11 所示。

表 2—11　　**试算平衡表**

年　月　日　　单位：元

账　户	期初余额		本期发生额		期末余额	
	借　方	贷　方	借　方	贷　方	借　方	贷　方
合　计						

需要指出的是，试算表上的平衡，只能说明通过账户按复式记账要求进行会计处理的数据在会计分录中和过入分类账户后的借贷发生额相等，并不能证明全部数据处理没有错误。因为有些错误并不影响借贷平衡关系，例如，漏记整笔经济业务、重复记录整笔经济业务、借贷方向记录相反，把金额过入错误账户、金额差错相互抵销等。

任务五　权责发生制和收付实现制

一、会计基础

会计基础也称会计核算基础、会计记账基础，是指确定一个会计期间的收入和费用，从而确定损益的标准。

【例 2—11】　小吴、小王等 5 人同为会计专业的学生，在开设会计专业课之前，同时去了一家企业的会计部门，希望能够通过实践积累一些对会计的感性认识。在月末结算企业利润时，他们对一些经济业务有不同的看法。这些业务是：

(1)企业本月销售一批产品，价款 5 万元，产品已经发出，销货发票已经开具给购货方，货款尚未收到。

(2)企业预收某公司货款 4 万元已存入银行，约定从下月开始按订单中的品种和型号规格进行生产。

(3)企业本月以存款支付管理部门的水电费 3 万元，其中 1 万元为上月的水电费，1 万元为本月的水电费，1 万元为预付下月的水电费。

小吴认为：业务(1)中的 5 万元不计入本月收入，业务(2)中的 4 万元计入本月收入，业务(3)中的 3 万元都计入本月费用。

小王却认为：业务(1)中的 5 万元应该计入本月收入，业务(2)中的 4 万元不能计入本月收入，业务(3)中的 3 万元，只有本月的 1 万元才能计入本月的费用。

其余 3 人有偏向认同小吴意见的，有偏向认同小王意见的，也各自提出了一些与小吴和小王不同的看法。

一时间，大家谁也说服不了谁，于是带着满腹疑问，请教了单位的会计人员老陈。经过老陈的仔细解释，大家才有些明白，原来在会计上，确认各个会计期间的收入和费用存在着两种会计基础，一种称作收付实现制，另一种称作权责发生制，小吴的看法符合前一种会计基础的要求，而小王的看法符合后一种会计基础的要求。

企业在发生交易或者事项的过程中，经常存在着收入和费用的归属期与相应款项的收付期不一致的情况，为了保证信息的可比性和有用性，必须采用某种一致的标准，确认各个会计期间的收入和费用，从而确定各个会计期间的经营成果。

会计核算的基础有权责发生制和收付实现制两类。简单地说，权责发生制是以归属期为标准来确认各个会计期间的收入和费用的，收付实现制是以款项的收付期为标准来确认各个会计期间的收入和费用的。不同类型的会计主体，其提供会计信息的目的和经济业务存在差异性，可采用不同的会计核算基础。

二、权责发生制

(一)权责发生制的概念

权责发生制(accrual basis)又称权责制、应计制、应收应付制。它是以权利与责任的形成和发生为标准来处理经济业务，确定本期收入和费用，计算本期盈亏的会计基础。

由于会计核算是分期进行的，因而需要对某些收入和费用在相邻的会计期间进行划分。按照权责发生制的要求，凡是归属于当期的、已经实现的收入和已经发生或者应当负担的费用，无论款项是否收付，都应当确认为本期的收入或者费用，计入利润表；凡是不属于本期的收入和费用，即使款项已在当期收付，也不应当确认为本期的收入和费用。

《企业会计准则——基本准则》第9条规定，企业应当以权责发生制为基础进行会计确认、计量和报告。

【例2—12】 某企业12月份发生的经济业务以及采用权责发生制会计基础确定本月的收入和费用，如表2—12所示。

表2—12　　权责发生制下的本月收入和费用　　单位：元

序　号	经济业务摘要	收　入	费　用
1	本月耗用办公费500元，以现金支付	—	500
2	销售A产品1 000件，单价50元，货款50 000元已存入银行	50 000	—
3	销售B产品100件，每件80元，货款尚未收到	80 000	—
4	支付本年度贷款利息240 000元，其中12月份20 000元	—	20 000
5	收到某公司预付购货款50 000元	—	—
	合　计	130 000	20 500

业务(1)中费用的归属期和款项的收付期一致，都属于本期，确认为权责发生制下的费用；业务(2)中收入的归属期和款项的收付期一致，都属于本期，确认为权责发生制下的收入；业务(3)中收入的归属期和款项的收付期不一致，但收入已经实现，企业已经获得了收取款项的权利，因此确认为权责发生制下的收入；业务(4)中12月份的20 000元利息费用，归属期和款项

的收付期一致，都属于本期，确认为权责发生制下的费用。其余的220 000元利息费用应分别归属于1～11月份承担，在权责发生制下不作为本期的费用确认；业务(5)中的50 000元为预收款项，相关的销售尚未发生，收入尚未实现，在权责发生制下不作为本期的收入确认。

(二)权责发生制的优点、缺点及适用范围

1. 权责发生制的优点

权责发生制以收取款项的权利已经获得和支付款项的责任已经形成为标准，确认各个会计期间所实现的收入和为实现收入所应负担的费用，因而能够准确核算企业收入和所应负担的费用，从而可以把各期的收入与其相关的费用、成本相配比，能够恰当地反映某一会计期间的经营成果。

2. 权责发生制的缺点

采用权责发生制会计基础，要考虑预收款项和预付款项，以及应计收入和应计费用，会计期末需要进行有关的账项调整，核算手续比较复杂。

权责发生制在反映企业的经营业绩时有其合理性，但在反映企业的财务状况时却有其局限性：一个在利润表上看来经营业绩很好的企业，在资产负债表上却可能没有相应的变现资金而陷入财务困境。这是由于权责发生制把应计的收入和费用都反映在损益表上，而在资产负债表上则部分反映为现金收支，部分反映为债权债务。

3. 权责发生制的适用范围

因权责发生制在计算盈亏、确定经营成果方面的合理性，所以，以营利为目的的会计主体(如企业)往往采用权责发生制。此外，事业单位的经营性收支业务因类似于企业的经营活动，其会计核算也可以采用权责发生制。

三、收付实现制

(一)收付实现制的概念

收付实现制(cash basis)又称现金制、现金收付制、实收实付制。它是以款项的实际收付为标准来处理经济业务，确定本期收入和费用，计算本期盈亏的会计基础。

按照收付实现制的要求，凡在本期实际收到的现款收入，不论其是否属于本期，均应作为本期收入处理；凡在本期实际以现款付出的费用，不论其是否在本期收入中获得补偿，均应作为本期的费用处理；反之，凡本期还没有以现款收到的收入和没有用现款支付的费用，即使它们归属于本期，也不作为本期的收入和费用处理。

【例2—13】 某工厂2017年1月收到2016年已销产品货款80 000元，存入银行，尽管该项收入不是2017年1月实现的，但因为该项收入是在1月收到的，所以在收付实现制基础上应作为2017年1月的收入。同样，该工厂2016年第四季度耗用电费12 000元，于2017年1月以银行存款支付，该项费用的实际归属期为2016年第四季度，但在收付实现制基础上应作为2017年1月的费用。

在收付实现制基础上，会计在处理经济业务时不考虑预收收入、预付费用以及应计收入和应计费用的问题，会计期末也不需要进行账项调整，因为实际收到的款项和付出的款项均已登记入账，所以可以根据账簿记录来直接确定本期的收入和费用，并加以对比以确定本期盈亏。

【例2—14】 某商品零售小企业因为规模小、经营业务简单，采用收付实现制会计记账基础。该企业12月份发生的经济业务以及采用收付实现制会计基础确定本月的收入和费用，如表2—13所示。

表 2—13　　收付实现制下的本月收入和费用　　单位:元

序号	经济业务摘要	收入	费用
1	以现金支付上月水电费 800 元	—	800
2	购进商品6 000元,以存款支付	—	6 000
3	以存款预付某紧俏商品定金1 000元	—	1 000
4	以现金支付营业员本月工资 2 000 元	—	2 000
5	本月营业场地租金 3 000 元,尚未支付	—	—
6	本月水电费 900 元,尚未支付	—	—
7	销售商品 12 000 元已存入银行	12 000	—
	合　计	12 000	9 800

业务(1)、(2)、(3)、(4)有实际的货币资金支付,虽然其中有上月耗用的水电费、本月耗用的工资、本月购进的存货和预付的商品定金,但在收付实现制下,都确认为本月的费用;业务(7)有实际的货币资金收取,确认为本月的收入;业务(5)和业务(6),从费用的归属期看,属于本月,但没有货币资金支付,不确认为本月的费用。

(二)收付实现制的优点、缺点及适用范围

1. 收付实现制的优点

收付实现制操作简单,需要的会计技术较少,易于被使用者理解,数据处理成本比较低廉。收付实现制能反映企业实实在在拥有的现金,而企业能否按期偿还债务、支付利息、分派股利等,很大程度上取决于企业所实际拥有的现金。此外,以收付实现制为基础的现金流量能为长期投资提供更有用的决策依据。

2. 收付实现制的缺点

收付实现制的不足之处主要体现在各个会计期间确认的收入和费用不配比,不能合理、准确地反映各期盈亏情况。此外,收付实现制不利于单位进行成本核算、提高效率和绩效考核,不能全面、准确地记录和反映单位的负债情况,不利于防范财务风险。

3. 收付实现制的适用范围

非营利组织一般不以营利为目的,往往采用收付实现制会计核算基础。目前,我国的行政单位会计采用收付实现制,事业单位会计除经营业务可采用权责发生制外,其他大部分业务采用收付实现制。

下面以同一例子分别按权责发生制和收付实现制确认收入和费用并计算盈亏,便于对比两种会计处理基础下对业务处理的异同。

【例 2—15】 某公司 2017 年 6 月份的有关经济业务如下:

(1)销售产品一批,售价 80 000 元,货款尚未收到。

(2)预付下半年的财产保险费 12 000 元。

(3)支付水电费 20 000 元,其中 5 月份 9 000 元,6 月份 11 000 元。

(4)预收销货款 25 000 元。

(5)收到产品销售款 70 000 元,其中,30 000 元为上月销售产品而本月收取的货款,40 000 元为本月销售产品收取的货款。

(6)计提本月借款利息30 000元。

分别按权责发生制和收付实现制确定6月份的收入和费用并计算盈亏情况,如表2—14所示。

表2—14　本月收入、费用和盈亏情况　单位:元

	收入	费用	盈亏
权责发生制	(1)80 000	(3)11 000	79 000
	(5)40 000	(6)30 000	
小　计	120 000	41 000	
收付实现制	(4)25 000	(2)12 000	63 000
	(5)70 000	(3)20 000	
小　计	95 000	32 000	

关键术语

会计主体　持续经营　会计分期　货币计量　历史成本原则　配比原则　划分收益性支出与资本性支出原则　谨慎性原则　重要性原则　实质重于形式原则　账户会计科目　复式记账法　借贷记账法　权责发生制　收付实现制

◎ 应知考核 ◎

一、单项选择题

1. 复式记账法对每项经济业务都以相等的余额在(　　)中进行登记。

A. 一个账户　B. 两个账户　C. 全部账户　D. 两个或两个以上账户

2. 借贷记账法下,账户哪一方记增加,哪一方记减少,是根据(　　)。

A. 采用什么核算方法决定的

B. 采用什么记账形式决定的

C. 增加数记借方,减少数记贷方的规则所决定的

D. 账户所反映的经济内容决定的

3. 采用借贷记账法,账户的基本结构是指(　　)。

A. 账户的具体格式　B. 账户应记的经济内容

C. 账户应分为借方或贷方　D. 账户的增加方或减少方

4. 资产类账户的期末余额一般在(　　)。

A. 借方　B. 借方或贷方　C. 贷方　D. 借方和贷方

5. 预收购货单位预付的购买产品款,应看作(　　)加以确认。

A. 资产　B. 负债　C. 所有者权益　D. 收入

6. 借贷记账法余额试算平衡法的依据是(　　)。

A. 借贷记账规则　B. 借贷账户结构　C. 平行关系　D. 会计等式

7. 配比原则是指(　　)。

A. 收入与支出相互配比　B. 收入与营业费用相配比

C. 收入与产品成本相配比　D. 收入与其相关的成本费用相配比

8. 下列支出属于资本性支出的有(　　)。

A. 支付职工工资 B. 支付当月水电费 C. 支付本季度房租 D. 支付固定资产买价

9. 进行会计核算提供的信息应当以实际发生的经济业务为依据，如实反映财务状况和经营成果，这符合（ ）。

A. 历史成本原则 B. 配比原则 C. 客观性原则 D. 可比性原则

10. 确定会计核算工作空间范围的前提条件是（ ）。

A. 会计主体 B. 持续经营 C. 会计分期 D. 货币计量

二、多项选择题

1. 会计核算的基本前提包括（ ）。

A. 会计主体 B. 持续经营 C. 会计分期 D. 货币计量

2. 以下单位或组织可以作为会计主体的有（ ）。

A. 企业集团 B. 子公司 C. 分公司 D. 独立核算的生产车间

3. 我国对会计期间的划分包括（ ）。

A. 会计月度 B. 会计季度 C. 会计半年度 D. 会计年度

4. 下列说法正确的有（ ）。

A. 一般来说，凡拥有独立的资金、自主经营、独立核算收支、盈亏并编制报表的企业或单位就构成一个会计主体

B. 会计主体可以是企业中的一个特定部分，也可以是几个企业组成的企业集团

C. 会计主体一定是法律主体

D. 法律主体可作为会计主体

5. 下列说法正确的有（ ）。

A. 在境外设立的中国企业向国内报送的财务报告，应当折算为人民币

B. 在我国境内设立的企业，会计核算可以不以人民币为记账本位币

C. 业务收支以外币为主的单位可以选择某种外币为记账本位币

D. 我国企业的会计核算只能以人民币为记账本位币

6. 借贷记账法的余额试算平衡公式是（ ）。

A. 每个账户借方发生额＝每个账户贷方发生额

B. 全部账户本期借方发生额合计＝全部账户本期贷方发生额合计

C. 全部账户期末借方余额合计＝全部账户期末贷方余额合计

D. 每个账户期末借方余额＝每个账户期末贷方余额

7. 对账户记录进行试算平衡是根据（ ）。

A. 会计要素划分的基本原理 B. 所发生经济业务的内容的基本原理

C. 账户机构的基本原理 D. 会计等式的基本原理

8. 在借贷记账法下，所有者权益账户的期末余额等于（ ）。

A. 期初贷方余额＋本期贷方发生额－本期借方发生额

B. 期初借方余额＋本期贷方发生额－本期借方发生额

C. 期初借方余额＋本期借方发生额－本期贷方发生额

D. 期初贷方余额＋本期借方发生额－本期贷方发生额

9. 账户的基本结构一般包括（ ）。

A. 账户的名称 B. 日期和摘要 C. 增减金额 D. 凭证号数

10. 账户中各项金额的关系可用（ ）表示。

A. 本期期末余额＝期初余额＋本期增加发生额－本期减少发生额

B. 本期期末余额＝本期期初余额

C. 本期期末余额＝本期增加发生额－本期减少发生额

D. 本期期末余额＋本期减少发生额＝期初余额＋本期增加发生额

三、判断题

1. 会计核算以人民币为记账本位币。业务收支以外币为主的企业，也可选择某种外币作为记账本位币，但编报的财务会计报告应当折算为人民币。（　　）

2. 将所有者私人消费支出作为企业的费用列支，违背了会计主体假设。（　　）

3. 持续经营假设要求企业任何时候都不得改变会计核算方法。（　　）

4. 记账本位币指的是记账使用的货币种类，按照我国企业会计准则的规定，会计核算必须以人民币为记账本位币。（　　）

5. 企业应当按照交易或事项的经济实质作为会计核算的依据，而不是法律形式。（　　）

6. 会计主体假设为会计核算规定了时间范围。（　　）

7. 明确会计主体的作用在于界定不同会计主体会计核算的空间范围。（　　）

8. 会计核算上所使用的一系列会计原则和会计处理方法都是建立在会计主体持续经营前提的基础上的。（　　）

9. 谨慎性就是要求在会计核算中尽量低估企业的资产、负债、收益和费用。（　　）

10. 实质重于形式是指企业应当按照交易或事项的经济实质进行会计核算，而不能以其法律形式作为会计核算的依据。（　　）

四、简述题

1. 简述会计核算的基本前提。

2. 简述财务报告要素确认、计量的原则。

3. 简述会计科目与会计账户的关系。

4. 简述在运用借贷记账法登记经济业务时，需要考虑的因素。

5. 简述权责发生制和收付实现制。

◎ 应会考核 ◎

★观念应用

【背景资料】

星海公司 2017 年 1 月初有关账户余额如表 2—15 所示：

表 2—15　　**账户余额**　　单位：元

资　产	金　额	负债及所有者权益	金　额
库存现金	1 500	短期借款	195 000
银行存款	45 000	应付账款	142 500
原材料	90 000	应交税费	9 000
应收账款	47 700	长期借款	186 000
库存商品	60 000	实收资本	304 200
生产成本	22 500	资本公积	140 000

续表

资　产	金　额	负债及所有者权益	金　额
长期股权投资	180 000	盈余公积	70 000
固定资产	600 000		
合　计	1 046 700	合　计	1 046 700

该公司本月发生下列经济业务：

(1)购进机器设备一台，价值10 000元，以银行存款支付。

(2)以银行提取现金1 000元。

(3)投资者投入企业原材料一批，作价20 000元。

(4)生产车间向仓库领用材料一批价值40 000元，投入生产。

(5)以银行存款22 500元，偿还应付供货单位货款。

(6)向银行取得长期借款150 000元，存入银行。

(7)以银行存款上交所得税9 000元。

(8)收到捐赠人赞助现金5 000元。

(9)收到购货单位前欠货款18 000元，其中16 000元存入银行，其余部分收到现金。

(10)以银行存款48 000元，归还银行短期借款20 000元和应付购货单位账款28 000元。

【考核要求】

根据借贷记账法的应用及试算平衡表的编制，回答下列两个问题：

(1)根据以上资料编制会计分录，并记入有关账户。

(2)编制发生额及余额试算平衡表。

★技能应用

星海公司 2017 年 3 月份有关账户记录如下：

借方　库存现金　贷方

期初余额	150		
(1)	500	(5)	350
(9)	100		
期末余额	400		

借方　原材料　贷方

期初余额	98 000		
(2)	82 000	(4)	150 000
(7)	58 600		
期末余额	88 600		

借方　银行存款　贷方

期初余额 89 600			
(6)	15 800	(1)	500
(8)	300 000	(5)	70 000
(9)	20 000	(7)	58 600
		(10)	20 000
期末余额	16 300		

借方　应收账款　贷方

期初余额 45 800			
(2)	82 000	(6)	15800
(7)	58 600	(9)	20 100
期末余额	9 900		

借方	固定资产		贷方
期初余额	89 600		
(6)	15 800	(1)	500
(8)	300 000	(5)	70 000
(9)	20 000	(7)	58 600
		(10)	20 000
期末余额	16 300		

借方	实收资本		贷方
		期初余额	483 000
		(3)	124 000
		期末余额	607 000

借方	生产成本		贷方
期初余额	42 280		
(4)	15 0 000		
期末余额	192 280		

借方	应付账款		贷方
		期初余额	35 800
(5)	70 350	(2)	82 000
		期末余额	47 450

借方	短期借款		贷方
		期初余额	84 3200
(10)	20 000	(3)	30 000
		期末余额 94 320	

【技能要求】

根据上述账户记录，补编会计分录，并说明每笔经济业务的内容。

★案例分析

【情景与背景】

华新公司总经理张华对会计知识只有初步的了解，在实际工作中他对于会计的基本理论理解存在以下想法。

(1)所谓持续经营就是企业永远经营下去，即使连续亏损也不予以破产。

(2)会计主体就是法律主体，会计主体假设只与法律事务有关，对于会计确认、计量和报告无指导意义。华新公司虽然拥有三家子公司，但由于母子公司组成的企业集团不是法律主体，因而该企业集团不是会计主体。

(3)权责发生制比收付实现制更好地体现了会计分期假设。

(4)历史成本计量要求会计按照交易或者事项发生当初支付的现金或者现金等价物的金额入账。

(5)谨慎性要求企业会计应高估资产或者收益，低估负债或者费用。

(6)企业提供的财务报告既可以在权责发生制下编制，也可以在收付实现制下编制。

(7)公司当年年末未实现年初确定的销售收入目标，但考虑下年春节前后销售可能出现较大幅度的增长，公司为此提前预计库存商品销售，在当年年末制作了若干存货出库凭证，并确认销售收入实现，公司这种处理违背了相关性要求。

(8)公司与某施工单位签订了一项厂房建造合同，建造合同尚未履行，公司不能确认在建工程或者固定资产。

(9)公司与某银行达成了 2 个月后借入 1 000 万元的借款意向书,该交易形成了企业的一项负债。

(10)公司用银行存款 200 万元购买生产用原材料,该购买行为增加了企业的一项费用。

【分析要求】

试分析说明张华的理解是否正确,为什么?

◎ 项目实训 ◎

【实训项目】

权责发生制和收付现实制

【实训情境】

某公司 2017 年 10 月份发生的有关经济业务如下:

(1)支付上月份的水电费 5 600 元。

(2)收到上月销售产品的货款 65 000 元。

(3)预付下半年的房屋租金 18 000 元。

(4)支付本季度借款利息 3 300 元(其中前两个月已经预提 2 200 元)。

(5)分摊已预付的财产保险费 21 000 元。

(6)实现已预收货款的销售收入 15 600 元。

(7)预收销货款 30 000 元。

(8)销售产品一批,售价 45 000 元,其中通过银行收回货款 40 000 元。

【实训任务】

分别用权责发生制和收付现实制计算该公司 10 月份的收入、费用和利润,填入表 2－16。

表 2－16

经济业务序号	收付实现制		权责发生制	
	收入	费用	收入	费用
(1)				
(2)				
(3)				
(4)				
(5)				
(6)				
(7)				
(8)				
合　计				
利润额				

项目三　会计循环

【知识目标】

理解:会计循环的基本程序、财产清查的步骤。

熟知:会计凭证的填制与审核、会计账簿的登记方法、错账更正的方法以及过账和试算平衡、对账和结账的方法和内容。

掌握:会计凭证、会计账簿、财产清查、财务报表等基本概念和方法。

【技能目标】

会计凭证的填制和审核是会计核算的起点,各项经济业务都是通过会计凭证体现出来的,学生应掌握识别、填制和审核会计凭证的基本技能;掌握各种账簿的登记、对账和记账、错账更正等会计基本技能方法,并具备账项调整的能力,能够理解在财产清查方法的基础上,具备清查的能力。

【素质目标】

能够正确地填制和审核会计凭证,正确地辨析其所反映的经济内涵;意识到正确设置和登记账簿在实务工作中的意义和作用,不同格式的账簿来反映相关的经济业务具有具体问题具体分析的综合能力;通过财产清查保证财产安全完整、账实相符,做到实事求是,客观公正的意识。

【项目引例】

小李的会计职业道德是否违规

宏达公司出纳员小李由于刚参加工作不久,对于货币资金业务管理和核算的相关规定不甚了解,所以出现了一些错误。有件事情让他至今印象深刻,记忆犹新。2017 年 6 月 8 日和 6 月 10 日两天的现金业务结束后例行的现金清查中,小李分别发现库存现金短缺 80 元和库存现金溢余 30 元的情况,对此他反复思考也弄不明白原因。为了保全自己的面子和息事宁人,同时又考虑两次账实不符的金额又很小,他决定采取下列办法进行处理:现金短缺 80 元,自掏腰包补齐;现金溢余 30 元,暂时收起。

【讨论】

(1)小李对该项业务的处理是否正确? 为什么?

(2)你能给出正确答案吗?

知识精讲

任务一　会计循环概述

一、会计循环的概念

在一个持续经营的会计主体中，就某一个会计期间而言，从会计事项发生起至会计报表编制完成止的一系列会计处理程序，该程序始于期初，终于期末，并循环往复、周而复始地进行，称为会计循环。不同的会计主体，即使其会计核算的内容千差万别，但其不同期间会计处理的基本程序即会计循环并无本质上的区别。

二、会计循环的基本程序

一个完整的会计循环程序，主要由会计确认、会计计量、会计记录和会计报告四个环节组成，完整的会计循环基本步骤流程，如图 3—1 所示。

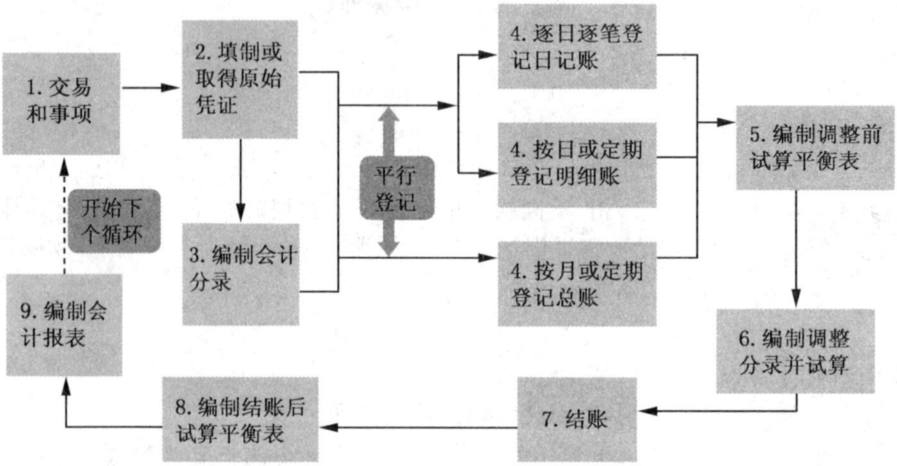

图 3—1　会计循环基本步骤流程

1. 填制或取得原始凭证

经济业务发生时，业务人员将相关凭证交于会计部门，会计人员要审核凭证并分析业务对会计要素的影响。

2. 编制会计分录

根据审核的凭证，确认相关会计科目，并按照借贷记账法的规则，编制会计分录，确认借记和贷记的金额，并将结果填入记账凭证内。

3. 登记账簿

登记账簿也称记账、过账，是将记账凭证的会计分录，平行登记于总分类账户和明细分类账户。

4. 编制调整前试算平衡表

将各分类账户的借方和贷方发生额或余额汇总列表，以验证分录或记账是否正确。

5. 编制调整分录

在会计期末，根据权责发生制和配比原则，对一些会计事项进行调整，并编制会计分录、记账。

6. 结账

将收入与费用账户结转到利润账户，计算本期利润，年末将利润总额转入所有者权益账户。年末启用新账本时，还要将资产、负债、所有者权益类账户结转入到新账本中。

7. 编制调整后的试算平衡表

在前期试算平衡表的基础上，根据调整分录和结账分录的影响，编制调整后的试算平衡表。

8. 编制会计报表

根据调整后的试算平衡表，编制资产负债表、利润表、所有者权益变动表、现金流量表，以综合反映企业的财务状况。

任务二　经济业务和会计分录

一、分析经济业务，编制会计分录

会计人员在记录交易或事项时，首先应当根据原始凭证对日常发生的每笔交易或事项的内容进行分析，并运用借贷记账法的记账规则确定每笔交易或事项所涉及的账户名称、各账户应借记和应贷记的方向以及各账户应记的金额。在会计实务中，这项工作是通过在记账凭证上编制会计分录来完成的。之后，再经过过账的步骤，将每笔交易或事项涉及的借方和贷方账户发生额，从会计分录分别转记到总分类账中开设的相应账户中。

会计分录(简称分录)是指标明每笔交易或事项应借记和应贷记的账户名称及其金额的记录。为了便于学习和教学，一般采用以下书写规则表示会计分录，即上借下贷，借贷错开，金额前不必写出货币符号。

借:账户名称　　　　　　　　　　×××(金额)

　　贷:账户名称　　　　　　　　　　×××(金额)

会计分录一般分为简单会计分录和复合会计分录。简单会计分录只涉及两个账户，是一借一贷的形式；复合会计分录则涉及两个以上的账户，包括一借多贷、一贷多借以及多借多贷的形式。在实际工作中，如果一笔交易或事项涉及多借多贷的账户，为全面反映此项交易或事项，可以编制多借多贷的复合分录，但不允许将几笔交易或事项合并编制复合分录。

二、会计分录编制举例

下面以商业企业发生的经济业务为例，说明交易或事项的分析及会计分录的编制过程。

【例 3－1】　京通商贸公司在 2016 年 12 月 1 日开业，开业的第一个月发生了以下交易或事项。

(1)12 月 1 日,收到所有者投入现金300 000元,存入企业的开户银行。

【解析】 该笔交易涉及资产类的“银行存款”账户和所有者权益类的“实收资本”账户,两类要素同时增加。收到所有者投入的 300 000 元现金存入银行,使企业资产增加,应记入“银行存款”账户借方;接受所有者投资使企业所有者权益增加 300 000 元,应记入“实收资本”账户贷方。编制会计分录如下。

借:银行存款　　300 000

　　贷:实收资本　　300 000

(2)12 月 2 日,从银行取得借款250 000元,期限为 6 个月,年利率为 6%,利息每季度结算一次,借款已存入银行。

【解析】 该笔交易涉及资产类的“银行存款”账户和负债类的“短期借款”账户,两类要素同时增加。借入250 000元资金存入银行,使企业资产增加,应记入“银行存款”账户借方;向银行借款250 000元,使企业承担一项以后需偿还的义务,增加负债,应记入“短期借款”账户贷方。编制会计分录如下。

借:银行存款　　250 000

　　贷:短期借款　　250 000

(3)12 月 4 日,购入货车 1 辆,买价120 000元,款项用银行存款支付。

【解析】 该笔交易涉及资产类的“固定资产”账户和“银行存款”账户,资产要素一增一减。购入价值120 000元的货车,使企业资产增加,应记入“固定资产”账户借方;用银行存款支付价款120 000元,使企业资产减少,应记入“银行存款”账户贷方。编制会计分录如下。

借:固定资产　　120 000

　　贷:银行存款　　120 000

(4)12 月 8 日,预付 6 个月办公用房屋租金12 000元,款项用银行存款支付。租期从 12 月 1 日算起。

【解析】 该笔交易涉及资产类的“预付账款”账户和“银行存款”账户,资产要素一增一减。预付房屋租金12 000元,使企业获得了 6 个月的房屋使用权,由此产生一项债权,债权属于资产,应记入“预付账款”账户借方;用银行存款支付租金12 000元,又使企业一项资产减少,应记入“银行存款”账户贷方。编制会计分录如下。

借:预付账款　　12 000

　　贷:银行存款　　12 000

(5)12 月 10 日,从供货商处购入价值 76 000 元的商品,其中,40 000 元购货款已经用银行存款支付,余下的货款将在月末偿还给供货商。

【解析】 该笔交易涉及资产类的“库存商品”账户和“银行存款”账户,以及负债类的“应付账款”账户,资产要素一增一减及两类要素同时增加。购进商品76 000元,使企业资产增加,应记入“库存商品”账户借方;用银行存款支付货款40 000元,使企业资产减少,应记入“银行存款”账户贷方;欠供货商货款36 000元,使企业负债增加,应记入“应付账款”账户贷方。编制会计分录如下。

借:库存商品　　76 000

　　贷:银行存款　　40 000

　　　　应付账款　　36 000

(6)12 月 15 日,向客户销售商品一批,售价为 35 000 元,收到货款 25 000 元,存入银行,余下的10 000元货款尚未收到。

【解析】 该笔交易涉及资产类的“银行存款”账户和“应收账款”账户，以及收入类的“主营业务收入”账户，两类要素同时增加。收到销货款25 000元存入银行，使企业资产增加，应记入“银行存款”账户借方；应收客户货款10 000元产生一项债权，使企业资产增加，应记入“应收账款”账户借方；销售商品赚取收入35 000元，使企业收入增加，应记入“主营业务收入”账户贷方。编制会计分录如下。

借：银行存款　　25 000
　　应收账款　　10 000
　贷：主营业务收入　　35 000

(7)上述销售业务所出售的商品已经交付给客户，这些商品的采购成本是20 000元。

【解析】 上一笔会计分录记录了企业通过销售商品赚取的收入，但企业由于此项销售业务还需向客户交付商品，因而应同时结转已售出商品的成本，由此产生一项费用，需要编制另一笔会计分录来记录。该笔交易涉及费用类的“主营业务成本”账户和资产类的“库存商品”账户，两类要素一增一减。企业为赚取收入必须交付成本为20 000元的商品，发生费用20 000元，使企业费用增加，应记入“主营业务成本”账户借方；同时将库存商品转出，使企业资产减少，应记入“库存商品”账户贷方。编制会计分录如下。

借：主营业务成本　　20 000
　贷：库存商品　　20 000

(8)12月18日，收到某客户预付的购货款36 000元，存入银行。该客户所需的商品预计在2016年12月月末和2017年1月中旬分两批交付，每批各交付一半。

【解析】 该笔交易涉及资产类的“银行存款”账户和负债类的“预收账款”账户，两类要素同时增加。收到客户预付的货款36 000元存入银行，使企业资产增加，应记入“银行存款”账户借方；由于客户提前支付购货款36 000元，使企业承担了一项以后交付商品的义务，由此产生一项负债，应记入“预收账款”账户贷方。编制会计分录如下。

借：银行存款　　36 000
　贷：预收账款　　36 000

(9)12月20日，以银行存款支付本月广告费2 500元。

【解析】 该笔交易涉及资产类的“银行存款”账户和费用类的“销售费用”账户，两类要素一增一减。发生广告支出2 500元来促销产品，使企业费用增加，应记入“销售费用”账户借方；用银行存款2 500元支付广告费，使企业资产减少，应记入“银行存款”账户贷方。编制会计分录如下。

借：销售费用　　2 500
　贷：银行存款　　2 500

(10)12月31日，收到客户偿还前欠货款8 000元，存入银行。

【解析】 该笔交易涉及资产类的“银行存款”账户和“应收账款”账户，资产要素一增一减。收到货款8 000元存入银行，使企业资产增加，应记入“银行存款”账户借方；收回对客户的债权8 000元，使企业资产减少，应记入“应收账款”账户贷方。编制会计分录如下。

借：银行存款　　8 000
　贷：应收账款　　8 000

(11)12月31日，以银行存款支付前欠供货商货款16 000元。

【解析】 该笔交易涉及负债类的“应付账款”账户和资产类的“银行存款”账户，两类要素同时减少。偿还所欠供货商的货款16 000元，使企业负债减少，应记入“应付账款”账户借方；用银行存款16 000元支付货款，使企业资产减少，应记入“银行存款”账户贷方。编制会计分录如下。

借：应付账款　　16 000

　　贷：银行存款　　16 000

任务三　填制和审核会计凭证

一、会计凭证概述

(一)会计凭证的概念

会计凭证是记录经济业务、明确经济责任的书面证明，是用来登记账簿的依据。

在会计工作中，每一项经济业务都要办理凭证手续，由执行或完成该项业务的有关人员填制会计凭证，以此说明经济业务发生的日期，反映经济业务的内容、数量和金额，并在会计凭证上签名或盖章，以及明确其应负的经济责任。另外，为了保证会计记录的真实性、可靠性，还需要对会计凭证的真实性和合法性进行审核，经审核无误并由审核人员签章后，才能作为记账的依据。

(二)会计凭证的作用

填制和审核会计凭证对于如实反映经济业务的内容，有效监督经济活动的合理性和合法性，保证会计核算资料的真实性、可靠性、合理性，发挥会计的经济管理职能具有十分重要的作用，主要体现在以下几个方面：

(1)会计凭证是提供经济信息和会计信息的载体。会计人员可以根据会计凭证，对日常大量、分散的各种经济业务进行分类、整理和汇总，并经过会计处理，为经济管理提供有用的经济和会计信息。

(2)会计凭证是登记账簿的依据。通过会计凭证的填制、审核，为账簿记录提供真实、可靠的依据，以确保账簿资料的真实准确。

(3)会计凭证是明确经济责任、强化内部控制的手段。任何会计凭证除记录经济业务的基本内容外，还必须有有关部门和人员的签章，使其对会计凭证所记录经济业务的真实性、正确性、合法性、合理性负责，以防止舞弊行为，强化内部控制。

(4)会计凭证是监督经济活动、控制经济运行的必要条件。通过对会计凭证的审核，可以查明每一项经济业务是否符合国家有关法律、法规、制度的规定，是否符合计划、预算进度，是否存在铺张浪费行为等。对于检查出的问题，相关部门应积极采取措施予以纠正，实现对经济活动的事中控制，确保经济活动健康进行。

(三)会计凭证的种类

会计凭证按照编制的程序和用途不同，分为原始凭证和记账凭证两类。

原始凭证是在经济业务发生或完成时取得或填制的，用以记录或证明经济业务的发生或完成情况的原始书面文件。原始凭证具有很强的法律效力，是编制记账凭证，组织会计核算的原始资料和重要依据。

记账凭证是会计人员根据审核无误的原始凭证，按照经济业务的内容加以归类，并据以确定会计分录后所填制的会计凭证，它是登记账簿的直接依据。

二、原始凭证

（一）原始凭证的基本内容

由于经济业务的种类和内容不同，经营管理的要求不同，原始凭证的格式和内容也不同。为了能够客观地反映经济业务的发生或完成情况，表明经济业务的性质，各种原始凭证都要确保载明的经济业务清晰，经济责任明确，并具备以下基本内容：

(1)原始凭证的名称。

(2)原始凭证的编号和填制原始凭证的日期。

(3)填制原始凭证的单位名称或填制人姓名。

(4)接受原始凭证单位的名称。

(5)经济业务的内容摘要。

(6)经济业务的数量、单价、金额等。

(7)经办部门和人员的签名或盖章。

（二）原始凭证的种类

1. 按原始凭证的来源分类

按原始凭证的来源不同，可以分为外来原始凭证和自制原始凭证。

(1)外来原始凭证是指企业同外单位或个人发生经济业务往来关系时，从对方单位取得的原始凭证，如购买材料时从供货单位取得的发票、支票等，如表3－1～表3－3所示。

表3－1　　**增值税专用发票**

101040209　　黑龙江省增值税专用发票　　**№ 4005011**

记账联　　开票日期：　2013年2月1日

购货单位	名　　称：哈尔滨宏远商场 纳税人识别号：230103789111655 地 址、电 话：哈尔滨市西大直街101号0451-86350576 开户行及账号：建行西大直街支行114-3810-2212008			密码区			
货物或应税劳务名称	规格型号	单位	数量	单价	金额	税率	税额
A产品		件	100	300.00	30 000.00	17%	5 100.00
B产品		件	200	400.00	80 000.00	17%	13 600.00
合　计					110 000.00		18 700.00
价税合计(大写)	※壹拾贰万捌仟柒佰元整				小写		￥128 700.00
销货单位	名　　称：黑龙江远大股份有限公司 纳税人识别号：230103789102605 地 址、电 话：哈尔滨市通达街99号0451-86266566 开户行及账号：工行通达分理处035-1010-8212008			备注			

第四联　记账联

收款人：王晓　　复核：孙思佳　　开票人：陈小红　　销货单位：（章）

（印章：黑龙江远大股份有限公司 230103789102605 发票专用章）

表 3—2 **现金支票**

中国工商银行 **现金支票** Ⅳ Ⅲ32190879

中国工商银行 现金支票存根	出票日期(大写) 年 月 日	付款行名称：
ⅣⅢ32190879	收款人：	出票人账号：
科 目________	本支票付款期限十天 人民币(大写)	亿 千 百 十 万 千 百 十 元 角 分
对方科目________	用途________	科目(借)________
出票日期 年 月 日		对方科目(贷)________ 须填密码
收款人：	上列款项请从我账户内支付	付讫日期 年 月 日
金 额：		出纳 复核 记账
用 途：		
单位主管 会计	出票人签章：	贴对号单处

表 3—3 **转账支票票样**

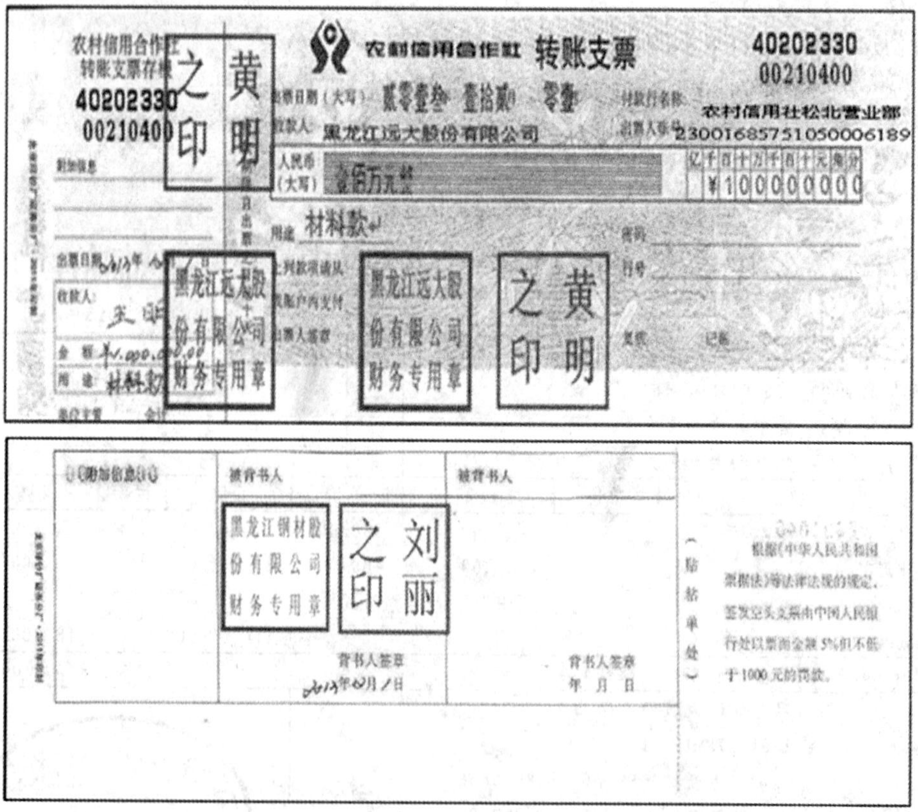
农村信用合作社 转账支票存根
40202330
00210400
附加信息
出票日期
收款人：
金 额：¥1,000,000.00
用 途：材料款
单位主管 会计

农村信用合作社 转账支票 40202330 00210400
出票日期(大写) 贰零壹叁 壹拾贰 零壹
付款行名称：农村信用社松北营业部
收款人：黑龙江远大股份有限公司
出票人账号：23001685751050006189
人民币(大写) 壹佰万元整
¥100000000
用途 材料款
上列款项请从我账户内支付
出票人签章
黑龙江远大股份有限公司财务专用章
黄明之印
复核 记账

附加信息
被背书人
被背书人
黑龙江钢材股份有限公司财务专用章
刘丽之印
背书人签章
年 月 日
背书人签章
年 月 日
(贴粘单处)
根据《中华人民共和国票据法》等法律法规的规定，签发空头支票由中国人民银行处以票面金额5%但不低于1000元的罚款。

(2)自制原始凭证。自制原始凭证是指由本单位内部经办业务的部门或人员，在办理经济业务时所填制的原始凭证。如商品、材料入库时，由仓库保管人员填制的入库单、商品销售时，由业务部门开出的提货单、生产车间领用材料的领料单、差旅费报销单、工资结算单等，如表 3—4 所示。

表 3—4　　　　　　　　　　　　　**领料单**

领用部门：一车间　　　　　　　　　　　　　　　　　　　　　　　仓库：一号库

用　途:生产甲产品　　　　　　　2017 年 2 月 16 日　　　　　　　　　　编号:001

材料类别	材料编号	材料名称	规格	数量(千克)		金　额	
				请领	实发	单位成本(元/千克)	总金额(元)
	A 材料			10 500	10 500	40	420 000
合　计				10 500	10 500	40	420 000

部门负责人:李好　　　　保管员:王红　　　　记账员:陈丽　　　　领料人:张功

2. 按原始凭证的填制方法分类

按原始凭证的填制方法的不同，可将原始凭证分为一次凭证、累计凭证和汇总凭证。

(1)一次凭证是指在一项经济业务或几项同类经济业务发生时一次填制完成的一种原始凭证。外来原始凭证和大多数自制原始凭证是一次凭证，它的填制手续是一次性完成的，如收货单、差旅费报销单等，如表 3—5 所示。

表 3—5　　　　　　　　　　　　**差旅费报销单**

差旅费报销单

预领款	5 500.00
补领或缴还	370.00

2013 年 2 月 15 日

部门	采购部	姓名	赵林	出差事由	参加商品展销会				
出差起止日期	自 2013 年 2 月 5 日至 2013 年 2 月 12 日止共计 8 天						附单据　10　张		
起讫时间	起讫地点	飞机、车、船费		住宿费	出差补贴	市内交通费	其他费用		合计
		名称	金额				名称	金额	
2.5	哈尔滨至广州		1 900.00	800.00	160.00	80.00		290.00	3 230.00
2.12	广州至哈尔滨		1 900.00						1 900.00
合　计			3 800.00	800.00	160.00	80.00		290.00	5 130.00
合计金额(大写)伍仟壹佰叁拾元整								¥5 130.00	

已核销

单位主管　宋明轩　　　　　　复核　孙思佳　　　　　　出差人　赵林

(2)累计凭证是指在一定时期内,为连续地反映同类而又不断重复发生的业务,在一张凭证中连续、累计地记载该项业务的原始凭证。这种凭证的填制手续是多次完成的,但因这种凭证要反复使用,必须严格凭证的保管制度。它主要适用于经常、重复发生的同类经济业务,如工业企业的限额领料单,如表3—6所示。

表3—6 **限额领料单**

领料部门:加工车间　　　　　　　　　　　　　　　　发料仓库:5号
用　途:制造A产品　　　　　　2017年2月　　　　　　计划产量:300台

材料类别	材料编号	材料名称	规　格	计量单位	单　价	领料限额(kg)	全月实领	
							数量(kg)	金额(元)
金属	3 305	圆钢	2mm	kg	3(元/kg)	1 000	900	2 700

日期	请领			实发		代用材料			限额节余(kg)
	数量(kg)	领料单位负责人签章	领料人签章	数量(kg)	发料人签章	数量(kg)	单价	金额	
1	500	刘丽	张艳辉	500	郑爽				500
5	300	刘丽	张艳辉	300	郑爽				200
8	100	刘丽	张艳辉	100	郑爽				100

生产计划部门负责人:刘伟　　　　　　　　仓库负责人:张顺

(3)汇总凭证又称原始凭证汇总表,它是将记载同类经济业务的许多原始凭证,定期汇总而编制的一种原始凭证。这种原始凭证可以简化记账工作,主要适用于处理那些在一定时期内重复发生的经济业务,如发出材料汇总表,如表3—7所示。

表3—7 **发出材料汇总表**

年　月　日

领料部门		原材料甲	原材料乙	合　计
基本生产车间	一车间			
	二车间			
	小计			
辅助生产车间	供电车间			
	锅炉车间			
	小计			
制造费用	一车间			
	二车间			
	小计			
管理费用				
合　计				

会计负责人(签章)　　　　　　　复核(签章)　　　　　　　制表(签章)

(三)原始凭证的填制

原始凭证有很多样式,不同的原始凭证其填制方法和要求是不尽相同的,为保证原始凭证反映经济业务内容的准确性,填制原始凭证时应严格按照下列要求进行。

1. 填写必须及时

每一笔经济业务发生或完成后,都要按照会计制度的规定立即填制或取得原始凭证,以使原始凭证及时地送到会计部门,及时地按照原始凭证编制记账凭证。

2. 填写内容必须完整、真实、准确

对每张原始凭证上规定的项目和内容必须逐项、详细地填写,不能有所遗漏,而且必须是对经济业务内容的真实反映,必须与实际情况相符合;数量、单价、金额等的计算要准确无误。如果外来原始凭证遗失,必须到签发凭证单位取得证明,说明原来凭证的号码、数量、金额等内容,且凭证上必须盖有签发单位的财务章,还要经过经办单位的业务主管批准方可代作原始凭证。

3. 经济责任明确

每张原始凭证上必须由有关经办人员和负责人签章,以明确相应的经济责任。自制原始凭证必须有经办部门指定人员和单位负责人的签名或盖章;向外单位开出的原始凭证必须加盖本单位或部门的财务章;从其他单位取得的原始凭证要盖有签发单位的财务章;个人签发的原始凭证必须有其个人的签名或盖章。

4. 书写格式规范

(1)原始凭证必须用蓝色或黑色笔填写,字迹须清楚、规范。填写支票必须使用碳素笔,属于需要套写的凭证必须一次套写清楚。发生填写错误不能随意涂改,应采用规定的方法予以改正。对于已预先印定编号的原始凭证,在写错作废时,应当加盖“作废”戳记,要单独保管,不得撕毁。

(2)在书写阿拉伯数字时,每一个数字都要占有一个数位,逐个填写不能连笔,书写时的顺序是由大到小,从左到右。人民币符号“?”和阿拉伯数字之间不能有空白,阿拉伯数字前加注人民币符号“?”的,则数字后面无须再写“元”字。所有以“元”为单位的阿拉伯数字,一律写到角位和分位,没有角分的数字,可以填写“00”或符号“—”,有角位无分位的情况,分位上写“0”,不能用符号“—”来代替。

(3)大写金额数字只能用正楷或行书来填写,必须用“会计体”汉字,即“壹、贰、叁、肆、伍、陆、柒、捌、玖、拾、佰、仟、万、亿、元、角、分、零、整”等来填写,不应用“一、二、三、四、五、六、七、八、九、十、百、千、另(或令)”等,更不能使用谐音字来代替。大写金额写到“元”或“角”的,在“元”或“角”之后要写“整”字;大写金额有“分”的,“分”字后面不写“整”字。

(4)凡是规定填写大写金额的凭证,如发票、提货单、银行结算凭证等,都必须同时填写大小写金额,大写和小写金额必须相符。阿拉伯金额数字中间有“0”或者连续有几个“0”时,汉字大写金额只写一个“零”字即可,如¥7 008.25,汉字大写金额应写为:人民币柒仟零捌元贰角伍分。

(四)原始凭证的审核

审核无误的原始凭证,才能作为记账的依据,这也是发挥会计监督作用的重要环节。为了保证会计凭证的合法、合规、准确、完整,要求会计部门的经办人员必须严格审核各项原始凭证。原始凭证的审核内容主要包括以下几个方面。

1. 审核原始凭证的真实性

审核原始凭证是否真实地记录所发生的经济业务，有无弄虚作假、名不符实的情况，有无伪造、涂改、刮擦原始凭证的情况，多联的原始凭证是否复写等。

2. 审核原始凭证的合理、合法性

审核原始凭证所记录的经济业务是否符合国家有关法令、制度、政策及企业间的合同、企业内部的预算、计划等规定，是否合理、合法，有无违反法律、制度的违法乱纪行为；审核经济业务是否符合审批权限以及费用开支范围和标准是否符合有关规定；审核经济活动是否符合提高经济效益的要求等。

3. 审核原始凭证的完整性和准确性

主要审核原始凭证的填制手续是否完备，项目是否填制齐全，有关经办人员是否签字或盖章，原始凭证的摘要、数字是否正确，书写是否清楚，数量、单价、金额、合计有无错误，大小写是否相符等。

原始凭证的审核直接关系着会计信息的准确性，因此，审核原始凭证时，会计人员应当坚持原则，按规章制度办事。在审核中，对于内容填写不全、手续不齐、数字不准、书写不清的原始凭证，要退还给有关的业务单位或个人，并令其补办有关手续或进行更正后再予受理；对于违反国家法规政策和财经制度、审批手续不全、伪造涂改、弄虚作假的原始凭证应拒绝受理，并向领导报告，严肃处理。

三、记账凭证

（一）记账凭证的内容

记账凭证按不同标准可以分为不同类型，但各种记账凭证在格式、内容等方面具有一些共同的内容，主要包括以下几项。

(1)记账凭证的名称。

(2)填制凭证的日期和凭证的编号。

(3)经济业务的内容摘要。

(4)会计科目，包括一级科目、二级科目和明细科目的名称、方向和金额。

(5)所附原始凭证的张数。

(6)填制、审核、记账和会计负责人签章。

（二）记账凭证的种类

按记账凭证的用途不同，可以分为专用记账凭证和通用记账凭证。

(1)专用记账凭证是专门用来记录某一经济业务的记账凭证，按其反映的经济业务是否与货币资金有关，分为收款凭证、付款凭证和转账凭证。

收款凭证是指根据货币资金收入业务的原始凭证填制而成的，用以反映货币资金收入业务的记账凭证。收款凭证不仅是出纳人员收款的依据，也是登记现金日记账、银行存款日记账以及其他相关总账和明细账的依据，格式如表 3－8 所示。

表3—8　　收款凭证

收款凭证

借方科目：　　　　年　月　日　　　　银收字第　号

摘　要	贷方科目		金　额	记账√
	一级科目	明细科目		
合计				

附件　张

会计主管：　　记账：　　出纳：　　审核：　　填制：

付款凭证是指根据货币资金支出业务的原始凭证填制而成的，用以反映货币资金支出业务的记账凭证。付款凭证既是出纳人员据以付款的依据，也是登记现金日记账、银行存款日记账以及其他相关总账和明细账依据，格式如表3—9所示。

表3—9　　付款凭证

付款凭证

贷方科目：　　　　年　月　日　　　　现付字第　号

摘　要	借　方		金　额	记账√
	一级科目	明细科目		
合计				

附件　张

会计主管：　　记账：　　出纳：　　审核：　　填制：

转账凭证是指根据有关转账业务的原始凭证填制而成的，用以反映与货币资金收付无关的转账业务的记账凭证。转账凭证是登记明细分类账、总分类账的依据，格式如表3—10所示。

表3—10　　转账凭证

转账凭证

年　月　日　　　　转字第　号

摘　要	借　方		贷　方		金额	记账√
	一级科目	明细科目	一级科目	明细科目		
合计						

附件　张

会计主管：　　记账：　　出纳：　　审核：　　填制：

(2)通用记账凭证是指不区分收款、付款和转账业务,用以反映所有经济业务的记账凭证。通用记账凭证的格式与转账凭证的格式相似,如表3—11所示。

表3—11　　记账凭证

记账凭证

年　月　日　　　　字第　号

摘要	会计科目		记账	借方金额											记账	贷方金额										
	总账科目	明细科目	√	亿	千	百	十	万	千	百	十	元	角	分	√	亿	千	百	十	万	千	百	十	元	角	分
合计																										

附单据　张

会计主管:　　记账:　　出纳:　　审核:　　制单:

(三)记账凭证的填制

填制记账凭证是记账工作的开始,记账凭证填制得正确与否,直接关系到记账是否真实和准确。这就要求会计人员把记账凭证应具备的基本内容按照一定的会计方法填写齐全,对会计信息予以正确归类,便于进行账簿登记。在填制记账凭证时,除了要严格遵照原始凭证的填制要求外,还要遵守以下基本要求。

(1)摘要填写应简明扼要。摘要是指在填制会计凭证和登记账簿记录时,对发生的经济业务用简洁明了的语句加以归纳。摘要应该对经济业务进行简要的概括说明,应正确填写,不可不填或错填。

(2)业务记录正确。一张记账凭证只能反映一项经济业务或若干项同类经济业务,不能把不同类型的经济业务合并填制。采用借贷记账法编制会计凭证时,一般是编制一借多贷或一贷多借分录的记账凭证,不应填制多借多贷会计分录的记账凭证。

(3)会计科目运用准确。会计科目的运用必须符合会计制度的规定,包括会计科目的名称和会计科目所核算的内容,应用的一级、二级或明细科目必须填写全称,不得随意简化,会计分录中的账户对应关系必须正确,以便核算指标的综合汇总。

(4)注明附件数量。每张记账凭证要注明所附原始凭证的张数,以便日后查对。如果根据一张原始凭证编制两张记账凭证,则应在未附原始凭证的记账凭证上注明"单据×张,附在第×号记账凭证上",以便复核和查对。

(5)记账凭证填写完成后,应加计合计数,并按所适用的记账方法,核对账户双方的金额与总账和明细账的金额是否平衡。金额栏的数字应对准借贷栏次和科目行次填写,防止错栏、串行。角、分位不要留空白,可写"0"占位。各项填写完成后,金额栏剩余的空行处可在右上角至左下角画斜线或"S"线注销,防止造假。

(6)记账凭证必须连续编号。采用通用记账凭证的,每月从1号编起,然后按经济业务发生的顺序连续编号;采用专用记账凭证的,应分类编号,例如收字第1号、付字第1号、转字第1

号等；一笔复合会计分录需要编制多张记账凭证的，可采用“分数编号法”，例如，一笔经济业务需要编制两张转账凭证，其编号可表示为 $7\frac{1}{2}$号、$7\frac{2}{2}$号。

(7)内容填写齐全。每张记账凭证的各项内容必须填写齐全，填写完毕并与有关原始凭证核对无误后，还需在编制人员处签名或盖章，收款、付款凭证还需要有出纳人员签章。

(四)记账凭证的审核

记账凭证是登记账簿的依据，为了保证会计信息的质量，除了要严格按填制记账凭证的要求进行填制之外，还要有专人对记账凭证进行审核，只有经过审核无误的记账凭证，才能据以记账。审核的主要内容如下。

(1)记账凭证的会计分录是否准确，核算内容是否符合会计制度的规定，对应关系是否明晰。

(2)记账凭证是否附有审核无误的原始凭证，所附原始凭证的张数以及经济内容、金额合计等是否与记账凭证一致。

(3)记账凭证的有关项目是否填列完整，有关人员是否签名或盖章。

在记账凭证的审核过程中，如果发现错误，应立即查找原因并重新填制正确凭证或予以更正，更正人员要在更正处签章，以示负责。只有审核无误的记账凭证才能据以收付款项，并作为登记账簿的依据。

四、会计凭证的传递和保管

(一)会计凭证的传递

会计凭证的传递是指会计凭证从填制时起到归档为止，在本单位内部各有关部门和人员之间的传递程序和传递时间。

正确组织会计凭证的传递，对于及时处理和登记经济业务，提高会计核算的及时性，如实反映各项经济业务，正确组织经济活动，提供会计信息，加强会计监督等都具有重要的作用。

(二)会计凭证的保管

会计凭证既是记录经济业务、明确经济责任的书面证明，又是记账的依据，所以会计凭证是会计核算的重要经济档案和历史资料。会计凭证的保管是指会计凭证登账后的整理、装订和归档保存。各单位对会计凭证必须妥善保管，以便随时抽查利用，同时也便于上级及其他有关单位进行凭证检查。

对会计凭证的保管，一方面要保证会计凭证完整无损，另一方面要便于日后查找，为此应当注意会计凭证归档保管的方法，会计凭证保管的基本要求包括以下几个方面。

(1)会计部门在每月记账完毕之后，应定期对各种会计凭证加以整理并按照编号顺序排列，所附原始凭证粘贴整齐，然后加上封面、封底装订成册，并在封面上写明单位名称、年度、月份、记账凭证的种类、起讫日期、起讫号数以及记账凭证的张数，并在封皮加盖会计主管的印章。如果凭证数量很多可以分册装订，每册不能装太厚。

(2)如果某些原始凭证数量过多或属于重要资料，可以将这些原始凭证另行装订成册或单独保管，但需要注明其所属记账凭证的日期、编号和册次，以备查阅。

(3)装订成册的会计凭证，应指定专人负责保管，有关人员进行查阅时，必须履行相应的手续。

(4)会计凭证的保管和销毁，必须严格执行会计制度的有关规定，不得随意处置，以防止会计凭证散失错乱、残缺不全或损坏。当年的会计档案，在会计年度终了后，暂由会计部门保管一年，期满后，应由会计部门移交给本单位档案室保管。对保管期限届满需要销毁的会计凭证，必须开列清单，经本单位领导审核、上级主管部门批准后，方可销毁。

任务四　设置和登记会计账簿

一、会计账簿的概念和意义

会计账簿(简称账簿)，是以会计凭证为依据，用以序时、连续、系统、全面、分类地记录和反映各企业、单位等的经济业务事项的簿籍。设置和登记账簿是会计核算的专门方法之一，在经济管理中具有重要意义。

(1)可以为企业经营管理提供系统、完整的会计信息。通过设置和登记账簿，可以把会计凭证所提供的大量核算资料归类到各种账簿中，提供总括指标和详细指标，并进行序时记录和反映，为经营管理提供比较系统、完整的会计信息。

(2)可以保证本单位财产物资的安全完整。通过设置和登记账簿，可以连续反映各项财产物资的增减变动及其结存情况，还可通过财产清查、核对账目的方法，反映各项财产物资的具体情况，保证财产物资的安全完整。

(3)可以为考核经营成果、实行会计监督提供依据。通过账簿的设置与登记，可以确定财务成果的形成，而且利用账簿提供的核算资料，还可以加强会计的日常监督，监督经济活动的合理、合法性，促进企业经营管理不断完善。

(4)可以为定期编制会计报表提供数据资料。通过设置和登记账簿，可以正确反映各项会计信息的具体情况，为定期编制会计报表提供数据资料。账簿反映的数据真实与否，直接影响会计报表的质量。

二、会计账簿的种类

由于各单位经济业务的具体内容和经营管理要求有所不同，其需要设置的账簿种类也不相同。为了正确使用各种账簿，应根据不同的分类标准对账簿进行分类。

(一)账簿按其用途分类

账簿按其用途，可以分为序时账簿、分类账簿和备查账簿。

1. 序时账簿

序时账簿也称日记账，是按照经济业务发生或完成时间的先后顺序，逐日、逐笔登记经济业务的账簿。按其登记内容的不同，又分为普通日记账和特种日记账两种。

普通日记账是将各单位全部经济业务不分类别、依照业务发生的时间顺序逐笔登记的日记账。

特种日记账是用来专门登记某一类经济业务发生情况的日记账。设置特种日记账主要是为了突出该日记账的重要性，加强对特种业务的反映和监督。常见的有专门登记现金收支业务的序时账(即现金日记账)和专门登记银行存款收支业务的序时账(即银行存款日记账)。

2. 分类账簿

分类账簿又称分类账，是将全部经济业务按照总分类账户和明细分类账户进行分类登记的账簿。分类账簿按其记录和反映的指标详细程度不同，可分为总分类账簿和明细分类账簿两种。

总分类账簿又称总分类账，简称总账，是根据总分类科目开设，用以记录全部经济业务总括核算资料的分类账簿。

明细分类账簿又称明细分类账，简称明细账，是根据明细分类科目开设的，用以记录某一类经济业务明细核算资料的分类账簿。

3. 备查账簿

备查账簿也称备查登记簿，又称辅助账簿，是用来对某些在序时账簿和分类账簿等主要账簿中未能登记的事项或记载不全的经济业务进行补充登记的账簿。其主要作用在于为某些经济业务的内容提供必要的参考资料。常用的有受托加工材料登记簿、租入固定资产登记簿等。

（二）账簿按其外表形式分类

账簿按其外表形式可以分为订本式账簿、活页式账簿和卡片式账簿。

1. 订本式账簿

订本式账簿也称订本账，是把一定数量的印有专门格式的账页预先编好顺序编号，固定地装订在一起的账簿。采用订本式账簿，可以避免账页散失，并防止随便抽换账页。重要的账簿，如总分类账、现金日记账和银行存款日记账等均必须采用订本式账簿。但是由于这种账簿账页固定，不便于按需要增减账页，容易出现账页的余缺，而且还不便于记账分工。

2. 活页式账簿

活页式账簿也称活页账，是由若干零散的具有专门格式的账页组成的账簿。这种账簿便于记账分工，也可以根据实际需要随时增减账页，但账页易于散失，且容易被抽换，因而使用这种账簿一定要注意登记后至装订前这一期间的保管，并及时装订成册。活页式账簿主要适用于各种明细账，如库存商品、其他应收款、制造费用明细账。

3. 卡片式账簿

卡片式账簿也称卡片账，是一种由具有一定格式的卡片组成的、存放在卡片箱中可以随时取出和放入的账簿。这种账簿的优缺点与活页式账簿的基本相同，它主要适用于内容比较复杂、变化不大的财产物资的记录，如固定资产明细账等。

（三）账簿按其账页的具体格式分类

账簿按其账页的具体格式，可以分为三栏式账簿、多栏式账簿和数量金额式账簿。

1. 三栏式账簿

三栏式账簿是指账簿的账页由借方、贷方和余额三个金额栏组成的账簿。三栏式账簿是目前最常用的账簿之一，适用于那些只需要进行金额核算而不需要进行数量核算的经济业务，如“应收账款”“应付账款”等账户的核算。

2. 多栏式账簿

多栏式账簿是指在账簿账页的借方、贷方两个金额栏内又分别设置若干个金额栏的账簿。如“管理费用”“生产成本”等账户的核算采用多栏式账簿。

3. 数量金额式账簿

数量金额式账簿是指在账簿账页的借方、贷方和余额三大栏内，又分别设置有数量、单价、金额三个小栏的账簿。数量金额式账簿适用于既要进行金额核算，又要进行实物数量核算的经济业务，如“库存商品”“原材料”等账户的核算。

会计账簿的分类如图 3－2 所示。

- 账簿
  - 按用途分类
    - 序时账簿
      - 普通日记账
      - 特种日记账
    - 分类账簿
      - 总分类账
      - 明细分类账
    - 备查账簿
  - 按外表形式分类
    - 订本式账簿
    - 活页式账簿
    - 卡片式账簿
  - 按账页格式分类
    - 三栏式账簿
    - 多栏式账簿
    - 数量金额式账簿

图 3－2　账簿分类

三、会计账簿的设置与登记

（一）日记账的设置与登记

如前所述，日记账是按照经济业务发生或完成时间的先后顺序，逐日、逐笔登记经济业务的账簿，也称序时账簿。日记账可分为普通日记账和特种日记账两种，本书只介绍特种日记账的设置。特种日记账是专门用来登记某一类经济业务的日记账，各单位为了及时掌握货币资金的收付情况及结算情况，都设置现金日记账和银行存款日记账，在此以这两种日记账为例介绍日记账的设置。

1. 现金日记账的设置与登记

现金日记账是用来逐日反映库存现金的收入、支出和结存情况的特种日记账。现金日记账必须采用订本式账簿，账页的格式一般采用三栏式，即在同一张账页上分设“收入（借方）”“支出（贷方）”和“结存（余额）”三栏。为了清晰地反映现金收付业务的详细内容，还设置了“年、月、日”“凭证字号”“摘要”和“对方科目”等栏目，用于反映经济业务发生的时间、记账凭证的性质和编号、经济业务的具体内容以及与现金收付相对应的账户名称，其格式如表 3－12 所示。

现金日记账是由出纳人员根据审核无误后的现金收款凭证、现金付款凭证，按照经济业务发生的先后顺序逐日、逐笔登记的账簿。现金日记账借方栏一般根据现金收款凭证登记，贷方栏一般根据现金付款凭证登记。对于从银行提取现金的业务，由于只填制银行存款付款凭证，因此，对于从银行提取现金的现金收入数额，根据银行存款付款凭证登记现金日记账的借方栏。每次收付现金后，随时结出账面余额，至少应在每日收付款项逐笔登记完毕后，计算每日现金收入和支出的合计数及账面余额，并将现金日记账的账面余额同库存现金实存额核对，如不符应查明原因，并予以恰当处理，做到日清月结。

表 3－12　　　　　　　　　　**现金日记账**

现金日记账

年		凭证号数	摘要	对应科目	借方									√	贷方									√	余额								
月	日				百	十	万	千	百	十	元	角	分		百	十	万	千	百	十	元	角	分		百	十	万	千	百	十	元	角	分

2. 银行存款日记账的设置与登记

银行存款日记账是用来逐日反映银行存款的收入、支出及结存情况的特种日记账。银行存款日记账也必须采用订本式账簿，账页的格式一般也采用三栏式，其基本结构与现金日记账相似，唯一不同的是由于银行存款的收付业务都是根据特定的银行结算凭证进行登记的，因此在银行存款日记账中专门设置了“结算凭证种类和号数”栏。其格式如表 3－13 所示。

表 3－13　　　　　　　　　　**银行存款日记账**

银行存款日记账

年		凭证号数	结算方式		摘要	借方									√	贷方									√	余额								
月	日		种类	号码		百	十	万	千	百	十	元	角	分		百	十	万	千	百	十	元	角	分		百	十	万	千	百	十	元	角	分

银行存款日记账，是由出纳人员根据审核后的银行存款收款凭证、银行存款付款凭证，按经济业务发生时间的先后顺序，逐日、逐笔进行登记的账簿。银行存款日记账的借方栏一般根

据银行存款收款凭证登记,贷方栏一般根据银行存款付款凭证登记。对于现金存入银行的业务,由于只填制现金付款凭证,因此对于现金存入银行的银行存款收入数额,应根据现金付款凭证登记银行存款日记账的借方栏。每次银行存款收付完毕后,应随时结出银行存款的余额,至少将每日收付款项逐笔登记完毕后,计算出每日银行存款收入和支出的合计数及账面余额,以便定期同银行送来的对账单核对,并随时检查、监督各种款项收付,避免因超过实有数额付款而出现透支现象。

(二)总分类账的设置与登记

总分类账是根据总分类科目开设的,用以记录全部经济业务总括核算资料的分类账簿,它能够提供全面、总括的会计核算资料,是编制会计报表的重要依据。任何单位都必须设置总分类账簿。总分类账一般采用"借方"、"贷方"、"余额"三栏式的订本账,其格式如表 3－14 所示。

表 3－14　　三栏式总分类账

账户名称:应收账款　　单位:元

2017 年		凭证号数	摘　要	借　方	贷　方	借或贷	余　额
月	日						
2	1		期初余额			借	50 000
	2	转 001	应收东方公司销货款	35 100		借	85 100
	5	收 007	收回振华工厂欠款		23 400	借	61 700
			……				
	30		本期发生额及余额	76 000	62 000	借	64 000

订本式账簿页次固定,不能随时增减账页,因而在启用时应根据各科目发生业务的多少适当估计预留页数。根据实际需要,在总分类账中的借贷两栏内,可增设对方科目栏或采用多栏式总分类账的格式。多栏式总分类账是把所有的总账科目合并设在一张账页上。

总分类账的登记方法,可以直接根据各种记账凭证逐笔登记,也可以把各种记账凭证先汇总编制成汇总记账凭证或科目汇总表,再据以登记入账,这主要取决于采用的会计核算组织程序。

(三)明细分类账的设置与登记

总分类账只能提供总括的会计核算资料,不能满足经营管理所需的详细的、分类的信息,因此各个单位在设置总分类账的基础上,还应根据管理的需要,按照总账科目设置若干必要的明细分类账,作为总分类账的必要补充。明细分类账是根据明细分类科目开设的,用以记录某一经济业务明细核算资料的分类账,它的账页格式主要有以下三种。

1. 三栏式明细分类账

三栏式明细分类账的格式与三栏式总分类账相同,即账页只设有"借方"、"贷方"和"余额"三个金额栏,不设数量栏。这种明细分类账主要适用于那些只需要进行金额核算而不需要进行数量核算的债权、债务等结算账户,如"应收账款""应付账款""其他应收款"等账户的明细账,其格式如表 3－15 所示。

表 3—15　　**应付账款明细账**

单位名称：红星工厂　　单位：元

2017 年		记账凭证		摘　要	借　方	贷　方	借或贷	余　额
月	日	字	号					
2	1			期初余额			贷	80 000
	2	付	001	偿付货款	50 000		贷	30 000
	7	转	021	购买 A 材料货款		11 700	贷	41 700
				……				
	30			本期发生额及余额	100 000	78 000	贷	58 000

2. 数量金额式明细分类账

数量金额式明细分类账又称三栏式数量金额明细账，它是在三栏式金额的基础上增加数量、单价和金额形成的。数量金额式明细分类账的账页设有收入、发出和结存（相当于借方、贷方、余额）三大栏，每一大栏内又有三小栏，即数量、单价和金额，用来反映财产物资明细核算。这种明细分类账主要适用于既要进行金额核算，又要进行数量核算的各种财产物资类科目，如“原材料”“库存商品”等科目的明细核算，其格式如表 3—16 所示。

表 3—16　　**原材料明细账**

编　　号：001　　计量单位：千克
类　　别：金属　　最高储备量：2 000 千克
品名或规格：黄铜　　最低储备量：500 千克
存放地点：1 号仓库　　保险储备量：1 500 千克

2017 年		凭证号	摘要	收　入			发　出			结　存		
月	日			数量	单价	金额	数量	单价	金额	数量	单价	金额
2	1		期初余额							900	15	13 500
	2	略	购材料	800	15	12 000				1 700	15	25 500
	10		一车间领用				500	15	7 500	1 200	15	18 000
	13		购材料	600	15	9 000				1 800	15	27 000
			……									

3. 多栏式明细分类账

多栏式明细分类账是根据经济业务和经营管理的需要，在一张账页内按有关明细项目分设若干专栏，集中反映有关明细项目的详细资料。这种多栏式明细账适用于成本、费用和收入、利润等科目的明细分类核算，如“生产成本”“管理费用”“材料采购”等科目的明细分类账，“管理费用”明细分类账的格式如表 3—17 和表 3—18 所示。

表 3—17　　　　　　　　　　　　管理费用明细账　　　　　　　　　　　　单位:元

2017 年		凭证号	摘　要	工　资	福利费	办公费	修理费	(略)	合计
月	日								
2	1		期初无余额						
	30	略	分配本月工资	40 000					
	30		提取福利费		5 600				
	30		支付办公费			3 000			
			……						

(四)总分类账与明细分类账的平行登记

总分类账是用以提供总括指标的账簿,明细分类账是用以提供明细指标的账簿。各单位在进行总分类核算的同时,应根据管理的需要,进行必要的明细分类核算。在会计核算中,为了便于对账户记录进行核对,保证对各种经济业务处理的正确性和完整性,必须对同一经济业务在总分类账与其所属的明细分类账中进行平行登记。

1. 平行登记的概念

所谓平行登记,就是指以会计凭证为依据,在总分类账户和明细分类账户中独立地、互不依赖地进行登记,以保证总分类账户的记录与明细分类账户的记录形成统驭和被统御关系的登记方法。

2. 平行登记的要点

(1)内容相同。凡在总分类账户下设有明细分类账户的,对于每一项经济业务,一方面要记入有关总分类账户,另一方面要记入各总分类账户中所属的明细分类账户。

(2)期间相同。对于每一项经济业务,都要在同一会计期间(如一个月内)登记总分类账和明细分类账。

(3)方向相同。将每项经济业务同时在总分类账及其所属的有关明细分类账中登记时,必须记入相同的方向(借方或贷方)。

(4)金额相等。对每项经济业务,记入有关总分类账户中的金额,必须与记入其所属明细分类账户中的金额之和相等。

平行登记的结果,使总分类账有关账户本期发生额与其所属各个明细分类账户本期发生额的合计金额相等,同时,总分类账有关账户期末余额与其所属各个明细分类账户期末余额之和相等。在会计核算工作中,二者之间起到相互验证的作用,以保证核算资料的正确性和完整性。

3. 总分类账与明细分类账平行登记方法举例

【例 3—2】 以“原材料”总分类账户为例,具体说明总分类账户和明细分类账户平行登记的方法。

(1)资料。

假定某企业 2017 年 1 月 1 日“原材料”总账账户余额为 150 000 元,明细资料如下。

“原材料”账户:

甲材料	1 000 千克	30 元/千克	共计 30 000 元
乙材料	5 000 千克	4 元/千克	共计 20 000 元
丙材料	200 吨	500 元/吨	共计 100 000 元

表 3—18

管理费用明细账

管理费用明细账

年		凭证册号	摘要	借方																																																				贷方								借或贷	金额							
月	日			十	万	千	百	十	元	角	分	十	万	千	百	十	元	角	分	十	万	千	百	十	元	角	分	十	万	千	百	十	元	角	分	十	万	千	百	十	元	角	分	十	万	千	百	十	元	角	分	十	万	千	百	十	元	角	分	十	万	千	百	十	元	角	分		十	万	千	百	十	元	角	分

2017 年 1 月发生下列经济业务。

①1 月 3 日，从某工厂购入丙材料 12 吨，每吨 500 元，材料验收入库，货款用银行存款支付。

②1 月 15 日，用银行存款支付材料款为 67 000 元，材料已验收入库。

其中：甲材料	500 千克	30 元/千克	共计 15 000 元
乙材料	3 000 千克	4 元/千克	共计 12 000 元
丙材料	80 吨	500 元/吨	共计 40 000 元

③1 月 19 日，购入乙材料 1 750 千克，每千克 4 元，丙材料 10 吨，每吨 500 元，材料已验收入库，货款尚未支付。

④1 月 25 日，仓库发出价款为 103 000 元的生产用原材料。

其中：甲材料	900 千克	30 元/千克	共计 27 000 元
乙材料	4 000 千克	4 元/千克	共计 16 000 元
丙材料	120 吨	500 元/吨	共计 60 000 元

(2)根据上述资料编制会计分录(假设不考虑增值税)。

①借：原材料——丙材料　　6 000

　　贷：银行存款　　6 000

②借：原材料——甲材料　　15 000

　　　　　——乙材料　　12 000

　　　　　——丙材料　　40 000

　　贷：银行存款　　67 000

③借：原材料——乙材料　　7 000

　　　　　——丙材料　　5 000

　　贷：应付账款　　12 000

④借：生产成本　　103 000

　　贷：原材料——甲材料　　27 000

　　　　　　——乙材料　　16 000

　　　　　　——丙材料　　60 000

(3)登记“原材料”总分类账户及其所属明细分类账并结算出本期发生额和期末余额（内容见表 3—19～表 3—23)。

表 3—19　　原材料总分类账

账户名称：原材料　　第　页

2017 年		凭证号数	摘　要	借方金额	贷方金额	借或贷	余　额
月	日						
1	1	略	期初余额			借	150 000
	3		购入原材料	6 000		借	156 000
	15		购入原材料	67 000		借	223 000
	19		购入原材料	12 000		借	235 000
	25		生产用料		103 000	借	132 000
	30		本月发生额及余额	85 000	103 000	借	132 000

表 3—20 **原材料明细分类账**

材料名称:甲材料 计量单位:千克

2017 年		凭证号数	摘 要	收入(借方)			发出(贷方)			结 余		
月	日			数量	单价	金额	数量	单价	金额	数量	单价	金额
1	1		期初余额							1 000	30	30 000
	15	略	购入甲材料	500	30	15 000	900			1 500	30	45 000
	25		生产用料					30	27 000	600	30	18 000
	30		本月发生额及余额	500	—	15 000	900	—	27 000	600	—	18 000

表 3—21 **原材料明细分类账**

材料名称:乙材料 计量单位:千克

2017 年		凭证号数	摘 要	收入(借方)			发出(贷方)			结 余		
月	日			数量	单价	金额	数量	单价	金额	数量	单价	金额
1	1		期初余额							5 000	4	20 000
	15		购入乙材料	3 000	4	12 000				8 000	4	32 000
	19		购入乙材料	1 750	4	7 000				9 750	4	39 000
	25		生产用料				4 000	4	16 000	5 750	4	23 000
	30		本月发生额及余额	4 750	—	19 000	4 000	—	16 000	5 750	4	23 000

表 3—22 **原材料明细分类账**

材料名称:丙材料 计量单位:吨

2017 年		凭证号数	摘 要	收入(借方)			发出(贷方)			结 余		
月	日			数量	单价	金额	数量	单价	金额	数量	单价	金额
1	1		期初余额							200	500	100 000
	3		购入丙材料	12	500	6 000				212	500	106 000
	15	略	购入丙材料	80	500	40 000				292	500	146 000
	19		购入丙材料	10	500	5 000				302	500	151 000
	25		生产用料				120	500	60 000	182	500	91 000
	30		本月发生额及余额	102	—	51 000	120	—	60 000	182	—	91 000

表 3—23 原材料明细分类账户发生额及余额表

2017 年 1 月 单位:元

材料名称	计量单位	单价	期初余额		本期发生额				期末余额	
					收入(借方)		发出(贷方)			
			数量	金额	数量	金额	数量	金额	数量	金额
甲材料	千克	30	1 000	30 000	500	15 000	900	27 000	600	18 000
乙材料	千克	4	5 000	20 000	4 750	19 000	4 000	16 000	5 750	23 000
丙材料	吨	500	200	100 000	102	51 000	120	60 000	12	91 000
合计	—	—	—	150 000	—	85 000	—	103 000	—	132 000

从表中可以看出,每发生一笔经济业务,既要登记总分类账户又要同时登记其所属明细分类账户,所以总分类账户借方或贷方的发生额等于其所属各明细分类账户的借方或贷方发生额的合计数;总分类账户的借方或贷方余额,与其所属的各明细分类账户的借方或贷方余额之和也相等。根据总分类账户和明细分类账户的这种关系,一般可通过编制明细分类账户本期发生额及余额表对明细分类账户的记录进行检查。

(4)编制明细分类账户本期发生额及余额表。

编制明细分类账户发生额及余额表所采取的格式,要根据各明细分类账户所反映的具体内容而定,比较普遍采用的有两种格式:一种适用于材料物资类的明细分类账户,它既有货币指标,又有实物指标,如原材料明细分类账户发生额及余额表,其格式如表 3—23 所示;另一种适用于结算业务类明细分类账户,它只有货币指标没有实物指标,如应付账款明细分类账户发生额及余额表。

明细分类账户发生额及余额表的作用主要在于检查明细分类账户记录是否完整、正确。编完表后,把明细分类账户发生额及余额表中的期初余额合计,本期借方、贷方发生额合计和期末余额合计与有关总分类账户的相应数额相核对。如核对后两者数额一致,则表明总账和明细账间的平行登记没有差错;如核对后两者数字不一致,则表明记账发生了错误,应及时查明原因并更正。

四、错账更正

在实际工作中,记账时不可避免地会发生一些错误,这时就应采用恰当的方法对错误的账簿记录进行更正。常见的错账更正方法有划线更正法、补充登记法和红字更正法三种。

(一)划线更正法

划线更正法适用于账簿记录有错误,而记账凭证正确,即仅属于记账时文字和数字笔误的情况。更正方法是将账页中错误的文字或数字划一条红色横线注销,但必须使原有字迹可辨认,以备查考;然后在错误处的正上方同行空白处,用蓝字或黑字重新写上正确的内容,并由更正人员在更正处签章,以明确责任。需要注意的是:对于文字错误可以只对错误部分进行更正;对于数字错误应将错误的金额全部划线,不得只更正错误数额中的个别数字。

(二)补充登记法

记账后发现记账凭证中应借、应贷会计科目和记账方向都正确,只是金额小于应记的正确金额时,采用此方法进行更正。更正方法是:将少记的金额用蓝字或黑字填写一张与原错误记账凭证所记载的借贷方向、应借和应贷会计科目相同的记账凭证，以补记少记的金额，并据以登记入账。

【例 3—3】 王丽报销差旅费时，会计人员在填制记账凭证时误将 1 700 元写成 170 元，但会计科目、借贷方向均无错误，并已登记账簿。其错误会计分录如下。

借：管理费用　　170

　　贷：其他应收款——王丽　　170

更正时只需将少记的 1 530 元填制相同的记账凭证，并登记入账即可。

借：管理费用　　1 530

　　贷：其他应收款——王丽　　1 530

（三）红字更正法

红字更正法又称红字冲销法，在会计上，以红字记录表明对原记录的冲减，这种更正方法一般适用于更正以下两种错账。

(1)记账后发现记账凭证中应借、应贷会计科目或记账方向有错误。更正方法是应先用红字填制一张与原错误凭证内容完全相同的记账凭证，并据以用红字登记入账，冲销原有的错误；然后再用蓝字或黑字填制一张正确的记账凭证，并据以入账。

【例 3—4】 企业以转账支票支付广告费 12 000 元，在填制记账凭证时误记入“管理费用”账户，并已登记入账。错误会计分录如下。

借：管理费用　　12 000

　　贷：银行存款　　12 000

该项分录应借记“销售费用”科目，更正时，首先用红字填制一张与原记账凭证相同的记账凭证，据以用红字入账，冲销原有错误记录。会计分录如下。

借：管理费用　　[12 000]

　　贷：银行存款　　[12 000]

再用蓝字或黑字填制一张正确的记账凭证，重新据以登记入账。会计分录如下。

借：销售费用　　12 000

　　贷：银行存款　　12 000

(2)记账后发现记账凭证中应借、应贷科目虽无错误，但记账凭证中错记金额大于应记金额。更正方法是：将多记的金额用红字填制一张与原错误记账凭证所记载的借贷方向及应借、应贷会计科目相同的记账凭证，并据以入账，以冲销多记金额。

【例 3—5】 企业管理部门职员张红出差结束报销差旅费，会计人员在填制记账凭证时，误将 400 元记录为4 000元，但会计科目、借贷方向均无错误，并据以登记入账。错误的会计分录如下。

借：管理费用　　4 000

　　贷：其他应收款——张红　　4 000

上述凭证比实际金额多记了3 600元，更正时只需用红字填制记账凭证，并用红字登记入账即可。会计分录如下。

借：管理费用　　3 600

　　贷：其他应收款——张红　　3 600

任务五　过账和试算平衡

一、过账的概念及举例

在记账凭证中通过采用编制会计分录的形式记录交易或事项之后，必须将有关会计要素的增减变动记录反映在分类账簿中。根据已编制的记账凭证，将每笔交易或事项涉及的借方账户和贷方账户发生额分别登记到分类账簿中开设的相应账户的过程称为过账。这一步骤也就是会计方法中的登记会计账簿。

【例3—6】 下面以例3—1京通商贸公司2016年12月份的第一笔交易为例，说明过账的步骤。这笔交易的内容是：收到所有者投入现金300 000元，存入企业的开户银行。依据对交易的分析，编制会计分录如下。

借：银行存款　　300 000

　贷：实收资本　　300 000

【解析】京通商贸公司在成立时，就根据所确定的会计科目设置了相应的账户。图3—3列示了“银行存款”账户和“实收资本”账户。公司刚开业，这两个账户12月初的余额均为零。该笔会计分录的过账过程如下。

第一，对会计分录中的借记“银行存款”账户300 000元，过账时，将这一金额登记在“银行存款”账户的借方，并在这一金额前标上业务编号(1)。

第二，对会计分录中的贷记“实收资本”账户300 000元，过账时，将这一金额登记在“实收资本”账户的贷方，并在这一金额前标上业务编号(1)。

第三，由于在此使用的是教学和练习所采用的会计分录和“T”型账户，其他应从会计分录记到分类账户或登记的事项(如日期、业务摘要等)就简化从略了。

借	银行存款	贷
期初余额	0	
(1)	300 000	

借	实收资本	贷
	期初余额	0
	(1)	300 000

图3—3　第一笔交易的过账

图3—4是根据京通商贸公司2016年12月份发生的各项交易所编制的会计分录过账到相关账户之后的记录结果。由于公司12月份开业，因而12月初所有账户余额都为零。通过对11笔交易的过账，在月末计算各账户的本月借方发生额、本月贷方发生额和月末余额。

以“银行存款”账户记录为例。12月1日借方余额为零，第(1)、(2)、(6)、(8)、(10)这五笔交易引起银行存款增加，12月份银行存款增加总额(即为借方发生额)合计619 000元；第(3)、(4)、(5)、(9)、(11)这五笔交易引起银行存款减少，12月份银行存款减少总额(即为贷方发生额)合计190 500元。根据账户四个基本数量关系计算，12月31日银行存款有借方余额428 500元(0+619 000−190 500)。

再以“应付账款”账户记录为例。12 月 1 日贷方余额为零，第(5)笔交易引起应付账款增加，12 月份贷方发生额是36 000元。第(11)笔交易引起应付账款减少，12 月份借方发生额是16 000元。根据账户四个基本数量关系计算，12 月 31 日应付账款有贷方余额20 000元(0＋36 000－16 000)。

借方	银行存款		贷方
期初余额	0		
(1)	300 000	(3)	120 000
(2)	250 000	(4)	12 000
(6)	25 000	(5)	40 000
(8)	36 000	(9)	2 500
(10)	8 000	(11)	16 000
本期发生额	619 000	本期发生额	190 500
期末余额	428 500		

借方	应收账款		贷方
期初余额	0		
(6)	10 000	(10)	8 000
本期发生额	10 000	本期发生额	8 000
期末余额	2 000		

借方	库存商品		贷方
期初余额	0		
(5)	76 000	(7)	20 000
本期发生额	76 000	本期发生额	20 000
期末余额	56 000		

借方	预付账款		贷方
期初余额	0		
(4)	12 000		
本期发生额	12 000	本期发生额	0
期末余额	12 000		

借方	固定资产		贷方
期初余额	0		
(3)	120 000		
本期发生	120 000	本期发生额	0
期末余额	120 000		

借方	短期借款		贷方
		期初余额	0
		(2)	250 000
本期发生额	0	本期发生额	250 000
		期末余额	250 000

借方	应付账款		贷方
		期初余额	0
(11)	16 000	(5)	36 000
本期发生额	16 000	本期发生额	36 000
		期末余额	20 000

借方	预收账款		贷方
		期初余额	0
		(8)	36 000
本期发生额	0	本期发生额	36 000
		期末余额	36 000

借方	实收资本		贷方
		期初余额	0
		(1)	300 000
本期发生额	0	本期发生额	300 000
		期末余额	300 000

借方	主营业务收入		贷方
		(6)	35 000
本期发生额	0	本期发生额	35 000
		期末余额	35 000

借方	主营业务成本		贷方
		(7)	20 000
本期发生额	20 000	本期发生额	0
期末余额	20 000		

借方	销售费用		贷方
(9)	2 500		
本期发生额	2 500	本期发生额	0
期末余额	2 500		

图 3—4　京通商贸公司 2016 年 12 月份的交易过账结果

二、试算平衡

(一)试算平衡原理

为了保证每笔交易或事项在账户中记录的正确性,在会计期末进行结账工作之前,通常需要进行试算平衡,以便及时发现错误并更正。试算平衡就是根据“资产＝负债＋所有者权益”这一基本会计等式的平衡关系,按照记账规则的要求,通过汇总计算和对比,来检查账户记录是否正确、完整的一种方法。试算平衡包括发生额试算平衡和余额试算平衡两种方法。

交易或事项发生后,按照“有借必有贷、借贷必相等”的记账规则,每一笔交易或事项都是以相等的借方金额和贷方金额来记录的。所以,当一定会计期间的全部交易或事项的会计分录都过入相关账户后,全部账户的借方发生额合计数与贷方发生额合计数必然相等。这样,可以将各个账户当期借方发生额和贷方发生额列于表内,分别求出合计数,比较是否相等,以检查记账的准确性。这种试算平衡方法称为发生额试算平衡。发生额试算平衡的公式如下。

全部账户借方发生额合计＝全部账户贷方发生额合计

采用借贷记账法,在期末结账之前,资产类账户和费用类账户有正常的借方余额,负债类账户、所有者权益类账户和收入类账户有正常的贷方余额。所以,依据基本会计等式,全部账户的借方期末余额合计数与贷方期末余额合计数也必然相等。这样,可以将各个账户期末借方余额和贷方余额列于表内,分别求出合计数,比较是否相等,以检查记账的准确性。这种试算平衡方法称为余额试算平衡。余额试算平衡的公式如下。

全部账户借方余额合计＝全部账户贷方余额合计

通过试算平衡,如果借贷方本期发生额合计或期末余额合计不平衡,就可以肯定账户的记录或计算有错误,会计人员可以利用双方差额的特性,寻找错误所在。

(二)试算平衡表的编制

试算平衡一般是通过编制试算平衡表来进行的。试算平衡表又有两种格式:一种是分别编制本期发生额试算平衡表和期末余额试算平衡表;另一种是将本期发生额和期末余额合并在一张表上进行试算平衡。

【例 3—7】 仍沿用例 3—1 和例 3—2 的资料，编制京通商贸公司 2016 年 12 月 31 日的试算平衡表如表 3—24 所示。

表 3—24 **京通商贸公司试算平衡表** 单位：元

账户名称	期初余额		本期发生额		期末余额	
	借　方	贷　方	借　方	贷　方	借　方	贷　方
银行存款	0		619 000	190 500	428 500	
应收账款	0		10 000	8 000	2 000	
预付账款	0		12 000	0	12 000	
库存商品	0		76 000	20 000	56 000	
固定资产	0		120 000	0	120 000	
短期借款		0	0	250 000		250 000
应付账款		0	16 000	36 000		20 000
预收账款		0	0	36 000		36 000
实收资本		0	0	300 000		300 000
主营业务收入			0	35 000		35 000
主营业务成本			20 000	0	20 000	
销售费用			2 500	0	2 500	
合　计	0	0	875 500	875 500	641 000	641 000

【解析】该表将本期发生额和期末余额合并在一张表上，表中的发生额部分是根据图 3—4 中京通商贸公司各个账户本月借方发生额和本月贷方发生额填列的，全部账户的借方发生额合计数等于全部账户的贷方发生额合计数，即875 500元。该表的余额部分有两个，分别是 12 月 1 日(期初)和 12 月 31 日(期末)的余额。12 月 1 日企业刚开业，全部账户的余额为零，所以全部账户的借方余额合计与贷方余额合计都为零。表中的期末余额是根据图 3—4 中京通商贸公司各个账户 12 月月末借方余额和贷方余额填列的，全部账户的借方余额合计数等于全部账户的贷方余额合计数，即641 000元。

三、账项调整

(一)账项调整的概念和意义

所谓账项调整，是指根据权责发生制基础，将平时未记录但影响企业当期财务状况和经营成果的经济业务，于会计期末在记账凭证中编制账项调整分录并登记到分类账中，以保证会计记录的准确性和完整性。

经过会计循环的前三个步骤后，企业日常的交易或事项在账簿中的记录还不能确切反映本期的全部收入和费用。因为有些交易或事项不只影响一个会计期间的经营成果，而是与两个或两个以上会计期间的经营成果相联系。为了在权责发生制的基础上正确反映各会计期间的经营成果，就必须在编制财务报告和结账前，对这些有跨期影响的交易或事项进行账项调整，以合理确定本期的收入和费用，从而正确计量本期的经营成果。由于在确认收入和费用的同时，也要确认资产和负债，使期末账项的调整也关系到企业当期财务状况的正确性。因此，账项调整成为会计循环中有着重要意义的必要环节。

（二）账项调整的内容

期末账项调整的主要内容通常可以归纳为四种类型。

1. 本期已实现但尚未收到款项的收入

本期已实现但尚未收到款项的收入，也称应计收入，是指企业在本期已经实现且符合收入确认条件，但因尚未收到款项而未登记入账的收入，如应收在金融机构的存款利息等。凡属于本期的收入，不管其款项是否收到，都应作为本期收入处理。期末，应将那些本期已实现但尚未收到款项的收入编制调整会计分录，记入“应收账款”“应收利息”等资产账户的借方，同时，将确认为本期的收入记入有关收入账户或相关账户的贷方。

企业存入银行的款项是计息的，通常银行存款利息是按季结算。如果将利息收入全部作为结算期的收入记账，会使各期的收入不均衡，而且不符合权责发生制基础。因此，按照权责发生制的要求，在每个季度的各个月份应将各月的银行存款利息收入估算入账。

【例 3—8】 仍沿用例 3—1 京通商贸公司 2016 年 12 月份的资料。京通商贸公司 12 月月末根据其在银行存款的金额和该类存款的利息率估算，12 月份银行存款利息收入应为 360 元，应将其登记入账。

【解析】为了系统反映利息收入的变动情况，企业可以单独设置一个“利息收入”账户予以反映。但在我国的会计实务中，工商企业通常是将银行存款的利息收入作为银行借款利息支出的减项记入“财务费用”账户贷方。因此，京通商贸公司 12 月月末应编制调整会计分录如下。（注意：本例和后面的调整分录接着例 2—2 的业务顺序编号。）

(12)借：应收利息　　　　360

　　　贷：财务费用　　　　360

2. 本期已发生但尚未支付款项的费用

本期已发生但尚未支付款项的费用，也称应计费用，是指本期已经发生，但因款项尚未支付而未登记入账的费用，如应付银行借款利息、应付职工薪酬、应缴各种税费等。凡属于本期的费用，不管其款项是否支付，都应作为本期费用处理。期末，应将那些本期已发生但尚未支付款项的费用编制调整会计分录，记入“制造费用”“管理费用”“销售费用”“财务费用”等账户的借方，同时，将尚未支付的款项记入“应付利息”“应付职工薪酬”“应缴税费”等负债账户的贷方。

企业从银行借入的款项必须支付利息。通常银行借款利息是按季结算的，每个季度的最后一个月结算借款利息。但整个季度内企业都从贷款中受益，按照权责发生制的要求，企业每个月都应负担借款利息。因此，在每个季度的各个月份应将各月的利息费用估算入账。

【例 3—9】 京通商贸公司 12 月 2 日从银行取得的借款 250 000 元，期限为 6 个月，年利率为 6%，据此，12 月份应付银行借款利息为 1 250 元(250 000×6%×1/12)。

【解析】京通商贸公司 12 月月末应编制调整会计分录如下。

(13)借：财务费用　　　　1 250

　　　贷：应付利息　　　　1 250

企业本月发生的职工工资属于本月的一项费用支出，但本月工资通常是在下月支付，因此，每月月末应当将属于本月的职工工资调整入账。

【例 3—10】 仍沿用例 3—1 京通商贸公司 2016 年 12 月份的资料。京通商贸公司 12 月份应付职工工资总计为4 000元。

【解析】京通商贸公司12月月末应编制调整会计分录如下(假定京通商贸公司的经营管理费用全部记入"销售费用"账户)。

(14)借:销售费用　　4 000

　　贷:应付职工薪酬　　4 000

3. 已经收款但不属于本期或部分属于本期的收入

已经收款但不属于本期或部分属于本期的收入是指已经收取款项入账,但因尚未提供产品或劳务因而未确认的销售收入或劳务收入,如预收产品销售款、预收租金等。企业预收款项时,因尚未提供产品或劳务,所以收入还未实现,也就不能直接全部记入有关收入账户,应通过负债类的"预收账款"账户反映。待期末确认已实现的收入后,再编制调整分录,根据确认的属于本期已实现的收入金额,借记"预收账款"账户,贷记有关收入账户。

【例3—11】　仍沿用例3—1京通商贸公司2016年12月份的资料。京通商贸公司12月18日收到某客户预付购货款36 000元,该客户所需的商品在12月月末和2017年1月中旬分两批交付。因此,12月月末向该客户交付一半的商品时实现销售收入18 000元,这批商品的购进成本是10 000元。

【解析】京通商贸公司12月月末应编制调整会计分录如下。

(15)借:预收账款　　18 000

　　贷:主营业务收入　　18 000

同时,将商品的购进成本结转为销售成本,应编制调整会计分录如下。

(16)借:主营业务成本　　10 000

　　贷:库存商品　　10 000

4. 已经付款但不属于本期或部分属于本期的费用

已经付款但不属于本期或部分属于本期的费用是指已经支出款项,但应由本期和以后各期分别负担的费用,如预付保险费、预付房屋租金等。此外,计提固定资产折旧费用也属于这类调整事项。企业预付各项支出时,由于尚未接受相应的服务,因此该项支出就不属于或不完全属于本期费用,也就不能直接全部记入有关费用账户,应通过资产类的"预付账款"账户核算。待期末已接受部分服务时,再编制调整分录,按照本期和以后各期受益的程度,将分摊确认为本期的费用,借记有关费用账户,贷记"预付账款""累计折旧"等账户。

【例3—12】　仍沿用例3—1京通商贸公司2016年12月份的资料。京通商贸公司12月8日预付6个月办公用房屋租金12 000元,租期从12月1日算起。因此,到12月月末,京通商贸公司已使用了1个月的房屋,应承担一个月的房屋租金2 000元(12 000/6)。

【解析】京通商贸公司12月月末应编制调整会计分录如下。

(17)借:销售费用　　2 000

　　贷:预付账款　　2 000

【例3—13】　仍沿用例3—1京通商贸公司2016年12月份的资料。京通商贸公司12月月末按规定计提当月的固定资产折旧1 000元。

【解析】京通商贸公司12月月末应编制调整会计分录如下。

(18)借:销售费用　　1 000

　　贷:累计折旧　　1 000

在记账凭证中编制上述调整会计分录后,也必须将每笔调整业务涉及的借方账户和贷方账户发生额分别登记到总分类账所开设的相应账户中。图 3－5 列示了根据京通商贸公司 2016 年 12 月月末编制上述各项调整会计分录并登记到相关账户之后的记录结果。

借方　银行存款　贷方

期初余额	0		
(1)	300 000	(3)	120 000
(2)	250 000	(4)	12 000
(6)	25 000	(5)	40 000
(8)	36 000	(9)	2 500
(10)	8 000	(11)	16 000
本期发生额	619 000	本期发生额	190 500
期末余额	428 500		

借方　应收账款　贷方

期初余额	0		
(6)	10 000	(10)	8 000
本期发生额	10 000	本期发生额	8 000
期末余额	2 000		

借方　库存商品　贷方

期初余额	0		
(5)	76 000	(7)	20 000
		(16)	10 000
本期发生额	76 000	本期发生额	30 000
期末余额	46 000		

借方　预付账款　贷方

期初余额	0		
(4)	12 000	(17)	2 000
本期发生额	12 000	本期发生额	2 000
期末余额	10 000		

借方　固定资产　贷方

期初余额	0		
(3)	120 000		
本期发生	120 000	本期发生额	0
期末余额	120 000		

借方　累计折旧　贷方

		期初余额	0
		(18)	1 000
本期发生额	0	本期发生额	1 000
		期末余额	1 000

借方　应收利息　贷方

期初余额	0		
(12)	360		
本期发生	360	本期发生额	0
期末余额	360		

借方　短期借款　贷方

		期初余额	0
		(2)	250 000
本期发生额	0	本期发生额	250 000
		期末余额	250 000

应付账款

借方			贷方
		期初余额	0
(11)	16 000	(5)	36 000
本期发生额	16 000	本期发生额	36 000
		期末余额	20 000

预收账款

借方			贷方
		期初余额	0
(15)	18 000	(8)	36 000
本期发生额	18 000	本期发生额	36 000
		期末余额	18 000

应付利息

借方			贷方
		期初余额	0
		(13)	1 250
本期发生额	0	本期发生额	1 250
		期末余额	1 250

应付职工薪酬

借方			贷方
		期初余额	0
		(14)	4 000
本期发生额	0	本期发生额	4 000
		期末余额	4 000

实收资本

借方			贷方
		期初余额	0
		(1)	300 000
本期发生额	0	本期发生额	300 000
		期末余额	300 000

主营业务收入

借方			贷方
		(6)	35 000
		(15)	18 000
本期发生额	0	本期发生额	53 000
		期末余额	53 000

主营业务成本

借方			贷方
(7)	20 000		
(16)	10 000		
本期发生额	30 000	本期发生额	0
期末余额	30 000		

销售费用

借方			贷方
(9)	2 500		
(14)	4 000		
(17)	2 000		
(18)	1 000		
本期发生额	9 500	本期发生额	0
期末余额	9 500		

财务费用

借方			贷方
(13)	1 250	(12)	360
本期发生额	1 250	本期发生额	360
期末余额	890		

图 3—5　京通商贸公司 2016 年 12 月月末账项调整后的结果

总结以上四种类型的账项调整分录，其借贷方账户类型如表3—25所示。

表3—25　　账项调整类型

账项调整类型	借方账户	贷方账户
1. 已实现但尚未收到款项的收入	资产(应收款)	收入
2. 已发生但尚未支付款项的费用	费用	负债(应付款)
3. 已经收款但不属于本期或部分属于本期的收入	负债(预收款)	收入
4. 已经付款但不属于本期或部分属于本期的费用	费用	资产(预付款)

由表3—25可以看出：每一类型的账项调整都至少涉及一个损益类账户(收入或费用)，同时涉及一个资产或负债类账户。但调整分录不会涉及货币资金账户，因为涉及货币资金的交易或事项已在发生的当时入账，而期末调整只是在权责发生制基础上对非货币资金项目进行调整，使各个会计期间应承担的费用和已实现的收入得到正确的归属，以正确反映各期的经营成果和财务状况。

五、调整后试算平衡

将各项调整会计分录过账后，根据调整后的总分类账各账户本期发生额和期末余额，再编制一张试算平衡表，以确定总分类账各账户本期借方发生额合计数与贷方发生额合计数、期末借方余额合计数与贷方余额合计数是否相符。这张试算平衡表通常被称为“调整后试算平衡表”，其目的是检查调整账务处理是否正确、完整。

【例3—14】 根据图3—5资料，编制京通商贸公司2016年12月31日的调整后试算平衡表如表3—26所示。

表3—26　　京通商贸公司调整后试算平衡表　　单位：元

账户名称	期初余额		本期发生额		期末余额	
	借　方	贷　方	借　方	贷　方	借　方	贷　方
银行存款	0		619 000	190 500	428 500	
应收账款	0		10 000	8 000	2 000	
应收利息	0		360		360	
预付账款	0		12 000	2 000	10 000	
库存商品	0		76 000	30 000	46 000	
固定资产	0		120 000	0	120 000	
累计折旧		0	0	1 000		1 000
短期借款		0	0	250 000		250 000
应付账款		0	16 000	36 000		20 000
预收账款		0	18 000	36 000		18 000
应付利息		0	0	1 250		1 250

续表

账户名称	期初余额		本期发生额		期末余额	
	借　方	贷　方	借　方	贷　方	借　方	贷　方
应付职工薪酬		0	0	4 000		4 000
实收资本		0	0	300 000		300 000
主营业务收入			0	53 000		53 000
主营业务成本			30 000	0	30 000	
销售费用			9 500	0	9 500	
财务费用			1 250	360	890	
合　计	0	0	912 110	912 110	647 250	647 250

任务六　对账与结账

一、对账

企业在每一会计期间终了时，为了保证账簿记录的正确和完整，提供真实可靠的会计核算资料，在结账前，必须进行对账。对账就是将账簿记录与有关的会计凭证记录、相关的账簿记录、有关的实物、债权、债务进行核对，主要包括以下三个方面。

（一）账证核对

账证核对是将账簿记录与登记账簿的依据即记账凭证、原始凭证相核对，主要检查各种账簿登记的内容与会计凭证所记录的经济业务内容是否相符。

（二）账账核对

账账核对是指各账簿之间的有关记录要相互核对，主要包括以下几个方面内容。

(1)总分类账簿之间的核对。全部总分类账簿的期末借方余额合计数应同期末贷方余额合计数相等。

(2)总分类账簿与所属明细分类账簿核对。总分类账簿各账户的期末余额应与其所属各明细分类账簿的期末余额之和相等。

(3)总分类账簿与序时账簿核对。全部序时账簿的借、贷方发生额合计数与相应总账的借、贷方发生额合计数相等。

(4)会计部门账簿与财产物资保管、使用部门账册记录相核对。会计部门财产物资明细账余额应同财产物资保管、使用部门的明细账结存额相等。

（三）账实核对

账实核对是指各项财产物资、债权、债务等账面余额与实有数额之间的核对。账实核对的内容主要有以下几个方面。

(1)现金日记账账面余额与库存现金实有数额是否相符。

(2)银行存款日记账账面余额与银行对账单的余额是否相符。

(3)各项财产物资明细账账面余额与财产物资的实有数额是否相符。

(4)有关债权、债务明细账账面余额与对方单位的账面记录是否相符等。

二、结账

各单位在每一会计期间终了时,都要对该期间的账簿记录进行全面归纳和整理,这项工作就是期末的结账。

(一)结账的概念

结账就是在把一定时期内所发生的经济业务全部登记入账的基础上,结算出每个账户的本期发生额和期末余额。为了总括地反映一定时期内(月份、季度、年度)账簿记录的情况,必须定期进行结账。

(二)结账的步骤

结账的具体步骤如下。

(1)查明本期发生的经济业务是否全部登记入账,并保证其正确性。

(2)根据权责发生制的要求,调整有关账项,合理确定本期应计的收入和应计的费用。具体包括两类情况。

①应计收入和应计费用的调整。对于应由本期负担而未实际付出的费用,以及应属于本期而未实际收到货币资金的收入应加以预计。

②收入分摊和成本分摊的调整。对于前期付出而应由本期负担的费用,以及前期收到货币资金应属于本期的收入应进行分摊或结转。

(3)损益类账户的结转。期末将"主营业务收入""其他业务收入""营业外收入"等账户的金额转入"本年利润"账户的贷方;将"主营业务成本""其他业务成本""营业税金及附加""营业外支出""管理费用""财务费用""销售费用""所得税费用"等账户的余额转入"本年利润"账户的借方。年度终了,将全年的利润总额自"本年利润"账户转入"利润分配"账户。

(4)结算出资产、负债和所有者权益科目的本期发生额和余额,并结转下期。

(三)结账的方法

结账一般分为月结、季结和年结三种,具体方法如下。

(1)月结。月末,计算出本月发生额和月末余额,记在本月最后一笔经济业务记录的下一行,在"摘要"栏中注明"本月发生额及余额"字样,并在月结上下行线上各划一道单红线,表示账簿记录已经结束。

(2)季结。季度终了,结算出本季度三个月的发生额合计数和季末余额,记在本季最后一个月的月结的下一行,在"摘要"栏中注明"本季发生额及余额"字样,并在季结记录下划一道单红线。

(3)年结。年底,对账簿进行年度结账,结算出本年四个季度的发生额合计数,记在第四季度季结记录的下一行,在"摘要"栏中注明"本年发生额及余额"字样,并在其下端划双红线,表示本年度账簿记录已经结束。年度结账后,各账户的年末余额,应转入下年度的新账簿,并注明"结转下年"。

总之,设置账簿的目的是为了取得准确的会计信息,为保证记账的正确无误要认真地进行对账;为了总结、掌握一段时期成本、费用和经营成果等一系列重要的经济指标,还要定期进行结账。只有将记账、对账和结账三者有机结合起来,才能完成会计资料整理、汇总工作,保证会计资料真实、可靠。

【例 3—15】 根据图 3—5 的资料，编制京通商贸公司的结转会计分录。

【解析】京通商贸公司 2016 年 12 月 31 日编制结转会计分录如下。

(19)借：主营业务收入　53 000
　　贷：本年利润　53 000

(20)借：本年利润　40 390
　　贷：主营业务成本　30 000
　　　　销售费用　9 500
　　　　财务费用　890

在记账凭证中编制各项结转会计分录后，必须将每笔结转业务涉及的借方账户和贷方账户发生额分别登记到总分类账所开设的相应账户中。图 3—6 列示了根据京通商贸公司 2016 年 12 月月末编制上述结转会计分录并登记到相关账户之后，各损益类账户和"本年利润"账户的记录结果。

本年利润

借方		贷方	
(20)	40 390	(19)	53 000
本期发生额	40 390	本期发生额	53 000
		期末余额	12 610

主营业务收入

借方		贷方	
(19)	53 000	(6)	35 000
		(15)	18 000
本期发生额	53 000	本期发生额	53 000

主营业务成本

借方		贷方	
(7)	20 000	(20)	30 000
(16)	10 000		
本期发生额	30 000	本期发生额	30 000

销售费用

借方		贷方	
(9)	2 500	(20)	9 500
(14)	4 000		
(17)	2 000		
(18)	1 000		
本期发生额	9 500	本期发生额	9 500

财务费用

借方		贷方	
(13)	1 250	(12)	360
		(20)	890
本期发生额	1 250	本期发生额	1 250

图 3—6　京通商贸公司 2016 年 12 月月末结转会计分录过账后的结果

可见，将所有收入和费用结转后，"本年利润"账户有贷方余额 12 610 元，即京通商贸公司 12 月实现净利润(不考虑所得税)12 610 元。

最后，结出资产、负债、所有者权益和成本类各账户的期末余额，并将资产、负债、所有者权益和成本类账户的期末余额结转下期。

任务七　财产清查

一、财产清查的概念和种类

（一）财产清查的概念及造成账实不符的原因

1. 财产清查的概念

财产清查是通过对各项财产物资的盘点和往来款项的核对，确定各项财产物资、货币资金及债权、债务的实存数，查明账面结存数和实际结存数是否相等的一种专门方法。

账簿记录是编制会计报表的依据，为了保证账簿提供资料的真实性，继而保证会计报表资料的准确性，需要在编制会计报表前对财产物资的实存数进行清查。通过清查，可以及时发现账簿记录数与财产物资实存数之间的差异，并对差异及时做出账簿记录的调整。在保证账实相符的基础上编制会计报表，以确保会计报表所提供资料的准确性。

2. 造成账实不符的原因

在会计核算过程中，由于种种主客观原因，往往会出现某些财产物资实存数与账存数不符的现象，归纳起来，主要有以下几个方面的原因。

(1)由于自然灾害等非常损失发生财产物资的损毁。

(2)由于财产物资的物理或者化学性能变化引起的自然损耗。

(3)由于收发计量、检验不准确而发生材料物资在品种、数量或质量上的差错。

(4)由于会计凭证或会计账簿的错记或计算错误。

(5)由于管理不善或工作人员失职而发生的财产物资的损坏、变质或丢失。

(6)由于不法分子营私舞弊、贪污盗窃而发生的财产损失。

（二）财产清查的种类

财产清查可以按照不同的标志划分为不同的类型，主要分类有以下两种。

1. 按照清查的对象和范围分类

财产清查按清查的对象和范围划分，可以分为全面清查和局部清查。

(1)全面清查

全面清查，就是对所有财产物资、债权、债务款项等进行全面盘点或核对。由于全面清查范围广、内容多、业务量大、时间长、参与部门和人员较多，为了保证年度会计报表的正确性和真实性，一般在年终决算之前、单位撤销、合并或改变隶属关系、中外合资、国内联营、开展资产评估、清产核资等活动以及单位主要负责人调离工作时进行全面清查。

(2)局部清查

局部清查，是指根据需要对部分财产物资、债权、债务款项进行的清查。局部清查的主要对象是流动性较大的财产，如库存现金、原材料、在产品和产成品等，这种清查的清查范围小、内容少、涉及部门和人员也少，但专业性较强，是根据需要并针对各种资产、物资的特点进行的。局部清查的内容主要有：每日业务终了时清点现金，做到日清月结；每月核对一次银行存款和银行借款；对于原材料、在产品和产成品，每月应有计划地进行重点抽查；对于贵重的财产物资，每月应清点一次；对于债权、债务，应在年度内至少核对一至两次。

2. 按照清查的时间分类

财产清查按清查的时间划分，可以分为定期清查和不定期清查。

(1)定期清查

定期清查，是指根据管理制度的规定或预先计划安排的时间对财产所进行的清查。这种清查的对象不定，可以是全面清查，也可以是局部清查。其清查目的在于保证会计核算资料的真实正确，一般适用于月末、季末、年末结账前进行的清查。例如，每日营业终了清点现金，每月按规定时间清查原材料、库存商品和银行存款等，每年在年终决算前对财产物资、货币资金、债权、债务进行全面清查等，这些都属于定期清查。

(2)不定期清查

不定期清查，是指根据特定的需要，对有关财产物资、货币资金、债权、债务所进行的临时性清查，一般是在有特殊需要或特殊变动情况下进行。例如，更换财产或现金保管人员时，为了明确责任，要对其所经管财产或现金进行清查；发生非常损失（自然灾害损失和意外损失）时，为了查明情况，要对受灾损失的有关财产进行清查；进行临时性检查时，为了验证会计核算资料的准确性和完整性，要按有关部门的要求进行清查；会计主体发生改变或隶属关系变动时，为了摸清家底，要对本单位的各项财产物资、货币资金、债权、债务进行清查，这些都属于不定期清查。

二、财产清查的方法

(一)财产物资的盘存制度

为了加强财产管理，反映各项财产物资的增减变化和结存情况，要对财产物资采用不同的账簿记录方法，在不同的账簿记录方法下，财产物资的盘点目的也有所不同。在实际工作中把财产物资的盘存制度分为两种，即永续盘存制和实地盘存制。

1. 永续盘存制

永续盘存制又称为账面盘存制，是指企业为了加强财产物资的管理，及时反映财产物资的增减结存情况，对各项材料、物资的增加数和减少数，都要根据有关凭证记入相应账簿，并随时计算出其结存数额的一种盘存核算方法，其依据的计算公式为：

期末结存数额＝期初结存数额＋本期增加数额－本期减少数额

在永续盘存制下，由于财产物资明细账是逐笔、连续登记的，并随时结算出库存数额，因此有利于对财产物资实行监督，有利于对财产物资加强管理。另外，还可以从数量和金额两个方面对财产物资进行双向控制，全面掌握财产物资的结存情况，有利于随时与预定的库存限额进行对比，及时地组织财产物资的供应或销售处理，保证经济活动的顺利进行。不过这种盘存制度要求对每一品种的存货都要开设一个明细账分别进行登记，存货的明细分类核算工作量较大。

2. 实地盘存制

实地盘存制，是指企业对各种财产物资的账面记录，平时只登记增加数，不登记减少数，月末结账时以实地盘点确定的数额作为账面结存数，然后倒挤出本月财产物资的减少数，并据以登记入账的一种盘存核算方法，其依据的计算公式为：

本期减少数额＝期初结存数额＋本期增加数额－期末结存数额

实地盘存制下，由于只记录购进的数量和金额，不记录发出的数量和金额，因而平时工作比较简单，但手续极不严密。而且平时账面上不反映财产物资的减少数和结存数，不利于根据账簿记录对财产物资进行管理;倒挤计算出的减少数都作为本期耗用处理,不利于节约消耗、加强财产物资的保管。若没有特殊原因,这种盘存制不宜采用。

(二)财产清查的技术方法

由于不同种类财产物资的实物形态、用途、性能、存放方式各不相同,在财产清查时应选择不同的清查方法,主要有以下几种。

1. 实地盘点法

实地盘点法是在所有有关财产物资收发凭证全部登记入账,并结出总账和明细账余额的基础上,进行财产物资实物的逐一点数、量尺和过磅清查的一种方法。该方法适用于各种要求精确计算其实物数量的财产物资的盘点。例如,逐台清点有多少台设备,用过磅的方法计量库存多少吨钢材等。

2. 技术推算法

技术推算法是通过运用一定的计量标准来估算财产物资实物数量的一种方法。该方法适用于盘存数量较大、难以确定实物精确量的财产物资的盘点。例如,露天堆放的黄土、沙石等不便于逐一过磅,可以在抽样盘点的基础上,进行技术推算,从而测算其实存数量。

3. 核对账目法

核对账目法是指企业通过与有关单位核对账目来确定财产物资数量的一种方法。该方法适用于存放在金融机构的货币资金的盘点。例如,企业的银行存款日记账应定期与银行发来的对账单进行核对,以确定银行存款的实有数额。

4. 函证核对法

函证核对法是指通过函件、电话等方式向有关单位查询确定财产物资实有数的一种方法,该方法适用于结算往来款项的盘点。

(三)货币资金的清查

1. 库存现金的清查

库存现金的清查是通过实地盘点进行的,首先确定库存现金实有数额,然后与现金日记账进行核对,查明账实是否相符。清查前,出纳人员应将已收讫的现金凭证全部登记入账,并结出余额;清查时,出纳人员应在现场,以明确经济责任,也便于及时查明现金盘盈、盘亏的原因。盘点时,不能用借条、白条抵充库存现金;盘点结束后,要填制"现金盘点报告表",它是反映现金实存数额的重要原始凭证,也是调整账簿记录的重要依据,其格式如表3—27所示。

表3—27 **现金盘点报告表**

单位名称: 年 月 日

实存数额	账存数额	对比结果		备 注
		盘 盈	盘 亏	

盘点人:(签章) 出纳员:(签章)

2. 银行存款的清查

银行存款的清查目的在于确认企业银行存款的实存数,同时查明企业的银行存款账目有无差错,它是通过与银行核对账目的方法来进行的。在同银行核对账目之前,首先要检查本单位银行存款日记账的正确性和完整性,然后再与银行发来的对账单逐笔核对,发现错账、漏账应及时查清、更正。银行对账单上的银行存款结存数额往往与企业银行存款日记账上的结存数额不相符，其原因一般有两个：一是记录存在差错；二是存在未达账项。

(四)实物财产的清查

实物财产主要包括固定资产、原材料、在产品、库存商品等。实物财产清查首先对实物进行实地盘点，查明实物财产的实有数额，然后将实存数额与账面数额进行比较，找出差异，其清查的具体程序和方法如下。

1. 采用一定的清查方法清查盘点各种实物财产的实有数量

盘点实物时，为了明确经济责任，物资保管人员必须在场参加盘点工作。盘点中，要根据被清查实物的不同特点，采用相应的方法进行清查，同时还要防止重查、漏查。

2. 登记"盘存单"

盘点结束后，盘点人员应根据财产物资的盘点记录，编制"盘存单"，并由盘点人员和财产物资的保管人员及有关责任人签名盖章。盘存单的格式如表3—28所示。

表3—28 **盘存单**

单位名称： 盘存时间：

财产类别： 存放地点：

编　号	名　称	计量单位	数　量	单　价	金　额	备　注

盘点人：(签章) 实物保管人：(签章)

3. 编制"实存账存对比表"

为了进一步查明实存数与账存数是否相符以及盘盈、盘亏的数额，还要根据"盘存单"和有关账簿记录，编制"实存账存对比表"，其格式如表3—29所示。

表3—29 **实存账存对比表**

单位名称： 年 月 日

编号	类别及名称	计量单位	单价	实　存		账　存		对比结果				备注
								盘　盈		盘　亏		
				数量	金额	数量	金额	数量	金额	数量	金额	

单位负责人：(签章) 制表：(签章)

(五)往来款项的清查

往来款项的清查，是指对企业与其他企业或个人之间的各种往来款项进行的清查，清查的主要内容包括各种应收款、暂付款、应付款、暂收款等往来业务。对于各项结算往来款项的清查，采用函证核对法。清查开始时，本单位应首先检查各项往来款项的账目记录是否正确、完整，在查明本单位记录正确无误后，再填制对账单，分送有关单位进行核对。对账单一般应为一式两联，其中一联作为回单，对方单位核对相符后，应在对账单上盖章并退回本单位；如有数字不符，则应在对账单上注明不符的原因退回本单位，作为进一步核对的依据。

对于往来款项的清查结果，应编制“往来款项清查表”，填列各项债权、债务的金额。对于其中长期拖欠的账款应加以说明，另行处理，往来款项清查表的格式如表3—30所示。

表3—30 往来款项清查表

总分类账户		明细分类账户		清查结果		核对不符单位及原因						备注
名称	金额	名称	金额	核对不符金额	核对相符金额	核对不符单位	未达账项金额	争执款项金额	无法收回金额	无法支付金额	其他	

清查人员：(签章) 记账员：(签章)

任务八 编制财务报表

会计人员直接使用或间接分析使用通过结账所结出的各账户本期发生额和期末余额（也就是调整后试算平衡表的期末余额），来编制财务报表，形成财务报表。

财务报表是指按照一定的格式、依据账簿的资料，总括地反映企业在某一特定日期财务状况和某一期间经营成果的书面报告文件。财务报表是对企业财务状况、经营成果和现金流量的结构性表述。根据《企业会计准则第30号——财务报表列报》的要求，一套完整的财务报表至少应当包括：资产负债表、利润表、现金流量表、所有者权益变动表和附注。在这里我们简单介绍资产负债表和利润表。

一、资产负债表

资产负债表是指反映企业在某一特定日期（如月末、季末或年末）财务状况的报表，属于重要的静态报表。它是以“资产＝负债＋所有者权益”这一会计等式作为理论依据，按照一定的分类标准和排列次序，将企业在某一特定日期的资产、负债和所有者权益项目进行排列编制而成。

资产负债表主要能够向各类报表使用者提供以下几个方面的会计信息：企业所掌握的经济资源、企业所负担的债务、企业的偿债能力、企业所有者享有的权益、企业未来的财务趋向。

在我国企业的资产负债表采用账户式结构。不管采取什么格式，账户式资产负债表中的资产各项的合计等于负债和所有者权益各项目合计，即资产负债表左方和右方平衡。因此，通过账户式资产负债表，可以反映资产、负债、所有者权益之间的内在关系，即“资产＝负债＋所有者权益”。

下面仅列示根据京通商贸公司调整后试算平衡表（见表3—26）的期末余额编制的京通商贸公司简易资产负债表，如表3—31所示。其中，资产负债表中的“未分配利润”项目的金额来自“本年利润”账户余额。

表 3—31

京通商贸公司资产负债表

2016 年 12 月 31 日　　　　单位:元

资　产	期末余额	负债和所有权益	期末余额
流动资产:		流动负债:	
货币资金	428 500	短期借款	250 000
应收账款	2 000	应付账款	20 000
预付款项	10 000	预收款项	18 000
应收利息	360	应付职工薪酬	4 000
存货	46 000	应付利息	1 250
流动资产合计	486 860	流动负债合计	293 250
非流动资产:		非流动负债:	
固定资产	120 000		
减:累计折旧	—1 000	负债合计	293 250
		所有者权益:	
		实收资本	300 000
		未分配利润	12 610
非流动资产合计	119 000	所有者权益合计	312 610
资产总计	605 860	负债和所有者权益总计	605 860

二、利润表

利润表属于动态报表,是反映企业在一定会计期间的生产经营成果及其分配情况的会计报表。利润表和利润分配表可合并编制成一张表,也可分别编制成两张表,我国现行会计制度采用后者。

利润表是以"收入—费用=利润"这一平衡公式所包含的经济内容为依据编制的。通过利润表可以反映企业一定会计期间的收入实现情况和费用耗费情况;可以反映企业一定会计期间生产经营活动的成果,据以判断资本保值、增值情况。可以为报表使用者提供会计主体当期收入结构、会计主体当期成本费用结构、会计主体当期利润结构。

下面仅列示根据京通商贸公司调整后试算平衡表(见表 3—26)的期末余额编制的京通商贸公司简易利润表,如表 3—32 所示。

表 3—32

京通商贸公司利润表

2016 年 12 月　　　　单位:元

项　目	本期金额
一、营业收入	53 000
减:营业成本	30 000

续表

项　目	本期金额
营业税金及附加	
销售费用	9 500
管理费用	
财务费用	890
二、营业利润	12 610
加:营业外收入	
减:营业外支出	
三、利润总额	12 610
减:所得税费用	
四、净利润	12 610

关键术语

会计循环　会计分录　会计凭证　记账凭证　原始凭证　会计凭证的传递　会计账簿　序时账簿　分类账簿　备查账簿　订本式账簿　活页式账簿　卡片式账簿　日记账　总分类账　平行登记　财产清查　永续盘存制　实地盘存制　资产负债表　利润表

◎ 应知考核 ◎

一、单项选择题

1. 下面各项目中,属于明细分类科目的是(　　)。

A. 制造费用　　B. 甲原材料　　C. 库存商品　　D. 主营业务收入

2. 原始凭证按其取得的来源不同,可以分为(　　)。

A. 自制原始凭证和外来原始凭证　　B. 单式记账凭证和复式记账凭证

C. 收款凭证和付款凭证　　D. 一次凭证和累计凭证

3. 下列属于自制原始凭证的有(　　)。

A. 限额领料单　　B. 发货票　　C. 经济合同　　D. 银行收账通知单

4. 销售产品一批,货款金额共计陆万零肆元贰角,在填写发货票时小写金额,应书写为(　　)。

A. ¥60 004.20 元　　B. ¥6 004.20 元　　C. ¥60 004.20　　D. ¥60 004.2 元

5. 库存商品明细分类账的格式一般采用(　　)。

A. 三栏式　　B. 数量金额式　　C. 多栏式　　D. 横线登记式

6. 会计人员在结账前发现账簿登记有错误,误将 600 元记成6 000元,而记账凭证没有错误,应采用(　　)。

A. 补充登记法　　B. 划线更正法　　C. 红字更正法　　D. 蓝字更正法

7. 会计凭证的传递,是指(　　)整个过程中,在本单位内部各有关部门和人员之间的传递程序和传递时间。

A. 从取得到编制或记账凭证时止　　B. 从取得原始凭证到登记账簿时止

C. 从填制记账凭证到编制会计报表时止　　D. 从编制时到归档时止

8. 现金日记账属于（　　）。

A. 序时账簿　　B. 分类账簿　　C. 联合账簿　　D. 备查账簿

9. 记账以后，如果发现记账凭证上应借、应贷的会计科目并无错误，但所填金额小于应填金额，可采用（　　）更正。

A. 划线更正法　　B. 红字更正法　　C. 补充登记法　　D. 平行登记法

10. 企业开出转账支票1 690元购买办公用品，编制记账凭证时，误记金额为1 960元，并已记账，应采用的更正方法是（　　）。

A. 补充登记 270 元　　B. 红字冲销 270 元　　C. 在凭证中划线更正　　D. 把错误凭证撕掉重编

二、多项选择题

1. 以下所列属于原始凭证的有（　　）。

A. 收料单　　B. 领料单　　C. 限额领料单　　D. 发货单

2. 涉及现金和银行存款之间收付款业务时，可以编制的记账凭证有（　　）。

A. 现金收款凭证　　B. 现金付款凭证　　C. 银行存款收款凭证　　D.银行存款付款凭证

3. 会计凭证按其填制的程序和用途分类，可分为（　　）。

A. 原始凭证　　B. 转账凭证　　C. 记账凭证　　D. 收款凭证

4. 记账凭证按反映经济业务的内容分为（　　）。

A. 收款凭证　　B. 付款凭证　　C. 复式凭证　　D. 单式凭证

5. 原始凭证的审核内容主要是（　　）。

A. 原始凭证的合法性　　B. 原始凭证的正确性

C. 会计科目的对应关系是否清楚　　D. 审核应借、应贷科目是否正确

6. 采用借方多栏式明细账的账户有（　　）。

A. 材料采购　　B. 生产成本　　C. 制造费用　　D. 管理费用

7. 财产清查的内容包括（　　）。

A. 实物清查　　B. 货币资金清查　　C. 债权清查　　D. 债务清查

8. 对账的内容包括（　　）。

A. 账证核对　　B. 账表核对　　C. 表表核对　　D.账账核对

9. 银行存款日记账的登记依据可以是（　　）。

A. 银行存款收款凭证　　B. 银行存款付款凭证　　C. 转账凭证　　D. 现金付款凭证

10. 红色墨水可以用来（　　）。

A. 登账　　B. 冲销账簿记录　　C. 改错　　D. 结账划线

三、判断题

1. 如果试算平衡结果发现借贷是平衡的，可以肯定记账没有错误。（　　）

2. 如果某个总分类账户余额为零，则其所属的各明细分类账户的余额也分别为零。（　　）

3. 原始凭证是由会计部门填制的，是登记账簿的直接依据。（　　）

4. 将库存现金存入银行应该填制付款凭证，然后分别登记“库存现金”账户的贷方和“银行存款”账户的借方。（　　）

5. 在永续盘存制下，财产清查的目的在于确定本期发生数。（　　）

6. 会计人员审核原始凭证后，如发现经办人员对经济业务内容或所记金额填写有错误，应代其改正，然后才能填制记账凭证。（　　）

7. 某企业仓库被盗，为查明损失，决定立即进行盘点。按照财产清查的范围，它应属于局部清查；按

照清查的时间，它应属于不定期清查。 (　　)

8. 销售产品一批，货款金额共计为伍万零玖元肆角，在填写发货票时小写金额，应书写为￥50 009.40元。 (　　)

9. 账簿记录是编制会计报表的依据。 (　　)

10. 登记现金日记账要求“日清”，是指每日终了须结出该账户的余额，并与实际库存现金加以核对。 (　　)

四、简述题

1. 简述会计循环的基本程序。
2. 简述会计凭证的作用。
3. 简述原始凭证和记账凭证的种类。
4. 简述会计账簿的种类。
5. 简述总分类账与明细分类账平行登记的要点。

◎ 应会考核 ◎

★观念应用

【背景资料】

表 3—33 **结账前发生额试算平衡表**

2017 年 1 月 31 日

会计科目	本期发生额	
	借方	贷方
银行存款	5 000	
应收账款	3 000	
原材料	13 000	
库存商品	10 000	
固定资产	10 000	
无形资产	2 000	
应付账款		13 700
短期借款		4 300
长期借款		5 000
实收资本		7 000
盈余公积		2 000
主营业务收入		51 000
主营业务成本	40 000	
合计	83 000	83 000

(1)1 月 3 日向甲公司赊销产品一批，应收甲公司货款 2 000 元，记账凭证误记为 3 000 元，该凭证编

号为转字第 27 号。(不考虑增值税,下同)

错账更正方法是:

更正的记账凭证为:

转账凭证　　转字第　号

2017 年　月　日　　附件　张

摘要	会计科目		记账	借方金额	贷方金额
	总账科目	明细科目			
合计					

会计主管:　　记账:　　审核:　　制单:

(2)1 月 10 日结转销售成本5 000元,而实际结转的成本为5 500元,原登记该笔业务记账凭证的编号为转字第 79 号。

错账更正方法是:

更正的记账凭证为:

转账凭证　　转字第　号

2017 年　月　日　　附件　张

摘要	会计科目		记账	借方金额	贷方金额
	总账科目	明细科目			
合计					

会计主管:　　记账:　　审核:　　制单:

(3)1 月 21 日,赊购办公用的计算机一台,价值 10 000 元,误作为原材料登记入账,当时登记该业务的记账凭证编号为转字第 101 号。

错账更正方法是:

更正的记账凭证为:

转账凭证　　转字第　号

2017 年　月　日　　附件　张

摘要	会计科目		记账	借方金额	贷方金额
	总账科目	明细科目			
合计					

会计主管:　　记账:　　审核:　　制单:

转账凭证

转字第　号

2017 年　月　日

附件　张

摘要	会计科目		记账	借方金额	贷方金额
	总账科目	明细科目			
合计					

会计主管：　　记账：　　审核：　　制单：

表 3—34　**结账后发生额试算平衡表**

2017 年 1 月 31 日

会计科目	本期发生额	
	借方	贷方
银行存款	(1)	
应收账款	(2)	
原材料	(3)	
库存商品	(4)	
固定资产	(5)	
无形资产	2 000	
应付账款		(6)
短期借款		4 300
长期借款		5 000
实收资本		7 000
盈余公积		2 000
主营业务收入		(7)
主营业务成本	(8)	
合计	(9)	(10)

【考核要求】

(1)指出各笔错账的更正方法，并填制更正的记账凭证。(仅填制更正的记账凭证，记账略。每项业务要选择是否填制更正的记账凭证，填制一张还是两张记账凭证。若填制的是红字凭证，请在凭证的左上方明显列示"红字凭证"字样。)

(2)编制正确的发生额试算平衡表，将你认为正确的金额填写在表 3—34 中的序号后。

★技能应用

1. 星海公司 2017 年 1 月 31 日有关总分类账户和明细分类账户余额如下：

(1)总分类账户：

“原材料”账户借方余额400 000元。

“应付账款”账户贷方余额100 000元。

(2)明细分类账户：

“原材料——甲材料”账户1 600千克，单价150元，借方余额240 000元。

“原材料——乙材料”账户400千克，单价100元，借方余额40 000元。

“原材料——丙材料”账户1 000千克，单价120元，借方余额120 000元。

“应付账款——A公司”账户贷方余额60 000元。

“应付账款——B公司”账户贷方余额40 000元。

2. 该公司2017年2月份发生部分经济业务如下(不考虑增值税)：

(1)以银行存款偿还A公司前欠货款30 000元。

(2)购进甲材料200千克，单价150元，价款30 000元，以银行存款支付，材料入库。

(3)生产车间向仓库领用材料一批，其中甲材料400千克，单价150元；乙材料200千克，单价100元；丙材料500千克，单价120元，共计领用材料金额140 000元。

(4)以银行存款偿还B公司前欠货款20 000元。

(5)向A公司购入乙材料200千克，单价100元，材料入库，货款20 000元暂欠。

(6)向B公司购入丙材料300千克，单价120元，材料入库，货款36 000元暂欠。

【技能要求】

(1)根据上述资料2的内容，编制会计分录。

(2)开设“原材料”“应付账款”总分类账和明细分类账，登记期初余额，并平行登记总分类账和明细分类账，结出各账户本期发生额和期末余额。

(3)编制“原材料”“应付账款”总分类账和明细分类账本期发生额及余额明细表。

★案例分析

【情景与背景】

2010年4月6日，中国证券监督管理委员会下达了《行政处罚决定书》〔(2010)15号〕，对安徽省科苑集团股份有限公司(以下简称科苑集团)及相关人员进行处罚。《行政处罚决定书》认为，科苑集团存在未按规定披露证券投资，将未回收的证券投资资金虚构为在建工程和固定资产，未按规定披露银行存款，将未入账借款利息虚构为在建工程等违法行为。

针对将未入账借款利息虚构为在建工程行为，《行政处罚决定书》指出，2001～2003年度，科苑集团均存在将未入账借款利息虚构为在建工程的行为，其相关年度报告相应内容均有虚假记载。其中，2001年度，虚增在建工程2 511 510.22元，少计“财务费用——利息支出”2 511 510.22元；2002年度，虚增在建工程6 099 115.71元，少计“财务费用——利息支出”6 099 115.71元；2003年度，虚增在建工程5 827 580.01元，少计“财务费用——利息支出”5 827 580.01元。

【分析要求】

(1)为什么会计上必须要进行账项调整？

(2)结合案例分析，若不进行账项调整或做出错误的调整将会对企业利润有何影响？

◎ 项目实训 ◎

【实训项目】

多栏式制造费用明细账的登记

【实训情境】

星海公司第一生产车间 2017 年 3 月发生如下经济业务：

(1)经计算，本月应付车间管理人员的工资为 27 000 元。

(2)经计算，本月全车间生产用固定资产应计提折旧 220 000 元。

(3)经汇总，本月全车间办公费用为 3 800 元(全为现金支出，原始凭证张数为 38 张)。

(4)经汇总，本月全车间生产用固定资产的维护费用为 4 000 元(全为银行存款支出，原始凭证张数为 3 张)。

【实训任务】

编制相应的记账凭证，并据以登记多栏式制造费用明细账。

转账记账凭证

年　月　日　　　　　　　　凭证编号

摘要	借方科目		贷方科目		金额											过账符号
	总账科目	明细科目	总账科目	明细科目	亿	千	百	十	万	千	百	十	元	角	分	
附单据　张			合计													

会计主管人员　　　　记账　　　　稽核　　　　制单

转账记账凭证

年　月　日　　　　　　　　凭证编号

摘要	借方科目		贷方科目		金额											过账符号
	总账科目	明细科目	总账科目	明细科目	亿	千	百	十	万	千	百	十	元	角	分	
附单据　张			合计													

会计主管人员　　　　记账　　　　稽核　　　　制单

付款记账凭证

凭证编号　　　　　　　　　　出纳编号

贷方科目	

年　月　日

摘要	结算方式	票号	借方科目		金额											过账符号
			总账科目	明细科目	亿	千	百	十	万	千	百	十	元	角	分	
附单据		张	合计													

会计主管人员　　　记账　　　稽核　　　制单　　　出纳　　　领款人

付款记账凭证

凭证编号　　　　　　　　　　出纳编号

贷方科目	

年　月　日

摘要	结算方式	票号	借方科目		金额											过账符号
			总账科目	明细科目	亿	千	百	十	万	千	百	十	元	角	分	
附单据		张	合计													

会计主管人员　　　记账　　　稽核　　　制单　　　出纳　　　领款人

制造费用明细账

年		凭证号	摘要	工资								折旧费								办公费								维护费								…	合计							
月	日			十	万	千	百	十	元	角	分	十	万	千	百	十	元	角	分	十	万	千	百	十	元	角	分	十	万	千	百	十	元	角	分		十	万	千	百	十	元	角	分

项目四 货币资金与应收项目

【知识目标】

理解：库存现金的有关规定；应收及预付款项的相关概念。

熟知：开立和使用银行存款账户的规定；应收与预付款项的账务处理程序及涉及的会计科目。

掌握：库存现金、银行存款和其他货币资金的核算内容；各种应收与预付款项的会计核算业务处理、应收款项减值的核算与方法。

【技能目标】

能够对库存现金、银行存款和其他货币资金进行账务处理；能够对应收及预付款项的账务处理进行账务核算。通过及时、准确的核算，提供完整的会计信息。

【素质目标】

能够制定符合企业实际情况的货币资金内部控制制度，加强货币资金的管理。加强应收项目的收回与管理；合理安排资金流，减少财务风险。

【项目引例】

小王的货币资金业务核算

星海公司出纳员小王由于刚参加工作不久，对于货币资金业务和核算的相关规定不甚了解，所以出现了一些不应有的错误，有两件事情让他印象深刻，至今记忆犹新。第一件事是在2017年6月8日和10日两天的现金业务结束后例行的现金清查中，分别发现现金短缺50元和现金溢余20元的情况，对此他经过反复思考也弄不明白原因。为了保全自己的面子和息事宁人，同时又考虑到两次账实不符的金额又很小，他决定采取下列办法进行处理：现金短缺50元，自掏腰包补齐；现金溢余20元，暂时收起。第二件事是星海公司经常对其银行存款的实有额心中无数，甚至有时会影响公司日常业务的结算，公司经理因此指派有关人员指导一下小王的工作，结果发现，他每次编制银行存款余额调节表时，只根据公司银行存款日记账的余额加或减对账单中的未入账款项来确定公司银行存款的实有数，而且每次做完此项工作以后，小王就立即将这些未入账的款项登记入账。

【讨论】

小王对上述两项业务的处理是否正确？为什么？如果不正确，那么正确的做法又是怎样的？

知识精讲

任务一　货币资金

货币资金是企业生产经营活动的起点和终点，是企业在生产经营过程中停留在货币资产形态上的那部分资产，包括库存现金、银行存款和其他货币资金。

一、现金的核算

会计上的现金有狭义和广义之分，狭义的现金仅指库存现金，即企业金库中存放的现金；广义的现金是指包括库存现金、银行存款以及可以接受的其他流通手段，如银行汇票、银行本票等。

企业必须按照国务院发布的《现金管理暂行条例》及其实施细则的规定，收取和使用现金，并接受开户银行的检查和监督。

库存现金是指存放在企业会计部门、由出纳员保管、作为日常零星开支用的现款。库存现金具有货币性、通用性、流动性的特征。按照国务院颁布的《现金管理暂行条例》，库存现金的管理主要包括以下方面：

（一）现金的使用范围

现金的使用范围主要包括：①职工薪酬；②个人劳动报酬；③根据国家规定颁发给个人的科学技术、文化艺术、体育等各种奖金；④各种劳保、福利费用，以及国家规定的对个人的其他支出；⑤向个人收购的农副产品或其他物资支付的价款；⑥出差人员必须随身携带的差旅费；⑦结算起点（1 000 元）以下的零星开支；⑧中国人民银行确定需要支付现金的其他支出。

（二）现金的最高限额

现金的限额是由开户银行对企业核定的现金库存的最高限额。现金的限额原则上是可以满足企业 3～5 天日常零星开支的需要。边远地区和交通不便地区的企业库存现金可多于 5 天，但最多不能超过 15 天的日常零星开支。每日的现金结存数超过的部分应当及时送存银行，如需增加或减少库存限额的，应当向开户银行提出申请，由开户银行核定。

（三）现金的日常管理

企业现金收支应当依照《现金管理暂行条例》的规定办理：

（1）企业现金收入应当于当日送存开户银行。当日送存确有困难的，由开户银行确定送存时间。

（2）企业支付现金，可以从本单位库存现金限额中支付或者从开户银行提取，不得从本单位的现金收入中直接支付（即坐支）。因特殊情况需要坐支现金的，应当事先报经开户银行审查批准，由开户银行核定坐支范围和限额。坐支单位应当定期向开户银行报送坐支金额和使用情况。

（3）企业根据规定，从开户银行提取现金，应当写明用途，由本单位财会部门负责人签字盖章，经开户银行审核后，予以支付现金。

（4）因采购地点不固定、交通不便、生产或者市场急需、抢险救灾以及其他特殊情况必须使用现金的，开户单位应当向开户银行提出申请，由本单位财会部门负责人签字盖章，经开户银行审核后，予以支付现金。

（四）现金的内部控制制度

（1）企业库存现金的收支与保管应由出纳人员负责；公司的库存现金由出纳员保管，经管现金出纳人员不得兼管收入、费用、债权、债务等账簿的记账工作以及会计稽核和会计档案保管工作；填写银行结算凭证的有关印鉴，不得集中由出纳人员保管，应实行印鉴分管制度。

（2）建立收据和发票的领用制度；领用的收据和发票必须记数量与起始编号，由领用人员签字；收回收据和发票存根，应由保管人员办理签收手续；对空白的收据和发票应定期检查，以防短缺。

（3）对现金收付的交易，出纳人员必须根据原始凭证编制收付款凭证，并要在原始凭证与收付款凭证上加盖“现金收讫”与“现金付讫”印章。

（4）对企业的库存现金，出纳人员应做到日清月结，由财务管理人员进行抽查与稽核。发现的现金溢缺，必须认真查明原因，并按照规定进行处理。

（5）出纳人员应定期调换，不得一人长期从事出纳工作。杜绝“一支笔”审批，对重要资金，应当实行集体决策与审批制度。严禁未经授权的机构或人员直接接触货币资金。

（五）现金的核算

现金的核算包括现金的序时核算和总分类核算。

1. 现金的序时核算

为了进行库存现金的序时核算，企业必须设置“库存现金日记账”。库存现金的序时核算是指根据库存现金的收支业务逐日逐笔地记录现金的增减及结存情况。

库存现金日记账一般采用收入、支出及结余三栏式格式。库存现金日记账的收入栏和支出栏，是根据审核签字后的现金收、付款凭证和从银行提取现金时填制的银行存款付款凭证，按照经济业务发生的时间顺序，由出纳人员逐日逐笔地进行登记的。为了简化现金日记账的登记手续，对于同一天发生的相同经济业务，也可以汇总一笔登记。

2. 现金的总分类核算

为了核算和监督企业的库存现金收入、支出和结存情况，企业在总账中要设置“库存现金”账户。该账户属于资产类账户，借方登记库存现金的增加额，贷方登记库存现金的减少额，期末余额在借方，反映的是企业库存现金的结存金额。如表4－1所示。

表4－1

借方　　　　库存现金　　　　贷方

期初余额 库存现金的增加额	库存现金的减少额
期末余额 库存现金的结存金额	

“库存现金”总账科目可以根据库存现金收付款凭证和银行存款付款凭证直接登记，如果企业的日常现金收付业务比较大，企业可以根据实际情况，采用汇总记账凭证、科目汇总表等核算形式，定期或者月份终了时根据汇总收付款凭证或科目汇总表等，登记“库存现金”总账科目。企业收到现金时，借记本科目，贷记相关科目；支出现金时，借记相关科目，贷记本科目。月份终了时，“库存现金日记账”的余额应与“库存现金”总账余额核对相等。

企业内部各车间、部门周转使用的备用金，在“其他应收款”科目核算，或者单独设置“备用金”科目核算，不在本科目进行核算。

(1)现金收入的核算

库存现金收入核算的原始凭证依据，包括发票、非经营性收据、内部收据等。

【例4—1】 星海公司从银行提取库存现金1 000元，会计分录如下：

借：库存现金　　1 000

　　贷：银行存款　　1 000

【例4—2】 星海公司收回甲公司所欠零星货款600元，编制会计分录如下：

借：库存现金　　600

　　贷：应收账款　　600

(2)现金支出的核算

库存现金支出的核算以库存现金支出原始凭证为依据。常见的几种库存现金支出凭证有：借据、工资结算单、报销单(支出凭证)、差旅费报销单、领款收据。

【例4—3】 星海公司用库存现金300元购买办公用品一批，编制会计分录如下：

借：管理费用　　300

　　贷：库存现金　　300

【例4—4】 星海公司以库存现金发放职工工资35 000元，编制会计分录如下：

借：应付职工薪酬　　35 000

　　贷：库存现金　　35 000

(3)其他应收款的核算

【例4—5】 办公室主任赵昂出差预借款项1 500元，凭有效的借款单支付现金。编制会计分录如下：

借：其他应收款——赵昂　　1 500

　　贷：库存现金　　1 500

【例4—6】 承接例4—5，办公室主任赵昂出差回来凭差旅费票据报销差旅费1 346元，退回余款。编制会计分录如下：

借：管理费用——差旅交通费　　1 346

　　库存现金　　154

　　贷：其他应收款——赵昂　　1 500

(4)备用金的核算

备用金是指企业预付给职工和内部有关单位用作差旅费、零星采购和零星开支，事后需要报销的款项。

备用金的总分类核算，应设置“其他应收款”科目。它是资产类科目，用来核算企业除应收票据、应收账款、预付账款以外的其他各种应收、暂付款项。在备用金数额较大或业务较多的企业中，可以单独设置“备用金”科目进行核算。备用金的管理方法如表4—2所示。

表4—2　备用金的管理方法

管理方法	预　借	报　销	注销备用金或其他应收款
随借随用 用后报销	借：备用金 （或其他应收款） 贷：库存现金	借：管理费用 库存现金 贷：备用金 （或贷：库存现金）	报销时已注销

续表

管理方法	预　借	报　销	注销备用金或其他应收款
定额备用金	借:备用金 　　贷:库存现金	借:管理费用 　　贷:库存现金	取消定额备用金时注销 借:管理费用 　　库存现金 　　　贷:备用金

【例 4—7】 星海公司行政管理部门职工张伟,2017 年 5 月 8 日因公出差预借备用金 350 元,实际支出 200 元,经审核应予以报销,剩余现金 150 元交回财会部门。

(1)预借领取时,应根据审核的借款单填制现金付款凭证,编制会计分录如下:

借:其他应收款——备用金——张伟　　350

　　贷:库存现金　　350

(2)部门报销时,应根据审核的报销单填制转账凭证,编制会计分录如下:

借:管理费用　　200

　　贷:备用金——张伟　　200

(3)剩余现金交回财会部门,应填制现金的收款凭证,编制会计分录如下:

借:库存现金　　150

　　贷:备用金——张伟　　150

3. 现金的清查

库存现金清查的基本方法是清点库存现金,并将库存现金实存数与库存现金日记账上的余额进行核对。每日终了应查对库存现金实存数与其账面余额是否相符。定期或不定期清查时,一般应组成清查小组并负责现金清查工作。清查人员应在出纳人员在场时清点库存现金,核对账实,并根据清查结果填制"现金盘点报告单",注明实存数与账面余额。如发现现金账实不符或有其他问题,应查明原因,报告主管负责人或上级领导部门处理。

对于现金清查中发现的账实不符,即现金溢缺情况,通过"待处理财产损溢——待处理流动资产损溢"科目进行核算。如表 4—3 所示。

表 4—3

借方　　　　　　　　待处理的财产损溢　　　　　　　　贷方

发生额:	发生额:
(1)发生的待处理财产盘亏和毁损数	(1)发生的待处理的财产盘盈数
(2)结转已批准处理的财产盘盈数	(2)结转已批准待处理财产盘亏和毁损数

现金清查中发现盘亏的现金,应按盘亏的金额,借记"待处理财产损溢——待处理流动资产损溢"科目,贷记"库存现金"科目。查明原因后,属于应当由责任人或保险公司赔偿的部分,应记入"其他应收款"科目;属于无法查明原因的部分,报经批准后应当记入"管理费用"科目。

现金清查中发现盘盈的现金,应按盘盈的金额,借记"库存现金"科目,贷记"待处理财产损溢——待处理流动资产损溢"科目。查明原因后,属于应付未付给有关人员或单位的部分,应记入"其他应付款"科目;属于无法查明原因的部分,报经批准后应当记入"营业外收入"科目。如表 4—4 所示。

表 4—4　　现金盘盈与盘亏的账务处理

盘盈(现金长款)	
当　时	处理时
借:库存现金 　贷:待处理财产损溢——待处理流动资产损溢	借:待处理财产损溢 　贷:其他应付款(有主款项) 营业外收入(无主款项)
盘亏(现金短款)	
当　时	处理时
借:待处理财产损溢 　贷:库存现金	借:管理费用(企业承担部分) 其他应收款(责任赔款部分) 　贷:待处理财产损溢——待处理流动资产损溢

【例 4—8】 2017 年 5 月 10 日,星海公司在对现金进行清查时,发现短缺 60 元。编制会计分录如下:

借:待处理财产损溢——待处理流动资产损溢　　60
　贷:库存现金　　60

上述现金短缺,无法查明原因,转入管理费用。编制会计分录如下:

借:管理费用　　60
　贷:待处理财产损溢——待处理流动资产损溢　　60

【例 4—9】 2017 年 6 月 15 日,星海公司在对现金进行清查时,发现溢余 80 元。编制会计分录如下:

借:库存现金　　80
　贷:待处理财产损溢——待处理流动资产损溢　　80

现金溢余原因不明,经批准计入营业外收入。

借:待处理财产损溢——待处理流动资产损溢　　80
　贷:营业外收入——盘盈利得　　80

二、银行存款

(一)开立和使用银行存款账户的规定

银行存款是指企业存放在本地银行的那部分货币资金。在我国,银行存款包括人民币存款和外币存款。企业收入的一切款项,除留存限额内的现金之外,都必须送存银行。企业的一切支出除规定可用现金支付之外,都必须遵守银行结算办法的有关规定,通过银行办理转账结算。

凡是在银行开立人民币存款账户的企业,必须遵守中国人民银行颁布的《银行账户管理办法》的各项规定,银行存款账户分为基本存款账户、一般存款账户、专用存款账户和临时存款账户。

1. 基本存款账户

性质:是企业办理日常转账结算和库存现金收付的账户,是企业的主办账户。

用途:办理企业日常经营活动的资金收付及工资、奖金和库存现金的支取。

开设规定:一个企业只能选择一家银行的一个营业机构开立一个基本存款账户,不得在多家银行机构开立基本存款账户。

企事业单位开立基本存款账户，实行开户许可证制度——凭中国人民银行当地分支机构合法的开户许可证办理。

2. 一般存款账户

性质：是企业因借款或其他结算需要，在基本存款账户开户银行以外的银行营业机构开立的。

用途：办理借款转存、借款归还和其他资金的收付。

使用规定：一般存款账户可以办理库存现金的缴存，但不得办理库存现金的支取。

3. 专用存款账户

性质：按照法律、行政法规和规章，对其特定用途资金进行专项管理和使用而开立的。

用途：办理各种专用资金的收付，如基本建设项目专用资金、农副产品资金等。

使用规定：单位银行卡账户的资金(备用金)必须由其基本存款账户转账存入，该账户不得办理现金收付业务；财政预算外资金、证券交易结算资金、期货交易保证金和信托基金专用存款账户不得支取现金；基本建设资金、更新改造资金、政策性房地产开发资金、金融机构存放同业资金账户需要支取现金的，应在开户时报中国人民银行当地分支行批准；粮、棉、油收购资金，社会保障基金，住房基金和党、团、工会经费等专用存款账户支取现金应按照国家现金管理的规定办理。收入汇缴账户除向其基本存款账户或预算外资金财政专用存款户划缴款项外，只收不付，不得支取现金；业务支出账户除从其基本存款账户拨入款项外，只付不收，其现金支取必须按照国家现金管理的规定办理。

3. 临时存款账户

性质：企业因临时需要在规定期限内使用而开立的。

用途：办理临时机构以及临时经营活动发生的资金收付，如企业产品异地展销、临时性采购等。

使用规定：临时存款账户可以办理转账结算，根据国家现金管理的规定办理库存现金收付。

(二)银行存款的核算

银行存款的核算包括序时核算和总分类核算。

1. 银行存款的序时核算

银行存款的序时核算是指根据银行存款的收支业务逐日逐笔地记录银行存款的增减及结存情况。它的方法是设置与登记银行存款日记账。

由出纳员根据审核无误的"银行存款收款凭证"、"银行存款付款凭证"和"库存现金付款凭证"(将现金存入银行业务)，逐日逐笔顺序登记，每日终了要计算出收入、支出发生额的合计数，并结计出当日结存余额，并定期与"银行对账单"核对。

2. 银行存款的总分类核算

银行存款的总分类核算，是由企业会计人员根据反映银行存款收付业务的记账凭证或根据其他会计核算形式所规定的登记总账的依据登记"银行存款"总账，以提供企业银行存款增减变动的总括性指标所进行的核算。

为了总括反映企业银行存款的收入、支出和结存情况，应该设置"银行存款"科目。该科目的借方登记存入的款项，贷方登记提取或支出的款项，余额在借方，表示实际存在银行或其他金融机构的款项。企业存入其他金融机构的存款，也在本科目核算。企业的外埠存款、银行本票存款、银行汇票存款等在“其他货币资金”科目核算，不在本科目核算。如表4—5所示。

表4—5

借方	银行存款 贷方
期初余额 银行存款的收入	银行存款的支出
期末余额： 银行存款的结存金额	

【例4—10】 星海公司对外销售商品一批，收到销货款117 000元（含增值税），编制会计分录如下：

借：银行存款 117 000

贷：应交税费——应交增值税（销项增值税） 17 000

主营业务收入 100 000

【例4—11】 星海公司采购原材料一批，以银行存款支付材料价款40 000元，进项增值税6 800元，材料已验收入库。编制会计分录如下：

借：原材料 40 000

应交税费——应交增值税（进项增值税） 6 800

贷：银行存款 46 800

【例4—12】 星海公司收到A公司前欠货款58 500元，已存入银行。编制会计分录如下：

借：银行存款 58 500

贷：应收账款——A公司 58 500

（三）银行存款的对账

企业的银行存款日记账的账面余额应定期与开户银行记录转来的“银行对账单”进行核对，每月至少要核对一次，如二者不符，应查明原因，予以调整。造成不符的原因有两个方面：一是企业和银行双方存在一方或双方同时记账错误；二是存在未达账项。未达账项是指由于企业间的交易采用的结算方式涉及的收付款结算凭证在企业和银行之间的传递上存在着时间的先后差别，造成一方已收到凭证并已入账，而另一方尚未接到凭证仍未入账的款项。未达账项一般有四种情况：

(1)企业已收款记账，而银行尚未收款记账；

(2)企业已付款记账，而银行尚未付款记账；

(3)银行已收款记账，而企业尚未收款记账；

(4)银行已付款记账，而企业尚未付款记账。

【例4—13】 大华公司8月31日银行存款日记账余额为120 000元，银行对账单余额为124 000元，经核对，发现存在以下未达账项：

(1)银行代企业支付水电费3 000元，未及时通知企业；

(2)企业开出转账支票1 000元，但尚未到银行办理转账手续；

(3)银行收到企业的委托收款5 000元，未通知企业；

(4)企业委托开户银行代收款3 000元，银行已收到入账，企业尚未入账；

(5)企业将销售收到的一张2 000元现金支票送存银行，银行未及时记账。

要求：请根据上述资料编制“银行存款余额调节表”(见表4—6)。

表4—6　　银行存款余额调节表

项　目	金　额	项　目	金　额
银行存款日记账余额	120 000	银行对账单余额	124 000
加:银行已收款,企业未收款项	8 000	加:企业已收款,银行未收款项	2 000
减:银行已付款,企业未付款项	3 000	减:企业已付款,银行未付款项	1 000
调整后余额	125 000	调整后余额	125 000

需要注意的是，通过编制“银行存款余额调节表”对未达账项进行调整，如果调整后双方余额相等，说明“银行存款日记账”的登记基本无错误。“银行存款余额调节表”中调整后的余额是本单位可以动用的银行存款实有数。但是，“银行存款余额调节表”不是记账凭证，不能据以调整账簿记录，对于银行已经入账，而公司尚未入账的未达账项，应在收到有关收付款原始凭证后，才能进行账务处理，不能直接以银行转来的对账单作为原始凭证记账。

三、其他货币资金

(一)其他货币资金的性质与内容

其他货币资金是指企业除库存现金、银行存款以外的其他各种货币资金。其他货币资金不同于银行存款和库存现金之处在于：它们一般有专门的用途和特定的存放地点。其他货币资金的组成内容包括外埠存款、银行汇票存款、银行本票存款、信用卡存款、存出投资款等。有境外往来结算业务的企业，发生的国际信用证保证金存款，也属于其他货币资金的范围。

(1)外埠存款也称临时性采购专户存款，它是指企业到外地进行临时或零星采购时，汇往采购地银行开立采购专户的款项。

(2)银行汇票存款是指企业为了取得银行汇票，按规定存入银行的款项。

(3)银行本票存款是指企业为了取得银行本票，按规定存入银行的款项。

(4)信用卡存款是指企业为了取得信用卡而存入银行信用卡专户的款项。

(5)存出投资款是指企业已存入证券公司但尚未进行短期投资的现金。

(6)信用证保证金存款是指针对与境外供货单位采用国际信用证结算的交易，企业为了开具信用证而存入中国银行信用证保证金专户的款项。

与库存现金和银行存款一样，其他货币资金也必须按照国家的现金管理制度、银行结算办法及有关规定严格进行管理，同时，还要设置专门的账户单独进行核算。

(二)其他货币资金业务的会计处理

为了单独反映其他货币资金的收入、付出和结存情况，应设置“其他货币资金”账户进行核算。该账户为资产类账户，借方登记其他货币资金的增加数；贷方登记其他货币资金的减少数；期末借方余额，反映其他货币资金的结存数。该账户应按其他货币资金的具体组成内容设置明细账，进行明细核算。如表4—7所示。

表4—7

借方　　其他货币资金　　贷方

借方	贷方
期初余额 增加数	 减少数
期末余额	

其他货币资金的会计处理，大致可以分为办理(开立)、收到发票账单、收到多余退款三个阶段，如表4－8所示。

表4－8　　其他货币资金的会计处理阶段

时　间	会计处理
1. 办理(开立)	借:其他货币资金——×× 　　贷:银行存款
2. 收到发票账单	借:在途物资、材料采购等 应交税费——应交增值税(进项税额) 　　贷:其他货币资金——××
3. 收到多余退款	借:银行存款 　　贷:其他货币资金——××

1. 外埠存款

企业将款项汇往采购地开立专户时，根据汇出款项的凭证，借记“其他货币资金——外埠存款”账户，贷记“银行存款”账户。采购人员报销用外埠存款支付的材料采购货款等款项时，根据报销凭证，借记“材料采购”“应交税费——应交增值税(进项税额)”等账户，贷记“其他货币资金——外埠存款”账户。完成采购任务，将多余的外埠存款转回当地银行时，应根据银行的收款通知，编制收款凭证。

【例4－14】 A公司到外地采购材料，开出汇款委托书，委托当地开户银行将采购款60 000元汇往采购地银行开立采购专户。编制会计分录如下：

借:其他货币资金——外埠存款　　60 000
　　贷:银行存款　　60 000

【例4－15】 A公司收到采购人员交来的报销单据，其中材料发票列明材料货款50 000元，增值税款8 500元，车票、住宿费单据900元，材料尚未运达企业。编制会计分录如下：

借:材料采购　　50 000
　　应交税费——应交增值税(进项税额)　　8 500
　　管理费用　　900
　　贷:其他货币资金——外埠存款　　59 400

【例4－16】 大通公司接当地开户银行通知，汇出的采购专户存款余额600元已经汇回，存入公司的银行存款账户。编制会计分录如下：

借:银行存款　　600
　　贷:其他货币资金——外埠存款　　600

2. 银行汇票存款

企业从银行取得汇票后，借记“其他货币资金——银行汇票存款”账户，贷记“银行存款”账户。企业使用银行汇票支付款项后，借记“材料采购”“应交税费——应交增值税(进项税额)”等账户，贷记“其他货币资金——银行汇票存款”等账户。银行汇票使用完毕，应转销“其他货币资金——银行汇票存款”账户。如实际采购支出小于银行汇票面额，多余部分应借记“银行存款”账户，贷记“其他货币资金——银行汇票存款”账户。汇票因超过付款期限或其他原因未曾使用而退还款项时，应借记“银行存款”账户，贷记“其他货币资金——银行汇票存款”账户。

【例4－17】 星海公司向开户银行申请办理银行汇票，公司开出汇票委托书并将款项9 500元交存银行取得银行汇票。编制会计分录如下：

借：其他货币资金——银行汇票存款　　9 500

　　贷：银行存款　　9 500

【例 4—18】 星海公司用银行汇票办理采购货款的结算，其中货款8 000元，增值税1 360元，材料已验收入库。编制会计分录如下：

借：原材料　　8 000

　　应交税费——应交增值税(进项税额)　　1 360

　　贷：其他货币资金——银行汇票存款　　9 360

【例 4—19】 结算完毕，星海公司收到开户银行的收账通知，汇票余款 140 元已经汇还入账。编制会计分录如下：

借：银行存款　　140

　　贷：其他货币资金——银行汇票存款　　140

【例 4—20】 承接例 4—19，若该汇票因超出付款期限未曾使用，向开户银行申请并退回款项。编制会计分录如下：

借：银行存款　　9 500

　　贷：其他货币资金——银行汇票存款　　9 500

【例 4—21】 星海公司销售产品收到银行汇票(含增值税9 360元)填写进账单交存银行后，凭进账单回执，编制会计分录如下：

借：银行存款　　9 360

　　贷：主营业务收入　　8 000

　　　　应交税费——应交增值税(销项税额)　　1 360

3. 银行本票存款

企业取得银行本票时，借记“其他货币资金——银行本票存款”账户，贷记“银行存款”账户。用银行本票支付购货款等款项后，应根据发票账单等有关凭证，借记“材料采购”、“应交税费——应交增值税(进项税额)”等账户，贷记“其他货币资金——银行本票存款”账户。如企业因本票超过付款期等原因未曾使用而要求银行退款时，应填制进账单一式两联，连同本票一并交给银行，然后根据银行收回本票时盖章退回的一联进账单，借记“银行存款”账户，贷记“其他货币资金——银行本票存款”账户。

企业使用银行本票结算，也必须按规定先向银行提交本票申请书并将款项交存银行，方可取得银行本票。银行本票的账务处理与银行汇票基本一致，在此不另举例。

4. 信用卡存款

企业在申请使用信用卡时，应按规定填制申请表，并连同支票和有关资料一并送交发卡银行，根据银行盖章退回的进账单第一联，借记“其他货币资金”科目，贷记“银行存款”科目。企业用信用卡购物或支付有关费用，借记有关科目，如“管理费用”“材料采购”等，贷记“其他货币资金——信用卡存款”科目。企业信用卡在使用过程中，需要向其账户续存资金的，借记“其他货币资金——信用卡存款”科目，贷记“银行存款”科目；如果办理销户手续，借记“银行存款”，贷记“其他货币资金——信用卡存款”。

【例 4—22】 星海公司向银行申请领取信用卡，填写申请表并交存备用金 20 000 元，公司取得信用卡时，编制会计分录如下：

借：其他货币资金——信用卡存款　　20 000

　　贷：银行存款　　20 000

【例 4—23】 星海公司收到银行转来信用卡存款凭证及所附发票账单，招待费 680 元。编制会计分录如下：

借：管理费用——业务招待费　　680

　　贷：其他货币资金——信用卡存款　　680

【例 4—24】 星海公司不再使用信用卡结算，办理销户手续，信用卡存款余额5 600元转回基本存款账户。编制会计分录如下：

借：银行存款　　5 600

　　贷：其他银行存款——信用卡存款　　5 600

5. 信用证保证金存款

企业向外商开出信用证时，借记“其他货币资金——信用证保证金存款”账户，贷记“银行存款”账户；收到境外供应单位信用证结算凭证及所附发票账单，经核对无误后借记“材料采购”等账户，贷记“其他货币资金——信用证保证金存款”账户；接到银行收账通知，将未用完的信用证保证金存款余额转回开户银行时，借记“银行存款”账户，贷记“其他货币资金——信用证保证金存款”账户。

【例 4—25】 星海公司要求银行对境外销售机构开出信用证 60 000 元，半月后收到境外销售机构信用证结算凭证及所附发票账单 58 500 元（其中货款 50 000 元，增值税 8 500 元）。编制会计分录如下：

(1)开出信用证时：

借：其他货币资金——信用证保证金存款　　60 000

　　贷：银行存款　　60 000

(2)根据发票账单报销时：

借：材料采购　　50 000

　　应交税费——应交增值税(进项税额)　　8 500

　　贷：其他货币资金——信用证保证金存款　　58 500

(3)余额转回：

借：银行存款　　1 500

　　贷：其他货币资金——信用证保证金存款　　1 500

6. 存出投资款

存出投资款是指企业已存入证券公司但尚未进行短期投资的现金，企业向证券公司划出资金时，应按实际划出的金额，借记“其他货币资金——存出投资款”，贷记“银行存款”；购买股票、债券等有价证券时，按实际发生的金额，借记“交易性金融资产”，贷记“其他货币资金——存出投资款”。

【例 4—26】 星海公司委托某证券公司从深圳证券交易所购入 A 上市公司股票，先在该公司以企业名义开立证券资金户头并存入资金 800 万元。编制会计分录如下：

借：其他货币资金——存出投资款　　8 000 000

　　贷：银行存款　　8 000 000

该证券公司从深圳证券交易所购入 A 上市公司股票 50 万股（假设价值为 600 万元），并将其划分为交易性金融资产。编制会计分录如下：

借：交易性金融资产　　6 000 000

　　贷：其他货币资金——存出投资款　　6 000 000

甲企业将多余的资金转回原开户银行。编制会计分录如下：

借：银行存款　　2 000 000

　　贷：其他货币资金——存出投资款　　2 000 000

任务二　应收项目

一、应收票据

(一)应收票据的概念

应收票据是指企业因销售商品、提供劳务等而收到的商业汇票。商业汇票是一种由出票人签发的、委托付款人在指定日期无条件支付确定金额给收款人或者持票人的票据。

商业汇票的付款期限，最长不得超过 6 个月。定日付款的汇票付款期限自出票日起计算，并在汇票上记载具体到期日；出票后定期付款的汇票付款期限自出票日起按月计算，并在汇票上记载；见票后定期付款的汇票付款期限自承兑或拒绝承兑日起按月计算，并在汇票上记载。商业汇票的提示付款期限，自汇票到期日起 10 日。符合条件的商业汇票的持票人，可以持未到期的商业汇票连同贴现凭证向银行贴现。

商业汇票根据承兑人的不同，可分为商业承兑汇票和银行承兑汇票。商业承兑汇票是指由付款人签发并承兑，或由收款人签发交由付款人承兑的汇票。银行承兑汇票是指由在承兑银行开立存款账户的存款人(这里也是出票人)签发、由承兑银行承兑的票据。

商业汇票按是否计息可分为不带息商业汇票和带息商业汇票。

(二)应收票据的计价

应收票据的计价，就是要确定应收票据的入账价值。按现行会计准则规定，企业收到承兑的汇票，无论是否带息，一律按其票面金额计价入账。即企业收到票据时，应按照票据的票面价值入账。但对于带息的票据，如果收款期是跨年度的，应于年末按应收票据的票面金额和约定的利率计算利息并增加应收利息。

会计实务上一般不对应收票据计提坏账准备。但是，在资产负债表日对应收票据的账面价值进行检查，企业持有的未到期应收票据，如有确凿证据证明不能收回或收回的可能性不大时，应确认其资产减值损失，计提坏账准备。

(三)应收票据的核算

为了反映应收票据的取得、票款收回等经济业务，企业应当设置“应收票据”科目，借方登记取得的应收票据面值和票据利息，贷方登记到期收回票款或到期前向银行贴现的应收票据的票面余额，期末余额在借方，反映企业持有的商业汇票的面值和利息。本科目可按照开出、承兑商业汇票的单位设户进行明细核算，并设置“应收票据备查簿”，逐笔登记商业汇票的种类、号数，出票日期、票面金额、交易合同号，付款人、承兑人、背书人的姓名或单位名称，到期日、背书转让日、贴现日，贴现率、贴现净额，收款日、收回金额及退票情况等资料。商业汇票到期结清票款或退票后，在备查簿中应予注销。

应收票据账务核算处理如图 4—1 所示。

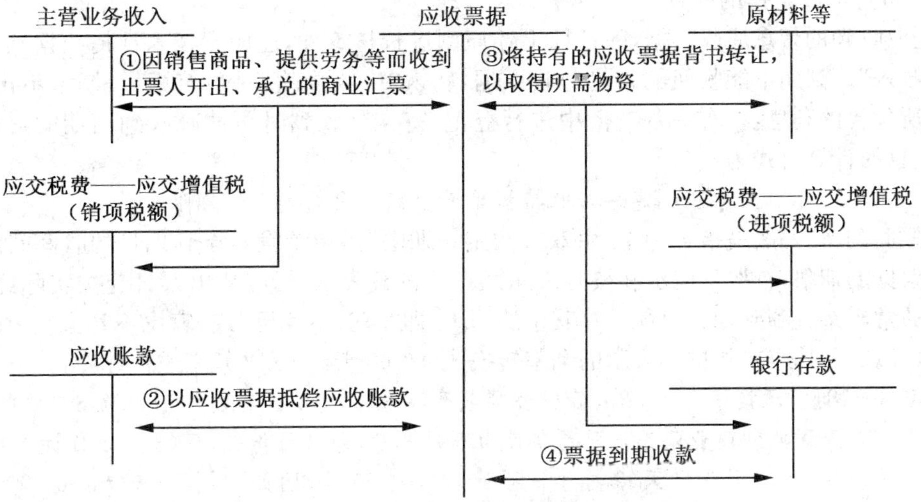

注：将持有的应收票据背书转让，以取得所需物资，银行存款的发生额也可能在贷方。

图 4—1　应收票据账务核算处理

1. 不带息应收票据的核算

应收票据取得的原因不同，其会计处理也有区别。因债务人抵偿前欠货款而取得的应收票据，借记“应收票据”科目，贷记“应收账款”科目；因企业销售商品、提供劳务等收到的商业汇票，借记“应收票据”科目，贷记“主营业务收入”“应交税费——应交增值税（销项税额）”等科目。应收票据到期收回款项时，应按实际收到的金额，借记“银行存款”科目，贷记“应收票据”科目。商业承兑汇票到期，承兑人违约拒付或无力支付票款，企业收到银行退回的商业承兑汇票、委托收款凭证、未付票款通知书或拒绝付款证明等，借记“应收账款”科目，贷记“应收票据”科目。

【例 4—27】　甲公司 2017 年 2 月 1 日向乙公司销售一批产品，货款为 100 000 元，增值税税率为 17%。合同约定 3 个月以后付款，乙公司交给甲公司一张不带息 3 个月到期的商业承兑汇票，面值为 117 000 元。2017 年 5 月 1 日，乙公司如期承兑汇票款。编制会计分录如下：

(1)2017 年 2 月 1 日，收到商业承兑汇票时：

借：应收票据——乙公司	117 000	
贷：主营业务收入		100 000
应交税费——应交增值税（销项税额）		17 000

(2)2017 年 5 月 1 日，收到汇票款时：

借：银行存款	117 000	
贷：应收票据——乙公司		117 000

如果该票据到期，乙公司无力偿还票款，甲公司应将到期票据的票面金额转入“应收账款”科目。则会计分录为：

借：应收账款——乙公司	117 000	
贷：应收票据——乙公司		117 000

如果企业收到的商业汇票是对方用来抵偿前欠货款的，则应借记“应收票据”科目，贷记“应收账款”科目。

2. 带息应收票据的核算

企业收到的带息应收票据，除按照上述原则进行核算外，还应于期末计提票据利息，增加“利息收入”。到期不能收回的带息应收票据，转入“应收账款”科目核算后，期末不再计提利息，其所包含的利息，在有关备查簿中进行登记，待实际收到时再冲减收到当期的财务费用。票据利息的计算公式为：

票据利息＝应收票据票面金额×票面利率×期限

“票面利率”一般是指年利率，由双方约定；“期限”是指签发日至到期日的时间间隔（有效期）。票据的期限，有按日表示和按月表示两种。按日表示时，应从出票日起按实际经历天数计算，通常出票日和到期日只能计算其中的一天，即“算头不算尾”或“算尾不算头”。在按天数或月数计算的时候，应将按年表示的利率转换成 $n/360$ 天或 $n/12$ 月来进行计算。

【例 4—28】 承接案例 4—27，如甲公司收到一张 3 月 5 日签发的面值为 80 000 元、年利率为 8%、90 天到期的商业汇票，则到期日为 6 月 3 日，即 3 月份 27 天（3 月 5 日计入），4 月份 30 天，5 月份 31 天，6 月份 2 天（6 月 3 日不计入），共 90 天；因此，票据利息为：80 000×8%×90/360＝1 600元。

票据期限按月表示时，不论各月份实际日历天数为多少天，均以到期月份中与出票日相同的那一天为到期日，如 4 月 30 日签发的、5 个月期限的商业汇票，到期日为 9 月 30 日。

带息应收票据到期收回款项时，应按收到的本息，借记“银行存款”科目，按账面余额，贷记“应收票据”科目，按其差额（未计提利息部分），贷记“财务费用”科目。

【例 4—29】 甲公司 2016 年 10 月 1 日销售一批产品给丙公司，货已发出，增值税专用发票上注明的价款为200 000元，增值税额为34 000元。收到丙公司交来的商业承兑汇票一张，期限为 6 个月，票面利率为 6%。编制会计分录如下：

(1)2016 年 10 月 1 日，销售产品收到票据时：

借：应收票据——丙公司	234 000	
贷：主营业务收入		200 000
应交税费——应交增值税（销项税额）		34 000

(2)2016 年 12 月 31 日，计提票据利息时：

票据利息＝234 000×6%×3/12＝3 510（元）

借：应收利息	3 510	
贷：利息收入		3 510

(3)2017 年 4 月 1 日，票据到期收回款项时：

收款金额＝234 000×(1＋6%×6/12)＝241 020(元)

2017 年未计提的票据利息＝234 000×6%×3/12＝3 510(元)

借：银行存款	241 020	
贷：应收票据——丙公司		237 510
利息收入		3 510

3. 应收票据的背书转让

企业可以将自己持有的商业汇票背书转让。背书是指在票据背面或粘贴单上记载有关事项并签章的票据行为。票据被拒绝承兑、拒绝付款或者超过付款提示期限的，不得背书转让。背书转让的，背书人应当承担票据责任。企业将持有的商业汇票背书转让于取得所需物资时，按应计入取得物资成本的金额，借记“材料采购”或“原材料”“库存商品”等科目，按增值税专用发票上注明的可抵扣的增值税额，借记"应交税费——应交增值税(进项税额)"科目，按商业汇票的票面金额，贷记"应收票据"科目，如有差额，借记或贷记"银行存款"科目。

【例4—30】 承接案例4—29资料，假定甲公司于10月20日将上述应收票据背书转让，以取得生产经营所需的B材料，该材料的买价为200 000元，增值税额为34 000元。该材料已验收入库。编制会计分录如下：

借：原材料——B材料　　200 000
　应交税费——应交增值税(进项税额)　　34 000
　贷：应收票据——丙公司　　234 000

4. 应收票据的贴现

企业收到商业汇票后，如果急需资金使用，可将未到期的票据背书后向银行申请贴现。应收票据的贴现通常是企业将未到期商业汇票经过背书后交给银行，银行同意后，从票据到期值中扣除按银行的贴现利率计算贴现息后，将余额付给贴现企业。在贴现中，企业付给银行的利息称为贴现利息，银行计算贴现利息的利率称为贴现利率，票据到期值与贴现息之差为贴现所得。

对于不带息应收票据，到期值就是面值；而对于带息应收票据，到期值应该包含到期应收的利息。其有关计算公式如下：

票据到期值＝票面金额×(1＋票面利率×期限)

贴现利息＝票据到期值×贴现利率×贴现期

贴现所得＝票据到期值－贴现利息

【例4—31】 甲公司因急需资金，于6月7日将一张5月8日签发、120天期限、票面价值100 000元的不带息商业汇票向银行贴现，年贴现率为10%。则：到期值为100 000元；票据到期日为9月5日(5月份24天，6月份30天，7月份31天，8月份31天，9月份4天)；票据持有天数为30天(5月份24天，6月份6天)；贴现期为90天(120－30)；贴现利息2 500元(50 000×10%×90÷360)；贴现所得为97 500元(100 000－2 500)。有关账务处理如下：

借：银行存款　　97 500
　财务费用　　2 500
　贷：应收票据　　100 000

【例4—32】 甲因急需资金，于4月15日将一张1月20日签发、4个月期限、票面价值50 000元、票面利率6%的带息商业汇票向银行贴现，年贴现率为7%。则：

票据到期日为5月20日

贴现期为35天(4月份16天，5月份19天)

到期值＝50 000×(1＋6%×4÷12)＝51 000(元)

贴现利息＝51 000× 7%×35÷360＝347.08(元)

贴现所得＝51 000－347.08＝50 652.92(元)

有关账务处理如下：

借：银行存款　　50 652.92
　贷：应收票据　　50 000
　　财务费用　　652.92

如果贴现的商业承兑汇票到期，承兑人的银行账户不足支付，银行即将已贴现的票据退回申请贴现的企业，同时从贴现企业的账户中将票据款划回。此时，贴现企业应按所付票据本息转作“应收账款”，借记“应收账款”科目，贷记“银行存款”科目。如果申请贴现企业的银行存款账户余额不足，银行将作为逾期贷款处理，贴现企业应借记“应收账款”科目，贷记“短期借款”科目。

二、应收账款

（一）应收账款的确认与计价

应收账款是指企业因销售商品、提供劳务等经营活动，应向购货单位或接受劳务单位收取的款项，主要包括应向有关债务人收取的货物价款及代购货单位垫付的运杂费、包装费等。

应收账款因企业赊销业务而产生，它的确认与收入的确认密切相关。由于是赊销，货币资金并未流向企业，因此，应在确认收入时，确认与此相关的应收账款。

应收账款是因企业销售或提供劳务等产生的债权，应当按照实际发生额记账。应收账款的入账价值包括：销售货物或提供劳务的价款、增值税，以及代购货方垫付的费用等。但在现实经济生活中，企业为了促销或尽快收回货款，往往会实行折扣的办法。因此，在确认应收账款的入账价值时，还要考虑折扣因素。折扣包括商业折扣和现金折扣。

1. 商业折扣

商业折扣是指企业为促进商品销售而在商品标价上给予的价格扣除。例如，企业为鼓励客户多买商品可能规定，购买 10 件以上商品给予客户 10%的折扣，或客户每买 10 件送 1 件等。此外，企业为了尽快出售一些残次、陈旧、冷门的商品，也可能降价（即打折）出售。商业折扣作为企业的一种促销手段，有利于扩大销路。

商业折扣在销售时即已发生，并不构成最终成交价格的一部分。因此，涉及商业折扣的，应当按照扣除商业折扣后的金额确定销售商品收入金额和应收账款金额。

2. 现金折扣

现金折扣是指债权人为鼓励债务人在规定的期限内付款而向债务人提供的债务折扣。现金折扣一般用符号“折扣率/付款期”表示，例如，“2/10，1/20，n/30”表示：销货方允许客户最长的付款期限为 30 天，如果客户在 10 天内付款，销货方可给予客户 2%的折扣；如果客户在 20 天内付款，销货方可给予客户 1%的折扣；如果客户在 21 天至 30 天内付款，将不能享受现金折扣。

现金折扣发生在企业销售商品之后，销售商品后现金折扣是否发生以及发生多少要视买方的付款情况而定，企业在确认销售商品收入时不能确定现金折扣金额。因此，企业销售商品涉及现金折扣的，应当按照未扣除现金折扣前的金额确定应收账款金额。现金折扣实际上是企业为了尽快回笼资金而发生的理财费用，应在实际发生时计入当期财务费用。

（二）应收账款的核算

为了反映应收账款的增减变动及其结存情况，企业应设置“应收账款”科目。不单独设置“预收账款”科目的企业，预收的账款也在“应收账款”科目核算。“应收账款”科目的借方登记应收账款的增加，贷方登记应收账款的收回及确认的坏账损失，期末余额一般在借方，反映企业尚未收回的应收账款；如果期末余额在贷方，则反映企业预收的账款。该账户应按不同购货单位或接受劳务的单位设户进行明细核算，以便及时向债务人催收账款。

应收账款账务核算处理如图 4－2 所示。

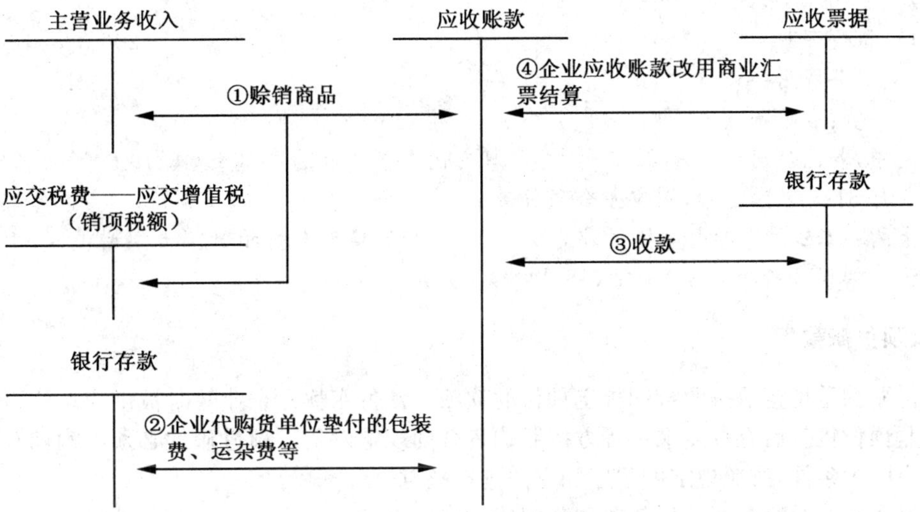

图 4—2　应收账款账务核算处理

【例 4—33】　甲公司采用托收承付结算方式向乙公司销售商品一批，货款 200 000 元，增值税额 34 000 元，以银行存款代垫运杂费 5 000 元，已办妥托收手续。编制会计分录如下：

(1)商品发出并办妥托收手续时：

借：应收账款——乙公司　　239 000

　　贷：主营业务收入　　200 000

　　　　应交税费——应交增值税(销项税额)　　34 000

　　　　银行存款　　5 000

(2)实际收到货款时：

借：银行存款　　239 000

　　贷：应收账款——乙公司　　239 000

【例 4—34】　甲公司 2017 年 3 月 10 日向乙公司销售商品一批，货款 200 000 元，增值税额 34 000 元，由于是成批销售，甲公司给予乙公司 10%的商业折扣，并在销售合同中规定现金折扣条件为 2/10，1/20，*n*/30；商品于 3 月 10 日发出，乙公司于 3 月 18 日付款。假设计算现金折扣时考虑增值税。

本例涉及商业折扣和现金折扣问题，首先需要计算确定销售商品收入的金额。根据销售商品收入金额确定的有关规定，销售商品收入的金额应是未扣除现金折扣但扣除商业折扣后的金额，现金折扣应在实际发生时计入当期财务费用。因此，甲公司应确认的销售收入为 180 000元(200 000－200 000×10%)，增值税销项税额为 30 600 元(180 000×17%)。乙公司于销售实现后的 10 天内付款，享有的现金折扣为 4 212 元[(180 000＋30 600)×2%]。编制会计分录如下：

(1)3 月 10 日，销售商品时：

借：应收账款——乙公司　　210 600

　　贷：主营业务收入　　180 000

　　　　应交税费——应交增值税(销项税额)　　30 600

(2)3 月 18 日，收到货款时：

借：银行存款　　206 388

　财务费用　　4 212

　　贷：应收账款——乙公司　　210 600

本例中，若乙公司于 3 月 25 日付款，则享有的现金折扣为 2 106 元(210 600×1%)。若乙公司于 3 月 31 日以后付款，则应按全额付款。

以上的 4 212 元为考虑增值税时的现金折扣，若计算现金折扣时不考虑增值税，则甲公司给予乙公司的现金折扣为 3 600 元(180 000×2%)。

三、预付账款

预付账款是指企业按照合同规定预付的款项。预付账款是企业暂时被供应单位占有的资金。企业预付货款后有权要求供货方按照购货合同规定发货。预付账款必须以购销双方签订的购货合同为条件，按照规定的程序和方法进行核算。

预付账款的核算包括预付款项和收回货物两个方面。

(一)预付款项的会计处理

根据购货合同的规定向供应单位预付款项时，借记“预付账款”科目，贷记“银行存款”科目。

(二)收回货物的会计处理

企业收到所购货物时，按应计入购入物资成本的金额，借记“材料采购”或“原材料”、“应交税费——应交增值税(进项税额)”等科目，贷记“预付账款”科目；当预付货款小于采购货物所需支付的款项时，应将不足部分补付，借记“预付账款”科目，贷记“银行存款”科目；当预付货款大于采购货物所需支付的款项时，对收回的多余款项应借记“银行存款”科目，贷记“预付账款”科目。

预付账款账务核算处理如图 4—3 所示：

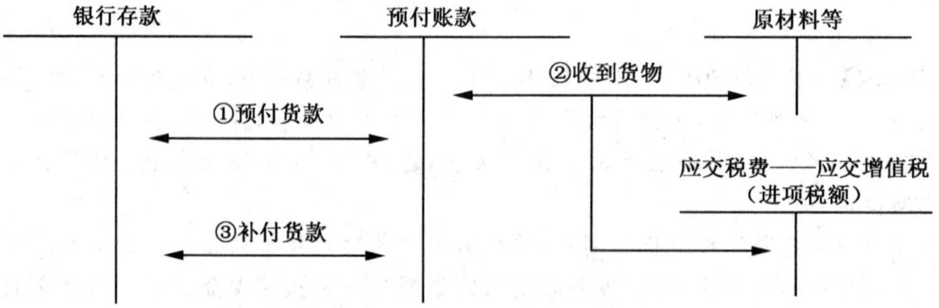

图 4—3　预付账款账务核算处理

【例 4—35】　甲公司向乙公司采购材料5 000吨，单价 50 元，所需支付的款项总额250 000元。按照合同规定向乙公司预付货款的 40%，验收货物后补付其余款项。编制会计分录如下：

(1)预付 40%的货款时：

借：预付账款——乙公司　　100 000

　　贷：银行存款　　100 000

(2)收到乙公司发来 5 000 吨材料，验收无误，增值税专用发票记载的货款为 250 000 元，增值税额为 42 500 元：

借：原材料　　250 000

　　应交税费——应交增值税(进项税额)　　42 500

　　贷：预付账款——乙公司　　292 500

(3)以银行存款补付所欠款项 192 500 元时：

借：预付账款——乙公司　　192 500

　　贷：银行存款　　192 500

预付账款属于企业的一项短期债权，如果有确凿证据表明企业的预付账款已不符合预付账款的性质，或者因供货单位破产、撤销等原因已无望再收到所购货物的，应按照规定确认其资产的减值损失，计提坏账准备。

四、其他应收款

其他应收款是指除应收票据、应收账款、预付账款以外的其他各种应收及暂付款项。其主要内容包括：①应收的各种赔款、罚款，如企业财产等遭受意外损失而应向有关保险公司收取的赔款等；②应收的出租包装物租金；③应向职工收取的各种垫付款，如为职工垫付的水电费、应由职工负担的医药费和房租费等；④存出保证金，如租入包装物支付的押金；⑤其他各种应收、暂付款项。

为了反映其他应收款的增减变动及其结存情况，企业应设置“其他应收款”科目对其进行核算。“其他应收款”科目的借方登记其他应收款的增加，贷方登记其他应收款的收回，期末余额一般在借方，反映企业尚未收回的其他应收款项。在“其他应收款”科目下，应按不同债务人设置明细科目，进行明细核算。

【例 4－36】 甲公司租入包装物一批，以银行存款支付包装物押金 3 000 元。编制会计分录如下：

(1)租入包装物支付包装物押金时：

借：其他应收款——存出保证金　　3 000

　　贷：银行存款　　3 000

(2)企业归还租入包装物，收到出租方退还的押金时：

借：银行存款　　3 000

　　贷：其他应收款——存出保证金　　3 000

【例 4－37】 甲公司以银行存款代职工赵昂垫付应由其个人负担的医药费 2 400 元，拟从其下月工资中扣回。编制会计分录如下：

(1)垫付医药费时：

借：其他应收款——赵昂　　2 400

　　贷：银行存款　　2 400

(2)从下月工资中扣款时：

借：应付职工薪酬　　2 400

　　贷：其他应收款——赵昂　　2 400

【例 4－38】 甲公司职工赵昂出差借差旅费1 000元，以现金支付。赵昂出差归来，报销差旅费 850 元，余款交回。编制会计分录如下：

(1)预付差旅费时：

借:其他应收款——赵昂　　1 000

　贷:库存现金　　1 000

(2)赵昂出差归来,报销差旅费850元,余款交回:

借:管理费用　　850

　库存现金　　150

　贷:其他应收款——赵昂　　1 000

企业应定期或至少于年度终了时,对其他应收款进行检查,预计其可能发生的损失,并计提坏账准备。对于不能收回的其他应收款应查明原因,追究责任。对确实无法收回的,按照企业的管理权限,经股东大会或董事会,或经理(厂长)会议或类似机构批准作为坏账损失,冲减提取的坏账准备。期末,"其他应收款"项目应按减去已计提的坏账准备后的净额,在资产负债表上列示。

五、应收款项减值

(一)应收款项减值概述

企业的各种应收款项,可能会因购货人拒付、破产、死亡等原因而无法收回。这类无法收回的应收款项就是坏账。因坏账而遭受的损失为坏账损失。企业应当在资产负债表日对应收款项的账面价值进行检查,有客观证据表明应收款项发生减值的,应当将该应收款项的账面价值减记至预计未来现金流量现值,减记的金额确认减值损失,计提坏账准备。

(二)应收账款减值的确认

企业应当在资产负债表日对应收款项的账面价值进行检查,有客观证据表明该应收款项发生减值的,应当确认减值损失,计提坏账准备。现行会计准则规定,符合下列条件之一的应收款项,可确认为坏账:①债务人破产或死亡,以其破产财产或遗产进行清偿后确实无法收回的部分;②因债务单位撤销、资不抵债或现金流量严重不足,确实无法收回的部分;③因发生严重的自然灾害等导致债务单位停产而在短时间内无法偿付债务,确实无法收回的部分;④因债务人逾期未履行偿债义务超过3年,经核查确实无法收回的部分。

除符合以上条件的可以确认为坏账外,下列各种情况不能全额计提坏账准备:①当年发生的应收款项;②计划对应收款项进行重组;③与关联方发生的应收款项;④其他已逾期,但无确凿证据表明不能收回的应收款项。

企业采用先提供商品或服务、后收款的方式,发生坏账损失是难以避免的。对已确认为坏账的应收款项,并不意味着企业就放弃追索权,一旦收回,就应及时入账。坏账损失会减少企业利润和现金流量,企业应加强对应收款项的管理,尽可能地减少坏账损失。

(三)坏账损失的计提和核算

确定应收款项减值有两种方法,即直接转销法和备抵法,我国企业会计准则规定采用备抵法确定应收款项的减值。

1. 直接转销法

采用直接转销法时,日常核算中应收款项可能发生的坏账损失不予考虑,只有在实际发生坏账时,才作为损失计入当期损益,同时冲销应收款项,即借记"资产减值损失"科目,贷记"应收账款"科目。

【例4—39】 某企业2013年发生的一笔20 000元的应收账款,长期无法收回,于2017年末确认为坏账,2017年末企业编制如下会计分录:

借：资产减值损失——坏账损失 20 000

贷：应收账款 20 000

2. 备抵法

备抵法是指按期估计坏账损失，形成坏账准备，当某一应收款项的全部或部分被确认为坏账时，应根据其金额冲减坏账准备，同时转销相应的应收款项金额的一种核算方法。采用备抵法，企业应当设置“坏账准备”科目，核算应收款项的坏账准备计提、转销等情况。企业当期计提的坏账准备应计入当期损益。“坏账准备”科目的贷方登记当期计提的坏账准备金额，借方登记实际发生的坏账损失金额和冲减的坏账准备金额，期末余额一般在贷方，反映企业已计提但尚未转销的坏账准备。计提坏账准备时借记“资产减值损失——计提的坏账准备”，贷记“坏账准备”；冲减坏账准备时做相反的分录；发生坏账损失用坏账准备弥补时借记“坏账准备”，贷记“应收账款”“应收票据”“预付账款”“其他应收款”“资产减值损失”等科目。

已确认并转销的应收款项以后又收回的，应按实际收回的金额，借记“应收票据”“应收账款”“预付账款”“其他应收款”等科目，贷记“坏账准备”科目；同时，借记“银行存款”科目，贷记“应收票据”“应收账款”“预付账款”“其他应收款”等科目；也可以直接按实际收回的金额，借记“银行存款”科目，贷记“坏账准备”科目。

计提坏账准备的方法有应收款项余额百分比法、账龄分析法、赊销百分比法等。

当期应计提的坏账准备可按以下公式计算：

当期应计提＝当期按应收款项计算应计提坏账准备金额

－(或＋)“坏账准备”科目的贷方(或借方)余额

按以上公式计算的结果如果是负值，则为应冲减的坏账准备。

应收款项减值账务核算处理如图 4－4 所示：

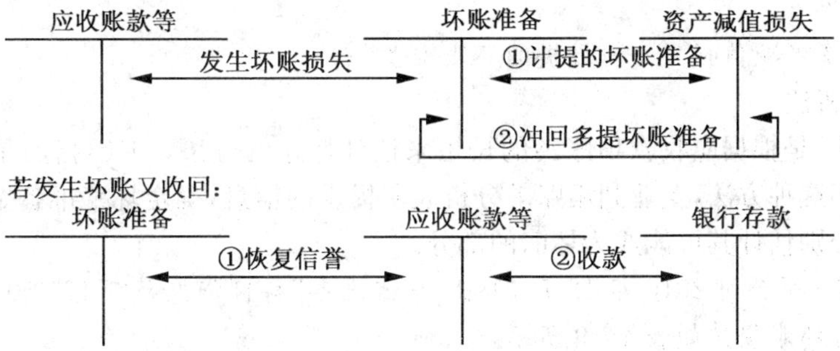

图 4－4 应收款项减值账务核算处理

(1)应收款项余额百分比法

应收款项余额百分比法，是根据会计期末应收款项的余额和估计的坏账率，估计坏账损失，计提坏账准备的方法。

【例 4－40】 甲公司从 2016 年开始计提坏账准备。2015 年末，甲公司应收账款余额为 850 000 元，企业提取坏账准备的比例为 5%。则计算坏账准备并编制会计分录如下：

坏账准备提取额＝850 000×5%＝42 500(元)

借：资产减值损失——计提的坏账准备 42 500

贷：坏账准备 42 500

【例 4—41】 2016 年 5 月，甲公司发现有乙公司所欠货款 12 000 元无法收回，按有关规定确认为坏账损失。编制会计分录如下：

借：坏账准备　　12 000

　　贷：应收账款——乙公司　　12 000

【例 4—42】 2016 年 12 月 31 日，甲公司应收账款余额为 1 500 000 元。年末计提坏账准备前，"坏账准备"科目的贷方余额为 30 500 元(42 500—12 000)。则计算坏账准备并编制会计分录如下：

1 500 000×5%－30 500＝44 500(元)

借：资产减值损失——计提的坏账准备　　44 500

　　贷：坏账准备　　44 500

【例 4—43】 2016 年 9 月 5 日，接银行通知，公司上年已核销的 12 000 元坏账又收回，款项已存入银行。编制会计分录如下：

借：应收账款　　12 000

　　贷：坏账准备　　12 000

同时：

借：银行存款　　12 000

　　贷：应收账款　　12 000

【例 4—44】 2016 年 12 月 31 日，公司应收账款余额为 1 600 000 元。计提坏账准备前的"坏账准备"科目的贷方余额为 87 000 元(75 000＋12 000)。则计算坏账准备并编制会计分录如下：

1 600 000×5%－87 000＝－7 000(元)

借：坏账准备　　7 000

　　贷：资产减值损失——计提的坏账准备　　7 000

(2)账龄分析法

账龄分析法，是根据应收款项账龄的长短来估计坏账的方法。账龄指的是债务人所欠账款的时间。采用这种方法，企业利用账龄分析表所提供的信息，确定坏账准备金额。确定的方法按各类账龄分别估计其可能成为坏账的部分。

【例 4—45】 甲公司 2016 年 12 月 31 日"坏账准备"科目贷方余额 16 000 元，年末应收账款的账龄及估计坏账损失如表 4—9 所示。

表 4—9　　估计坏账损失(2016 年 12 月 31 日)　　单位：元

应收账款账龄	应收账款金额	估计坏账率	估计损失金额
未到期	300 000	1%	3 000
过期一年	120 000	5%	6 000
过期二年	80 000	30%	24 000
过期三年	10 000	80%	8 000
合　计	510 000		41 000

计算坏账准备并编制会计分录如下：

年末应提取的坏账准备额为:41 000－16 000＝25 000(元)

借:资产减值损失——计提的坏账准备　　25 000

　　贷:坏账准备　　25 000

(3)赊销百分比法

赊销百分比法,是根据赊销金额的一定百分比估计坏账损失的方法。企业可以根据以往的经验和有关资料,估计坏账损失与赊销金额之间的比率,也可用其他更合理的方法进行估计。

当期应计提的坏账准备＝本期赊销额×坏账准备率

【例 4－46】 甲公司 2016 年全年赊销金额为4 500 000元,根据以往经验和有关资料,估计坏账损失率为 1.2%,本年度应估计坏账损失 54 000 元(4 500 000×1.2%)。编制会计分录如下:

借:资产减值损失——计提的坏账准备　　54 000

　　贷:坏账准备　　54 000

六、应收股利

应收股利是指企业应收取的现金股利和应收取其他单位分配的利润。

为了核算应收股利的增减变动情况,企业应设置"应收股利"科目。该科目属于资产类科目,借方登记被投资单位宣告发放的现金股利或利润,贷方登记现金股利或利润的收回,余额在借方,反映企业尚未收回的现金股利或利润。本科目应当按照被投资单位进行明细核算。

【例 4－47】 甲企业持有上市公司 A 的股票 50 000 股(属交易性金融资产),该上市公司于 3 月 25 日宣告分派现金股利,分配方案为每 10 股派 5 元,于 4 月 10 日支付。

(1)如果分派的股利是属于被投资单位在取得本企业投资后实现的净利润的分配额,应做会计分录如下:

借:应收股利——A 公司　　25 000

　　贷:交易性金融资产——A 公司(公允价值变动)　　25 000

(2)如果分派的股利是属于被投资单位在取得本企业投资前实现的净利润的分配额,应做会计分录如下:

借:应收股利——A 公司　　25 000

　　贷:交易性金融资产——A 公司(成本)　　25 000

(3)收到被投资单位实际支付的股利时,做会计分录如下:

借:银行存款　　25 000

(或借:其他货币资金——存出投资款 25 000)

　　贷:应收股利——A 公司　　25 000

七、应收利息

应收利息是指企业发放贷款、持有至到期投资、可供出售金融资产、存放中央银行款项等应收取的利息。

为了核算应收利息的增减变动情况,企业应设置"应收利息"科目。该科目属于资产类科目,借方登记企业购入分期付息、到期还本的持有至到期投资等,已到付息期按合同约定的名义利率计算确定的应收未收的利息,贷方登记实际收到的利息,余额在借方,反映企业尚未收回的利息。本科目应按照借款人或被投资单位进行明细核算。另:企业购入到期一次还本付息的持有至到期投资持有期间确认的利息收入，在“持有至到期投资”科目核算，不在本科目核算。

【例 4—48】 甲企业于 2017 年 1 月 1 日以面值购入同日发行的 B 公司的债券100 000元，该债券为 3 年期，每年付息一次，于下一年度的 1 月 10 日支付。债券票面利率为 10%。第一年结束，实际利率为 9%。应做会计分录如下：

借：应收利息——B 公司	10 000	
贷：投资收益		9 000
持有至到期投资——溢折价		1 000

1 月 10 日实际收到利息时，做会计分录如下：

借：银行存款	10 000	
贷：应收利息——B 公司		10 000

关键术语

货币资金　库存现金　银行存款　未达账项　应收票据　商业汇票　应收账款　商业折扣　现金折扣　总价法　净价法　预付账款　备抵法　应收股利　应收利息

◎ 应知考核 ◎

一、单项选择题

1. 企业财务部门出纳经管的库存现金包括(　　)。

A. 库存的人民币和外币　　B. 个人领取备用的现金

C. 销售部门留存用于找零的现金　　D. 所属单位上缴的在途现金

2. 下列属于出纳人员职责的是(　　)。

A. 收入、费用的登记工作　　B. 会计稽查

C. 会计档案保管工作　　D. 保管填写银行结算凭证的有关印鉴

3. 企业可以提取现金和发放工资的银行账户是(　　)。

A. 基本存款账户　　B. 一般存款账户　　C. 临时存款账户　　D. 专用存款账户

4. 商业汇票按(　　)不同可分为商业承兑汇票和银行承兑汇票。

A. 收款人　　B. 付款人　　C. 承兑人　　D. 背书人

5. 在企业的银行账户中，不能办理现金支取的账户是(　　)。

A. 基本存款账户　　B. 一般存款账户　　C. 临时存款账户　　D. 专用存款账户

6. 下列各项中，不通过“其他应收款”核算的是(　　)。

A. 应收保险公司的赔款　　B. 存出保证金

C. 应向职工收取的各种垫付款项　　D. 应向购货方收取的代垫运杂费

7. 某企业 2016 年 11 月 1 日销售商品，并于当日收到面值 50 000 元、期限 3 个月的银行承兑汇票一张。12 月 10 日，将该票据背书转让给 A 公司以购买材料。所购材料的价格为 45 000 元，增值税率为 17%，运杂费为 350 元。则 A 企业应补付的银行存款为(　　)元。

A. 5 000　　B. 4 500　　C. 3 000　　D. 2 650

8. 企业对应收账款计提的坏账准备应计入当期损益，并通过(　　)科目进行核算。

A.“管理费用”　　B.“销售费用”　　C.“财务费用”　　D.“资产减值损失”

9. 某企业 2016 年 12 月 1 日，“坏账准备”科目贷方余额为 3 万元，2016 年 12 月 31 日，“应收账款”科目借方余额是 70 万元，“应收票据”借方余额为 20 万元，“其他应收款”科目借方余额是 10 万元，该企业对应收款项进行减值测试，决定按照 10%计提坏账准备，则 2016 年 12 月 31 日应补提的坏账准备为

(　　)万元

A. 4　　B. 6　　C. 7　　D. 10

10. 企业存放在银行的银行汇票存款，应通过(　　)科目进行核算。

A.“其他货币资金”　　B.“银行存款”　　C.“货币资金”　　D.“库存现金”

二、多项选择题

1. 按照《现金管理暂行条例》，下列属于现金使用范围的有(　　)。

A. 支付职工的工资、津贴　　B. 出差人员必须随身携带的差旅费

C. 收购农副产品　　D. 支付城乡居民个人的劳务报酬

2. 库存现金的特征有(　　)。

A. 货币性　　B. 通用性　　C. 流动性　　D. 收益性

3. 现金溢缺的核算涉及的会计科目有(　　)。

A. 其他应收款　　B. 财务费用　　C. 营业外收入　　D. 待处理财产损溢

4. 根据现金管理规定，下列各项允许使用现金的是(　　)。

A. 向个人收购农副产品支付的价款　　B. 出差人员随身携带的差旅费

C. 支付给职工的工资及各项福利费用　　D. 采购原材料支付的价款

5. 下列经济业务中，不符合银行结算纪律要求的是(　　)。

A. 暂时将账户借给其他企业使用　　B. 签发没有资金保证的远期支票

C. 支票必须由指定人员签发　　D. 根据业务需要开设多个基本存款账户

6. 下列各项中，会引起应收账款账面价值发生变化的有(　　)。

A. 计提坏账准备　　B. 收回应收账款　　C. 转销坏账准备　　D. 收回已转销的坏账

7. 下列项目中应通过“其他应收款”核算的有(　　)。

A. 实行定额备用金制的企业日常报销时　　B. 应收的各种罚款

C. 收取的各种押金　　D. 应向职工收取的各种垫付款项

8. 下列各项中，应记入“预付账款”借方的是(　　)。

A. 收到货物验收入库　　B. 预付购货款

C. 补付购货款　　D. 收回多余预付款

9.“坏账准备”账户贷方登记(　　)。

A. 实际发生的坏账损失　　B. 冲减的坏账准备金

C. 当期计提的坏账准备　　D. 收回已确认并转销的应收款项

10. 按现行制度规定，需要在“应收票据”科目下核算的票据包括(　　)。

A. 银行汇票　　B. 银行本票　　C. 商业承兑汇票　　D.银行承兑汇票

三、判断题

1. 为加强现金管理，一笔现金业务应由一个人单独管理。(　　)

2. 清点库存现金发现短缺时，如有“白条”可以抵库。(　　)

3. 库存现金日记账和库存现金总账都应逐日逐笔地进行登记。(　　)

4. 在企业的货币资产中，现金的流动性是最强的。(　　)

5. 企业日常结算和现金收付业务，都应通过基本账户办理。(　　)

6. 不带息票据的到期值等于应收票据的面值。(　　)

7. 应收账款是企业因销售商品等经营活动所形成的债务。(　　)

8. 企业应收债务的利息在“应收账款”科目核算。(　　)

9. 商业折扣是债权人为鼓励债务人在规定期限内付款而向其提供的债务扣除。（ ）
10. 采用备抵法核算坏账损失，需设置“坏账准备”科目。（ ）

四、简述题

1. 简述库存现金的管理主要内容。
2. 简述开立和使用银行存款账户的规定。
3. 如何理解应收账款的确认与计价？
4. 现行会计准则规定，符合哪些条件的应收款项可确认为坏账？
5. 如何理解坏账损失的计提和核算？

◎ 应会考核 ◎

★观念应用

【背景资料】

华兴公司2016年10月31日的银行存款日记账账面余额为690 000元，而银行对账单上企业存款余额为680 000元，经逐笔核对，发现有以下未达账项：

(1)10月26日企业开出转账支票5 000元，持票人没到银行转账，银行尚未登账；

(2)10月28日企业委托银行代收款项6 000元，银行已收款入账，但企业未接到银行的存款通知，因而未登记入账；

(3)10月29日企业送存购货单位签发的转账支票17 000元，企业已登记入账，银行未登账；

(4)10月30日银行代企业支付水电费4 000元，企业尚未接到银行的付款通知，故未登记入账。

本资料涉及银行存款与企业之间四种未达账项，如表4—10所示：

表4—10 银行存款余额调节表

2016年10月31日　　金额单位：元

项　目	金　额	项　目	金　额
企业银行存款日记账余额		银行对账单余额	
加：银行已收，企业未收 减：银行已付，企业未付		加：企业已收，银行未收 减：企业已付，银行未付	
调节后的存款余额		调节后的存款余额	

制表人：

【考核要求】

学生应认真阅读分析资料，逐笔进行核对后编制银行存款余额调节表。

★技能应用

(1)星海公司行政管理部门职工王刚，2017年6月8日因公出差预借备用金350元，实际支出200元，经审核应予以报销，剩余现金150元交回财会部门。

(2)星海公司行政管理部门职工李庆，2017年7月9日因公出差预借备用金800元，实际支出960元，经审核应予以报销，财会部门另支付现金160元。

(3)星海公司会计部门对供应部门实行定额备用金制度。根据核定的定额，付给定额备用金2 000元。

(4)供应部门在一段时间内共发生备用金支出1 600元，持开支凭证到会计部门报销。会计部门审核以后付给现金，补足定额。

(5)会计部门因管理需要决定取消定额备用金制度。供应部门持尚未报销的开支凭证800元和余款1 200元，到会计部门办理报销和交回备用金的手续。

【技能要求】

根据背景资料编制备用金会计分录。

★案例分析

【情景与背景】

A企业发生以下经济业务：

(1)向B单位销售产品，货款2万元，增值税额3 400元，共计2.34万元。取得不带息商业承兑汇票一张，面值2.34万元。

(2)向C公司销售产品，货款6万元，增值税额1.02万元，共计7.02万元。取得期限为3个月的带息银行承兑汇票一张，出票日期为2016年11月1日，票面利率为10%。

(3)B单位承兑的商业汇票到期，企业收回款项23 400元，存入银行。

(4)向D公司销售产品，货款4万元，增值税额0.68万元，共计4.68万元。取得期限为2个月的带息商业承兑汇票一张，出票日期为2016年12月1日，票面利率为9%。

(5)2016年12月31日，计提C公司和D公司商业汇票利息。

(6)向C公司销售产品所收的银行承兑汇票到期，企业收回款项，面值7.02万元，利息1 755元，共计7.195 5万元。

(7)向D公司销售产品的商业承兑汇票到期，D公司无力偿还票款。(参看业务(4))

(8)向E单位销售产品，货款4.5万元，增值税额7 650元，共计5.265万元。收取期限为4个月的商业承兑汇票，一张面值为5.265万元，出票日期为2016年3月1日。

(9)向F企业销售产品，货款8万元，增值税额1.36万元，共计9.36万元。收取期限为3个月的商业承兑汇票一张，面值为9.36万元，票面利率为10%，出票日为2016年4月1日。

(10)2016年6月10日，将持有的E单位不带息的商业承兑汇票一张到银行贴现，面值为9.36万元，票面利率为10%，期限为3个月，出票日为2016年4月1日。银行年贴现率为12%。

(11)企业将持有的账面价值为1.17万元的商业汇票背书转让，以取得货款为1万元、增值税额为1 700元的材料。

【分析要求】

根据上述资料，请分析如何运用本项目的知识来编制经济业务的会计分录。

◎ 项目实训 ◎

【实训项目】

现金收付款凭证和银行存款收付款凭证的填制

【实训情境】

汉江造纸厂2017年1月份库存现金的期初余额为3 500元，银行存款的余额为200 000元，本月发生以下货币资金的收付业务：

(1)5日接受国家投入货币资金500 000元，已存入银行；

(2)7日从甲企业购入A材料一批，价款50 000元，增值税款8 500元，货款已从银行支付；

(3)7日开出转账支票一张支付购买材料运杂费1 000元；

(4)10日技术科王平出差，预借差旅费1 200元，以现金支付；

(5)15日从银行提取现金40 000元，以备发放工资；

(6)16 日王平出差返回，报销差旅费 1 000 元，多余现金退回；

(7)18 日收回上月售给乙企业商品的销货款 46 800 元，已存入银行；

(8)20 日开出转账支票偿还到期的 3 个月的银行借款 30 300 元，其中利息 300 元；

(9)22 日以现金购买会计用品 300 元，已交给会计部门使用；

(10)25 日对乙企业销售商品一批，价款 20 000 元，增值税率 17%，收到转账支票一张，当日到银行办妥进账手续；

(11)25 日另以现金 800 元支付销售商品运杂费；

(12)28 日以银行存款支付厂办电话费 900 元；

(13)30 日从银行提取现金 3 000 元以备零星之用。

【实训任务】

根据实训情境，填制现金收付款凭证和银行存款收付款凭证。

项目五 存 货

【知识目标】

理解:存货的概念和分类,充分认识存货在企业中的重要性。

熟知:存货的确认条件。

掌握:存货的成本组成和初始计量;存货的可变现净值的确认,正确进行存货的期末计量。

【技能目标】

能够充分认识存货在企业中的地位和作用,加强存货管理;针对不同企业的管理要求,采用适当的存货计价方法;能够及时、准确提供存货的信息,为实现零库存做好服务。

【素质目标】

正确认识存货准则,对存货进行确认和计量;能根据企业的规模大小、管理水平,科学设计存货账簿体系,进行存货的总分类和明细分类核算,提供存货管理的信息。

【项目引例】

对存货的价值构成和账务处理的理解

CCC公司是一家大型生产性企业,存货数额很大。如何控制存货的采购,有效地利用存货为企业创造经济效益,妥善地保管存货,并采用合理的会计处理程序处理存货信息,是该公司管理存货工作的重点。存货的成本包括采购成本、加工成本和其他成本。存货采购、验收、付款程序是存货业务会计处理程序的核心内容。我们看一下CCC公司存货的处理流程:首先由供货单位将存货购买发票和运输提货单函寄业务部门;业务部门根据有关存货购买通知单和合同编制存货验收单,一式四联,将发票、提货单、验收单给财会部门;储运部门到供货单位提取货物将货物送到仓库并将验收单给财会部门,同时凭提货单去供货单位提取货物送到仓库;仓库编制入库单,一式三联,然后分别通知业务部门和财务部门;财会部门核对合同副本和存货购买通知单,经确认无误后,办理货款结算,并登记有关总账和明细账。该流程的控制内容主要有:提货、验收、付款分管;存货验收、付款均要核对有关合同和有关凭证;定期进行账证、账账、账实核对。

【讨论】

通过上述描述,你认为CCC公司对存货的界定是否正确?存货的价值构成是否符合会计准则的要求?存货业务的会计处理程序是否健全有效?

知识精讲

任务一　存货概述

一、存货的概念、特征及分类

（一）存货的概念、特征

存货是指企业在日常活动中持有以备出售的产成品或商品、处在生产过程中的在产品、在生产过程或提供劳务过程中耗用的材料和物料等。

存货的特征表现为：存货不仅仅是具有实物形态的有形资产，还包括无形的劳务；存货是企业的流动资产，它将在一年或者长于一年的一个营业周期内被出售或耗用，具有较大的流动性；存货具有时效性和发生潜在损失的可能性；企业持有存货的目的是为了出售，这是存货区别于其他资产的最基本特征。

存货在企业流动资产中占有较大的比例，它经常处于购入、耗用和销售的过程中，是流动性较大、类别品种较多的一种资产项目。具体来讲，存货包括各类材料、在产品、半成品、产成品、商品以及包装物、低值易耗品等。

（二）存货的分类

1. 存货按其经济内容分类

（1）原材料，指企业在生产过程中经加工改变其形态或性质并构成产品主要实体的各种原料及主要材料、辅助材料、外购半成品（外购件）、修理用备件、包装材料、燃料等。

（2）在产品，指企业正在制造尚未完工的生产物，包括正在各个生产工序加工的产品、已完工但尚未检验或虽已检验但尚未办理入库手续的产品。

（3）半成品，指经过一定生产过程并已检验合格交付半成品仓库保管，但尚未制造完工成为产成品，仍需进一步加工的中间产品。

（4）库存商品，指企业已经完成全部生产过程并验收入库，可以按照合同规定的条件销售给购货单位，或者从外部购买的准备出售的商品，包括库存产成品、外购商品、存放在门市部准备出售的商品、发出展览的商品以及寄存在外的商品等。此外，接受来料加工制造的代制品和为外单位加工修理的代修品，在制造或修理完成后验收入库的，也视同库存商品。

（5）周转材料，是指企业能够多次使用、逐渐转移其价值但仍保持原有形态不确认为固定资产的材料，包括包装物、低值易耗品，以及建筑工程使用的钢模板、木模板、脚手架等。

企业为建造固定资产等各项工程而储备的各种材料、企业的特种储备以及按国家指令专项储备的资产，不符合存货的概念，因此不能作为企业的存货进行核算。对于受托代销商品，在待销商品售出之前，所有权属于委托方，因而应作为委托方的存货处理。总之，企业在判断与存货相关的经济利益能否流入企业时，主要结合该项存货所有权的归属进行分析确定。

2. 存货按其存放地点分类

（1）库存存货，指已验收合格并入库的各种存货。

（2）在途存货，指货款已经支付、正在途中运输的存货，以及已经运达企业但尚未验收入库的存货等。

(3)加工中存货,指本企业正在加工中的存货和委托其他单位加工的存货。

(4)委托代销存货,指本企业委托其他单位代销的存货。

二、存货的确认条件

某个项目要确认为存货,首先要符合存货的概念,在此前提下,应当符合存货确认的两个条件:

(一)该存货包含的经济利益很可能流入企业

存货作为一项重要的流动资产,对其确认,关键是判断该存货是否很可能给企业带来经济利益或所包含的经济利益是否很可能流入企业。通常,存货的所有权是存货包含的经济利益很可能流入企业的一个重要标志。比如,根据销售合同售出并取得现金或收取现金的权利,所有权已经转移的存货,因其所包含的经济利益已不能流入企业,因而不再作为企业的存货进行会计处理,即使该存货尚未运离企业。

(二)该存货的成本能够可靠计量

成本是否能够可靠计量是资产确认的另一个基本条件。如果存货成本不能可靠计量,则不能确认为一项存货。例如,企业签订的购货合同,由于并未实际发生购货交易,不能可靠地确定其交易成本,因此就不能将合同内容确认为企业购买的存货。对于约定未来购入的商品,不作为企业的存货处理。

任务二 存货的初始计量

一、存货成本的组成

企业在持续经营的前提下,存货入账价值的基础也即初始计量的基础是历史成本或者说实际成本。在实际中,存货成本包括采购成本、加工成本和其他成本。存货成本的构成如图 5—1所示。

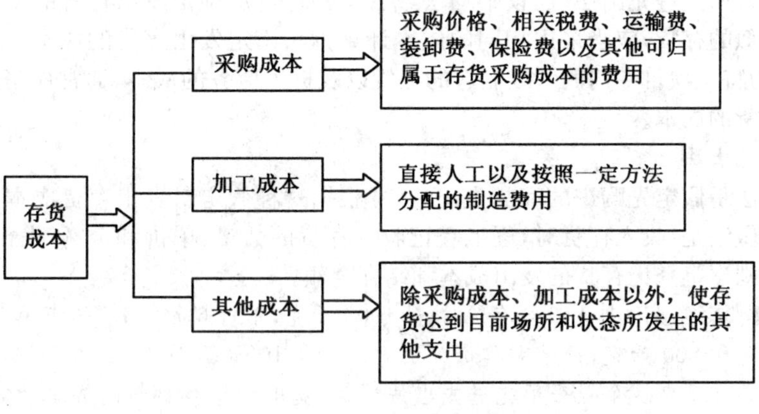

图 5—1 存货成本的构成

(一)采购成本

采购成本包括购买价款、进口关税和其他税费、运输费、装卸费、保险费以及其他可归属于存货采购成本的费用。

其中,存货的购买价款是指企业购入的材料或商品的发票账单上列明的价款,但不包括按规定可以抵扣的增值税额。

存货的相关税费是指企业购买存货发生的进口关税、消费税、资源税和不能抵扣的增值税进项税额以及相应的教育费附加等应计入存货采购成本的税费。

其他可归属于存货采购成本的费用是指采购成本中除上述各项以外的可归属于存货采购的费用,如在存货采购过程中发生的仓储费、包装费、运输途中的合理损耗、入库前的挑选整理费用等。

(二)加工成本

加工成本包括直接人工以及按照一定方法分配的制造费用。制造费用,是指企业为生产产品和提供劳务而发生的各项间接费用。企业应当根据制造费用的性质,合理地选择制造费用分配方法。在同一生产过程中,同时生产两种或两种以上的产品,并且每种产品的加工成本不能直接区分的,其加工成本应当按照合理的方法在各种产品之间进行分配。

(三)其他成本

其他成本是指除采购成本,加工成本以外的,使存货达到目前场所和状态所发生的其他支出。例如,为特定客户设计产品所发生的设计费用,应计入存货成本的借款费用等。

商品流通企业在采购商品过程中发生的运输费、装卸费、保险费以及其他可归属于存货采购成本的费用等进货费用,应当计入存货采购成本,也可以先进行归集,期末根据所购商品的存销情况进行分摊。对于已售商品的进货费用,计入当期损益;对于未售商品的进货费用,计入期末存货成本。企业采购商品的进货费用金额较小的,可以在发生时直接计入当期损益。

但下列费用不计入存货成本,应当在发生时直接确认为当期损益:

(1)非正常消耗的直接材料、直接人工和制造费用;

(2)仓储费用(不包括在生产过程中为达到下一个生产阶段所必需的费用);

(3)不能归属于存货达到目前场所和状态的其他支出。

二、发出存货的计量

企业应当采用先进先出法、加权平均法或者个别计价法确定发出存货的实际成本。对于性质和用途相似的存货,应当采用相同的成本计算方法确定发出存货的成本。对于不能替代使用的存货、为特定项目专门购入或制造的存货以及提供劳务的成本,通常应当采用个别计价法确定发出存货的成本。

(一)先进先出法

先进先出法是假定先购进的商品先出售,并根据这种假定对发出存货成本进行计价的一种方法。具体做法是:收入存货时,逐笔登记收入存货的数量、单价和金额;发出存货时,按照先进先出的原则逐笔登记存货的发出成本和结存金额。

【例5—1】 某企业3月1日结存A材料1000千克,单价6元。3月6日和18日分别购进A材料500千克和800千克,每千克单价分别为9元和10元;3月10日和22日分别发出A材料700千克和500千克。企业采用先进先出法核算,发出和结存材料的成本计算如表5—1所示。

表 5—1　　　　原材料明细账

编号:××　　　　名称:A 材料　　　　规格:××　　　　单位:千克

××年		凭证号码	摘要	收入			付出			结存		
月	日			数量	单价	金额	数量	单价	金额	数量	单价	金额
3	1		上月结存							1 000	6	6 000
	6	×	购进	500	9	4 500				1 000 500	6 9	6 000 4 500
	10	×	发出				700	6	4200	300 500	6 9	1 800 4 500
	18	×	购进	800	10	8 000				300 500 800	6 9 10	180 4 500 8 000
	22	×	发出				300 200	6 9	1 800 1 800	300 800	9 10	2 700 8 000
			本月合计	1 300		12 500	1 200		7 800	1 100		10 700

先进先出法可以随时结转发出成本,但成本计算工作比较繁琐,如果存货收发业务较多时,平时工作量大。采用先进先出法,使结存存货的成本接近于当前的物价水平,发出存货成本与当前的存货的市价有一定的差异。在物价上涨时期,会高估企业当期利润和期末存货价值。这种方法在食品经营企业中使用广泛。

(二)加权平均法

加权平均法是按每一种商品的数量和金额,计算每种商品的平均单价,再乘以每种商品的销售数量或库存数量,计算出商品销售成本和库存商品金额的一种方法,其计算公式如下:

$$\text{加权平均单价}=\frac{\text{月初库存存货的实际成本}+\sum\left(\text{本月某批进货的实际成本}\times\text{本月某批进货的数量}\right)}{\text{月初库存存货的数量本月各批进货数量之和}}$$

本月发出存货成本=本月发出存货数量×加权平均单价

月末库存存货成本=月末库存存货数量×加权平均单价

在计算加权平均单价时,计算到小数点后的分值时,能够除尽,先计算谁都可。如不能除尽,为了避免尾数的影响,一般可以按加权平均单价计算月末库存存货成本,然后再计算发出存货成本。

【例 5—2】 根据例 5—1 的资料,采用加权平均法,计算过程如表 5—2 所示。

表 5—2　　　　原材料明细账

编号:××　　　　名称:A 材料　　　　规格:××　　　　单位:千克

××年		凭证号码	摘要	收入			付出			结存		
月	日			数量	单价	金额	数量	单价	金额	数量	单价	金额
3	1		上月结存							1 000	6	6 000
	6	×	购进	500	9	4 500				1 500		
	10	×	发出				700			800		

续表

××年		凭证号码	摘　要	收　入			付　出			结　存		
月	日			数量	单价	金额	数量	单价	金额	数量	单价	金额
	18	×	购　进	800	10	8 000				1 600		
	22	×	发　出				500			1 100		
			本月合计	1 300		12 500	1 200		9 652.15	1 100	8.043 5	8 847.85

根据上述资料计算：

$$加权平均单价=\frac{6\ 000+4\ 500+8\ 000}{1\ 000+500+8\ 000}=8.043\ 5(元)$$

期末库存商品结存金额=1 100×8.043 5=8 847.85(元)

本月发出存货的实际成本=6 000+12 500−8 847.85=9 652.15(元)

采用加权平均法，只在月末一次计算加权平均单价，比较简单。在市场价格波动时，计算的单位成本平均化，对存货成本的分摊较为折中。但是，这种方法平时无法从账面上提供发出和结存存货的单价及金额，不利于加强对存货的管理。这种方法适用于经营品种少或前后进价相差幅度较大的商品。

(三)移动加权平均法

移动加权平均法，是指以每次进货的成本加上原有库存存货的成本，除以每次进货数量加上原有库存存货的数量，据以计算加权平均单位成本，作为在下次进货前各次发出存货成本依据的一种方法。计算公式如下：

$$存货加权平均成本=\frac{原有库存存货的实际成本+本次进货的实际成本}{原有库存存货数量+本次进货数量}$$

本月发出存货成本=本月发出存货数量×本次发货前存货加权平均成本

本月月末库存存货成本=月末库存存货数量×月末存货加权平均成本

(四)个别计价法

个别计价法是指每次发出存货的实际成本按其购入时的实际成本分别计价的方法。也就是说，采用这种方法是假定存货的实际成本流转与实物流转相一致，按照各种存货，逐一辨认各批发出存货和期末存货所属的购进批别货生产批别，分别按其购入货生产时所确定的单位成本作为计算各批发出存货和期末存货成本的方法。

采用个别计价法，计算发出存货的成本和期末存货的成本比较合理、准确，但这种方法的前提是需要对发出存货和结存存货的批次进行具体辨认，所以实际操作的工作量大。它通常适用于计量大宗商品以及需要单独记录其价值的贵重商品，如汽车、机床、珠宝首饰、艺术品等。

三、在实际成本发下外购存货的收发计量

存货的初始计量可以按实际成本核算，也可以按计划成本核算。如果采用计划成本核算，会计期末应调整为实际成本。商品流通的零售企业可以采用售价进行核算，在会计期末也需要将销售成本调整为实际成本。下面介绍实际成本进行存货的初始计量。

存货按实际成本核算，是指企业对存货收入、发出，无论是明细分类核算还是总分类核算，全部按实际成本计价。这种方法一般适用于规模较小、存货品种简单、采购业务不多的企业。

（一）账户设置

在实际成本法下，外购存货一般设置“在途物资”“原材料”和“库存商品”科目进行核算。

1.“在途物资”科目

本科目核算企业采用实际成本（或进价）进行材料、商品等物资的日常核算、货款已付尚未验收入库的在途物资的采购成本。企业购入材料、商品，按企业购入材料、商品，按应计入材料商品采购成本的金额，借记本科目，按实际支付或应支付的金额，贷记“银行存款”“应付票据”“应付账款”等科目。所购材料、商品到达验收入库，借记“原材料”“库存商品”等科目，贷记本科目。期末借方余额反映企业在途材料、商品等物资的采购成本。该科目可按供应单位和物资品种进行明细核算。

2.“原材料”科目

本科目核算企业采用库存的各种材料，包括原料及主要材料、辅助材料、外购半成品（外购件）、修理用备件（备品配件）、包装材料、燃料等的实际成本。企业购入材料并验收入库的材料，借记本科目，贷记“在途物资”科目；企业生产经营领用材料，借“生产成本”“制造费用”“销售费用”“管理费用”等科目，贷记本科目。期末借方余额反映企业库存材料的实际成本。该科目可按材料的保管地点（仓库）、材料的类别、品种和规格等进行明细核算。

3.“库存商品”科目

本科目核算企业采用库存的各种商品的实际成本。企业购入商品并验收入库后，借记本科目，贷记“银行存款”“在途物资”科目；企业销售商品时，借“主营业务成本”等科目，贷记本科目。期末借方余额反映企业库存商品的实际成本。该科目可按库存商品的种类、品种和规格等进行明细核算。

（二）外购存货的账务处理

1. 购入存货的核算

由于支付方式不同，外购存货入库的时间与付款的时间可能一致，也可能不一致。在科技处理上也有所不同。

（1）货款已经支付或已开出、承兑商业汇票，同时存货已验收入库

对于发票账单与外购存货同时到达的采购业务，企业在支付货款或已开出、承兑商业汇票，存货验收入库后，应根据发票账单等结算凭证确定的存货的实际成本，借记“原材料”“库存商品”科目，根据取得的增值税专用发票上注明的增值税额，借记“应交税费——应交增值税（进项税额）”科目，按实际支付的款项或应付票据面值，贷记“银行存款”“应付票据”等科目。如图 5－2 所示。

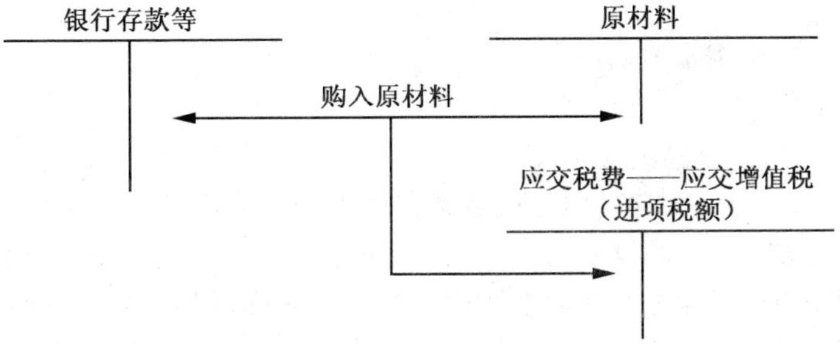

图 5－2　发票账单与材料同时到达

【例 5—3】 甲公司 3 月 5 日购进 C 材料一批，增值税专用发票上注明的价款6 000元，增值税1 020元。全部款项已用转账支票付讫，材料已验收入库。会计分录如下：

借：原材料——C 材料　　6 000
　　应交税费——应交增值税（进项税额）　　1 020
　　贷：银行存款　　7 020

【例 5—4】 联华商场于 4 月 8 日从康佳公司购进康佳电视机 20 台，增值税发票上注明的价款50 000元，增值税8 500元。全部款项签发银行承兑汇票支付，商品已验收入库。会计分录如下：

借：库存商品——康佳电视机　　50 000
　　应交税费——应交增值税（进项税额）　　8 500
　　贷：应付票据——康佳公司　　58 500

（2）货款已经支付或已开出、承兑商业汇票，存货尚未到达或尚未验收入库

对于已经支付货款或已开出、承兑商业汇票，但存货尚未到达或尚未验收入库的采购业务，应根据发票账单等凭证，借记“在途物资”“应交税费——应交税费（进项税额）”科目，贷记“银行存款”“应付票据”等科目。待存货验收入库时，借记“原材料”“库存商品”科目，贷记“在途物资”科目。如图 5—3 所示。

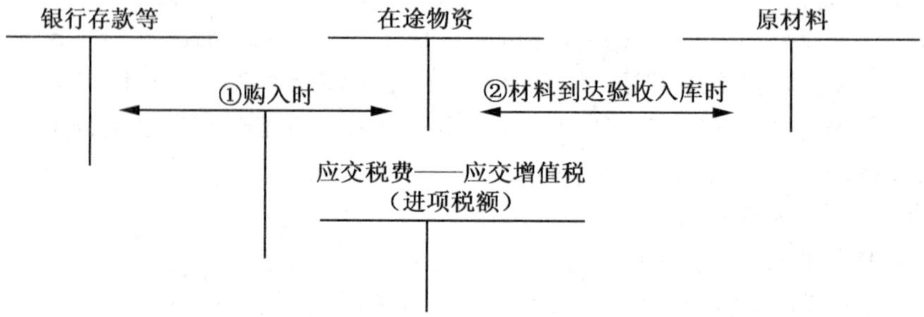

图 5—3　发票账单已到、材料未到

【例 5—5】 乙公司 4 月 18 日采用汇兑方式购进 B 材料一批，增值税专用发票上注明的价款40 000元，运费 200 元，增值税6 800元，材料尚未到达，价款已经支付。会计分录如下：

借：在途物资——乙材料　　40 200
　　应交税费——应交增值税（进项税额）　　6 800
　　贷：银行存款　　47 000

【例 5—6】 承例 5—5，上述购入的乙材料于 4 月 22 日到达，并已验收入库。会计分录如下：

借：原材料 ——乙材料　　40 200
　　贷：在途物资——乙材料　　40 200

（3）货款尚未支付，存货已经验收入库

在这种情况下，如果发票账单已到，按发票账单所记载的有关金额记账；如果发票账单未到，无法确定存货的实际成本时，月末应按暂估价值记账，下月初再用红字冲回，收到发票账单后再按照实际金额记账。即，对于存货已经达到并验收入库，但发票账单等结算凭证未到，货款尚未支付的采购业务，应于月末，按存货的暂估价值，借记“原材料”“库存商品”科目，贷记“应付账款——暂估应付账款”科目。下月初用红字做同样的记账凭证予以冲回，以便以后付

款或已开出、承兑商业汇票后，按正常程序借记“原材料”“库存商品”“应交税费——应交增值税（进项税额）”科目，贷记“银行存款”“应付票据”等科目。如图5—4所示。

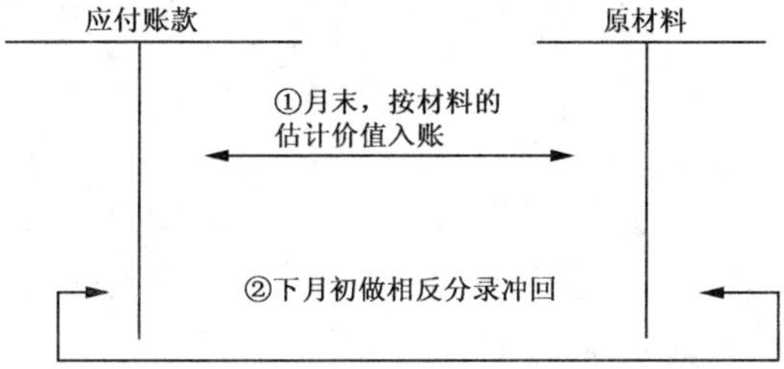

图5—4　材料已到、发票账单未到

【例5—7】　甲公司3月28日收到上海某公司发来的B材料1 000千克，并已验收入库。至月末仍未收到发票及结算凭证，企业按实际成本估价为3 000元。会计分录如下：

借：原材料——B材料　　3 000

　　贷：应付账款——暂估应付账款　　3 000

下月初，用红字分录转回时：

借：原材料——B材料　　3 000（红字）

　　贷：应付账款——暂估应付账款　　3 000（红字）

【例5—8】　承例5—8，甲公司4月5日收到发票账单及结算凭证，增值税专用发票上注明的价款30 000元，增值税5 100元，对方代垫运费300元，价款签发银行本票支付。会计分录如下：

借：原材料——B材料　　30 300

　　应交税费——应交增值税（进项税额）　　5 100

　　贷：其他货币资金——银行本票存款　　35 400

（4）货款已经预付，存货尚未验收入库

采用预付货款的方式采购存货，应在预付存货价款时，按照实际预付金额，借记“预付账款”科目，贷记“银行存款”科目；已经预付货款的存货验收入库，根据发票账单等结算凭证确定的存货的实际成本，借记“原材料”“库存商品”“应交税费——应交增值费（进项税额）”科目，贷记“预付账款”科目；按补付金额，借记“预付账款”科目，贷记“银行存款”科目；退回多付的款项，借记“银行存款”科目，贷记“预付账款”科目。如图5—5所示。

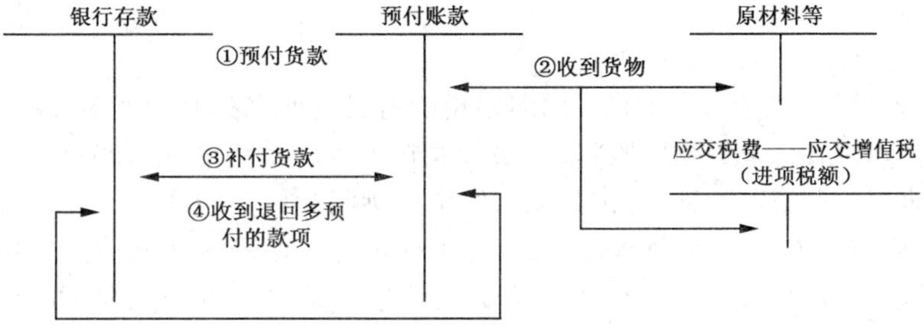

图5—5　采用预付货款的方式采购原材料

【例 5—9】 根据与新科公司的购销合同规定,4 月 16 日甲公司为购买 D 商品向新科公司预付50 000元货款,价款已经汇出。5 月 20 日收到新科公司发来的商品,并已验收入库。发票账单等有关凭证上注明的价款80 000元,增值税13 600元,对方代垫运费 400 元。所欠价款以银行存款支付完毕。

预付货款时会计分录为:

借:预付账款——新科公司	50 000	
贷:银行存款		50 000

材料入库时会计分录为:

借:库存商品——D 商品	80 400	
应交税费——应交增值税(进项税额)	13 600	
贷:预付账款——新科公司		94 000

补付货款时会计分录为:

借:预付账款——新科公司	44 000	
贷:银行存款		44 000

(5)存货在购买过程中发生溢缺的会计处理

若购入物资发生溢余、短缺、毁损,先通过“待处理财产损溢”科目核算,同时冲减物资的采购成本。对发生的存货溢缺,应及时查明原因,分别情况处理:

①属于定额内的损耗、毁损,不进行账务处理,只按实际入库数量登记存货明细账,提高单位成本,而总成本不变。

②属于供货单位、外部运输单位责任的,应根据索赔金额,借记“应付账款”“其他应收款”科目,贷记“待处理财产损溢”科目。

③属于意外灾害造成的,在扣除由保险公司赔偿的部分列入损失借记“其他应收款”“营业外支出”,贷记“待处理财产损溢”科目。

【例 5—10】 8 月 10 日甲公司为购买 E 材料1 000千克,单价 7 元,价款7 000元,增值税1 190元,对方代垫运费 110 元,价款以银行存款支付。材料尚未达到。会计分录为:

借:在途物资——E 材料	7 110	
应交税费——应交增值税(进项税额)	1 190	
贷:银行存款		8 300

【例 5—11】 承例 5—10,8 月 20 日 E 材料运到,实收 990 千克,短少 10 千克。经查明,短少材料属于运输途中的合理损耗。会计分录为:

借:原材料 ——E 材料	7 110	
贷:在途物资——乙材料		7 110

2. 发出存货的会计处理

企业各生产单位、销售部门及有关部门领用的材料货商品具有种类多、业务频繁等特点。为了简化核算,可以在月末根据“领料单”“限额领料单”或“发货单”中有关领用或销售部门加以归类汇总,据以编制记账凭证、登记入账。发出存货实际成本的确定,可以由企业应当根据各类存货的实际流转方式、企业管理要求、存货性质等实际情况,从上述先进先出法、加权平均法和个别计价法等方法中选择。为了保证年度内存货成本计算的一致性,每个企业在一个年度内一般只能采用一种方法,不得随意变更。如需变更,应在会计报表附注中予以说明。

【例 5—12】 某工业企业根据“发料凭证汇总表”的记录,5 月份基本生产车间为生产领用

A材料230 000元，车间一般耗用3 000元，企业行政部门一般耗用4 000元，共计237 000元。会计分录为：

借：生产成本　　230 000
　制造费用　　3 000
　管理费用　　4 000
　贷：原材料　　237 000

【例5—13】 某商场采用先进先出法计算发出商品的销售成本。根据销货记录，4月份共销售商品售价600 000元，成本价400 000元。会计分录为：

借：主营业务成本　　400 000
　贷：库存商品　　400 000

四、投资者投入原材料

投资者投入的存货的成本，应当按照投资合同或协议约定的价值确定，但合同或协议约定价值不公允的除外。企业收到投资者投入的存货时，应借记“原材料”、“库存商品”科目，根据取得的增值税专用发票上注明的增值税额，借记“应交税费——应交增值税(进项税额)”科目，按以上两项金额合计数在注册资本中所占的份额，贷记“实收资本”(或“股本”)科目，按其差额，贷记“资本公积”科目。

【例5—14】 企业接受某公司投入的A材料，双方协议按成本计价。该批材料的成本和计税价格均为40 000元，增值税6 800元。投资成本占本企业注册资本400 000元的8%。会计分录为：

借：原材料——A材料　　40 000
　应交税费——应交增值税(进项税额)　　6 800
　贷：实收资本　　32 000
　　资本公积——资本溢价　　14 800

五、委托加工物资

(一)委托加工物资核算的内容

委托加工物资是指企业委托外单位加工成新的材料或周转材料等。委托单位加工完成的存货，以实际耗用的原材料或者半成品、加工费、运输费、装卸费等费用以及按规定应计入成本的税金，作为实际成本。

凡属加工物资收回后直接用于销售的，其所负担的消费税应计入加工物资成本；如果收回的加工物资用于连续生产的，其所负担的消费税应计入“应交税费——应交消费税”科目的借方，按规定用以抵扣加工的消费品销售后所负担的消费税。

为了反映和监督委托加工物资的增减变动及其结存情况，企业应设置“委托加工物资”科目。该科目核算企业委托外单位加工的各种材料、商品等物资的实际成本，借方登记委托加工物资耗用的原材料或者半成品实际成本、加工费、运输费、装卸费等费用以及按规定应计入成本的税金，贷方登记加工完成验收入库的物资的实际成本和剩余物资的实际成本，期末余额在借方，反映企业尚未完工的委托加工物资的实际成本。该科目可按加工合同、委托加工单位以及加工物资的品种等进行明细核算。

委托加工物资核算，如图5—6所示。

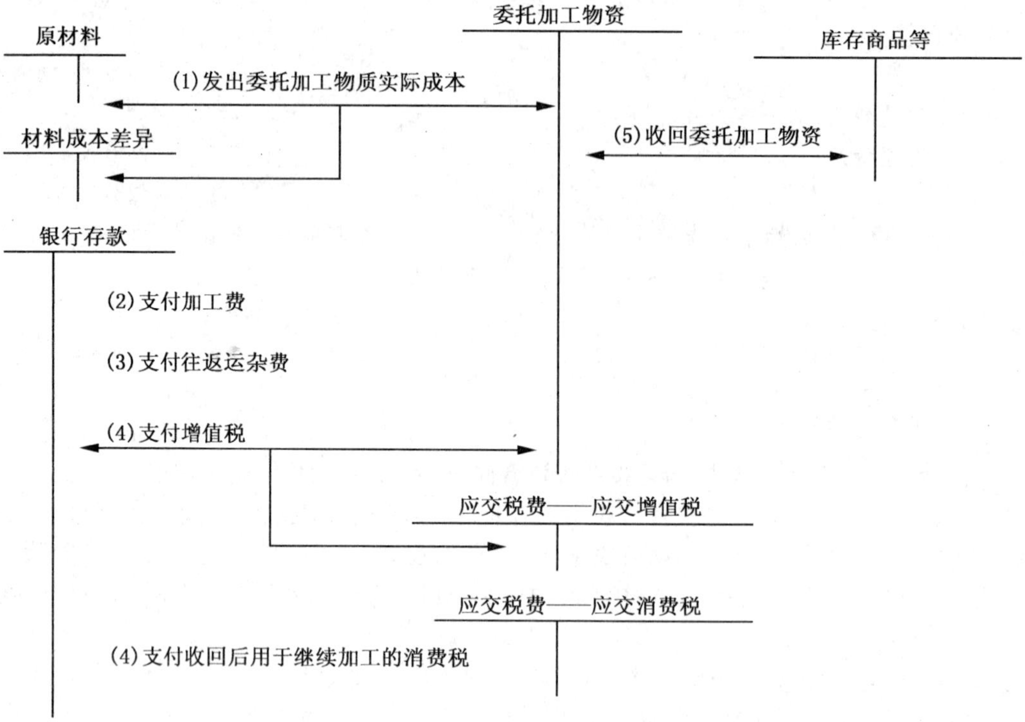

图 5—6 委托加工物资核算

(二)委托加工物资的账务处理

委托加工业务,在会计处理上主要包括发出物资、支付有关费用、支付税金和收回加工物资四个环节。

【例 5—15】 星海公司委托丙公司加工一批商品(属于应税消费品),加工后直接用于销售,两公司均为增值税一般纳税人。有关经济业务如下:

(1)2 月 10 日,根据委托加工协议,发出材料一批,实际成本为20 000元。编制会计分录如下:

借:委托加工物资——丙公司　　20 000

　　贷:原材料　　20 000

(2)2 月 12 日,以现金支付运杂费 300 元。编制会计分录如下:

借:委托加工物资——丙公司　　300

　　贷:库存现金　　300

(3)2 月 28 日,以银行存款支付加工费7 000元。编制会计分录如下:

借:委托加工物资——丙公司　　7 000

　　贷:银行存款　　7 000

(4)3 月 10 日,支付应交纳增值税1 190元,消费税3 000元。编制会计分录如下:

借:委托加工物资——丙公司　　3 000

　　应交税费——应交增值税(进项税额)　　1 190

　　贷:银行存款　　4 190

(5)3 月 18 日,收回委托加工的商品,公司办理验收入库手续。编制会计分录如下:

借：库存商品　　30 300

　　贷：委托加工物资——丙公司　　30 300

六、周转材料

如前所述，周转材料是指企业能够多次使用、逐渐转移其价值但仍保持原有形态不确认为固定资产的材料，包括包装物、低值易耗品，以及建造承包商使用的钢模板、木模板、脚手架等。企业的包装物、低值易耗品较多的情况下，也可以单独设置“包装物”、“低值易耗品”科目。

（一）取得周转材料的核算

企业购入、自制、委托外单位加工完成并验收入库的周转材料，比照“原材料”科目的相关规定进行处理。

（二）周转材料摊销的核算

企业领用的周转材料，应当采用一次转销法或者五五摊销法进行摊销；企业（建造承包商）的钢模板、木模板、脚手架和其他周转材料等，可以采用一次转销法、五五摊销法或者分次摊销法进行摊销。

（1）一次转销法，是指在领用周转材料时，将其全部价值一次计入成本、费用的摊销方法。采用一次转销法的，领用时应按其账面价值，借记“管理费用”“生产成本”“制造费用”“销售费用”等科目，贷记“周转材料”科目。

（2）五五摊销法，是指周转材料在领用时先摊销其价值的一半，在报废时再摊销其价值的另一半的方法。采用五五摊销法的，周转材料应设置“在库”、“在用”和 “摊销”进行明细核算。在领用时应按其账面价值，借记“周转材料——在用”科目，贷记“周转材料——在库”科目；同时摊销其一半价值，借记“管理费用”“生产成本”“制造费用”“销售费用”等科目，贷记“周转材料——摊销”科目。周转材料报废时，做同样的账务处理；并转销全部已提摊销额，借记“周转材料——摊销”科目，贷记“周转材料——在用”科目。如图 5－7 所示。

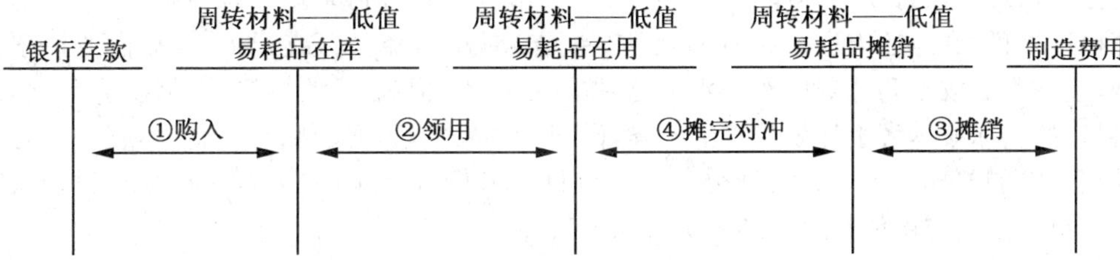

图 5－7　五五摊销法

（3）分次摊销法，是指根据周转材料的账面价值和预计使用期限，将其价值分次摊入成本、费用的摊销方法。其账务处理与五五摊销法基本相同，只是摊销的次数多于两次罢了。

【例 5－16】 星海公司对周转材料摊销采用五五摊销法，发生与周转材料有关的经济业务如下：

（1）2 月 4 日，购入办公家具 10 件，总价值2 000元，增值税 340 元，运杂费 60 元。价款已银行存款支付，家具已交付行政部门使用。

借：周转材料——在库（办公家具）　　2 060

　　应交税费——应交增值税（进项税额）　　340

　　贷：银行存款　　2 400

借：周转材料——在用（办公家具） 2 060
　　贷：周转材料——在库（办公家具） 2 060
借：管理费用 1 030
　　贷：周转材料——摊销（办公家具） 1 030

（2）2017 年 4 月 10 日，办公家具报废。编制会计分录为：

借：管理费用 1 030
　　贷：周转材料——摊销（办公家具） 1 030

同时：

借：周转材料——摊销（办公家具） 2 060
　　贷：周转材料——在用（办公家具） 2 060

七、存货的简化核算

（一）计划成本法

计划成本法是指存货的日常收发及结存，无论总分类核算还是明细分类核算，均按照计划成本进行的方法。其特点是：平时对原材料的收发均采用计划成本核算，即对“原材料”明细账和总账均按计划成本登记；原材料的实际成本与计划成本的差异通过“材料成本差异”科目核算。月末，通过分配材料成本差异，发出材料的计划成本调整为实际成本。计划成本除有特殊情况外应当调整外，在年度一般不作变动。

1. 账户设置

为了对存货按计划成本进行核算，会计上应设置“材料采购”科目、“原材料”科目和“材料成本差异”科目。

（1）“材料采购”科目用来核算企业采用计划成本进行日常核算而购入材料的采购成本。企业支付材料价款和运杂费等，按应计入材料采购成本的金额，借记本科目，按实际支付或应支付的金额，贷记“银行存款”“库存现金”“其他货币资金”“应付票据”“预付账款”等科目。涉及增值税进项税额时，还应进行相应的处理。期末，对于已经付款或开出、承兑商业汇票的收料凭证，应按实际成本和计划成本分别汇总，按计划成本，借记“原材料”“周转材料”等科目，贷记本科目；按实际成本大于计划成本的差异，借记“材料成本差异”科目，贷记本科目；实际成本小于计划成本的差异做相反的会计分录。本科目期末借方余额，表示企业在途材料的实际成本。该科目可按供应单位和材料品种进行明细核算。

（2）“原材料”科目用来核算库存各种材料的收发与结存的计划成本。借方核算入库材料的计划成本，贷方登记发出材料的计划成本，期末借方余额，反映企业库存材料的计划成本。

（3）“材料成本差异”科目核算企业采用计划成本进行日常核算的实际成本与计划成本的超额。入库材料发生的实际成本大于计划成本的差额（超支差异），借记“材料成本差异”科目，贷记“材料采购”科目；实际成本小于计划成本的差额（节约差异）做相反的会计分录。结转发出材料应负担的超支差异，借记“生产成本”、“制造费用”、“管理费用”、“销售费用”、“委托加工物资”等科目，贷记本科目。如果应负担的是节约差异，做反方向会计分录。材料成本差异月末借方余额，反映企业库存材料的超支差异；如为贷方差异，反映库存材料的节约差异。该科目可按材料类别或品种进行明细核算。

2. 购入材料的账务处理

在计划成本法下，购入的原材料先要通过“材料采购”科目进行核算，材料实际成本与计划成本的差异，通过“材料成本差异”科目核算。如图5—8所示。

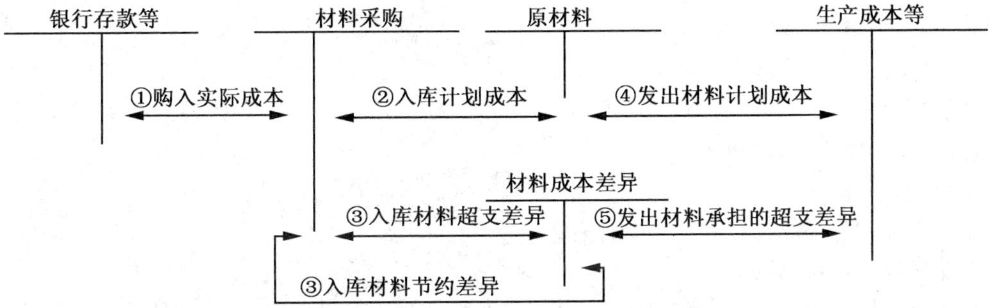

图5—8 原材料计划成本核算

【例5—17】 星海公司对原材料采用计划成本进行材料核算，月初结存A材料1 000千克，计划单价100元/千克，计划总成本为100 000元，成本差异为超支3 120元，材料成本差异月末一次结转。4月份发生业务如下：

(1)4月6日购进A材料3 200千克，增值税专用发票上注明的价款300 000元，增值税51 000元。价款以银行存款支付，材料已验收入库。

借：材料采购——A材料 300 000
　　应交税费——应交增值税(进项税额) 51 000
　贷：银行存款 351 000

(2)4月10日购进A材料800千克，增值税专用发票上注明的价款80 000元，增值税13 600元，另支付运输费2 300元，价款均以银行汇票支付，材料未到。

借：材料采购——A材料 82 300
　　应交税费——应交增值税(进项税额) 13 600
　贷：其他货币资金——银行汇票存款 95 900

(3)4月18日采用商业承兑汇票支付购进的A材料522千克，货款50 000元，增值税850元，材料未到。

借：材料采购——A材料 50 000
　　应交税费——应交增值税(进项税额) 8 500
　贷：应付票据 58 500

(4)4月24日，收到4月18日购进的A材料，实收520千克，短少2千克属于合理损耗。不编制会计分录，只需要在原材料明细账中登记实际收到的520千克即可。

(5)4月28日采用托收承付结算方式购入A材料一批，材料已验收入库，发票账单未到，月末按计划成本估价20 000元入账。

借：原材料——A材料 20 000
　贷：应付账款——暂估应付账款 20 000

下月初用红字冲回：

借：原材料——A材料 [20 000]
　贷：应付账款——暂估应付账款 [20 000]

(6)4 月 30 日，汇总本月已付款或已开出并承兑商业汇票的入库材料的计划成本 372 000 元(320 000+52 000)

借:原材料——A 材料　　372 000

　贷:材料采购——A 材料　　372 000

上述入库材料的实际成本为350 000元(300 000+50 000)，入库材料的成本差异为节约22 000元(372 000−350 000)。

借:材料采购——A 材料　　22 000

　贷:材料成本差异——A 材料　　22 000

3. 材料发出的核算

月末，企业应根据领料单等原始凭证编制“发料凭证汇总表”，根据材料的用途，借记“生产成本”“制造费用”“管理费用”“销售费用”“委托加工物资”等科目，贷记“原材料”科目。

【例 5—18】 承例 5—17，星海公司 4 月“发料凭证汇总表”列示发出 A 材料如下：产品生产领用260 000元，车间领用10 000元，管理部门领用20 000元。编制会计分录为：

借:生产成本　　260 000

　制造费用　　10 000

　管理费用　　20 000

　贷:原材料　　290 000

4. 月末分摊材料成本差异的核算

由于在计划成本法下，存货发出是按计划成本计算的，不符合历史成本原则的要求，按照会计制度规定，企业必须按月计算材料成本差异率，并分摊发出材料应负担的材料成本差异，将发出材料的计划成本还原成实际成本。

$$材料成本差异率=\frac{月初结存材料成本差异+本期收入材料成本差异}{月初结存材料成本+本期收入材料计划成本}\times100\%$$

本期发出材料应负担的成本差异=本期发出材料计划成本×成本差异率

本期发出材料的实际成本=本期发出材料计划成本+发出材料应负担的成本差异

本期结存材料的实际成本=本期结存材料计划成本+结存材料应负担的成本差异

【例 5—19】 承例 5—18，星海公司月初“原材料”科目计划成本为100 000元，“材料成本差异”科目的借方余额为3 120元。本月入库材料的计划成本为372 000元，发出材料290 000元。则：

A 材料成本差异率=(3 120−22 000)÷(100 000+372 000)×100%=−4%

发出材料应负担的差异=290 000×(−4%)=−11 600(元)

月末结存材料应负担的差异=182 000×(−4%)=−7 280(元)

编制会计分录为(或编制反方向会计分录)：

借:生产成本　　10 400

　制造费用　　400

　管理费用　　800

　贷:材料成本差异——A 材料　　11 600

5. 原材料的明细分类核算

按计划成本进行材料核算的企业，应设置各类存货的明细账，材料采购明细账和材料成本差异明细账。

（1）原材料明细账

按计划成本计价的原材料明细账的设置与实际成本计价的存货明细账设置基本相同，所不同的是，由于原材料的收发都按固定的计划成本计价，因而这种材料明细账只记收入、发出和结存的数量，不记金额。月末，根据结存数量乘以计划单价就可以计算出结存材料的金额。如表5—3所示。

表5—3 **原材料明细账**

材料类别：原料及主要材料 材料名称：A材料

计划单价：100元/千克 计量单位：千克

××年		凭证		摘 要	收入数量	发出数量	结 存		稽核
月	日	字	号				数量	金额	
4	1	略	略	月初结存			1 000	100 000	
	6	略	略	购 入	3 200		4 200		
	24	略	略	购 入	520		4 720		
	30	略	略	发 出		2 900	1 820	182 000	

（2）材料采购明细账

物资采购明细账一般采用横线登记法序时逐笔登记。同一次采购应在同一行进行登记，借以同时反映实际成本和计划成本。

（3）材料成本差异明细账

材料成本差异明细账是用来反映各种材料的成本差异和差异率，为调整发出材料成本提供依据的。材料成本差异明细账的格式可以采用三栏式，也可以采用多栏式的专用账页。如表5—4所示。

表5—4 **材料成本差异明细账**

材料类别：原料及主要材料 材料名称：A材料

××年		凭证		摘 要	收 入			差异率	发出		结存		
月	日	字	号		计划成本	借方差异	贷方差异		计划成本	贷方差异	计划成本	借方差异	贷方差异
4	1			月初余额							100 000	3 120	
	30			购入材料	372 000		22 000				472 000		18 880
	30			分摊差异				−4%	290 000	11 600	182 000		7 280

（二）毛利率法

毛利率法一般在商业批发企业使用的较多，它是根据本期销售净额乘以上期实际（或本期计划）毛利率匡算本期销售毛利，并据以计算发出存货和期末结存存货成本的一种方法。其计算公式如下：

销售净额＝主营业务收入－销售折扣与折让

毛利率＝销售毛利/销售净额×100％

主营业务成本＝销售净额×(1－毛利率)

期末库存存货成本＝期初结存存货成本＋本期购货成本－主营业务成本

【例 5－20】 某商业企业 10 月初库存商品 20 万元，本月购进 60 万元，本月销售 92 万元，销售折让 2 万元。上月毛利率为 30％，则 10 月份销售成本和期末结存商品的成本各为多少？

销售净额＝920 000－20 000＝900 000(元)

主营业务成本＝900 000×(1－30％)＝630 000(元)

期末库存存货成本＝200 000＋600 000－630 000＝170 000(元)

(三)售价金额核算法

售价金额核算法一般在零售商店使用较多。在售价金额核算法下，平时对商品的购进、储存、销售均按售价记账，售价与进价的差额通过"商品进销差价"科目核算，期末计算进销差价率和本期已销商品应分摊的进销差价，并据以调整本期销售成本。计算公式如下：

$$进销差价率=\frac{月初库存商品进销差价+本期购入商品进销差价}{月初库存商品售价+本期购入商品差价}\times 100\%$$

本期已销商品应分摊的进销差价＝本期商品销售收入×进销差价率

本期销售商品的实际成本＝本期商品销售收入－本期已销商品应分摊的进销差价

期末结存商品的实际成本＝期初库存商品的进价成本＋本期购进商品的进价成本－本期销售商品的实际成本

【例 5－21】 某商店 6 月初库存商品售价总额125 000元，商品进销差价20 000元；本月购进商品成本总额455 000元，售价总额675 000元，本月销售商品收入500 000元。其会计处理如下：

(1)购进商品时(假定一次购买，增值税分录略，下同)：

借：库存商品	675 000	
贷：银行存款		455 000
商品进销差价		220 000

(2)销售商品时：

借：银行存款	500 000	
贷：主营业务收入		500 000

(3)平时结转销售成本时：

借：主营业务成本	500 000	
贷：库存商品		500 000

(4)分摊商品进销差价

商品进销差价率＝(20 000＋220 000)÷(125 000＋675 000)×100％＝30％

本期已销商品应分摊的进销差价＝500 000×30％＝150 000(元)

本期销售商品的实际成本＝500 000－150 000＝350 000(元)

根据本期已销商品应分摊的进销差价冲转多计的销售成本：

借：商品进销差价	150 000	
贷：主营业务成本		150 000

任务三 存货的期末计量

一、存货盘盈盘亏的处理

企业进行存货清查盘点，应当编制“存货盘存报告单”，并将其作为存货清查的原始凭证。经过存货盘存记录的实存数与存货的账面记录核对，若账面存货小于实际存货，为存货的盘盈；反之，为存货的盘亏。对于盘盈、盘亏的存货要先记入“待处理财产损溢”科目，期末应查明存货的盘盈、盘亏的原因，在期末结账前报经批准核销，处理完毕。

(一)存货盘盈的处理

发生盘盈的存货，经查明是由于收发计量或核算上的误差等原因造成的，应及时办理存货入账的手续，调整存货账的实存数，按盘盈存货的实际成本记入“待处理财产损溢”科目，期末再冲减管理费用。如图5—9所示。

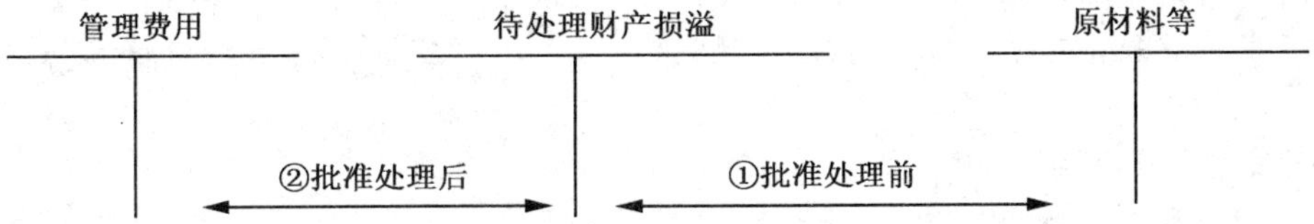

图5—9 存货盘盈的处理

【例5—22】 A公司在财产清查中盘盈乙材料10千克，单价5元，经查属于材料收发计量方面的差错。

在查明原因前，编制会计分录为：

借：原材料——乙材料 50

贷：待处理财产损溢 50

在查明原因后，编制会计分录为：

借：待处理财产损溢 50

贷：管理费用 50

(二)存货盘亏的处理

发生盘亏或毁损的存货，应按其实际成本转入“待处理财产损溢”科目。期末再根据造成盘亏或毁损的原因分别情况进行处理：

(1)属于自然损耗、管理不善导致定额内损耗的，应记入“管理费用”科目。

(2)对于入库的残料，应记入“原材料”科目。

(3)对于应由保险公司和过失人赔偿的，应记入“其他应收款”科目。

(4)属于非常损失的，在扣除赔偿和残值后的部分，列入“营业外支出”科目。

在期末结账前尚未查明原因尚未处理的，应在对外提供财务会计报告时，也应按上述规定处理完毕，待查明原因后进行调整。如果有关部门批准处理的金额与已处理的存货盘盈、盘亏或毁损的金额不一致，应当调整当期会计报表相关项目的年初数。如图5—10所示。

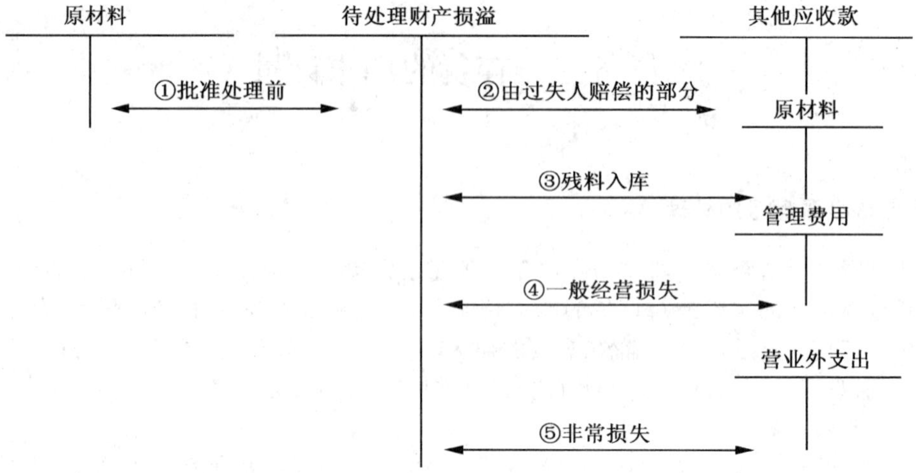

图 5—10 存货盘亏或毁损的处理

【例 5—23】 A 公司在财产清查中发现毁损丙材料 400 千克，单价 10 元，增值税税额为 680 元，经查属于保管员的过失导致的，按规定由其个人赔偿 2 000 元，残料价值 500 元已经验收入库。

在查明原因前，编制会计分录为：

借：待处理财产损溢　　4 680

　　贷：原材料　　4 000

　　　　应交税费——应交增值税（进项税额转出）　　680

在查明原因后，编制会计分录为：

借：原材料　　500

　　应交税费——应交增值税（进项税额）　　85

　　其他应收款　　2 000

　　管理费用　　2 095

　　贷：待处理财产损溢　　4 680

二、存货的期末计价原则

《企业会计准则第 1 号——存货》规定，“资产负债表日，存货应当按照成本与可变现净值孰低计量”。所谓“成本与可变现净值孰低法”，是指对期末存货按照成本与可变现净值两者之中较低者进行计价的方法。即当成本低于可变现净值时，期末存货按成本计价；当成本高于可变现净值时，期末存货按可变现净值计价。

这里讲的“成本”是指存货的历史成本，即按前面所介绍的以历史成本为基础的发出存货计价方法（如先进先出法等）计算的期末存货的实际成本。如果企业在存货成本的日常核算中采用简化核算方法（如计划成本法），则成本为经调整后的实际成本。“可变现净值”是指在日常活动中，存货的估计售价减去时估计将要发生的成本、估计的销售费用以及相关税费后的金额。可变现净值的特征表现为存货的预计未来净现金流量，而不是存货的售价或合同价。

三、存货期末计量方法

(一)存货减值迹象的判断

存货存在下列情况之一的,表明存货的可变现净值低于成本:

(1)该存货的市场价格持续下跌,并且在可预见的未来无回升的希望;

(2)企业使用该项原材料生产的产品的成本大于产品的销售价格;

(3)企业因产品更新换代,原有库存原材料已不适应新产品的需要,而该原材料的市场价格又低于其账面成本;

(4)因企业所提供的商品或劳务过时或消费者偏好改变,而使市场的需求发生变化,导致市场价格逐渐下跌;

(5)其他足以证明该项存货实质上已经发生减值的情形。

存货存在下列情形之一的,表明存货的可变现净值为零:

(1)已霉烂变质的存货;

(2)已过期且无转让价值的存货;

(3)生产中已不再需要并且已无使用价值和转让价值的存货;

(4)其他足以证明已无使用价值和转让价值的存货。

(二)可变现净值的确定

1. 确定存货可变现净值的影响等因素

企业确定存货的可变现净值,应当以取得的确凿证据为基础,并且考虑持有存货的目的、资产负债表日后事项的影响等因素。

(1)在对可变现净值加以确定时,应当以取得的确凿证据为基础。存货可变现净值的确凿证据,是指对确定存货的可变现净值有直接影响的客观证明,如产成品或商品的市场销售价格、与产成品或商品相同或类似商品的市场销售价格、销货方提供的有关资料和生产成本资料等。

(2)应考虑持有存货的目的。由于企业持有存货的目的不同,确定存货的可变现净值的计算方法也不同。比如用于直接出售的存货和用于继续加工的存货,在计算可变现净值时明显存在差异。

(3)资产负债表日后事项的影响。如果企业在资产负债表日发生诉讼、重大灾害都可能对存货的可变现净值产生影响。

2. 可变现净值的确定

(1)产成品、商品和用于出售的材料等直接用于出售的商品存货,在正常生产经营过程中,应当以该存货的估计售价减去估计的销售费用和相关税费后的金额,确定其可变现净值。

(2)需要经过加工的材料存货,在正常生产经营过程中,应当以所生产的产成品的估计售价减去至完工时估计将要发生的成本、估计的销售费用和相关税费后的金额,确定其可变现净值。

(3)为执行销售合同或者劳务合同而持有的存货,其可变现净值应当以合同价格为基础计算。

(4)资产负债表日,同一项存货中一部分有合同价格约定、其他部分不存在合同价格的,应当分别确定其可变现净值,并与其相对应的成本进行比较,分别确定存货跌价准备的计提或转回的金额。

【例 5—24】 某公司对期末存货采用成本与可变现净值孰低法计价。2016 年 12 月 31 日原材料的实际成本为 20 万元，预计进一步加工所需费用为 8 万元，预计销售费用及税金为 4 万元。该材料加工完成后的产品预计销售价格为 30 万元。

则 2006 年 12 月 31 日该项存货可变现净值＝30－8－4＝18(万元)

资产负债表日应计提的存货跌价准备＝20－18＝2(万元)

四、存货跌价准备的核算

(一)计提存货跌价准备的方法

(1)按单个存货项目计提存货跌价准备。即将每个存货项目的成本与其可变现净值逐一进行比较，按较低者计量存货，并且按成本高于可变现净值的差额，计提存货跌价准备。

(2)按存货类别计提存货跌价准备。对于数量繁多、单价较低的存货，可以按照存货类别计提存货跌价准备。即按存货类别的成本总额与其可变现净值的总额进行比较，每个存货类别均取较低者确定存货价值。

(3)合并计提存货跌价准备。具有类似目的或最终用途并在同一地区生产和销售的产品系列相关，且难以与其他项目分开计量的存货，可以合并计提存货跌价准备。

以前减记存货价值的影响因素已经消失的，减记的金额应当予以恢复，并在原先计提的存货跌价准备的金额内转回，转回的金额计入当期损益。

(二)“存货跌价准备”科目

“存货跌价准备”科目用来核算企业确认或转回的跌价准备。资产负债表日，存货发生减值的，按存货可变现净值低于成本的差额，借记“资产减值损失”科目，贷记本科目。已计提跌价准备的存货价值以后又得到恢复，应在原已计提的存货跌价准备金额内，按恢复增加的金额，借记本科目，贷记“资产减值损失”科目。发出存货结转存货跌价准备的，借记本科目，贷记“主营业务成本”“生产成本”等科目。期末贷方余额，反映企业已计提单尚未转销的存货跌价准备。该科目可按存货项目或类别进行明细核算。如图 5—11 所示。

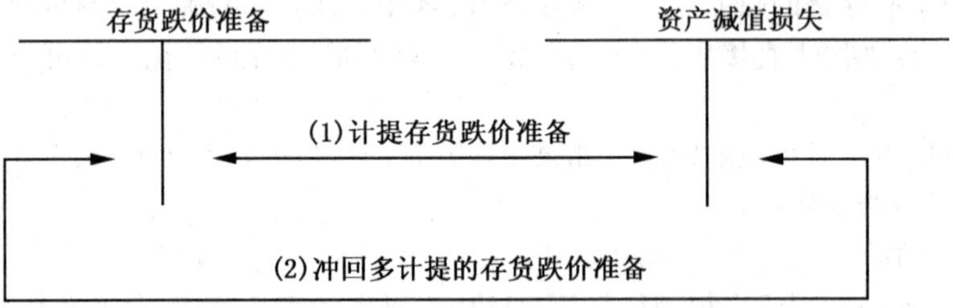

图 5—11　存货跌价准备的账务处理

(三)存货跌价准备的账务处理

【例 5—25】 甲公司采用“成本与可变现净值孰低法”进行存货计价。2016 年 12 月 31 日 A 材料的账面成本280 000元，可变现净值270 000元，由此应计提存货跌价准备10 000元。做会计分录如下：

借：资产减值损失　　10 000

　　贷：存货跌价准备——A 材料　　10 000

【例 5—26】 承例 5—25，2016 年 12 月 31 日 A 材料的账面成本 300 000 元，预计该材料的

可变现净值为 294 000 元。该材料的可变现价值有所恢复，应计提的存货跌价准备为 6 000 元(300 000－294 000)，则当期应冲减已计提的存货跌价准备 4 000 元(10 000－6 000)。编制会计分录为：

借：存货跌价准备——A 材料　　4 000

　　贷：资产减值损失　　4 000

【例 5－27】 承例 5－26，2016 年 12 月 31 日该材料的账面成本 290 000 元，预计的可变现净值 298 000 元。此时企业应冲减存货跌价准备为 8 000 元(298 000－290 000)，但是对该材料已计提的存货跌价准备只有6 000元，则当期应转回的存货跌价准备为 6 000 元。编制会计分录为：

借：存货跌价准备——A 材料　　6 000

　　贷：资产减值损失　　6 000

关键术语

存货　先进先出法　月末一次加权平均法　移动加权平均法　个别计价法　委托加工物资　周转材料

◎ 应知考核 ◎

一、单项选择题

1. 某企业为增值税一般纳税人，从外地购入原材料 6 000 吨，收到增值税专用发票上注明的售价为每吨 1 200 元，增值税税款为 1 224 000 元，另发生运输费 60 000 元(可按 7%抵扣增值税)，装卸费 20 000 元，途中保险费为 18 000 元。原材料运到后验收数量为 5 996 吨，短缺 4 吨为合理损耗，则该原材料的入账价值为(　　)元。

A. 7 078 000　　B. 7 098 000　　C. 7 293 800　　D. 7 089 000

2. 甲企业为增值税一般纳税企业，本期购入一批商品，进货价格为 750 000 元，增值税额为 127 500 元，所购商品到达后验收发现短缺 30%，其中合理损失 5%，另 25%的短缺尚待查明原因。该商品应计入存货的实际成本为(　　)元。

A. 560 000　　B. 562 500　　C. 655 200　　D. 702 00

3. 下列各项中，不应计入存货实际成本中的是(　　)。

A. 用于继续加工的委托加工应税消费品收回时支付的消费税

B. 小规模纳税企业委托加工物资收回时所支付的增值税

C. 发出用于委托加工的物资在运输途中发生的合理损耗

D. 商品流通企业外购商品时所发生的合理损耗

4. 下列各项中，不应计入存货实际成本中的是(　　)。

A. 用于直接对外销售的委托加工应税消费品收回时支付的消费税

B. 材料采购过程中发生的非合理损耗

C. 发出用于委托加工的物资在运输途中发生的保险费

D. 商品流通企业外购商品时所支付的运杂费等相关费用

5. 某投资者以甲材料一批作为投资取得 A 公司 100 万股普通股，每股 1 元，双方协议约定该批甲材料的价值为 300 万元(假定该价值是公允的)。A 公司收到甲材料和增值税发票(进项税额为 51 万元)。该批材料在 A 公司的入账价值是(　　)万元。

A. 300　　B. 351　　C. 100　　D. 151

6. A公司委托B企业将一批原材料加工为半成品(为应税消费品),进一步加工为应税消费品。企业发出委托加工用材料20 000元,需支付的运费1 000元,加工费12 000元,增值税税率为17%,消费税税率为10%。假设双方均为一般纳税企业。A公司收回半成品时的成本为(　　)元。

A. 32 000　　B. 33 000　　C. 35 040　　D. 36 555

7. 甲材料月初结存存货3 000元,本月增加存货4 000元;月初数量1 500件,本月增加2 500件,那么,甲材料本月的加权平均单位成本为(　　)。

A. 2元/件　　B. 1.75元/件　　C. 1.6元/件　　D. 2.5元/件

8. 某一般纳税企业因台风毁损材料一批,计划成本80 000元,材料成本差异率为-1%,企业适用的增值税税率为17%,能够获得保险公司赔款50 000元,则因该批材料的毁损而记入"营业外支出"科目的金额为(　　)元。

A. 43 000　　B. 42 664　　C. 30 000　　D. 29 200

9. 光明食品加工厂为增值税小规模纳税人,原材料采用计划成本核算,甲材料计划成本每吨为20元。本期购进甲材料6 000吨,收到的增值税专用发票上注明的价款总额为102 000元。增值税额为17 340元。另发生运杂费用1 400元,途中保险费用359元。原材料运抵企业后验收入库原材料5 995吨,运输途中合理损耗5吨。购进甲材料发生的成本差异(超支)为(　　)元。

A. 1 099　　B. 1 199　　C. 16 141　　D. 16 241

10. 甲公司为增值税小规模纳税人,原材料采用计划成本核算。甲材料计划成本每千克为20元。本月购进甲材料9 000千克,收到的增值税专用发票上注明的价款为153 000元,增值税额为26 010元。另发生运输费1 000元,包装费500元,仓储费600元,途中保险费用538.5元。原材料运抵企业后验收入库原材料8 992.50千克,运输途中合理损耗7.5千克。则购进甲材料发生的成本超支差异为(　　)元。

A. 5 398.50　　B. 1 798.50　　C. 27 961.50　　D. 24 361.50

二、多项选择题

1. 在我国的会计实务中,下列项目中构成企业存货实际成本的有(　　)。

A. 支付的买价　　B. 入库后的挑选整理费

C. 运输途中的合理损耗　　D. 加工货物收回后直接用于销售的消费税

2. 下列项目中,应计入企业存货成本的有(　　)。

A. 进口原材料支付的关税　　B. 生产过程中发生的制造费用

C. 原材料入库前的挑选整理费用　　D. 自然灾害造成的原材料净损失

3. 下列项目中,应计入商品流通企业存货入账价值的有(　　)。

A. 一般纳税人购入存货时支付的增值税额　　B. 购入存货支付的运杂费

C. 购入存货时支付的包装费　　D. 进口商品时支付的关税

4. 下列各项中,应计入销售费用的有(　　)。

A. 随同商品出售不单独计价的包装物成本　　B. 随同商品出售单独计价的包装物成本

C. 领用的用于出借的新包装物成本　　D. 对外销售的原材料成本

5. 下列各项中,增值税一般纳税企业应计入收回委托加工物资成本的有(　　)。

A. 支付的加工费

B. 随同加工费支付的增值税

C. 支付的收回后继续加工应税消费品的委托加工物资的消费税

D. 支付的收回后直接销售的委托加工物资的消费税

6. 下列项目中应构成一般纳税企业委托加工物资成本的是(　　)。

A. 发出用于加工的材料成本　　B. 支付的加工费

C. 支付的往返运杂费　　　　　　　　　　D. 支付的加工物资的增值税税款

7. 计划成本法下，下列项目中应记入“材料成本差异”账户贷方的是（　　）。

A. 购入材料时，实际成本大于计划成本的差额

B. 购入材料时，实际成本小于计划成本的差额

C. 调整增加原材料的计划成本

D. 调整减少原材料的计划成本

8. 期末通过比较发现存货的成本低于可变现净值，则可能（　　）。

A. 按差额首次计提存货跌价准备　　　　　B. 按差额补提存货跌价准备

C. 冲减存货跌价准备　　　　　　　　　　D. 不进行账务处理

9. 企业每期都应当重新确定存货的可变现净值，企业在定期检查时，如果发现了以下情形之一，应当考虑计提存货跌价准备（　　）。

A. 市价持续下跌，并且在可预见的未来无回升的希望

B. 使用该原材料生产的产品成本大于产品的售价

C. 因产品更新换代，原有库存原材料已不适应新产品的需要，而该材料的市价又低于其账面成本

D. 因企业所提供的商品或劳务过时或消费者偏好改变而使市场需求变化，导致市价下跌

10. 下列各项存货中，属于周转材料的是（　　）。

A. 委托加工物资　　B. 包装物　　C. 低值易耗品　　D. 委托代销商品

三、判断题

1. 工业企业购入材料和商业企业购入商品所发生的运杂费、保险费等均应计入存货成本。（　　）

2. 某一酒类生产厂家所生产的白酒在储存3个月之后才符合产品质量标准，该储存期间所发生的储存费用应计入当期管理费用。（　　）

3. 在物价持续下跌的情况下，企业采用先进先出法计量发出存货的成本，当月发出存货单位成本小于月末结存存货的单位成本。（　　）

4. 采用计划成本进行材料日常核算的，结转入库材料的材料成本差异时，无论是节约差异还是超支差异，均记入“材料成本差异”科目的借方。（　　）

5. 采用计划成本进行材料日常核算的，结转发出材料的成本差异时，都从贷方结转，如果是超支差用蓝字，如果是节约差用红字。（　　）

6. 甲企业因出租的包装物逾期未能收回而没收的加收押金，缴纳有关税费后的净收入应记入“营业外收入”账户。（　　）

7. “成本”是指存货的历史成本。（　　）

8. 无论企业对存货采用实际成本核算，还是采用计划成本核算，在编制资产负债表时，资产负债表上的存货项目反映的都是存货的实际成本。（　　）

9. 某商场采用售价金额核算法对库存商品进行核算，月初库存商品的售价金额是9万元，商品进销差价科目月初余额是3万元，本月购进商品的进价成本是8万元，售价金额11万元，本月的销售收入15万元，假定不考虑增值税，该商场月末库存商品的实际成本为3.5万元。（　　）

10. 期末每期都应当重新确定存货的可变现净值，如果以前减计存货价值的影响因素已经消失，则减计的金额应当予以恢复，并在原已计提的存货跌价准备的金额内转回。（　　）

四、简述题

1. 简述“在途物资”科目和“材料采购”科目有什么不同。

2. 简述可变现净值和售价是不是一回事？

3. 简述企业转回存货跌价准备有什么规定？
4. 简述存货计价的实际成本和计划成本可以在一个企业内同时应用吗？
5. 简述在实际成本计价下，购入的商品物资是否必须通过“在途物资”科目核算？

◎ 应会考核 ◎

★观念应用

【背景资料】

A公司为增值税一般纳税人，2017年1月发出钢材1吨，计划成本20 000元，原材料成本差异率为3%，委托大华工具厂加工专用工具，通过银行支付发出材料的运杂费1 500元。当月加工完毕验收入库，共100件，每件计划成本320元。企业支付加工费8 000元和大华工具厂代垫运杂费1 400元。

【考核要求】

根据背景资料：

(1)编制发出钢材的会计分录；

(2)编制支付发出委托加工材料的运杂费时的会计分录；

(3)编制支付加工费及大华工具厂代垫运杂费时(增值税率17%)的会计分录；

(4)编制专用工具验收入库时的会计分录。

★技能应用

A公司2017年4月1日结存甲材料100千克，每千克实际成本1 000元。本月发生如下有关业务：

(1)3日，购入甲材料50千克，每千克实际成本1 050元，材料已验收入库。

(2)5日，发出甲材料80千克。

(3)7日，购入甲材料70千克，每千克实际成本980元，材料已验收入库。

(4)12日，发出甲材料130千克。

(5)20日，购入甲材料80千克，每千克实际成本1 100元，材料已验收入库。

(6)25日，发出甲材料30千克。

【技能要求】

(1)假定A公司原材料采用实际成本核算，发出材料采用先进先出法，请根据上述资料，计算甲材料5日、25日发出材料的成本以及期末结存的成本。

(2)假定A公司原材料采用实际成本核算，发出材料采用加权平均法，请根据上述资料计算A公司当月结存材料的实际成本和发出材料的实际成本。(小数点后保留两位)

★案例分析

【情景与背景】

某工业企业为增值税一般纳税企业，材料按计划成本计价核算。甲材料计划单位成本为每千克10元。该企业2017年5月份有关资料如下：

(1)“原材料”账户月初余额40 000元，“材料成本差异”账户月初借方余额500元 。

(2)5月5日，企业发出100千克甲材料委托A公司加工成新的物资(注：发出材料时应计算确定其实际成本)。

(3)5月15日，从外地A公司购入甲材料6 000千克，增值税专用发票注明的材料价款为61 000元，增值税额10 370元，企业已用银行存款支付上述款项，材料尚未到达。

(4)5月20日，从A公司购入的甲材料到达，验收入库时发现短缺20千克，经查明为途中定额内自然损耗。按实收数量验收入库。

(5)5 月 30 日,汇总本月发料凭证,本月共发出甲材料 5 000 千克,全部用于产品生产。

【分析要求】

根据上述业务你能够编制相关的会计分录?如果能,请计算本月材料成本差异率、本月发出材料应负担的成本差异及月末库存材料的实际成本。

◎ 项目实训 ◎

【实训项目】

委托加工物资的核算

【实训情境】

A 公司为增值税一般纳税人,2017 年 5 月发出钢材 1 吨,计划成本 20 000 元,原材料成本差异率为 3%,委托大华工具厂加工专用工具,通过银行支付发出材料的运杂费 1 500 元。当月加工完毕验收入库,共 100 件,每件计划成本 320 元。企业支付加工费 8 000 元和大华工具厂代垫运杂费 1 400 元。

【实训任务】

(1)编制发出钢材的会计分录;

(2)编制支付发出委托加工材料的运杂费时的会计分录;

(3)编制支付加工费及大华工具厂代垫运杂费时(增值税率 17%)的会计分录;

(4)编制专用工具验收入库时的会计分录。

项目六　投　资

【知识目标】

理解：各种投资的金融资产的概念。

熟知：持有至到期投资及可供出售金融资产的核算。

掌握：交易性金融资产的初始计量和后续计量、长期股权投资在权益法下的后续计量。

【技能目标】

能运用金融工具确认和计量准则对金融资产进行分类，能对不同类别的金融资产进行正确的初始计量；能对不同类别的金融资产进行正确的后续计量。

【素质目标】

正确运用金融工具确认和计量准则，严格划分金融资产类别，提高会计职业判断能力，正确对不同的金融资产进行初始计量和后续计量，及时提供不同类别的金融资产的信息。

【项目引例】

雅戈尔的金融资产账务核算

浙江人对于雅戈尔的最初印象是从服装开始的，然而近几年它却因为在证券金融领域的成功投资而迅速走红全国。一时间，雅戈尔成了国内民营企业涉足金融投资领域的典范。然而股市风云突变，金融风暴席卷全球，从美洲、欧洲到亚洲，无一不受到波及。事实证明，此次风暴来袭，首当其冲的就是金融资产，其市场价值应声而落，惨不忍睹。雅戈尔股票本身的市值更是在某年蒸发 385.65 亿元，位列浙江上市公司之首。雅戈尔股份有限公司某年的年报显示，雅戈尔集团的交易性金融资产从年初的 2 128 334.44 元下降为 819 802.38 元，下降的原因为公允价值的下降；可供出售的金融资产从年初的 16 496 690 650.53 元减少为年末的 4 672 338 450.18元，下降了 71.68%，减少的原因为公允价值下降和对海通证券和中信证券部分投资的处置，其中对海通证券投资的处置就损失 4.9 亿元。交易性和可供出售的金融资产年末比年初减少了 118 亿元。

【讨论】

交易性和可供出售的金融资产在没有处置之前，为何会有损失？什么是金融资产？金融资产有哪些类别？如何进行会计核算？

知识精讲

任务一 交易性金融资产

一、交易性金融资产的概念及账户设置

交易性金融资产是指企业为了近期内出售而持有的金融资产，例如企业以赚取差价为目的从二级市场购入的股票、债券、基金等。为了核算交易性金融资产的取得、收取现金股利或利息、处置等业务，企业应设置"交易性金融资产"、"公允价值变动损益"和"投资收益"等科目。

"交易性金融资产"科目核算企业为了交易目的所持有的债券投资、股票投资、基金投资等交易性金融资产的公允价值。企业持有的直接指定为以公允价值计量且其变动计入当期损益的金融资产也在本科目核算。该科目借方登记交易性金融资产的取得成本、资产负债表日其公允价值高于账面余额的差额等；贷方登记资产负债表日其公允价值低于账面余额的差额，以及企业出售交易性金融资产时结转的成本和公允价值变动损益。企业应当按照交易性金融资产的类别和品种，分别设置"成本"、"公允价值变动"等明细科目进行核算。

"公允价值变动损益"科目核算企业交易性金融资产等公允价值变动而形成的应计入当期损益的利得和损失，贷方登记资产负债表日期由持有的交易性金融资产等公允价值高于账面余额的差额；借方登记资产负债表日期由持有的交易性金融资产等的公允价值地于账面余额的差额。

"投资收益"科目核算企业持有交易性金融资产等期间取得的投资收益以及处置交易性金融资产等实现的投资收益或投资损失，贷方登记企业出售交易性金融资产等实现的投资收益；借方登记企业出售交易性金融资产等发生的投资损失。

二、交易性金融资产的确认和计量

(一)交易性金融资产的取得

企业取得交易性金融资产时，应当按照该金融资产取得时的公允价值作为其初始确认金额。取得交易性金融资产所支付价款中包含了已宣告尚未发放的现金股利或已到付息期但尚未领取的债券利息的，应单独确认为应收项目，记入"应收股利"或"应收利息"科目。取得交易性金融资产所发生的相关交易费用应在发生时记入投资收益。交易费用是指可直接归属于购买、发行或处置金融工具新增的外埠费用，包括支付给代理机构、咨询公司、券商等的手续费和佣金及其他必要支出。

【例6—1】 2017年1月20日，甲公司委托某证券公司从证券交易所购入上市公司股票，并将其划分为交易性金融资产。该笔股票在购买日的公允价值为200 000元。另支付相关交易费用金额为1 200元。会计处理如下：

借：交易性金融资产——成本	200 000	
投资收益	1 200	
贷：其他货币资金——存出投资款		201 200

【例6—2】 2017年2月1日，甲公司以银行存款购入某公司股票，并将其划分为交易性金

融资产。该股票在购买日的公允价值为600 000元，其中包含已宣告但尚未发放的现金股利5 000元。另支付相关交易费用500元。

甲公司应做如下会计处理：

借：交易性金融资产 595 000
　　应收股利 5 000
　　投资收益 500
　贷：其他货币资金——存出投资款 600 500

（二）交易性金融资产的现金股利和利息

企业持有交易性金融资产期间收到的，属于取得交易性金融资产时已宣告尚未发放的现金股利或已到付息期尚未领取的债券利息，应作垫付资金的收回处理，借记“银行存款”科目，贷记“应收股利”或“应收利息”科目。

企业持有交易性金融资产期间对于被投资单位宣告发放的现金股利，或企业在资产负债表日按分期付息、一次还本债券投资的票面利率计算的利息收入，属于企业投资所得的，应确认为应收股利或应收利息，并计入投资收益。

【例6—3】 2016年7月1日，A公司购入丙公司发行的公司债券，该笔债券于2016年1月2日发行，面值300 000元，票面利率4%，债券利息每半年年支付一次。A公司将其划分为交易性金融资产，支付价款为320 000元，其中包含已宣告发放的债券利息6 000元。另支付交易费用4 000元。2016年7月1日，甲公司收到该笔债券利息6 000元。2016年12月31日，A公司应计债券利息6 000元，该利息于2017年1月10日收到。会计处理如下：

（1）2016年7月1日，购入丙公司债券时：

借：交易性金融资产——成本 314 000
　　应收利息 6 000
　　投资收益 4 000
　贷：银行存款 324 000

（2）2016年7月1日，收到购买价款中包含的已宣告发放的债券利息时：

借：银行存款 6 000
　贷：应收利息 6 000

（3）2016年12月31日，确认债权利息收入时：

借：应收利息 6 000
　贷：投资收益 6 000

（4）2017年1月10日，收到债券利息时：

借：银行存款 6 000
　贷：应收利息 6 000

（三）交易性金融资产的期末计量

资产负债表日，交易性金融资产应当按照公允价值计量，公允价值与账面余额之间的差额计入当期损益。

【例6—4】 承例6—3，假定2016年12月31日，A公司购买的该笔债券的市价为318 000元；2017年6月30日，A公司购买的该笔债券的市价为316 000元。会计处理如下：

（1）2016年12月31日，确认公允价值变动损益时：

借:交易性金融资产——公允价值变动　　4 000

贷:公允价值变动损益　　4 000

(2)2017 年 6 月 30 日,确认公允价值变动损益时:

借:公允价值变动损益　　2 000

贷:交易性金融资产——公允价值变动　　2 0100

(四)交易性金融资产的处置

出售交易性金融资产时,应当将该金融资产出售时的公允价值与其初始入账金额之间的差额确认为投资收益,同时调整公允价值变动损益。

【例 6—5】 2017 年 8 月 1 日,B 公司将其短期持有的 X 公司的股票出售。该股票在取得时的成本为 200 000 元,公允价值变动为贷方 2 000 元,出售收入为 236 000 元。

甲公司应做如下会计处理:

借:银行存款　　236 000

交易性金融资产——公允价值变动　　2 000

贷:交易性金融资产——成本　　200 000

投资收益　　38 000

同时,

借:投资收益　　2 000

贷:公允价值变动损益　　2 000

任务二　持有至到期投资

一、持有至到期投资的概述

持有至到期投资是指到期日固定、其回收金额固定或可确定的,且企业有明确意图和能力持有至到期的非衍生金融资产,即持有至到期的债券投资。

到期日固定、其回收金额固定或可确定,是指相关合同明确了投资者在确定的期间内获得或应收取现金流量的金额和时间。如:某债券投资,其到期日是确定的,在到期时应收取的本金和投资利息是固定的。

有明确意图持有至到期,是指投资者在取得投资时意图就是明确的,除非遇到一些企业所不能控制的、预期不会重复发生且难以合理预计的独立事件,否则将持有至到期。

有能力持有至到期,是指企业有足够的财务资源,并不受外部因素的影响将投资持有至到期。

企业应当在每个资产负债表日对持有至到期投资的意图和能力进行评价,发生变化的,应当将其重分类为可供出售金融资产进行处理。

二、持有至到期投资的确认和计量

(一)账户设置

核算持有至到期投资,应设置如下明细科目:“成本”“利息调整”“应计利息”(适用于一次到期还本付息债券)。若为分期付息,到期还本债券,则设置"应收利息"科目。

"持有至到期投资——成本"科目核算持有至到期投资的面值。

"持有至到期投资——利息调整"核算持有至到期投资取得时发生的溢价或折价,以及溢价或折价的摊销。

"持有至到期投资——应计利息"核算持有至到期投资持有期间应计的分期计息到期还本付息的债券利息。若为分期付息到期还本债券,则需要通过"应收利息"科目核算,不在本科目核算。

(二)持有至到期投资的会计处理

持有至到期投资的会计处理,着重于该金融资产的持有者打算"持有至到期",未到期前通常不会出售或重分类。因此,持有至到期投资的会计处理主要应解决该金融资产实际利率的计算、摊余成本的确定、持有期间的收益确认及将其处置时损益的处理。持有至到期投资采用成本计量属性。

1. 持有至到期投资初始计量

企业取得的持有至到期投资,应按该投资的面值,借记"持有至到期投资——成本"科目,按支付的价款中包含的已到付息期但尚未领取的利息,借记"应收利息"科目,按实际支付的金额,贷记"银行存款",按其差额,借记或贷记 "持有至到期投资——利息调整"科目。

2. 持有至到期投资后续计量

持有至到期投资应当以摊余成本进行后续计量。

持有至到期投资在持有期间应当按照摊余成本和实际利率计算确认利息收入,计入投资收益。实际利率应当在取得持有至到期投资时确定,在该持有至到期投资预期存续期间或适用的更短期间内保持不变。实际利率与票面利率差别较小的,也可按票面利率计算利息收入,计入投资收益。

处置持有至到期投资时,应将所取得价款与该投资账面价值之间的差额计入投资收益。

3. 持有至到期投资出售

出售持有至到期投资,应按实际收到的金额,借记"银行存款"等科目,按其账面余额,贷记"持有至到期投资——成本、利息调整、应计利息"科目,按其差额,贷记或借记"投资收益"科目。已计提减值准备的,还应同时结转减值准备。

【例 6—6】 2014 年 1 月 1 日,甲公司支付价款 101 900 元从活跃市场上购入某公司 3 年期债券,面值 100 000 元,票面利率 6%,到期一次还本付息。甲公司在购买该债券时,准备持有至到期。购入该债券时的市场利率为 5%。如表 6—1 所示。

表 6—1

年份	期初摊余成本 A	实际利息 B (按 5%计算)	现金流入 C	期末摊余成本 D=A+B−C
2014	101 900	5 095	—	106 995
2015	106 995	5 350	—	112 345
2016	112 345	5 655	118 000	0

根据上述数据,甲公司应做如下会计分录:

(1)2014 年 1 月 1 日购入债券时:

借:持有至到期投资——成本 100 000
　　　　　　　　——利息调整 1 900
　贷:银行存款 101 900

(2)2014 年 12 月 31 日确认利息收入时:

借:持有至到期投资——应计利息 6 000
　贷:投资收益 5 095
　　持有至到期投资——利息调整 905

(3)2015 年 12 月 31 日确认利息收入时:

借:持有至到期投资——应计利息 6 000
　贷:投资收益 5 350
　　持有至到期投资——利息调整 650

(4)2016 年 12 月 31 日确认利息收入时:

借:持有至到期投资——应计利息 6 000
　贷:投资收益 5 655
　　持有至到期投资——利息调整 345

(5)2017 年 1 月 1 日收到债券本息时:

借:银行存款 118 000
　贷:持有至到期投资——成本 100 000
　　　　　　　　　——应计利息 18 000

任务三　可供出售金融资产

一、可供出售金融资产的概念和账户设置

(一)可供出售金融资产的概念

可供出售金融资产,是指初始确认时即被指定为可供出售的非衍生金融资产,以及除下列各类资产以外的金融资产:①贷款和应收款项;②持有至到期投资;③以公允价值计量且其变动计入当期损益的金融资产。例如,企业购入的在活跃市场上有报价的股票、债券和基金等,没有划分为以公允价值计量且其变动计入当期损益的金融资产或持有至到期投资等金融资产的,可归为此类。

(二)可供出售金融资产的账户设置

(1)企业取得可供出售的金融资产,应按其公允价值与交易费用之和,借记“可供出售金融资产——成本”科目,按支付的价款中包含的已宣告但尚未发放的现金股利,借记“应收股利”科目,按实际支付的金额,贷记“银行存款”等科目。

企业取得的可供出售金融资产为债券投资的,应按债券的面值,借记“可供出售金融资产——成本”科目,按支付的价款中包含的已到付息期但尚未领取的利息,借记“应收利息”科目,按实际支付的金额,贷记“银行存款”等科目,按差额,借记或贷记“可供出售金融资产——利息调整”科目。

(2)资产负债表日，可供出售债券为分期付息、一次还本债券投资的，应按票面利率计算确定的应收未收利息，借记“应收利息”科目，按可供出售债券的摊余成本和实际利率计算确定的利息收入，贷记“投资收益”科目，按其差额，借记或贷记“可供出售金融资产——利息调整”科目。

可供出售债券为一次还本付息债券投资的，应于资产负债表日按票面利率计算确定的应收未收利息，借记“可供出售金融资产——应计利息”科目，按可供出售债券的摊余成本和实际利率计算确定的利息收入，贷记“投资收益”科目，按其差额，借记或贷记“可供出售金融资产——利息调整”科目。

(3)资产负债表日，可供出售金融资产的公允价值高于其账面余额的差额，借记“可供出售金融资产——公允价值变动”科目，贷记“资本公积——其他资本公积”科目；公允价值低于其账面余额的差额做相反的会计分录。

(4)将持有至到期投资重分类为可供出售金融资产的，应在重分类日按其公允价值，借记“可供出售金融资产”科目，按其账面余额，贷记“持有至到期投资”科目，按其差额，贷记或借记“资本公积——其他资本公积”科目。

(5)出售可供出售的金融资产，应按实际收到的金额，借记“银行存款”“存放中央银行款项”等科目，按其账面余额，贷记“可供出售金融资产——成本、公允价值变动、利息调整、应计利息”科目，按应从所有者权益中转出的公允价值累计变动额，借记或贷记“资本公积——其他资本公积”科目，按其差额，贷记或借记“投资收益”科目。

(6)可供出售金融资产发生减值时，即使该金融资产没有终止确认，原直接计入所有者权益中的因公允价值下降形成的累计损失，应当予以转出，计入当期损益。在活跃市场中没有报价且其公允价值不能可靠计量的权益工具投资，发生减值时，应当将该权益工具投资或衍生金融资产的账面价值，与按照类似金融资产当时的市场收益率对未来现金流量折现确定的现值之间的差额，确认为减值损失，计入当期损益。与该权益工具挂钩并须通过交付该权益工具结算的衍生金融资产发生减值的，也应当采用类似的方法确认减值损失。

二、可供出售金融资产的确认和计量

(一)可供出售金融资产的初始计量

企业取得可供出售的金融资产，应按其公允价值与交易费用之和，借记“可供出售金融资产——成本”科目，按支出的价款中包含的已宣告但尚未发放的现金股利，借记“应收股利”科目，按实际支付的金额，贷记“银行存款”等科目。

企业取得的可供出售金融资产为债券投资的，应按债券的面值，借记“可供出售金融资产——成本”科目，按支付的价款中包含的已到付息期但尚未领取的利息，借记“应收利息”科目，按实际支付的金额，贷记“银行存款”等科目，按差额，借记或贷记“可供出售金融资产——利息调整”科目。

(二)可供出售金融资产的后续计量

1. 确认债券利息收入

资产负债表日，可供出售债券应按票面利率计算确定的应收未收利息，借记“应收利息”或“可供出售金融资产——应计利息”科目，按可供出售债券的摊余成本和实际利率计算确定的利息收入，贷记“投资收益”科目，按其差额，借记或贷记“可供出售金融资产——利息调整”科目。

2. 公允价值变动

资产负债表日，可供出售金融资产的公允价值高于其账面余额的差额，借记“可供出售金融资产——公允价值变动”科目，贷记“资本公积——其他资本公积”科目；公允价值低于其账面余额的差额做相反的会计分录。

3. 确认或转回减值

可供出售金融资产发生减值的，按应减记的金额，借记“资产减值损失”科目，按应从所有者权益中转出原计入资本公积的累计损失金额，贷记“资本公积——其他资本公积”科目，按其差额，贷记“可供出售金融资产——公允价值变动”科目。

对于已确认减值损失的可供出售金融资产，在随后会计期间内公允价值已上升且客观上与确认原减值损失事项有关的，应按原确认的减值损失，借记“可供出售金融资产——公允价值变动”科目，贷记“资产减值损失”科目，但可供出售金融资产为股票等权益工具投资的（不含在活跃市场上没有报价、公允价值不能可靠计量的权益工具投资），借记“可供出售金融资产——公允价值变动”科目，贷记“资本公积——其他资本公积”科目。

4. 持有至到期投资重分类为可供出售金融资产

将持有至到期投资重分类为可供出售金融资产的，应在重分类日按其公允价值，借记“可供出售金融资产”科目，按其账面余额，贷记“持有至到期投资”科目，按其差额，贷记或借记“资本公积——其他资本公积”科目。

5. 出售可供出售金融资产

出售可供出售的金融资产，应按实际收到的金额，借记“银行存款”等科目，按其账面金额，贷记“可供出售金融资产——成本、公允价值变动、利息调整、应计利息”科目，按应从所有者权益中转出的公允价值累计变动额，借记或贷记“资本公积——其他资本公积”科目，按其差额，贷记或借记“投资收益”科目。

【例 6—7】 2016 年 2 月 10 日，W 公司从二级市场上购入股票 100 000 股，每股市价 8 元，手续费及佣金 30 000 元。初始确认时，企业将其划分为可供出售金融资产。2016 年 6 月 30 日，该股票市价为 9 元。2016 年 6 月 30 日，该股票市价为 8.8 元。2017 年 4 月 18 日出售，每股市价 10 元，另支付有关税费5 000元。W 公司的账务处理如下：

(1)2016 年 2 月 10 日购入股票：

借：可供出售金融资产——成本	830 000	
贷：银行存款		830 000

(2)2016 年 6 月 30 日确认股票价格变动：

借：可供出售金融资产——公允价值变动	70 000	
贷：资本公积——其他资本公积		70 000

(3)2016 年 12 月 31 日购入股票：

借：资本公积——其他资本公积	20 000	
贷：可供出售金融资产——公允价值变动		20 000

(4)2017 年 4 月 18 日出售股票：

借：银行存款	995 000	
贷：可供出售金融资产——成本		830 000
——公允价值变动		50 000
投资收益		115 000

同时,借:资本公积——其他资本公积　　50 000
　　贷:投资收益　　50 000

任务四　长期股权投资

一、长期股权投资的概念

长期股权投资,是指投资方对被投资方能够实施控制或具有重大影响的权益性投资,以及对其合营企业的权益性投资。

1. 能够实施控制的权益性投资

控制是指投资方拥有对被投资方的权力,通过参与被投资方的相关活动而享有可变回报,并且有能力运用对被投资方的权力影响其回报金额。

投资方能够对被投资方实施控制的,被投资方为其子公司,投资方应当将其子公司纳入合并财务报表的合并范围。

2. 具有重大影响的权益性投资

重大影响是指投资方对被投资房的财务和经营政策有参与决策的权力,但并不能够控制或者与其他方一起共同控制这些政策的制定。

投资方能够对被投资方实施加重大影响的,被投资方为其联营企业。

3. 对合营企业的权益性投资

合营安排是指一项由两个或两个以上的参与方共同控制的安排。共同控制,是指按照相关约定对某项安排所共有的控制,并且该安排的相关活动必须经过分享控制权的参与方一致同意后才能决策。

合营企业可以分为共同经营和合营企业。共同经营是指合营方享有该安排相关资产且承担该安排相关负债的合营安排;合营企业,是指合营方仅对该安排的净资产享有权利的合营安排。

长期股权投资仅指对合营安排享有共同控制的参与方(即合营方)对其合营企业的权益性投资,不包括对合营安排不享有共同控制的参与方的权益性投资,也不包括共同经营。

除能够实施控制的权益性投资、具有重大影响的权益性投资和对合营企业的权益性投资外,企业持有的其他权益性投资,应当按照金融工具确认和计量准则的规定,在初始确认时分为公允价值计量且变动计入当期损益的金融资产或可供出售金融资产。

二、企业合并

企业合并是指将两个或者两个以上单独的企业合并形成一个报告主体的交易或事项。企业合并可分为按不同基础分类。

(一)以合并方式为基础对企业合并的分类

以合并方式为基础,企业合并包括控股合并、吸收合并和新设合并三种。

1. 控股合并

控股合并是指企业通过收购其他企业的股份或相互交换股票取得对方股份,达到对其他企业进行控制的一种合并形式。也就是说，一个企业通过购买另一个企业的股份，使被购买股份的企业成为它的附属公司或子公司，它自己则成为这些子的控股公司，又称“母公司”。例如，A公司购买B公司60%的股份，A公司就成了控股公司，B公司则是A公司的子公司。在控股合并中，控股企业和被控股企业仍继续存在并经营，且相互组成一个集团公司。

2. 吸收合并

吸收合并又称兼并，是指两个或两个以上的企业合并形成一个单一的企业，其中一个企业保留法人资格，其他企业的法人资格随着合并而消失。例如，A公司兼并B公司，兼并后A公司仍然存在，拥有了原A、B公司的资产，承担了原A、B公司相应的负债，而B公司宣告解散。

3. 新设合并

新设合并又称“创立合并”，是指两个或两个以上的企业协议合并组成一个新的企业，原参与合并的企业在合并后均注销其法人资格。例如，A公司和B公司合并，成立一家C公司，其中A公司和B公司分别以其全部资产换取新成立C公司的股份，A公司和B公司随即宣告解散。

（二）以是否在同一控制下进行企业合并方式为基础对企业合并的分类

以是否在同一控制下进行企业合并方式为基础，企业合并分为同一控制下的企业合并和非同一控制下的企业合并。

1. 同一控制下的企业合并

参与合并的企业在合并前后均受同一方或相同的多方最终控制，且该控制并非暂时性的，为同一控制下的企业合并。对于同一控制下的企业合并，在合并日取得对其他参与合并企业控制权的一方为合并方，参与合并的其他企业为被合并方。同一控制下的企业合并常常表现为母子公司之间、同一母公司下的各子公司之间的合并。

2. 非同一控制下的企业合并

参与合并的各方在合并前后不受同一方或相同的多方最终控制的，为非同一控制下的企业合并。非同一控制下的企业合并，在购买日取得对其他参与合并企业控制权的一方为购买方，参与合并的其他企业为被购买方。

三、长期股权投资的账户设置

为了核算企业的长期股权投资，企业应设置“长期股权投资”和“长期股权投资减值准备”等科目。

“长期股权投资”科目核算企业持有的长期股权投资，借方登记长期股权投资取得时的成本以及采用权益法核算时按被投资企业实现的净利润计算的应分享的份额，贷方登记收回长期股权投资的价值或采用权益法核算时被投资企业宣告分派的现金股利或利润时企业按持股比例计算应享有的份额，及按被投资企业发生的净亏损计算的应分担的份额。期末借方余额，反映企业持有的长期股权投资的价值。

“长期股权投资减值准备”科目核算企业计提的长期股权投资减值准备。贷方登记在资产负债表日发生的长期股权投资减值金额，借方登记处置长期股权投资而结转的减值准备金额。期末贷方余额，反映企业已计提但尚未转销的长期股权投资减值准备。该科目可按被投资单位进行明细核算。

四、长期股权投资的初始计量

长期股权投资在取得时，应按初始投资成本入账。长期股权投资的初始投资成本，应分别企业合并和非企业合并两种情况确定。

（一）企业合并形成的长期股权投资的初始计量

1. 同一控制下的企业合并形成的长期股权投资的初始计量

（1）初始投资成本的确定

①在同一控制下的企业合并形成的长期股权投资，合并方以支付现金、转让非现金资产，或承担债务方式，作为合并对价的，应当在合并日按照取得被合并方所有者权益账面价值的份额，作为长期股权投资的初始投资成本。长期股权投资初始投资成本与支付的现金、转让的非现金资产、以及所承担债务账面价值之间的差额，应当调整资本公积（资本溢价或股本溢价），资本公积不足冲减的调整留存收益。

②合并方以发行权益性证券作为合并对价的，应当在合并日按照取得被合并方所有者权益账面价值的份额作为长期股权投资的初始投资成本，按照发行股份的面值总额作为股本，长期股权投资初始投资成本与所发行股份面值总额之间的差额应当调整资本公积（资本溢价或股本溢价），资本公积不足冲减的调整留存收益。

③在同一控制下的企业合并中所形成的长期股权投资，实际支付的价款或对价中包含的已宣告但尚未发放的现金股利或利润应作为“应收股利”处理。

（2）账务处理

同一控制下企业合并形成的长期股权投资，应在合并日按取得被合并方所有者权益账面价值的份额，借记“长期股权投资”科目，按享有被投资企业已宣告但尚未发放的现金股利或利润，借记“应收股利”科目，按支付的合并对价的账面价值，贷记有关资产或借记有关负债科目，按其差额，贷记“资本公积——资本溢价或股本溢价”科目；如为借方差额的，借记“资本公积——资本溢价或股本溢价”科目；资本公积（资本溢价或股本溢价）不足冲减的，借记“盈余公积”、“利润分配——未分配利润”科目。

【例6—8】 2017年1月1日，ABC公司向同一集团内的A公司发行800万股普通股（每股面值1元，市价3.5元），取得A公司100%的股权，并于当日起能够对A公司实施控制。合并后A公司仍保持其独立的法人资格继续经营。两公司在企业合并前采用的会计政策相同。合并日，两公司的所有者权益的构成如表6—2所示。

表6—2 单位：元

会计科目	ABC公司账面价值	A公司账面价值
股　本	30 000 000	10 000 000
资本公积	18 000 000	4 000 000
盈余公积	15 000 000	5 000 000
未分配利润	22 000 000	3 000 000
合　计	85 000 000	22 000 000

ABC公司发行的股票面值为800万元，比A公司股本1 000万元少200万元，这200万元就转为ABC公司的资本公积，同时，将A公司的400万元资本公积、500万元盈余公积和300万元未分配利润一并转为ABC公司的资本公积。ABC公司编制会计分录如下：

借:长期股权投资 22 000 000

　　贷:股本 8 000 000

　　　　资本公积——股本溢价 14 000 000

【例 6—9】 沿用例 6—8,假定 2017 年 1 月 1 日,ABC 公司发行1 300万股普通股(每股面值 1 元,市价 3.5 元),取得 A 公司 100%的股权,其他条件不变。则 ABC 公司在合并日编制的会计分录如下:

借:长期股权投资 22 000 000

　　贷:股本 13 000 000

　　　　资本公积——股本溢价 9 000 000

2. 非同一控制下的企业合并形成的长期股权投资的初始计量

非同一控制下的企业合并,是将合并行为看作一方购买另一方的交易,因此,投资双方在会计上称为"购买方"和"被购买方"。

(1)初始投资成本的确定

在非同一控制下的企业合并中,购买方为了取得对被购买方的控制权而放弃的资产、发生或承担的负债、发行的权益性证券等均应按其在购买日的公允价值计量。购买企业确定的合并成本包括购买方支付的资产、发生或承担的负债、发行的权益性证券的公允价值以及为进行企业合并发生的各项直接相关费用。具体来说:

①一次交换交易实现的企业合并,合并成本为购买方在购买日为取得对被购买方的控制权而付出的资产、发生或承担的负债以及发行的权益性证券的公允价值。

②通过多次交换交易分步实现的企业,合并成本为每一单项交易成本之和。

③购买方为进行企业合并发生的各项直接相关费用,也应当计入企业合并成本。该直接相关费用不包括为企业合并发行的债券或承担其他债务支付的手续费、佣金等,也不包括企业合并中发行权益性证券发生的手续费、佣金等费用。

④在非同一控制下的企业合并中所形成的长期股权投资,实际支付的价款或对价中包含的已宣告但尚未发放的现金股利或利润,也应作为"应收股利"处理。

(2)账务处理

非同一控制下企业合并形成的长期股权投资,应在购买日按企业合并成本,借记"长期股权投资"科目,按享有被投资企业已宣告但尚未发放的现金股利或利润,借记"应收股利"科目,按支付的合并对价的账面价值,贷记有关资产或借记有关负债科目,按发生的直接相关费用,贷记"银行存款"等科目,按其差额,贷记"营业外收入"或借记"营业外支出"等科目。非同一控制下企业合并涉及以库存商品等作为合并对价的,应按库存商品的公允价值,贷记"主营业务收入"科目,并同时结转销售成本。涉及增值税的,还应进行相应的处理。

【例 6—10】 2017 年 4 月 1 日京华公司以无形资产(专利权)、大型设备和部分银行存款购买了莎莎化妆品公司的 60%的股权(在购买日京华公司支付的资产账面价值和公允价值如表 6—3 所示)。合并中,京华公司聘请注册会计师进行资产评估和咨询,共支付相关费用 40 万元。在本次合并前,京华公司与莎莎化妆品公司不存在任何关联方关系。

表 6—3　　资产账面价值和公允价值　　单位:元

项　目	账面价值	公允价值
无形资产(专利权)	10 000 000	14 000 000

续表

项　目	账面价值	公允价值
固定资产(原值)	15 000 000	13 000 000
减:累计折旧	(5 000 000)	(5 000 000)
固定资产净值	10 000 000	8 000 000
银行存款	6 000 000	6 000 000
合　计	26 000 000	28 000 000

则京华公司在合并日编制的会计分录如下:

借:长期股权投资　　28 400 000
　　累计折旧　　5 000 000
　　贷:无形资产　　10 000 000
　　　　固定资产　　15 000 000
　　　　银行存款　　6 400 000
　　　　营业外收入　　2 000 000

(二)非企业合并形成的长期股权投资的初始计量

除企业合并形成的长期股权投资以外其他方式取得的长期股权投资,应当按照下列规定确定其初始投资成本:

1. 以支付现金取得的长期股权投资

以支付现金取得的长期股权投资,应当按照实际支付的购买价款作为初始投资成本。初始投资成本包括与取得长期股权投资直接相关的费用、税金及其他必要支出。企业取得长期股权投资实际支付的价款或对价中包含的已宣告但尚未发放的现金股利或利润应作为应收项目处理。

【例 6—11】 2017 年 3 月 1 日东方公司自公开市场中买入 A 公司 10%的股份,实际支付价款 600 万元,其中包含已到期尚未支付的现金股利 20 万元。另外,在购买过程中支付手续费等相关费用 10 万元。东方公司根据有关凭证,编制会计分录如下:

借:长期股权投资　　5 900 000
　　应收股利　　200 000
　　贷:银行存款　　6 100 000

2. 以发行权益性证券取得的长期股权投资

以发行权益性证券取得的长期股权投资,应当按照发行权益性证券的公允价值,作为初始投资成本。为发行权益性证券支付的手续费、佣金等自权益性证券的溢价发行收入中扣除,溢价收入不足的,应冲减盈余公积和未分配利润。

【例 6—12】 2017 年 4 月华瑞公司通过增发 200 万股普通股(每股面值 1 元)取得对杉杉公司的 30%的股权,该股票目前公允价值为 800 万元。为增发该部分股票,华瑞公司支付了 15 万元的佣金和手续费。华瑞公司根据有关凭证,编制会计分录如下:

借:长期股权投资　　8 000 000
　　贷:股本　　2 000 000
　　　　资本公积——股本溢价　　5 850 000
　　　　银行存款　　150 000

3. 投资者投入的长期股权投资

投资者投入的长期股权投资，是指投资者将其持有的对第三方的投资作为出资投入企业形成的长期股权投资。对于接受投资的企业，原则上应当按照投资合同或协议约定的价值作为初始投资成本。例外的情况是，如果投资各方在投资合同或协议中约定的价值明显高于或低于该项投资公允价值的，应以公允价值作为长期股权投资的初始投资成本。

五、长期股权投资的后续计量

(一)长期股权投资核算的成本法

1. 成本法的概念和适用范围

成本法是指按投资成本计价的方法。投资方能够对被投资单位实施控制的长期股权投资应当采用成本法核算。

2. 成本法的核算

(1)长期股权投资初始投资成本的确定

在成本法下，长期股权投资应当按照初始投资成本计价。追加或收回投资应当调整长期股权投资的初始投资成本。同一控制下的企业合并形成的长期股权投资初始投资成本为取得被合并方账面所有者权益的份额。企业取得长期股权投资实际支付的价款或对价中包含的已宣告但尚未发放的现金股利或利润应作为应收股利处理。被投资单位宣告分派的现金股利或利润，应当确认为当期投资收益，不作为投资成本的回收。

【例 6—13】 甲公司 2017 年 4 月 20 日自公开市场中买入乙公司 600 万股，能够对被投资单位乙公司实施控制，采用成本法核算，每股买入价 8.2 元，每股价格中包含有 0.2 元的已宣告分派的现金股利，另支付相关税费30 000元。甲公司根据有关凭证，编制会计分录如下：

借：长期股权投资——乙公司	48 030 000	
应收股利	1 200 000	
贷：银行存款		49 230 000

【例 6—14】 承例 6—13，甲公司 2017 年 4 月 28 日收到乙公司派发的现金股利。此时，甲公司编制会计分录如下：

借：银行存款	1 200 000	
贷：应收股利		1 200 000

(2)长期股权投资持有期间被投资单位宣告发放现金股利或利润

长期股权投资持有期间被投资单位宣告发放现金股利或利润时，企业按应享有的部分确认为投资收益，借记“应收股利”科目，贷记“投资收益”科目。投资企业在确认自被投资单位应分得的现金股利或利润后，应当考虑长期股权投资是否发生减值。如果发生减值，应当确认资产减值损失。

【例 6—15】 2016 年 1 月 2 日，国源公司以银行存款购入远华公司 55%的股份，并准备长期持有。初始投资成本为 550 万元，采用成本法进行核算。投资后，远华公司发生下列业务：

(1)2016 年 4 月 10 日，公司宣告发放 2012 年现金股利 100 万元，发放日为 2013 年 4 月 18 日。

(2)2016 年公司实现净利润 400 万元。

(3)2017 年 4 月 15 日，公司宣告发放 2013 年现金股利 160 万元，发放日为 2014 年 4 月 22 日。

国元公司应进行的账务处理如下：

(1)2016年取得投资时：

借：长期股权投资——远华公司	5 500 000	
贷：银行存款		5 500 000

(2)2016年从远华公司分回股利时：

借：应收股利	550 000	
贷：投资收益		550 000
借：银行存款	550 000	
贷：应收股利		550 000

(3)2017年从远华公司分回股利时：

借：应收股利	880 000	
贷：投资收益		880 000
借：银行存款	880 000	
贷：应收股利		880 000

(3)长期股权投资的处置

处置长期股权投资时，按实际取得的价款与长期股权投资账面价值的差额确认为投资损益，并应同时结转已计提的长期股权投资减值准备。其会计处理是：企业处置长期股权投资时，应按实际收到的金额借记“银行存款”等科目，按原已计提的减值准备，借记“长期股权投资减值准备”科目，按该项长期股权投资的账面余额贷记“长期股权投资”科目，按尚未领取的现金股利或利润贷记“应收股利”科目，按其差额贷记或借记“投资收益”科目。

六、长期股权投资核算的权益法

(一)权益法的概念和适用范围

权益法，是指投资以初始投资成本计量后，在投资持有期间根据投资企业享有被投资单位所有者权益份额的变动对投资的账面价值进行调整的方法。企业对被投资单位具有共同控制或者重大影响时，长期股权投资应当采用权益法核算。

(二)账户设置

长期股权投资采用权益法核算的，需要在“长期股权投资”科目下设置“成本”“损益调整”和“其他权益变动”三个二级科目进行明细核算。“长期股权投资——成本”科目核算初始投资成本；“长期股权投资——损益调整”科目核算投资企业根据被投资单位实现的净利润计算应享有的份额；“长期股权投资——其他权益变动”科目核算投资企业根据被投资单位除净利润以外的所有者权益变动计算应享有的份额。

(三)权益法的核算

1. 长期股权投资初始投资成本的确定

长期股权投资的初始投资成本大于投资时应享有被投资单位可辨认净资产公允价值份额的，该部分差额系投资企业在购入该项投资过程中通过购买作价体现出的与所取得股权份额相对应的商誉，不须调整已确认的初始投资成本。

长期股权投资的初始投资成本小于投资时应享有被投资单位可辨认净资产公允价值份额的，该部分差额可以看作是被投资单位的股东给予投资企业的让步，或是出于其他方面的考虑，被投资单位的原有股东无偿赠与投资企业的价值，因而应确认为当期损益，同时调整长期股权投资的成本。

【例 6—16】 A公司2016年1月2日以银行存款购入B公司30%的股份，并对B公司施加重大影响，采用权益发核算。初始投资成本为400万元，另外，购买该股票时发生有关税费3万元。取得投资时被投资单位所有者权益公允价值为1 000万元(假定该时点被投资单位各项可辨认资产、负债的公允价值与其账面价值相同)。在取得投资时，A公司进行的账务处理如下：

借：长期股权投资——成本　　4 030 000

　　贷：银行存款　　4 030 000

假定上例中取得投资时点上的被投资单位净资产公允价值为1 500万元，A公司按持股比例30%计算确定应享有450万元，则初始投资成本与应享有被投资单位净资产公允价值份额之间的差额47万元应计入取得投资当期的损益。即：

借：长期股权投资——成本　　4 500 000

　　贷：银行存款　　4 030 000

　　　　营业外收入　　470 000

2. 长期股权投资持有期间被投资单位实现净利润或发生净亏损

根据被投资单位实现的净利润计算应享有的份额，确认投资收益，调增长期股权投资的账面价值。借记“长期股权投资——损益调整”科目，贷记“投资收益”科目。

被投资单位发生净亏损，应当确认为投资损失，并冲减长期股权投资的账面价值，但以长期股权投资科目的账面价值减记至零为限。

被投资单位宣告发放现金股利或利润时，企业计算应分得的部分，应当确认为应收股利，同时冲减长期股权投资的账面价值。收到被投资单位宣告发放的股票股利，不进行账务处理，但应在备查簿中登记。

【例 6—17】 承例6—16，B公司2016年实现净利润200万元。2017年4月20日宣告分派现金股利120万元。2017年5月16日A公司收到现金股利。A公司应做如下会计处理：

(1)确认A公司实现的投资收益时：

借：长期股权投资——损益调整　　600 000

　　贷：投资收益　　600 000

(2)B公司宣告分派现金股利时：

借：应收股利　　360 000

　　贷：长期股权投资——损益调整　　360 000

(3)A公司收到现金股利时：

借：银行存款　　360 000

　　贷：应收股利　　600 000

3. 长期股权投资持有期间被投资单位所有者权益的其他变动

在持股比例不变的情况下，被投资单位除净损益以外所有者权益的其他变动，企业按持股比例计算应享有或承担的份额，调整长期股权投资的账面价值，同时增加或减少资本公积(其他资本公积)。

【例 6—18】 承例6—17，B公司2016年6月增加资本公积10万元。A公司按照持股比例应确认的资本公积3万元。A公司应做如下会计处理：

借：长期股权投资　　30 000

　　贷：资本公积——其他资本公积　　30 000

4. 长期股权投资的处置

处置长期股权投资时，按实际取得的价款与长期股权投资账面价值的差额确认为投资损益，并应同时结转已计提的长期股权投资减值准备。

其会计处理是：企业处置长期股权投资时，应按实际收到的金额，借记"银行存款"等科目，按原已计提的减值准备借记"长期股权投资减值准备"科目，按该长期股权投资的账面余额贷记"长期股权投资"科目，按尚未领取的现金股利或利润贷记"应收股利"科目，按其差额贷记或借记"投资收益"科目。同时还应结转原记入资本公积的相关金额借记或贷记"资本公积——其他资本公积"科目，贷记或借记"投资收益"科目。

【例 6－19】 承例 6－16、例 6－17、例 6－18，假定 2017 年 8 月 15 日，A 公司出售所持有的 B 公司全部股票，取得价款 450 万元。A 公司应做如下会计处理：

借：银行存款　　4 500 000

　　贷：长期股权投资——成本　　4 030 000

　　　　　　　　　——损益调整　　240 000

　　　　　　　　　——其他权益变动　　30 000

　　　　投资收益　　200 000

同时：

借：资本公积——其他资本公积　　30 000

　　贷：投资收益　　30 000

关键术语

交易性金融资产　持有至到期投资　可供出售金融资产　长期股权投资　成本法权益法

◎ 应知考核 ◎

一、单项选择题

1. 企业购入交易性金融资产，支付的价款为 103 万元，其中包含已到期尚未领取的利息 3 万元，另支付交易费用 2 万元。该项交易性金融资产的入账价值为(　　)万元。

A. 103　　B. 100　　C. 102　　D. 105

2. 下列交易性金融资产的后续计量表述中，正确的是(　　)。

A. 按照摊余成本进行后续计量

B. 按照公允价值进行后续计量，公允价值变动计入当期投资收益

C. 按照公允价值进行后续计量，变动计入资本公积

D. 按照公允价值进行后续计量，公允价值变动计入当期公允价值变动损益

3. 某股份有限公司于 2017 年 2 月 28 日以每股 6 元(包含已宣告尚未发放的现金股利 0.25 元)的价格购入某上市公司股票 25 万股，作为交易性金融资产核算。购买该股票支付手续费等 5 万元。5 月 25 日，收到该上市公司按每股 0.25 元发放的现金股利。12 月 31 日该股票的市价为每股 5.5 元。2017 年 12 月 31 日该股票投资的账面价值为(　　)万元。

A. 125　　B. 137.5　　C. 150　　D. 143.75

4. M 公司 2016 年 1 月 1 日购入 A 公司发行的 3 年期公司债券。公允价值为 10 560.42 万元，债券面值 10 000 万元，每半年付息一次，到期还本，票面年利率 6%，实际年利率 4%。采用实际利率法摊销，则

M公司2017年1月1日持有至到期投资摊余成本为(　　)万元。

A. 10 471.63　　B. 10 381.06　　C. 1 056.04　　D. 1 047.16

5. 甲企业于2017年10月6日从证券市场上购入乙企业发行在外的股票100万股作为可供出售金融资产,每股支付价款2元(含已宣告但尚未发放的现金股利0.25元),另支付相关费用6万元,甲企业取得可供出售金融资产时的入账价值为(　　)万元。

A. 175　　B. 181　　C. 200　　D. 206

6. 甲公司于2017年1月1日从证券市场购入乙公司发行在外的股票30 000股作为可供出售金融资产,每股支付价款10元,另支付相关费用6 000元。2017年12月31日,这部分股票的公允价值为295 000元,该价格下跌为正常的价格波动,则甲公司2017年12月31日计入公允价值变动损益科目的金额为(　　)元。

A. 0　　B. 收益14 000　　C. 收益5 000　　D. 损失10 000

7. 蓝田公司于2017年6月10日购买运通公司股票300万股,成交价格每股10元,作为可供出售金融资产;购买该股票另支付手续费等45万元。10月20日,收到运通公司按每10股派6元的现金股利。11月30日该股票市价为每股9元,2017年12月31日以每股8元的价格将股票全部售出,则可供出售金融资产影响2017年投资收益的金额为(　　)万元。

A. －645　　B. 180　　C. －300　　D. －465

8. 投资者投入的长期股权投资,如果合同或协议约定价值是公允的,应当按照(　　)作为初始投资成本。

A. 投资合同或协议约定的价值　　B. 账面价值

C. 公允价值　　D. 市场价值

9. 甲公司出资600万元,取得了乙公司60%的控股权,甲公司对该项长期股权投资应采用(　　)核算。

A. 权益法　　B. 成本法　　C. 市价法　　D. 成本与市价孰低法

10. 长期股权投资采用权益法核算时,初始投资成本大于应享有被投资单位可辨认资产公允价值份额之间的差额,正确的会计处理是(　　)。

A. 计入投资收益　　B. 冲减资本公积　　C. 计入营业外支出　　D. 不调整初始投资成本

二、多项选择题

1. 满足下列(　　)条件的金融资产,应当划分为交易性金融资产。

A. 属于财务担保合同的衍生工具

B. 取得该金融资产的目的,主要是为了近期内出售

C. 被指定为有效套期工具的衍生工具

D. 属于进行集中管理的可辨认金融工具组合的一部分,且有客观证据表明企业近期采用短期获利方式对该组合进行管理

2. 下列各项中,不应计入交易性金融资产的入账价值的有(　　)。

A. 支付的手续费　　B. 支付的印花税

C. 取得时交易性金融资产的公允价值　　D. 已宣告但尚未发放的现金股利

3. 企业持有至到期投资的特点包括(　　)。

A. 有能力持有至到期

B. 发生市场利率变化、流动性需要变化等情况时,将出售该金融资产

C. 有明确意图持有至到期

D. 到期日固定、回收金额固定或可确定

4. 下列各项中,应作为持有至到期投资取得时初始成本入账的有(　　)。

A. 投资时支付的税金
B. 投资时支付的手续费
C. 投资时支付款项中所含的已到付息期但尚未领取的利息
D. 投资时支付的不含应收利息的价款

5. 下列金融资产中,应按摊余成本进行后续计量的有(　　)。
A. 交易性金融资产　　B. 持有至到期投资
C. 可供出售债务工具　　D. 贷款

6. 下列可供出售金融资产的表述中,正确的有(　　)。
A. 可供出售债务工具发生的减值损失应计入当期损益
B. 可供出售权益工具发生的减值损失应计入所有者权益
C. 取得可供出售金融资产发生的交易费用应直接计入当期损益
D. 处置可供出售金融资产时,以前期间因公允价值变动计入资本公积的金额应转入投资收益

7. 下列有关可供出售金融资产会计处理的表述中,正确的有(　　)。
A. 可供出售金融资产发生的减值损失应计入所有者权益
B. 以外币计价的可供出售货币性金融资产发生的汇兑差额应计入当期损益
C. 可供出售金融资产持有期间取得的现金股利应冲减资产成本
D. 取得可供出售金融资产发生的交易费用应计入初始确认金额

8. 企业处置长期股权投资时,正确的处理方法有(　　)。
A. 处置长期股权投资,其账面价值与实际取得价款的差额,应当计入投资收益
B. 处置长期股权投资,其账面价值与实际取得价款的差额,应当计入营业外收入
C. 采用权益法核算的长期股权投资,因被投资单位除净损益以外所有者权益的其他变动而计入所有者权益的,处置该项投资时应当将原计入所有者权益的部分按相应比例转入投资收益
D. 采用权益法核算的长期股权投资,因被投资单位除净损益以外所有者权益的其他变动而计入所有者权益的,处置该项投资时应当将原计入所有者权益的部分按相应比例转入营业外收入

9. 对长期股权投资采用权益法核算时,被投资企业发生的下列事项中,投资企业应该调整长期股权投资账面价值的有(　　)。
A. 实现净利润　　B. 宣告分配现金股利　　C. 购买固定资产　　D. 计提盈余公积

10. 下列各项中,可能构成长期股权投资初始投资成本的有(　　)。
A. 非企业合并方式下取得长期股权投资发生的直接相关费用
B. 非同一控制下企业合并形成的长期股权投资发生的审计费
C. 非同一控制下企业合并形成的长期股权投资,以溢价发行权益性证券作为对价发生的手续费
D. 非同一控制下企业合并取得长期股权投资而作为对价的权益性证券的公允价值

三、判断题

1. 取得交易性金融资产时支付的交易费用,应计入交易性金融资产的初始入账成本。(　　)

2. 交易性金融资产持有期间被投资单位宣告发放的现金股利,或在资产负债表日按分期付息、一次还本债券投资的票面利率计算的利息,应该冲减交易性金融资产的成本。(　　)

3. 交易性金融资产和可供出售金融资产的相同点是都按公允价值进行后续计量,且公允价值变动计入当期损益。(　　)

4. 收到购买交易性金融资产时支付的价款中包含的已到付息期但尚未领取的利息,应计入当期损益。(　　)

5. 企业取得的持有至到期投资,应按该投资的公允价值加上支付的交易费用,借记“持有至到期投资——成本”科目。(　　)

6. 长期股权投资核算从权益法改为成本法后，被投资单位宣告分派的现金股利，属于已计入投资账面价值的，不应确认为投资收益。 ( )

7. 长期股权投资自权益法转按成本法核算的，除构成企业合并的以外，应按中止采用权益法时长期股权投资的账面价值作为成本法核算的初始投资成本。 ( )

8. 处置长期股权投资时，应按实际收到的金额，借记“银行存款”等科目，按其账面余额，贷记本科目，按尚未领取的现金股利或利润，贷记“应收股利”科目，按其差额，贷记或借记“投资收益”科目。已计提减值准备的，还应同时结转减值准备。除上述规定外，还应结转原计入资本公积的相关金额，借记或贷记“资本公积——其他资本公积”科目，贷记或借记“投资收益”科目。 ( )

9. 在权益法下，被投资企业宣告发放股票股利时，投资企业不做账务处理。 ( )

10. 长期股权投资期末应按历史成本计量，不计提减值准备。 ( )

四、简述题

1. 简述长期股权投资核算的成本法与权益法适用范围有何不同？
2. 简述长期股权投资核算的成本法与权益法有何区别？
3. 简述交易性金融资产核算应包括哪些方面的内容。
4. 简述“持有至到期投资”科目下设哪些明细科目？各明细科目的核算内容是什么？
5. 简述在什么情况下可以把持有至到期的投资重分类为可供出售金融资产？

◎ 应会考核 ◎

★观念应用

【背景资料】

2016 年 5 月 1 日，大河公司以 480 万元购入大海公司股票 60 万股作为可供出售金融资产，另支付手续费 10 万元，2016 年 6 月 30 日该股票每股市价为 7.5 元，2016 年 8 月 10 日，大海公司宣告分派现金股利，每股 0.20 元，8 月 20 日大河公司收到分派的现金股利。至 12 月 31 日，大河公司仍持有该可供出售金融资产，期末每股市价为 8.5 元，2017 年 1 月 3 日以 515 万元出售该可供出售金融资产。假定大河公司每年 6 月 30 日和 12 月 31 日对外提供财务报告。

【考核要求】

根据背景资料，要求：

(1)编制上述经济业务的会计分录。

(2)计算该可供出售金融资产的累计损益。

★技能应用

2014 年 1 月 5 日，华兴公司以每股 1.50 元的价格购入诚信公司每股面值 1 元的普通股 10 000 000 股作为长期投资，并支付税金和手续费 1 020 000 元。该股票占诚信公司全部普通股的 20%，华兴公司采用权益法记账。2013 年 12 月 31 日，诚信公司净资产公允价值为 96 000 000 元。

(1)2014 年 1 月 5 日，购入股票。

(2)2014 年 3 月 10 日，诚信公司宣告 2013 年度股利分配方案，每股分派现金股利 0.15 元，并于 4 月 5 日派发。

(3)2014 年度，诚信公司盈利 25 000 000 元。2015 年 3 月 15 日，宣告 2014 年度股利分配方案，每股分派现金股利 0.20 元，并于 4 月 20 日派发。

(4)2015 年度，诚信公司亏损 4 800 000 元，用以前年度留存收益弥补亏损后，2016 年 3 月 20 日，宣告 2015 年度股利分配方案，每股分派现金股利 0.10 元，并于 4 月 25 日派发。

(5)2016 年度，诚信公司亏损 9 600 000 元。2017 年 3 月 5 日，宣告 2016 年度股利分配方案，每 10 股派送股票股利 2 股，并于 4 月 10 日派送。当年未分派现金股利。

【技能要求】

上述资料涉及权益法下长期股权投资的盈利、亏损、现金股利的分配及发放现金股利、股票股利等的经济业务，学生应认真阅题，逐笔进行账务处理。

★案例分析

【情景与背景】

某一公司从证券市场上购入债券作为交易性金融资产，有关情况如下：

(1)2016 年 1 月 1 日购入某公司债券，共支付价款 1 025 万元(含债券应该发放的 2015 年下半年的利息)，另支付交易费用 4 万元。该债券面值为 1 000 万元，于 2015 年 1 月 1 日发行，4 年期，票面利率为 5%，每年 1 月 2 日和 7 月 2 日付息，到期时归还本金和最后一次利息；

(2)该公司于 2014 年 1 月 2 日收到该债券 2013 年下半年的利息；

(3)2016 年 6 月 30 日，该债券的公允价值为 990 万元(不含利息)；

(4)2016 年 7 月 2 日，收到上半年的利息；

(5)2016 年 12 月 31 日，该债券的公允价值为 980 万元(不含利息)；

(6)2017 年 1 月 2 日，收到该债券 2014 年利息；

(7)2017 年 3 月 31 日，该公司将该债券以 1 015 万元价格售出，扣除手续费 5 万元后，将收款净额 1 010万元存入银行。

【分析要求】

结合本项目的内容，试一试逐笔编制上述业务的会计分录。

◎ 项目实训 ◎

【实训项目】

投资综合账务处理

【实训情境】

2017 年 1 月 1 日，甲公司购买了一项公司债券，发行年限为 5 年，债券的本金 1 100 万元，公允价值为 950 万元，交易费用为 11 万元，次年 1 月 5 日按票面利率 3%支付利息。该债券在第五年兑付(不能提前兑付)本金及最后一期利息。实际利率为 6%。2017 年末，该债券公允价值为 1 000 万元。

【实训任务】

根据背景资料：

(1)假定甲公司将该债券划分为交易性金融资产，要求编制 2017 年相关的账务处理；

(2)假定甲公司将该债券划分为持有至到期投资，要求编制 2017 年相关的账务处理；

(3)假定甲公司将该债券划分为可供出售金融资产，要求编制 2017 年相关的账务处理。

项目七　固定资产与无形资产

【知识目标】

理解：固定资产的概念和特征；确认条件及具体运用、计价及计价标准；无形资产的概念、特征。

熟知：固定资产的折旧方法、固定资产减值的认定。

掌握：固定资产的外购、自行建造、折旧、后续支出、处置等内容的账务处理；无形资产的确认、计量、摊销；无形资产的核算。

【技能目标】

能够运用固定资产的概念和确认条件，对在不同途径下取得的固定资产进行正确的确认和计量。运用固定资产折旧理论，确定折旧方法。在全面熟悉无形资产会计准则的基础上，提供真实可靠的会计信息。

【素质目标】

能够正确选择合适的固定资产折旧方法，强化固定资产的后续管理；注重无形资产的确认和计量，不断完善传统会计报表中的资产结构。

【项目引例】

ABC公司的固定资产确认与计量

ABC公司2017年1月1日根据投资协议收到股东投入的一套全新的设备，该套设备的公允价值为180 000元，投资协议约定的价值为200 000元，公司在收到该套设备并办妥相关手续后，会计部门将该套设备作为固定资产以投资协议约定的200 000元入账。2017年5月20日，该公司对一套设备进行大修，12月月底完工，发生修理费50 000元，该公司会计部门将该修理费作为固定资产入账。2017年12月31日，该公司一栋厂房已经完工，达到预定可使用状态，但还未办理竣工结算手续，由于还未办理竣工结算，故该公司会计部门年末将该厂房作为固定资产入账。

【讨论】

该公司上述对固定资产的确认与计量是否正确？可能存在哪些问题？这些业务对公司当年损益有无影响？

知识精讲

任务一　固定资产

一、固定资产的概念与特征

（一）固定资产的概念

我国《企业会计准则第4号——固定资产》规定：固定资产应是具有以下特征的有形资产：①为生产商品、提供劳务、出租或经营管理而持有；②使用年限超过一年；③单位价值较高。

我国会计制度对固定资产的概念为：企业使用期限超过一年的房屋、建筑物、机器、机械、运输工具以及其他与生产、经营有关的设备、器具、工具等。不属于生产经营主要设备的物品，单位价值在2 000元以上，并且使用年限超过2年的，也应当作为固定资产。

（二）固定资产的特征

固定资产的特征包括以下方面：

（1）固定资产是有形资产。固定资产有一个实体存在，这与企业的无形资产不同。

（2）使用寿命超过一个会计年度。固定资产属于长期耐用资产，使用期限至少超过1年，其实物形态不会因为使用而发生变化或显著损耗。这也有别于存货。

（3）为了生产商品、提供劳务、出租或经营管理而持有。企业取得各种固定资产的目的是为了服务于企业自身的生产经营活动，而不是为了出售，或将其对企业外部进行投资。

（4）具有可衡量的未来经济利益。企业取得固定资产的目的是为了获得未来的经济利益，虽然这种经济利益是来自对固定资产服务潜能的利用，而不是来自可直接转换为多少数量的货币。但它必须能在未来为企业带来可以用货币加以合理计量的经济利益。没有此特点的则不能列为固定资产。

二、固定资产的分类

企业的固定资产种类繁多、用途各异，为加强管理和核算，必须对固定资产进行科学合理的分类。根据不同的需要，可以按下列不同标准进行分类：

（一）按固定资产的经济用途分类

按固定资产的经济用途分类，可以分为生产经营用固定资产和非生产经营用固定资产。

（1）生产经营用固定资产，是指直接服务于企业生产经营活动的各种固定资产，如生产经营用的房屋、建筑物、机器、设备、工具器具等。

（2）非生产经营用固定资产，是指不直接服务于生产经营活动但又必不可少的各种固定资产，如职工宿舍、食堂、浴室等房屋、建筑物、设施、设备等。

按固定资产的经济用途分类，可以分别反映生产性和非生产性固定资产的数量规模，借以确定固定资产的有效利用情况，促进固定资产的合理配置。

（二）按固定资产的使用情况分类

按固定资产的使用情况分类，可以分为使用中的固定资产、未使用的固定资产和不需用的固定资产。

(1)使用中的固定资产,是指正在使用中的生产经营性和非生产经营性固定资产。季节性停用、大修理停用以及经营租出的固定资产也属于使用中的固定资产。

(2)未使用的固定资产,是指尚未交付使用的新增固定资产以及因更新改造而暂停使用的固定资产。

(3)不需用的固定资产,是指企业多余或不适用而准备调配处理的固定资产。

按固定资产的使用情况分类,可以清楚地反映企业固定资产的使用、闲置及待处理的现状,有利于企业采取调剂措施,有效地使用、调配和处置各种固定资产。

(三)其他分类

(1)土地,是指过去已经估价单独入账的土地。因征地而支付的补偿费,应计入与土地有关的房屋、建筑物的价值内,不单独作为土地价值入账。企业取得的土地使用权不能作为固定资产,应作为无形资产管理。

(2)融资租入的固定资产,是指以融资租赁方式租入的固定资产,在租赁期间,应视同自有固定资产管理。

这种分类能综合反映固定资产的用途结构及使用情况,有利于固定资产的核算与管理。在实务中,大多按此分类方法进行分类。

此外,固定资产还可按其他标准进行分类:按固定资产的所有权分类,可分为自有固定资产和租入固定资产;按固定资产的性能分类,可分为建筑物、动力设备、传导设备、工作机器及设备、工具、仪器及生产经营用具,运输设备、管理用具等;按固定资产的来源渠道分类,可分为外购的固定资产、自行建造的固定资产、投资者投入的固定资产、融资租入的固定资产、改建扩建新增的固定资产、接受抵债取得的固定资产、非货币性交易换入的固定资产、接受捐赠的固定资产、盘盈的固定资产等。

三、固定资产的确认与计量

(一)固定资产的确认

一项资产如果要作为固定资产加以确认,需要符合固定资产的概念,还要符合固定资产的确认条件,即与该固定资产有关的经济利益很可能流入企业。同时,该固定资产的成本能够可靠地计量。

1. 与该固定资产有关的经济利益很可能流入企业

企业在确认固定资产时,需要判断与该项固定资产有关的经济利益是否很可能流入企业。实务中,主要通过判断与该固定资产所有权相关的风险和报酬是否转移到了企业来确定。通常情况下,取得固定资产所有权是判断与固定资产所有权有关的风险和报酬是否转移到企业的一个重要标志。凡是所有权已属于企业,无论企业是否收到或拥有该固定资产,均可作为企业的固定资产;反之,如果没有取得所有权,即使存放在企业,也不能作为企业的固定资产。但是,所有权是否转移不是判断的唯一标准。在有些情况下,某项固定资产的所有权虽然不属于企业,但是,企业能够控制与该项固定资产有关的经济利益流入企业,在这种情况下,企业应将该固定资产予以确认。

2. 该固定资产的成本能够可靠地计量

成本能够可靠地计量是资产确认的一项基本条件。要确认固定资产,企业取得该固定资产所发生的支出必须能够可靠地计量。企业在确定固定资产成本时,有时需要根据所获得的最新资料,对固定资产的成本进行合理的估计。如果企业能够合理地估计出固定资产的成本,则视同固定资产的成本能够可靠地计量。

（二）固定资产的计量

固定资产计价，是指企业以货币量度对固定资产的初始价值进行计量，作为固定资产的入账价值。固定资产应按其取得时的成本计价入账。由于固定资产取得的渠道不同，取得时的成本构成也各不相同：

(1)购置不需要经过建造过程即可使用的固定资产，按实际支付的买价，以及使固定资产达到预定可使用状态前所发生的应归属于固定资产的运输费、装卸费、安装费、税金和专业人员服务费等，作为固定资产的成本计价入账。

(2)自行建造的固定资产，按建造该项固定资产达到预定可使用状态前所发生的全部支出，作为成本计价入账。

(3)投资者投入的固定资产，按投资合同或协议约定的价值，作为入账价值。但合同或协议约定价值不公允的除外。

(4)融资租入的固定资产，按租赁开始日租赁资产的公允价值与最低租赁付款额现值两者中较低者，以及在租赁谈判和签订租赁合同过程中发生的、可直接归属于租赁项目的手续费、律师费、差旅费、印花税等初始直接费用，作为租入固定资产的入账价值。

(5)接受捐赠的固定资产，如果捐赠方提供了有关凭据，按凭据上的金额加上有关税费作为入账价值。如果捐赠方没有提供有关凭据，可按下列顺序确定入账价值：①同类或类似固定资产存在活跃市场的，按同类或类似固定资产的市场价格估计的金额，作为入账价值；②同类或类似固定资产不存在活跃市场的，按该受赠固定资产的预计未来现金流量现值，作为入账价值；③如果受赠的是旧固定资产，按照上述方法确定价值后再减去按该项资产新旧程度估计的价值损耗后的金额，作为入账价值。接受捐赠发生的相关税费，也应作为固定资产价值入账。

(6)盘盈的固定资产，如果同类或类似固定资产存在活跃市场的，按同类或类似固定资产的市场价格减去按该项资产新旧程度估计的价值损耗后的金额，作为入账价值；如果同类或类似固定资产不存在活跃市场的，按该项资产预计未来现金流量的现值，作为入账价值。

(7)以非货币性资产交换、债务重组等方式取得的固定资产，应分别按照“非货币性资产交换”和“债务重组”准则中的有关规定确定其入账价值。固定资产入账价值中还应包括购建的固定资产在达到预定可使用状态前发生的专门借款费用(购建发生非正常中断并且中断时间连续超过 3 个月的专门借款费用除外)。

企业按照上述方法确定固定资产入账价值并且入账以后，一般不得调整账面价值。但在国家规定对固定资产重新估价、企业改良设备装置、将资产部分拆除、调整暂估价值以及原入账价值有错误等特殊情况下，可以对已入账的价值进行调整。

（三）固定资产的计量属性

1. 原始价值

固定资产的计价一般应以原始价值为标准。原始价值简称原价或原值，也称实际成本、历史成本，是指取得某项固定资产时和直至使该项固定资产达到预定可使用状态前所实际支付的各项必要的、合理的支出，一般包括买价、进口关税、运输费、保险费、包装费、安装成本和税金等。

我国会计制度规定，在固定资产达到预定可使用状态之前发生的借款费用，按规定计算应予资本化的金额，计入购建资产的价值，不能资本化的部分，计入当期费用；在固定资产达到预定可使用状态之后发生的，计入当期费用，不能资本化。

2. 重置完全价值

重置完全价值也称现时重置成本，是指在现时的生产技术和市场条件下，重新购置同样的固定资产所需支付的全部代价。重置完全价值所反映的是固定资产的现时价值，从理论上讲，比采用原始价值计价更为合理。但由于重置完全价值本身是经常变化的，如果将其作为基本计价标准，势必会引起一系列复杂的会计问题，在会计实务中也不具备可操作性。因此，重置完全价值只能作为固定资产的一个辅助计价标准来使用。通常用于对会计报表进行必要的补充、附注说明，以弥补原始价值计价的不足。此外，在取得无法确定原始价值的固定资产时，如盘盈固定资产、接受捐赠固定资产等，应以重置完全价值为计价标准，对固定资产进行计价。

3. 净值

固定资产净值也称折余价值，是指固定资产原始价值减去折旧后的余额。它是计算固定资产盘盈、盘亏、出售、报废、毁损等溢余或损失的依据，将其与原始价值或重置完全价值相比较，反映固定资产的新旧程度。企业根据这个计价标准可以合理制订固定资产的更新计划，适时进行固定资产的更新等。

四、固定资产的初始计量

企业取得固定资产的方式一般包括外购、自营建造、出包建造、接受投资、接受捐赠、融资租入和存在弃置费用等，取得方式不同，初始计量的方法也各不相同。固定资产核算账户记录情况，如图7－1所示：

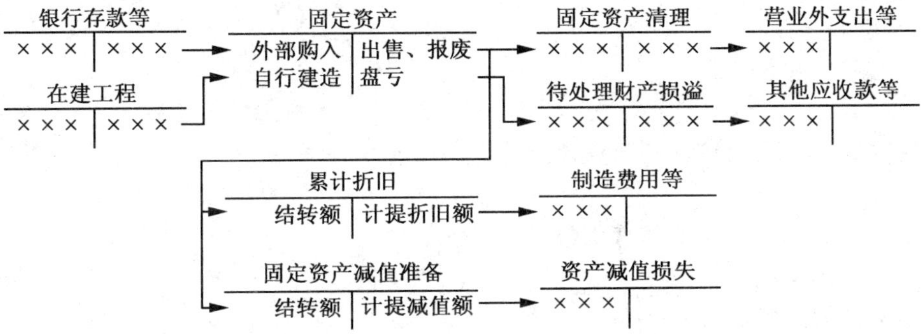

图7－1　固定资产核算账户记录

（一）外购的固定资产

企业外购的固定资产，应按实际支付的购买价款、相关税费、使固定资产达到预定可使用状态前所发生的可归属于该项资产的运输费、装卸费、安装费和专业人员服务费等，作为固定资产的取得成本。一般纳税企业购入机器设备等固定资产的增值税应作为进项税额抵扣，不计入固定资产成本。具体账务处理如下：

购入需要安装的固定资产，先通过“在建工程”科目核算，待安装完毕达到预定可使用状态时，再由“在建工程”科目转入“固定资产”科目。

企业购入固定资产时，按实际支付的购买价款、运输费、装卸费和其他相关税费等，借记“在建工程”科目、“应交税费——应交增值税（进项税额）”，贷记“银行存款”等科目；支付安装费用等时，借记“在建工程”科目，贷记“银行存款”等科目；安装完毕达到预定可使用状态时，按其实际成本，借记“固定资产”科目，贷记“在建工程”科目。

外购固定资产账务核算处理如图 7－2 所示。

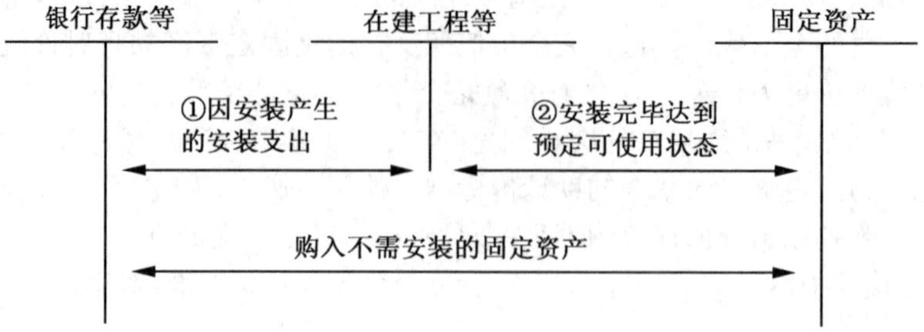

图 7－2　固定资产账务核算处理

1. 购置不需要安装的固定资产

企业购入不需要安装的固定资产，应按实际支付的买价、增值税、运输费、包装费等相关税费入账。

【例 7－1】 星海公司购入一台不需要安装即可投入使用的设备，增值税专用发票上注明的设备价款为 30 000 元，增值税额为5 100元，另支付运输费 300 元、包装费 400 元，款项以银行存款支付。假设甲公司属于增值税一般纳税人，增值税进项税额不纳入固定资产成本核算。

(1)计算固定资产成本：

固定资产买价	30 000
加：运输费	300
包装费	400
	30 700

(2)编制购入固定资产的会计分录：

借：固定资产　30 700
　　应交税费——应交增值税(进项税额)　5 100
　　贷：银行存款　35 800

2. 购置需要安装的固定资产

企业购入需要安装的固定资产，应在固定资产投入安装时，先将购置成本及安装成本记入“在建工程”科目，待该资产达到预定可使用状态时，将其成本从“在建工程”科目转入“固定资产”科目。

“在建工程”科目，用于核算企业基建、安装、更新改造等工程项目发生的支出。借方登记工程发生的实际支出；贷方登记完工工程的实际成本；期末余额在借方，反映企业尚未完工的工程成本。该科目可按工程项目设户进行明细核算。

【例 7－2】 星海公司购入一台需要安装的 A 设备，增值税专用发票上注明的买价为150 000元，增值税税额为 25 500 元，运输费 1 000 元，包装费 500 元，安装中发生安装费 3 000 元，以上款项均用银行存款支付。设备已达到预定可使用状态并交付使用。编制会计分录如下：

(1)购入设备并投入安装时：

借：在建工程——A 设备安装工程　177 000
　　贷：银行存款　177 000

(2)安装中支付安装费用时：

借:在建工程——A设备安装工程　　3 000

　　贷:银行存款　　3 000

(3)设备安装达到预定可使用状态并交付使用时：

借:固定资产　　180 000

　　贷:在建工程——A设备安装工程　　180 000

(二)自营建造的固定资产

自营是指企业自行组织工程材料采购、自行组织施工人员施工的建筑工程和安装工程。购入工程物资时,借记"工程物资"科目,贷记"银行存款"等科目。领用工程物资时,借记"在建工程"科目,贷记"工程物资"科目。在建工程领用本企业原材料时,借记"在建工程"科目,贷记"原材料"等科目。在建工程领用本企业生产的商品时,借记"在建工程"科目,贷记"库存商品"等科目。自营工程发生的其他费用(如分配工程人员工资等),借记"在建工程"科目,贷记"银行存款"、"应付职工薪酬"等科目。自营工程达到预定可使用状态时,按其成本,借记"固定资产"科目,贷记"在建工程"科目。

自营固定资产账务核算处理如图7—3所示。

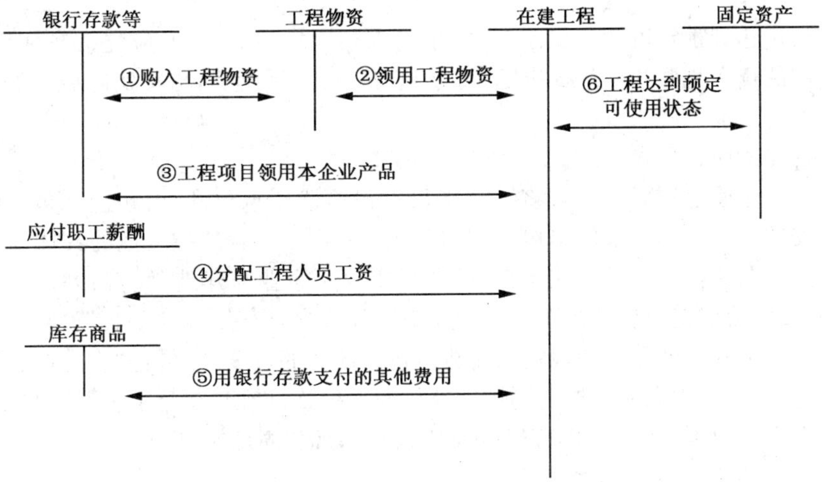

图7—3　自营固定资产账务核算处理

【例7—3】　某企业自建厂房一幢,购入为工程准备的各种物资500 000元,支付的增值税税额为85 000元,全部用于工程建设,领用本企业生产的水泥一批,实际成本为80 000元,税务部门确定的计税价格为100 000元,增值税税率为17%;工程人员应计工资100 000元,支付其他费用30 000元。工程完工并达到预定可使用状态,该企业应编制如下会计分录:

(1)购入工程物资时：

借:工程物资　　585 000

　　贷:银行存款　　585 000

(2)领用工程物资时：

借:在建工程　　585 000

　　贷:工程物资　　585 000

(3)工程项目领用本企业产品时：

工程领用本企业生产的水泥，确定应计入在建工程成本的金额为：80 000＋100 000×17%＝97 000(元)

借：在建工程　　97 000

　　贷：库存商品　　80 000

　　　　应交税费——应交增值税(销项税额)　　17 000

(4)分配工程人员工资时：

借：在建工程　　100 000

　　贷：应付职工薪酬　　100 000

(5)用银行存款支付其他费用时：

借：在建工程　　30 000

　　贷：银行存款　　30 000

(6)工程达到预定可使用状态时：

工程转入固定资产＝585 000＋97 000＋100 000＋30 000＝812 000(元)

借：固定资产　　812 000

　　贷：在建工程　　812 000

当固定资产达到预定可使用状态时，如果尚未办理竣工决算的，应先按暂估价入账，同时停止借款费用的资本化并开始计提折旧，待办理竣工决算手续后，再按实际成本调整账面暂估成本。

(三)出包建造的固定资产

出包是指企业通过招标等方式将工程项目发包给建造承包商，由建造承包商组织施工的建筑工程和安装工程。企业采用出包方式进行的固定资产工程，其工程的具体支出主要由建造承包商核算。在这种方式下，“在建工程”科目主要是企业与建造承包商办理工程价款的结算科目，企业支付给建造承包商的工程价款作为工程成本，通过“在建工程”科目核算。企业按合理估计的发包工程进度和合同规定向建造承包商结算的进度款，借记“在建工程”科目，贷记“银行存款”等科目；工程完成时按合同规定补付的工程款，借记“在建工程”科目，贷记“银行存款”等科目；工程达到预定可使用状态时，按其成本，借记“固定资产”科目，贷记“在建工程”科目。

出包固定资产账务核算处理如图 7—4 所示。

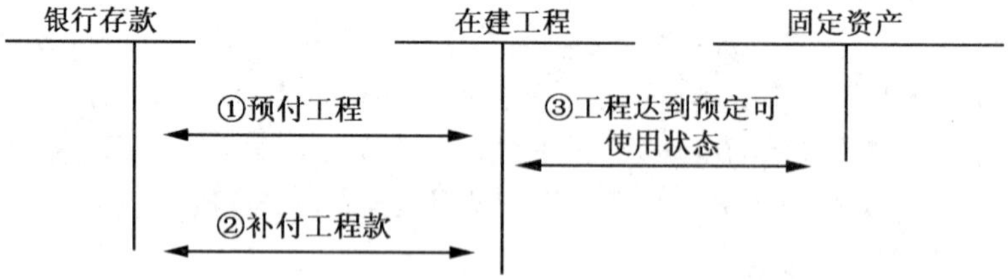

图 7—4　出包固定资产账务核算处理

【例 7—4】　星海公司一幢厂房的建造工程由丙公司承建，按合理估计的发包工程进度和合同规定向丙公司结算进度款600 000元。工程完工后，收到丙公司有关工程结算单据，补付工程款400 000元，工程完工并达到预定可使用状态。甲公司编制如下会计分录：

(1)按合理估计的发包工程进度和合同规定向丙公司结算进度款时：

借：在建工程　　600 000

　　贷：银行存款　　600 000

(2)补付工程款时：

借：在建工程　　400 000

　　贷：银行存款　　400 000

(3)工程完工并达到预定可使用状态时：

借：固定资产　　1 000 000

　　贷：在建工程　　1 000 000

(四)接受投资的固定资产

企业接受投资者投入的固定资产，应当按照投资合同或协议中约定的公允价值作为入账价值。接受投资的固定资产，应借记“固定资产”科目，贷记“实收资本”科目。

【例7—5】 星海公司接受某投资者投入的机器一台，投资协议中约定该机器的公允价值为150 000元。编制会计分录如下：

借：固定资产　　150 000

　　贷：实收资本　　150 000

(五)接受捐赠的固定资产

企业接受捐赠的固定资产，应当根据捐赠者提供的有关凭据金额，或按同类或类似资产的市场价格，或该资产预计未来现金流量现值作为入账价值。接受捐赠时发生的相关税费，也应计入固定资产价值。

企业接受捐赠的固定资产属于利得，按现行会计准则规定，捐赠利得应作为营业外收入处理。因此，企业受赠时，直接按资产的入账价值借记“固定资产”科目，按其受赠价值贷记“营业外收入”科目。

【例7—6】 星海公司接受某公司捐赠的一台新机床，该公司提供的发票上注明的机床价税款为300 000元，公司将机床投入安装，用银行存款支付安装费20 000元。编制会计分录如下：

(1)机床投入安装时：

借：在建工程——机床安装工程　　20 000

　　贷：银行存款　　20 000

(2)机床安装完工投入使用时：

借：固定资产　　320 000

　　贷：在建工程——机床安装工程　　20 000

　　　　营业外收入　　300 000

(六)融资租入的固定资产

企业采用融资租赁方式租入固定资产，按照实质重于形式要求，企业应将融资租入的固定资产作为企业固定资产入账，同时确认相应的负债，并采用与自有应折旧资产相一致的折旧政策计提折旧。

在融资租赁方式下，承租人应于租赁开始日，将租赁开始日租入固定资产公允价值与最低租赁付款额现值两者中较低者，加上在租赁过程中发生的、可直接归属于租赁项目的手续费、律师费、差旅费、印花税等初始直接费用，作为租入固定资产入账价值，借记“固定资产——融资租入固定资产”科目，按最低租赁付款额，贷记“长期应付款”科目，按发生的初始直接费用，贷记“银行存款”、“库存现金”等科目，按其差额，贷记“未确认融资费用”。

【例7—7】 2016年12月8日，星海公司与星辉公司签订了一份大型设备租赁合同。租赁合同规定：租赁期开始日为2017年1月1日，租赁期3年，每年年末支付租赁1 000 000元。租赁期满后，该租赁设备退回星辉公司，星海公司担保余值400 000元。该设备于2016年12月25日运到星海公司，当日投入使用。

租赁开始日，该设备的公允价值为3 200 000元，租赁时的市场利率为6%。星海公司的会计处理如下：

最低租赁付款额＝1 000 000×3＋400 000＝3 400 000(元)

租赁设备的公允价值＝3 200 000(元)

最低租赁付款额现值＝1 000 000×2.673＋400 000×0.8396＝3 008 840(元)

固定资产入账价值＝3 008 840(元)

未确认融资费用＝3 400 000－3 008 840＝391 160(元)

借：固定资产	3 008 840	
未确认融资费用	391 160	
贷：长期应付款		3 400 000

五、固定资产折旧

(一)固定资产折旧的性质及影响因素

1. 固定资产折旧的性质

固定资产折旧是指在固定资产的使用寿命期内，按一定方法将其损耗价值逐渐转移到成本费用中所进行的系统分摊。固定资产能够长期服务于企业的生产经营过程而保持原有的实物形态，但随着固定资产的使用，其实物在逐渐磨损，价值在不断减少，固定资产折旧就是把逐渐损耗而消失的那部分价值转移到成本费用中的价值分摊过程。

固定资产损耗分为有形损耗和无形损耗两种。有形损耗是固定资产由于使用和自然力作用而造成的使用价值及价值的损失，如机器发生磨损、房屋建筑物受到自然侵蚀等；无形损耗是由于科学技术的进步和劳动生产率的提高而引起的固定资产价值损失，如因新技术的出现而导致使用中的固定资产技术水平相对陈旧等。在计提固定资产折旧时，应充分考虑这两种损耗的影响，选择合理的折旧方法，确保固定资产折旧科学合理。

2. 影响固定资产折旧的因素

影响固定资产折旧的因素主要有以下几个方面：

(1)固定资产原价。固定资产原价是固定资产折旧的基数，它与折旧额呈正比。

(2)预计净残值。固定资产的预计净残值是指预计在固定资产使用寿命期满时，企业从该项资产的处置收益中扣除预计处置费用后的金额。因为这部分残值是预计可以收回的价值，所以应该从固定资产原价中扣除后再计算折旧额。它与折旧额呈反比。预计净残值应合理确定，一经确定不得随意变更。

(3)固定资产减值准备。按现行会计准则规定，当企业有迹象表明固定资产的预计可收回金额低于账面价值的，可预先计提减值准备。这部分准备金可以弥补固定资产的价值损失，应从应计折旧额中扣除。它与折旧额呈反比。

(4)固定资产的使用寿命。固定资产使用寿命的长短直接影响各期应提取的折旧额，它与每期计提的折旧额呈反比。在确定使用寿命时，除应充分考虑该项资产的有形损耗和无形损耗外，还应考虑该项资产的预计生产能力以及法律对该项资产的使用限制。同样，使用寿命确定后不得随意变更。

（二）固定资产折旧的范围

按现行会计准则规定，除下列情况外，企业应对所有固定资产计提折旧：已提足折旧仍继续使用的固定资产、按规定单独估价作为固定资产入账的土地。

在确定固定资产折旧范围时，还应注意以下几点：

(1)固定资产应当按月计提折旧，当月增加的固定资产，当月不计提折旧，从下月起计提折旧；当月减少的固定资产，当月仍计提折旧，从下月起停止计提折旧。

(2)固定资产提足折旧后，不论能否继续使用，均不再计提折旧；提前报废的固定资产，也不再补提折旧。

(3)已达到预定可使用状态但尚未办理竣工决算手续的固定资产，应当按照估计价值确定其成本入账，并计提折旧，待办理竣工决算手续后，再按实际成本调整原暂估成本，但不需要调整原已计提的折旧额。

(4)融资租入的固定资产，能确定租赁期届满时将会取得资产所有权的，应当在租赁资产尚可使用年限内计提折旧；不能确定租赁期届满时能否取得资产所有权的，应当在租赁期与租赁资产尚可使用年限两者中较短的期间内计提折旧。

(5)因更新改造而停止使用的固定资产，应将其账面价值转入在建工程，不再计提折旧，待改造达到预定可使用状态转为固定资产后，再按重新确定的使用寿命和折旧方法计提折旧。

(6)因进行大修理而停用的固定资产，应当照提折旧，计提的折旧计入相关资产成本或当期损益。

（三）固定资产折旧的方法

固定资产折旧的方法有年限平均法、工作量法、双倍余额递减法与年数总和法等。企业可以根据固定资产价值损耗的特性确定合理的折旧方法。折旧方法一经确定，不得随意变更。

1. 年限平均法

年限平均法是按固定资产使用年限平均计算折旧额的一种方法。由于采用这种方法计提的折旧额在各个会计期都是相等的，折旧累计金额呈一直线上升趋势，故又称直线法。

计算公式如下：

$$年折旧额=\frac{原始价值-预计净残值}{预计使用年限}$$

$$月折旧额=年折旧额\div 12$$

为了简便计算，可以合理确定预计净残值率，再计算年折旧率和月折旧率，每月用固定资产原价乘以月折旧率即可求得月折旧额。预计净残值率，是指预计净残值占固定资产原价的比率。

$$年折旧率=\frac{年折旧额}{原生价值}\times 100\%=\frac{1-预计净残值率}{预计使用年限}\times 100\%$$

$$月折旧率=年折旧率/12$$

其中，

$$预计净残值率=\frac{预计净残值}{原始价值}\times 100\%$$

$$年折旧额=原始价值\times 年折旧率$$

$$月折旧额=年折旧额/12$$

在实务中，企业可以根据固定资产的规模数量和核算管理的需要，分别采用个别折旧率、分类折旧率和综合折旧率来计提折旧。

(1)个别折旧率，是指按单项固定资产计算的折旧率。计算公式如下：

$$某项固定资产年折旧率=\frac{1-预计净残值率}{该项固定资产预计使用寿命(年)}\times 100\%$$

$$某项固定资产月折旧率=该项固定资产年折旧率\div 12$$

$$某项固定资产月折旧额=该项固定资产原价\times 月折旧率$$

【例7—8】 甲公司一台大型设备原价1 000 000元，预计使用8年，预计净残值率为4%，则：

$$年折旧率=\frac{1-4\%}{8}\times 100\%=12\%$$

$$月折旧率=12\%\div 12=1\%$$

$$月折旧额=1\,000\,000\times 1\%=10\,000(元)$$

(2)分类折旧率，是指按照固定资产的类别分类计算的折旧率，如机器设备类、运输工具类、房屋建筑类等。计算公式如下：

$$某类固定资产年折旧率=\frac{该类固定资产年折旧额之和}{该类固定资产原价之和}\times 100\%$$

$$某类固定资产月折旧率=该类固定资产年折旧率\div 12$$

$$某类固定资产月折旧额=该类固定资产原价之和\times 该类固定资产月折旧率$$

(3)综合折旧率，是指按企业全部固定资产计算的折旧率。计算公式如下：

$$年综合折旧率=\frac{全部固定资产年折旧额之和}{全部固定资产原价之和}\times 100\%$$

$$月综合折旧率=年综合折旧率\div 12$$

$$月折旧额=全部固定资产原价之和\times 月综合折旧率$$

由于采用年限平均法计算各期的折旧额是相等的，因此，它能将固定资产的应计折旧额均衡地分摊到固定资产的预计使用寿命期内，有利于折旧费用的均衡负担。

2. 工作量法

工作量法是按照固定资产所能完成的工作总量计算每个工作量折旧额，然后按每期实际完成的工作量计提折旧的一种方法。计算公式如下：

$$单位工作量折旧额=\frac{原始价值\times(1-预计净残值率)}{预计工作量总额}$$

$$某项固定资产月折旧额=该项固定资产当月实际工作量\times 单位工作量折旧额$$

【例7—9】 星海公司一辆载重汽车原价为400 000元，预计净残值率为4%，预计总行驶里程为600 000千米，本月实际行驶8 000千米。

$$每公里折旧额=\frac{400\,000\times(1-4\%)}{600\,000}=0.64(元)$$

$$本月折旧额=8\,000\times 0.64=5\,120(元)$$

采用工作量法计算折旧能较准确地反映固定资产的使用状况和实物磨损程度。

3. 双倍余额递减法

双倍余额递减法是以固定资产的年初账面余额为折旧基数，以双倍的直线法折旧率(不考虑净残值)来计算各期折旧额的一种方法。

由于双倍余额递减法计算折旧率时，并不考虑固定资产的预计净残值，这样会导致使用寿命结束时已折旧总额不等于应计折旧总额。为解决这一问题，采用本方法计提折旧时，应当在固定资产使用到期的前两年内，将固定资产账面净值减去预计净残值后的金额平均摊销。计算公式如下：

$$年折旧率=\frac{2}{预计使用寿命(年)}\times 100\%$$

$$月折旧率=年折旧率\div 12$$

$$月折旧额=固定资产年初账面净额\times 月折旧率$$

或者在计算出年折旧率之后，先计算年折旧额，然后再计算月折旧额，则有：

$$某年折旧额=该年年初账面净值\times 年折旧率$$

$$月折旧额=年折旧额\div 12$$

【例7—10】 星海公司一台机器原价为100 000元，预计使用寿命为5年，预计净残值为4 000元，则各年折旧额为：

年折旧率＝2÷5×100%＝40%

第一年的年折旧额＝100 000×40%＝40 000(元)

第二年的年折旧额＝60 000×40%＝24 000(元)

第三年的年折旧额＝36 000×40%＝14 400(元)

从第四年起改为年限平均法计提折旧；

第四、五年的年折旧额＝(21 600－4 000)÷2＝8 800(元)

各年内的月折旧额用各年的年折旧额除以12即可求得。

4. 年数总和法

年数总和法是以固定资产的应计折旧总额(固定资产原价减去预计净残值)作为折旧基数，各年分别以一个逐年递减的分数作为折旧率来计提各期折旧额的一种方法。其中，逐年递减的分数中分母是使用寿命的逐年数字的总和，如使用寿命为4年，则分母的年数总和为1＋2＋3＋4＝10；分子则为固定资产尚可使用的年数。计算公式如下：

$$年折旧率=\frac{预计使用寿命-已使用年数}{预计使用寿命\times(预计使用寿命+1)\div 2}\times 100\%$$

$$=\frac{尚可使用年限}{预计使用寿命的年数总和}\times 100\%$$

$$年折旧额=(固定资产原价-预计净残值)\times 年折旧率$$

$$月折旧额=年折旧额\div 12$$

【例7—11】 仍以案例7—10的资料为例，采用年数总和法计算年折旧额如表7—1所示。

表7—1 固定资产折旧计算 单位：元

年数	固定资产原价－预计净残值	年折旧率	年折旧额	资产折余价值
1	96 000	5/15	32 000	68 000
2	96 000	4/15	25 600	42 400
3	96 000	3/15	19 200	23 200
4	96 000	2/15	12 800	10 400
5	96 000	1/15	6 400	4 000

表中最后4 000元的资产折余价值为预计净残值，可通过资产的报废处置而收回。

年限平均法和工作量法均属于直线法范畴，固定资产折旧会随着其使用年限的延长或工作量的增加而增加。而双倍余额递减法和年数总和法是常见的加速折旧法，其特点是固定资产使用前期提取的折旧多，使用后期提取的折旧逐年减少。

为了保持固定资产折旧方法的相对稳定，固定资产折旧方法一经确定，不得随意变更。

（四）固定资产折旧的核算

企业按月计提的折旧，应当通过“累计折旧”科目核算，该科目核算企业固定资产的累计折旧额，计提的折旧额记入贷方，因固定资产减少而应转销的折旧额记入借方，期末余额在贷方，反映企业实有固定资产的累计折旧额。同时，计提的折旧还应根据用途计入相关资产的成本或当期损益。企业自营建造固定资产过程中使用的固定资产，其折旧记入“在建工程”科目；基本生产车间使用的固定资产，其折旧记入“制造费用”科目；行政管理部门使用的固定资产，其折旧记入“管理费用”科目；销售部门使用的固定资产，其折旧记入“销售费用”科目；经营租出的固定资产，其折旧记入“其他业务成本”科目。

【例7－12】 甲公司编制“固定资产折旧计算表”，计算出各部门所使用的固定资产折旧额如下：基本生产车间用固定资产折旧50 000元，行政管理部门用固定资产折旧30 000元，销售部门用固定资产折旧10 000元，经营租出固定资产折旧10 000元。编制会计分录如下：

借：制造费用	50 000	
管理费用	30 000	
销售费用	10 000	
其他业务成本	10 000	
贷：累计折旧		100 000

六、固定资产减值的认定

（一）固定资产减值的概念

固定资产减值是指固定资产的可收回金额低于其账面价值。这里的可收回金额是指资产的销售净价与预期从该资产的持续使用和使用年限结束时的处置中形成的现金流量的现值两者之中的较高者。其中，销售净价是指资产的销售价格减去处置资产所发生的相关税费后的余额。我国企业会计准则规定，企业应当在期末或者至少在每年年度终了，对固定资产逐项进行检查，以判定固定资产是否发生减值。

企业在期末对固定资产进行检查时，如发现下列情况，则应当计算固定资产的可收回金额，以确定资产是否已经发生减值：

（1）固定资产市价大幅度下跌，其跌幅大大高于因时间推移或正常使用而预计的下跌，并且预计在近期内不可能恢复；

（2）企业所处经营环境，如技术、市场、经济或法律环境，或者产品营销市场在当期发生或在近期发生重大变化，并对企业产生负面影响；

（3）同期市场利率等大幅度提高，进而很可能影响企业计算固定资产可收回金额的折现率，并导致固定资产可收回金额大幅度降低；

（4）固定资产陈旧过时或发生实体损坏等；

（5）固定资产预计使用方式发生重大不利变化，如企业计划终止或重组该资产所属的经营业务、提前处置资产等情形，从而对企业产生负面影响；

(6)其他有可能表明资产已发生减值的情况。

在上面的情形出现后，经过计算的固定资产的可收回金额如果低于其账面价值，企业则应当按可收回金额低于账面价值的差额计提固定资产减值准备，并计入当期损益。如果有迹象表明以前期间据以计提固定资产减值的各种因素发生变化，使得固定资产的可收回金额大于其账面价值，则以前期间已计提的减值损失应当转回，但转回的金额不应超过原已计提的固定资产减值准备。

对已计提减值准备的固定资产，应当按照该固定资产的账面价值以及尚可使用寿命重新计算确定折旧率和折旧额；如果已计提减值准备的固定资产价值又得以恢复，应当按照固定资产价值恢复后的账面价值，以及尚可使用寿命重新计算确定折旧率和折旧额。因固定资产减值准备而调整固定资产折旧额时，对此前已计提的累计折旧不作调整。

(二)固定资产减值的核算

企业固定资产发生减值时，应该计提固定资产减值准备，并通过“固定资产减值准备”科目进行核算。同时，由于固定资产的减值给企业造成的损失，应作为企业的当期损益，记入“营业外支出”科目。企业计提固定资产减值准备时，借记“营业外支出”科目，贷记“固定资产减值准备”科目；已经计提减值准备的固定资产，如果其价值以后又得以恢复，应恢复固定资产的账面价值，但应在已计提的减值准备范围内转回，借记“固定资产减值准备”科目，贷记“营业外支出”科目。处置固定资产时，应当同时结转已计提的固定资产减值准备。

【例 7—13】 星海公司有一台设备，由于陈旧过时，预计可能会发生减值。2016 年末，账面价值 580 000 元，经专业评估师的评估，该项固定资产预计会收回金额 530 000 元。由于该项固定资产预计可收回金额低于其账面价值，因此该项固定资产实际上发生了减值，应该计提减值准备。账务处理方法是：

借：营业外支出　　50 000

　　贷：固定资产减值准备　　50 000

【例 7—14】 承例 7—13，假定 2017 年末该设备价值得以回升，年末时经专业评估师的评估，可收回金额只比当年该固定资产的账面价值低 43 000 元，则 2016 年计提的减值准备 50 000元就应冲回 7 000 元。账务处理方法是：

借：固定资产减值准备　　7 000

　　贷：营业外支出　　7 000

七、固定资产处置

(一)固定资产处置的概念及业务内容

固定资产处置是指由于各种原因使企业固定资产需退出生产经营过程所做的处理活动。在企业固定资产的使用过程中，有时会出现固定资产退出正常工作状态的情况，如固定资产的出售、报废、毁损等。这些业务的产生往往是由各种不同的原因所造成的。出售的固定资产多数情况下是企业多余闲置的固定资产，或者是不适合企业产品生产需要的固定资产，如果不出售的话，会造成企业资源的浪费，增加额外的管理成本。

固定资产在处置过程中会发生收益或损失，称为处置损益。它以处置固定资产所取得的各项收入与固定资产账面净值、发生的清理费用以及应缴纳的营业税之间的差额来确定。其中，处置固定资产的收入包括出售价款、残料变价收入、保险及过失人赔款等项收入；清理费用包括处置固定资产时发生的拆卸、搬运、整理等项费用；营业税是指出售不动产而按出售收入的5%计算缴纳的营业税。

（二）固定资产处置的核算

企业应设置“固定资产清理”科目核算固定资产的处置损益。需要处置的固定资产账面净值、发生的清理费用及应交的营业税等，记入该科目借方；取得的固定资产出售价款、残料变价收入、保险及过失人赔款等项收入，记入该科目的贷方；借方与贷方的差额即为固定资产处置净损益，转入营业外收入或营业外支出。

固定资产处置账务核算处理如图7—5所示。

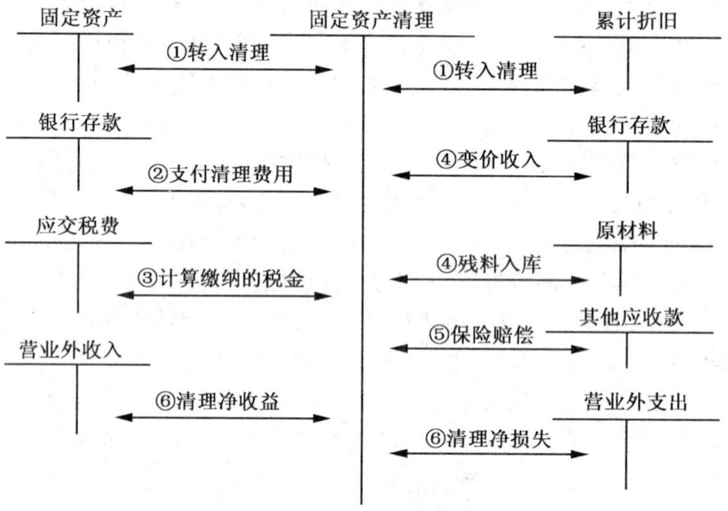

图7—5　固定资产处置账务核算处理

1. 固定资产出售

企业对多余闲置或不再需用的固定资产，可出售给其他需要该项固定资产的企业，以收回资金，避免资源的浪费。出售固定资产的损益是指出售固定资产取得的价款与固定资产账面净值、发生的清理费用以及出售不动产缴纳的营业税之间的差额。

【例7—15】 星海公司因经营管理的需要，将一栋办公楼出售，出售的价款为500 000元。办公楼的原始价值为720 000元，累计折旧310 000元。出售前公司对房屋进行了适当整修，并支付整修费用1 200元。

（1）注销固定资产原价及累计折旧：

借：固定资产清理	410 000	
累计折旧	310 000	
贷：固定资产		720 000

（2）支付整修费用1 200元：

借：固定资产清理	1 200	
贷：银行存款		1 200

（3）计算应交营业税：

应交营业税＝500 000×5%＝25 000（元）

借：固定资产清理	25 000	
贷：应交税费——应交营业税		25 000

(4)收到出售价款：

借：银行存款　　500 000

　　贷：固定资产清理　　500 000

(5)结转净收益：

净收益＝500 000－410 000－1 200－25 000＝63 800(元)

借：固定资产清理　　63 800

　　贷：营业外收入　　63 800

2. 固定资产报废

固定资产报废有到期正常报废、提前报废和超龄使用后报废三种情况。无论是何种情况的报废，其损益的计算方法是一样的，都是指报废时固定资产的残料变价收入与固定资产账面净值、发生的清理费用之间的差额。

【例 7－16】 星海公司一台设备进入报废程序。设备原价 120 000 元，累计折旧 117 000 元。报废时支付清理费用 360 元，残料作价 1 600 元，可验收入库作为材料使用。

(1)设备报废，注销原价及累计折旧：

借：固定资产清理　　3 000

　　累计折旧　　117 000

　　贷：固定资产　　120 000

(2)支付报废设备清理费用 360 元：

借：固定资产清理　　360

　　贷：银行存款　　360

(3)残料入库：

借：原材料　　1 600

　　贷：固定资产清理　　1 600

(4)结转报废净损失：

报废净损失＝3 000－360＋1 600＝4 240(元)

借：营业外支出　　4 240

　　贷：固定资产清理　　4 240

3. 固定资产毁损

固定资产毁损有的是由于自然灾害等不可抗力因素造成的，也有的是由于责任事故等人为因素造成的。不论什么原因，固定资产发生毁损对企业的影响都是负面的。因此，企业应加强对固定资产的管理，防止此类事情的发生，减少企业的意外损失。固定资产毁损的净损失是指毁损固定资产的账面净值，加上发生的清理费用，扣除残料变价收入以及保险赔款、责任人赔款后的净额。

【例 7－17】 星海公司一座仓库因火灾烧毁。仓库原价 300 000 元，累积折旧 120 000 元。大火扑灭后对现场进行了清理，发生清理费用 21 000 元，收到保险公司赔款 100 000 元，残料变卖收入 19 000 元。

(1)注销烧毁库房原价及累计折旧：

借：固定资产清理　　180 000

　　累计折旧　　120 000

　　贷：固定资产　　300 000

(2)支付现场清理费用：

借：固定资产清理	21 000	
贷：银行存款		21 000

(3)残料变卖收入存入银行 19 000 元：

借：银行存款	19 000	
贷：固定资产清理		19 000

(4)收到保险公司赔款 100 000 元：

借：银行存款	100 000	
贷：固定资产清理		100 000

(5)计算并结转毁损净损失：

毁损净损失＝180 000＋21 000－19 000－100 000＝82 000(元)

借：营业外支出	82 000	
贷：固定资产清理		82 000

4. 固定资产盘盈

按照现行会计准则规定，企业在清查中盘盈的固定资产，应作前期差错处理。在按管理权限和程序报批前先通过“以前年度损益调整”科目核算；同时，按同类或类似固定资产的市场价格减去估计损耗价后的余额作为入账价值，或者按该项固定资产预计未来现金流量的现值作为入账价值。待批准后，按规定计算应交所得税、计提盈余公积，余下部分作为未分配利润转入以后年度分配。

【例 7－18】 甲公司年末在固定资产清查中，发现一台账外设备，该类设备尚存在活跃市场，按类似设备的市场价格减去按新旧程度估计的价值损耗后的余额为 40 000 元，当即填写了“固定资产盘点盈亏报告表”，并上报有关机构审批。查所得税税率为 25%，法定盈余公积提取比例为 10%。公司管理机构批复按会计准则的有关规定处理。编制会计分录如下：

(1)报批前将盘盈固定资产登记入账：

借：固定资产	40 000	
贷：以前年度损益调整		40 000

(2)批准后计算应交所得税：

应交所得税＝40 000×25%＝10 000(元)

借：以前年度损益调整	10 000	
贷：应交税费——应交所得税		10 000

(3)结转留存收益：

借：以前年度损益调整	30 000	
贷：盈余公积——法定盈余公积		3 000
利润分配——未分配利润		27 000

5. 固定资产盘亏

企业在固定资产清查中盘亏的固定资产，应在报批前按账面净值借记“待处理财产损溢”科目，按已提折旧额借记“累计折旧”科目，如该项固定资产已计提减值准备，还要借记“固定资产减值准备”科目，同时按账面原价贷记“固定资产”科目；待按管理权限和程序报经批准后，应由责任人赔偿的部分借记“其他应收款”科目，其余部分借记“营业外支出”科目，同时，贷记“待处理财产损溢”科目。

【例 7—19】 甲公司在年末对固定资产的清查中，发现短缺一台小型仓库运输设备，该设备账面原价为 7 000 元，已计提折旧 3 000 元，当即填写了“固定资产盘点盈亏报告表”，并上报有关机构审批。经查明，该设备的丢失，仓库管理员李斌负有责任。公司管理机构批复由仓库管理员赔偿损失价值的 10%，其余部分作营业外支出处理。编制会计分录如下：

(1)报批前转销盘亏固定资产账面价值：

借：待处理财产损溢	4 000	
累计折旧	3 000	
贷：固定资产		7 000

(2)按批复转销时：

借：其他应收款——李斌	400	
营业外支出	3 600	
贷：待处理财产损溢		4 000

任务二　无形资产

一、无形资产的概念与特征

(一)无形资产的概念

无形资产是指企业拥有或者控制的没有实物形态的可辨认非货币性资产。无形资产通常代表企业拥有的一些法定权利，企业可以凭借这些权利获得更多的经济利益。无形资产包括专利权、非专利技术、商标权、著作权、土地使用权、特许权等。

(二)无形资产的特征

与其他资产相比，无形资产具有如下显著特征：

1. 无形资产不具有实物形态

不具有实物形态是无形资产区别于固定资产和其他有形资产的主要标志。它们通常表现为某种权利、技术或获取超额利润的综合能力，如专利权、土地使用权、非专利技术等。无形资产以非实物形态存在，为企业创造经济利益，或使企业获得超额收益。不过，无形资产的存在并产生效益必须依赖于实物载体，如企业的专利权只有借助于劳动资料和劳动对象等实物资产才能为企业带来经济效益。但这并不改变无形资产本身不具有实物形态的特征。

2. 无形资产具有可辨认性

无形资产能够从企业中分离出来，单独或者与资产、负债和相关合同一起用于出售、租赁或交换；同时，无形资产所表现的权利源自合同或法定权利，都是可辨认的。

3. 无形资产属于非货币性长期资产

属于非货币性资产且是非流动资产，是无形资产的又一特征。货币性资产，如应收款项、银行存款等也没有实物形态，因此仅以有无实物形态与其他资产加以区分是不够的。无形资产属于长期资产，主要是因为它们能在超过一个营业周期的长时间内为企业创造经济利益。

4. 无形资产是为企业使用而非出售的资产

企业持有无形资产的目的不是为了出售而是为了生产经营，即利用无形资产来生产商品、提供劳务、出租给他人或为企业经营管理服务。

5. 无形资产在创造经济利益方面存在较大的不确定性

作为资产必须能给企业带来经济利益，无形资产也不例外。但在某种程度上，无形资产创造的经济利益具有不确定性，因为它必须与其他资产结合，而且其成果还要接受市场的考验，如企业利用某种专利权生产的产品市场接受程度高，企业利益就大，反之就小。无形资产的这一特征，要求企业对无形资产的取得和管理持更为谨慎的态度。

二、无形资产的确认、计量、摊销

(一)无形资产的确认

无形资产在符合其概念的基础上，还必须同时满足以下两个条件时才能予以确认：

1. 与该无形资产有关的经济利益很可能流入企业

作为企业无形资产予以确认的项目，必须具备产生的经济利益很可能流入企业这项基本条件。实务中，要确定无形资产创造的经济利益是否很可能流入企业，需要进行职业判断。在进行这种判断时，应当对无形资产在预计使用寿命内可能存在的各种经济因素做出合理估计，并且应当有明确证据支持。如果有证据表明某一无形资产产生的经济利益很可能流入企业，就应将其确认为无形资产；反之，就不能确认为无形资产。

2. 该无形资产的成本能够可靠地计量

成本能够可靠地计量是资产确认的一项基本条件。对于无形资产来说，这个条件显得十分重要。比如，一些高新科技企业的科技人才，假定其与企业签订了服务合同，且合同规定其在一定期限内不能为其他企业提供服务。在这种情况下，虽然这些科技人才的知识在规定的期限内预期能够为企业创造经济利益，但由于这些技术人才的知识难以辨认，加之为形成这些知识所发生的支出难以计量，从而不能作为企业的无形资产加以计量。

(二)无形资产的计量

根据无形资产取得方式的不同，有不同的计量方法：

1. 外购的无形资产

企业外购的无形资产应当按成本进行初始计量。外购无形资产的成本包括购买价款、相关税费以及直接归属于该项资产达到预定用途所发生的其他支出。

购买无形资产的价款超过正常信用条件延期支付，实质上具有融资性质的，无形资产的初始成本以购买价款的现值为基础确定。实际支付的价款与购买价款的现值之间的差额，除按照“借款费用”的有关规定应予以资本化以外，应当在信用期间内采用实际利率法进行摊销，计入当期损益。

2. 投资者投入的无形资产

投资者投入的无形资产，应以投资各方确认的价值作为入账价值。但合同或协议约定价值不公允的除外。

3. 自行开发的无形资产

企业会计准则将内部研究开发分为研究阶段和开发阶段。所谓研究阶段，是指为获取新的技术和知识等进行的有计划的调查，其特点在于研究阶段是探索性的，为进一步的开发活动进行资料及相关方面的准备。从已经进行的研究活动看，将来是否会转入开发、开发后是否会形成无形资产等具有较大的不确定性。开发阶段相对研究阶段而言，应当是完成了研究阶段的工作，在很大程度上形成一项新产品或新技术的基本条件已经具备。根据准则的规定，企业研究阶段的支出全部费用化，计入当期损益。开发阶段的支出符合资本化条件的，才能确认为无形资产；不符合资本化条件的，计入当期损益。无法区分研究阶段支出和开发阶段支出的，应当将其所发生的研发支出全部费用化，计入当期损益。

企业内部发生的开发阶段支出，应同时满足下列条件，才能予以资本化，确认为无形资产：①完成该项无形资产以使其能够使用或出售在技术上具有可能性。判断无形资产的开发在技术上是否具有可行性，应当以目前阶段的成果为基础，并提供相关证据和材料，证明企业进行开发所需的技术条件等已经具备，不存在技术上的障碍或其他不确定性。②具有完成该无形资产并使用或出售的意图。企业能够说明其开发无形资产的目的。③无形资产能够为企业带来未来经济利益。④有足够的技术、财务资源和其他资源支持，以完成该无形资产的开发，并有能力使用或出售该无形资产。⑤归属于该无形资产开发阶段的支出能够可靠地计量。企业对于研究开发的支出应当能够单独核算。

（三）无形资产的摊销

无形资产属于企业的长期资产，能在较长的时间内给企业带来经济效益。但无形资产也有一定的有效期限，其价值将随着时间的推移而消失。因此，无形资产的成本应在其有效的经济寿命内加以摊销。

会计准则对使用寿命有限的无形资产和使用寿命不确定的无形资产的摊销规定了不同的方法：①对于使用寿命有限的无形资产，其应摊销金额应当在使用寿命内系统合理摊销；使用寿命不确定的无形资产不应摊销。在估计无形资产使用寿命时应当注意到：企业持有的无形资产，通常来源于合同性权利或是其他法定权利，而且合同规定或法律规定有明确的使用年限。来源于合同性权利和其他法定权利的无形资产，其使用寿命不应超过合同性权利或其他法定权利的期限；如果合同性权利或其他法定权利能够在到期时因续约等延续，且有证据表明企业续约不需要付出大额成本，续约期应当计入使用寿命。合同或法律没有规定使用寿命的，企业应综合各方面情况，聘请相关专家进行论证，或与同行业的情况进行比较，以及参考历史经验等，确定无形资产为企业带来未来经济效益的期限。②经过上述努力仍然无法合理确定无形资产为企业带来经济利益期限的，才能将其作为使用寿命不确定的无形资产。

会计准则规定，企业摊销无形资产，应当自无形资产可供使用时起，至不再作为无形资产确认时止。在确定摊销期限后还应选择合理的摊销方法，企业选择的方法应当反映与该项无形资产有关的经济利益的预期实现方式。无法可靠确定预期实现方式的，应当采用直线法摊销。

无形资产的摊销金额一般应计入当期损益。但如果某项无形资产包含的经济利益是通过所生产的产品或其他资产实现的，其摊销金额应当计入相关资产的成本。

三、无形资产的核算

为了核算无形资产的取得、摊销和转让，应设置“无形资产”科目，该科目借方登记企业购入或自行创造并按法律程序申请取得的以及投资者投入的各种无形资产的价值，贷方登记企业向外单位投资转出、转让出售的无形资产价值及分期摊销的无形资产的价值，期末借方余额反映企业已入账但尚未摊销的无形资产价值。“无形资产”科目应按其类别设置明细分类账。无形资产核算账户记录情况如图 7—6 所示。

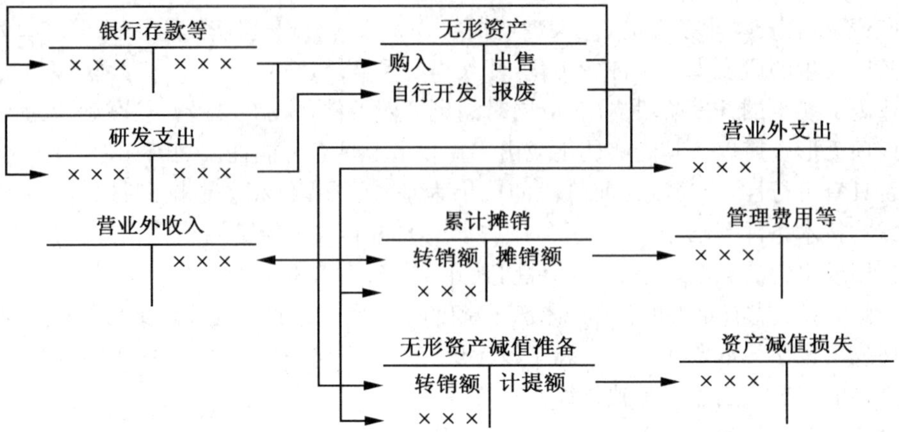

图7—6　无形资产核算账户记录情况

（一）无形资产取得的核算

无形资产取得的方式主要有企业购入、企业自创、投资者投入等方式。由于取得的方式不同，会计处理方式也不同。

1. 企业购入的无形资产

企业购入的无形资产按实际支付的价款借记“无形资产”科目，贷记“银行存款”等科目。若企业购入专利权、商标权等无形资产，购进的不是所有权而是使用权时，也应把使用权作为无形资产入账。

【例7—20】 甲公司购入一项非专利技术，一次性支付价款50 000元，支付咨询费、手续费等1 500元，以上款项均以银行存款支付。编制会计分录如下：

借：无形资产——非专利技术　　51 500

　　贷：银行存款　　51 500

2. 企业自创的无形资产

企业自行开发无形资产，应设置“研发支出”科目核算研究开发过程中的相关支出。该科目应当按照研究开发项目，分别设置“费用化支出”与“资本化支出”进行明细核算。其研发支出，不满足资本化条件的，借记“研发支出——费用化支出”科目；满足资本化条件的，借记“研发支出——资本化支出”科目，贷记“原材料”、“银行存款”、“应付职工薪酬”等科目。企业以其他方式取得的正在进行中的研究开发项目，应按确定的金额，借记“研发支出——资本化支出”科目，贷记“银行存款”等科目。研究开发项目达到预定用途形成无形资产的，应按研发支出——资本化支出的余额，借记“无形资产”科目，贷记“研发支出——资本化支出”科目。期末，企业应将研发支出——费用化支出金额转入“管理费用”科目，借记“管理费用”科目，贷记“研发支出——费用化支出”科目。本科目期末借方余额，反映企业正在进行中的研究开发项目中满足资本化条件的支出。

【例7—21】 2015年1月，甲公司董事会批准自行研发某项新型技术，在开发过程中发生材料费用700 000元，人工费用300 000元，以及其他费用100 000元，总计1 100 000元。其中，符合资本化条件的支出为800 000元。2015年7月，该项新型技术已达到预定用途。编制会计分录如下：

(1)2015 年 1 月开发投入时：

借：研发支出——费用化支出 300 000
——资本化支出 800 000
贷：原材料 700 000
应付职工薪酬 300 000
银行存款 100 000

(2)2015 年 7 月，开发项目达到预定用途时：

借：管理费用 300 000
无形资产 800 000
贷：研发支出——费用化支出 300 000
——资本化支出 800 000

3. 投资者投入的无形资产

投资者投入的无形资产，应以投资各方确认的公允价值作为入账价值，借记“无形资产”科目，贷记“实收资本”科目。

【例 7—22】 甲公司接受一研究所投资的一项生产新型产品的专利权，双方确认的价值为 180 000 元。编制会计分录如下：

借：无形资产——专利权 180 000
贷：实收资本 180 000

(二)无形资产摊销的核算

无形资产的价值应自受益之日起，在有效期内按月平均摊入期间费用。摊销时，并不直接冲减无形资产，而是在增加期间费用的同时增加累计摊销，即借记“管理费用”科目，贷记“累计摊销”科目。

【例 7—23】 甲公司于 2016 年 12 月购得一项专利权，该专利权的成本为 90 000 元，有效期为 3 年，本月应该摊销无形资产 2 500 元(90 000÷3÷12)。编制会计分录如下：

借：管理费用——无形资产摊销 2 500
贷：累计摊销 2 500

(三)无形资产转让的核算

无形资产转让的方式有两种：一种是转让所有权，另一种是转让使用权。

1. 转让无形资产所有权

无形资产所有权转让即为出售无形资产，企业应按实际取得的转让收入借记“银行存款”等科目，按该资产已计摊销额借记“累计摊销”科目，按无形资产的账面价值贷记“无形资产”科目，按支付相关税费，贷记“银行存款”、“应交税费”等科目；按其差额，贷记“营业外收入——出售无形资产收益”科目或借记“营业外支出——出售无形资产损失”科目。

【例 7—24】 甲公司于 2016 年 12 月 20 日将拥有的一项专利权出售，价款为 200 000 元，款项存入银行。该专利权原价 250 000 元，累计摊销 100 000 元，按营业税法应缴纳 5%的营业税。编制会计分录如下：

借：银行存款 200 000
累计摊销 100 000
贷：无形资产 250 000
应交税费——应交营业税 10 000

营业外收入——处置非流动资产利得　　40 000

2. 转让无形资产使用权

企业转让无形资产使用权就是将无形资产出租，将使用权让渡给他人并收取租金，属于企业让渡资产的使用权。转让取得的收入计入其他业务收入，摊销无形资产成本并发生与转让有关的各种费用支出，计入其他业务成本。

企业出租无形资产所得的租金收入，借记“银行存款”等科目，贷记“其他业务收入”科目；摊销无形资产成本并发生与转让有关的各种费用支出，借记“其他业务成本”科目，贷记“累计摊销”、“银行存款”等科目。

【例7—25】 甲公司2016年12月10日将一项非专利技术使用权出租给B企业，租期一年，估计该非专利技术受益年限为5年，租金12 000元已经存入银行。该非专利技术的成本为30 000元，在转让过程中发生服务费3 000元，以银行存款支付。不考虑其他相关税费。编制会计分录如下：

(1)确认转让收入时：

借：银行存款　　12 000

　贷：其他业务收入　　12 000

(2)支付转让费用时：

借：其他业务支出　　3 000

　贷：银行存款　　3 000

(3)摊销无形资产价值时：

本月摊销额＝30 000÷(12×5)＝500(元)

借：其他业务支出　　500

　贷：累计摊销　　500

(四)无形资产转销

如果无形资产预期不能为企业带来经济利益，从而不再符合无形资产的概念，则应将其转销。企业在判断无形资产是否预期不能为企业带来经济利益时，应根据以下迹象加以判断：①该无形资产是否已被其他新技术替代，且已不能为企业带来经济利益。②该无形资产是否不再受法律保护，且不能给企业带来经济利益。比如，某企业的一项无形资产的法定有效年限已过，且借以生产的产品没有市场，出现这种情况时，企业应转销这项无形资产。

转销时，应按已计提的累计摊销，借记“累计摊销”科目；按其账面余额，贷记“无形资产”科目；按其差额，借记“营业外支出”科目。已计提减值准备的，还应同时结转减值准备。

【例7—26】 甲公司拥有的某项专利权已被其他新技术替代，预期不能为企业带来经济效益，决定予以转销。该专利权的账面余额为600 000元，摊销期限为5年。采用直线法进行摊销，已摊销3年。已计提减值准备160 000元。编制会计分录如下：

借：累计摊销　　360 000

　无形资产减值准备　　160 000

　营业外支出——处置非流动资产损失　　80 000

　贷：无形资产——专利权　　600 000

(五)无形资产减值

资产减值，是指资产的可回收金额低于其账面价值。如果无形资产经过减值测试发生减值，则需要计提相应的减值准备。其相关账务处理为：借记“资产减值损失”科目，贷记“无形资产减值准备”科目。

【例7—27】 甲公司经过测试某项无形资产可回收金额为200 000元，账面金额为260 000元，发生减值60 000元。编制会计分录如下：

借：资产减值损失　　　　60 000

　　贷：无形资产减值损失　　　　60 000

（六）无形资产出租

企业让渡无形资产使用权并收取租金，在满足收入确认条件的情况下，应确认相关的收入和费用。

出租无形资产取得租金收入时，借记“银行存款”等科目，贷记“其他业务收入”等科目；摊销出租无形资产的成本和发生与转让有关的各种费用支出时，借记“其他业务成本”、“营业税金及附加”等科目，贷记“累计摊销”、“应交税费”等科目。

【例7—28】 2017年1月1日，甲公司将某商标权出租给乙公司使用，租期为4年，每年收取租金150 000元。租金收入适用的营业税税率为5%，甲公司在出租期间内不再使用该商标权。该商标权是甲公司2017年1月1日购入的，初始入账价值为1 800 000元，预计使用年限为15年，采用直线法摊销。假定不考虑营业税以外的其他税费并按年摊销。

甲公司的账务处理为：

(1)每年取得租金：

借：银行存款　　　　150 000

　　贷：其他业务收入——出租商标权　　　　150 000

(2)按年对该商标权进行摊销并计算应交的营业税：

借：其他业务成本——商标权摊销　　　　120 000

　　营业税金及附加(150 000×5%)　　　　7 500

　　贷：累计摊销　　　　120 000

　　　　应交税费——应交营业税　　　　7 500

（七）无形资产出售

企业出售无形资产，表明企业放弃该无形资产的所有权，应将所取得的价款与该无形资产账面价值的差额作为资产处置利得或损失，计入当期损益。值得注意的是，企业出售无形资产确认其利得的时点，应按照收入确认中的相关原则进行确定。

出售无形资产时，应按实际收到的金额，借记“银行存款”等科目；按已计提的累计摊销额，借记“累计摊销”科目；原已减值准备的，借记“无形资产减值准备”科目；按应支付的相关税费及其他费用，贷记“应交税费”、“银行存款”等科目；按其账面余额，贷记“无形资产”科目；按其差额，贷记“营业外收入——处置非流动资产利得”科目或借记“营业外支出——处置非流动资产损失”科目。

【例7—29】 甲企业出售一项商标权，所得价款为1 200 000元，应交营业税为60 000元(不考虑其他税费)。该商标权成本为3 000 000元，出售时已摊销金额为1 800 000元，已计提的减值准备为300 000元。

甲企业的账务处理为：

借：银行存款　　　　1 200 000

　　累计摊销　　　　1 800 000

　　无形资产减值准备——商标权　　　　300 000

贷：无形资产——商标权 3 000 000

应交税费——应交营业税 60 000

营业外收入——处置非流动资产利得 240 000

（八）无形资产报废

如果无形资产预期不能为企业带来未来经济利益，例如，某无形资产已被其他新技术所替代或超过法律保护期，不能再为企业带来经济利益的，则不再符合无形资产的概念，应将其报废并予以转销，其账面价值转作当期损益。

转销时，应按已计提的累计摊销额，借记"累计摊销"科目，按已计提的减值准备，借记"无形资产减值准备"科目，按无形资产账面余额，贷记"无形资产"科目，按其差额，借记"营业外支出"科目。

【例 7—30】 甲企业原拥有一项非专利技术，采用直线法进行摊销，预计使用期限为10年。现该项非专利技术已被内部研发成功的新技术所替代，并且根据市场调查，用该非专利技术生产的产品已没有市场，预期不能再为企业带来任何经济利益，故应当予以转销。转销时，该项非专利技术的成本为9 000 000元，已摊销6年，累计计提减值准备2 400 000元，该项非专利技术的残值为0。假定不考虑其他相关因素。

甲企业的账务处理为：

借：累计摊销 5 400 000

无形资产减值准备——专利权 2 400 000

营业外支出——处置非流动资产损失 1 200 000

贷：无形资产——专利权 9 000 000

关键术语

固定资产重置　完全价值　固定资产净值　固定资产折旧　年限平均法　工作量法　双倍余额递减法　年数总和法

◎ 应知考核 ◎

一、单项选择题

1. 采用出包方式建造固定资产时，对于按合同规定预付的工程价款应借记的会计科目是（　　）。

A."在建工程"　　B."固定资产"　　C."工程物资"　　D."预付账款"

2. 企业接受投资者投入的一项固定资产，应按（　　）作为入账价值。

A. 公允价值

B. 投资方的账面原值

C. 投资合同或协议约定的价值（但合同或协议约定的价值不公允的除外）

D. 投资方的账面价值

3. 下列固定资产中，不应计提折旧的固定资产有（　　）。

A. 大修理的固定资产　　B. 当月减少的固定资产

C. 正处于改良期间的经营租入固定资产　　D. 融资租入的固定资产

4. 下列固定资产中，应计提折旧的固定资产有（　　）。

A. 经营租赁方式租入的固定资产

B. 季节性停用的固定资产

C. 正在改扩建的固定资产

D. 融资租出的固定资产

5. 在筹建期间，在建工程由于自然灾害等原因造成的单项或单位工程报废或毁损，扣除残料价值和过失人或保险公司等赔款后的净损失，报经批准后计入(　　)。

A. 管理费用　B. 在建工程的成本　C. 长期待摊费用　D. 营业外支出

6. 企业盘盈的固定资产，应在报告批准后，转入(　　)科目。

A."其他业务收入"　B."以前年度损益调整"

C."资本公积"　D."营业外收入"

7. 按照现行规定，下列各项中，股份有限公司应作为无形资产入账的是(　　)。

A. 开办费

B. 商誉

C. 为获得土地使用权支付的土地出让金

D. 开发新技术过程中发生的研究开发费

8. 购买无形资产的价款超过正常信用条件延期支付，实质上具有融资性质的，无形资产的成本以(　　)为基础确定。

A. 全部购买价款　B.全部购买价款的现值

C. 对方提供的凭据上标明的金额　D. 市价

9."无形资产"的期末借方余额，反映企业无形资产的(　　)。

A. 成本　B. 摊余价值　C. 账面价值　D. 可收回金额

10. 企业摊销自用的、使用寿命确定的无形资产时，借记"管理费用"科目，贷记(　　)科目。

A."无形资产"　B."累计摊销"　C."累计折旧"　D."无形资产减值准备"

二、多项选择题

1. 下列可以确认为无形资产的有(　　)。

A. 计算机公司购入的为客户开发的软件

B. 高级专业技术人才

C. 企业通过行政划拨无偿取得的土地使用权

D. 有偿取得一项为期 15 年的高速公路收费权

2. 外购无形资产的成本，包括(　　)。

A. 购买价款

B. 进口关税

C. 其他相关税费

D. 直接归属于使该项资产达到预定用途所发生的其他支出

3. 投资者投入无形资产的成本，应当按照(　　)确定，但该金额不公允的除外。

A. 投资合同约定的价值

B. 公允价值

C. 投资方无形资产的账面价值

D. 协议约定的价值

4. 下列有关无形资产的会计处理中，不正确的是(　　)。

A. 转让无形资产使用权所取得的收入应计入营业外收入

B. 使用寿命不确定的无形资产，不应摊销

C. 转让无形资产所有权所发生的支出应计入其他业务成本

D. 购入但尚未投入使用的、使用寿命确定的无形资产的价值不应进行摊销

5. 以下属于固定资产特征的有(　　)。

A. 为生产商品、提供劳务而持有的资产

B. 单位价值在2 000元以上的设备

C. 为出租或经营管理而持有的资产

D. 使用寿命超过一个会计年度

6. 下列不能在“固定资产”账户核算的有（　　）。

A. 购入正在安装的设备　　B. 经营性租入的设备

C. 融资租入的不需安装的设备　　D. 购入的不需安装的设备

7. 下列各项中，引起固定资产账面价值发生增减变化的有（　　）。

A. 购买固定资产时所支付的有关契税、耕地占用税

B. 发生固定资产修理支出

C. 发生固定资产改良支出

D. 对固定资产计提折旧

8. 下列各项中，应计入固定资产成本的有（　　）。

A. 固定资产进行日常修理发生的人工费用

B. 固定资产安装过程中领用原材料所负担的增值税

C. 固定资产达到预定可使用状态后发生的专门借款利息

D. 固定资产达到预定可使用状态前发生的工程物资盘亏净损失

9. 下列税费中，应该计入固定资产入账价值的有（　　）。

A. 一般纳税企业购入固定资产所支付的增值税

B. 契税

C. 耕地占用税

D. 车辆购置税

10. 下列有关固定资产的说法中正确的有（　　）。

A. 固定资产的各组成部分具有不同使用寿命或者以不同方式为企业提供经济利益，适用不同折旧率或折旧方法的，应当分别将各组成部分确认为单项固定资产

B. 与固定资产有关的后续支出均应当在发生时计入当期损益

C. 购买固定资产的价款超过正常信用条件延期支付，实质上具有融资性质的，固定资产的成本以购买价款的现值为基础确定

D. 自行建造固定资产的成本，由建造该项资产办理竣工决算手续前所发生的必要支出构成

三、判断题

1. 无形资产是指企业为生产商品、提供劳务、出租给他人，或为管理目的而持有的，没有实物形态的非货币性长期资产。（　　）

2. 使用寿命确定的无形资产的摊销应计入管理费用。（　　）

3. 无形资产摊销时，应该冲减无形资产的成本。（　　）

4.“无形资产”科目的期末借方余额，反映企业无形资产的账面价值。（　　）

5. 固定资产提足折旧后，不论能否继续使用，均不再计提折旧；提前报废的固定资产，也不再补提折旧。（　　）

6. 企业一般应当按月提取折旧，当月增加的固定资产，当月计提折旧；当月减少的固定资产，当月不提折旧。（　　）

7. 企业固定资产一经入账，其入账价值均不得作任何变动。（　　）

8. 固定资产的大修理费用和日常修理费用，应当采用预提或待摊方式处理。（　　）

9. 按照新准则的规定，对于计提的固定资产减值准备，在以后期间价值恢复时，不转回任何原已计提的减值准备金额。（　　）

10. 正常报废和非常报废的固定资产均应通过“固定资产清理”科目予以核算。 ( )

四、简述题

1. 固定资产的确认应具备哪些条件?
2. 固定资产的成本构成包括哪些内容?请列出外购固定资产的成本内容。
3. 融资租入的固定资产,在取得时为什么采用现值确认固定资产价值?
4. 什么是加速折旧法?它包括哪些方法?加速折旧法有什么特点?
5. 在年数总和法下,每年的各月折旧额一定相等吗?

◎ 应会考核 ◎

★观念应用

【背景资料】

甲公司为一家制造企业。2017 年 1 月 1 日向乙公司购进三套不同型号且具有不同生产能力的设备 A、B、C。共支付货款 7 800 000 元,增值税额 1 326 000 元,包装费 42 000 元。全部以银行存款支付。假定设备 A、B、C 均满足固定资产的定义和确认条件,公允价值分别为 2 926 000 元、3 594 800 元、1 839 200 元;不考虑其他相关税费。

【考核要求】

根据背景资料:

(1)确定固定资产 A、B、C 的入账价值。

(2)做出购入固定资产的会计分录。

★技能应用

甲股份有限公司 2013～2016 年无形资产业务有关的资料如下:

(1)2013 年 12 月 1 日,以银行存款 300 万元购入一项无形资产(不考虑相关税费)。该无形资产的预计使用年限为 10 年,采用直线法摊销该无形资产。

(2)2015 年 12 月 31 日,对该无形资产进行减值测试时,该无形资产的预计未来现金流量现值是 190 万元,公允价值减去处置费用后的金额为 180 万元。减值测试后该资产的使用年限不变。

(3)2016 年 4 月 1 日,将该无形资产对外出售,取得价款 260 万元并收存银行(不考虑相关税费)。

【技能要求】

根据背景资料,

(1)编制购入该无形资产的会计分录;

(2)计算 2013 年 12 月 31 日无形资产的摊销金额;

(3)编制 2013 年 12 月 31 日摊销无形资产的会计分录;

(4)计算 2014 年 12 月 31 日该无形资产的账面价值;

(5)计算该无形资产 2015 年年底计提的减值准备金额并编制会计分录;

(6)计算该无形资产出售形成的净损益;

(7)编制该无形资产出售的会计分录。(金额单位用万元表示)

★案例分析

【情景与背景】

2017 年 1 月,大连某股份有限公司准备自行建造一座厂房,为此发生以下业务:

(1)购入工程物资一批，价款为500 000元，支付的增值税进项税额为85 000元，款项以银行存款支付；

(2)至6月，工程先后领用工程物资545 000元(含增值税进项税额)；剩余工程物资转为该公司的存货，其所含的增值税进项税额可以抵扣；

(3)领用生产用原材料一批，价值为64 000元，购进该批原材料时支付的增值税进项税额为10 880元；

(4)辅助生产车间为工程提供有关的劳务支出为50 000元；

(5)计提工程人员工资95 800元；

(6)6月底，工程达到预定可使用状态，但尚未办理竣工决算手续，工程按暂估价值结转固定资产成本；

(7)7月中旬，该项工程决算实际成本为800 000元，经查其与暂估成本的差额为应付职工工资；

(8)假定不考虑其他相关税费。

【分析要求】

根据背景资料，试一试编制上述业务相关的会计分录。

◎ 项目实训 ◎

【实训项目】

固定资产业务会计处理

【实训情境】

华兴公司购置了一条需要安装的生产线，与该生产线有关的业务如下：

(1)2017年3月30日，购入需要安装的生产线一条，增值税专用发票上注明的买价为400 000元，增值税为68 000元，另支付保险费及其他费用32 000元，该生产线交付安装部门安装；

(2)安装生产线时领用本公司产品一批，该批产品的实际成本为40 000元，税务部门核定的计税价格为50 000元，适用的增值税税率为17%；

(3)安装工程人员应付工资及福利费45 600元，用银行存款支付其他安装费用5 900元；

(4)2017年6月30日，安装工程结束并随即投入使用，该生产线预计使用年限为5年，采用双倍余额递减法计提折旧(预计残值率为5%)；

(5)2017年6月30日，华兴公司将该生产线出售，出售时用银行存款支付清理费用30 000元，出售所得款项350 000元全部存入银行，于当日清理完毕。

【实训任务】

上述资料涉及固定资产的购建、折旧的计算以及固定资产的处置等的经济业务，学生应认真阅题，逐笔进行账务处理。

项目八　负　债

【知识目标】

理解：流动负债和非流动负债的概念、内容、分类、特点。

熟知：短期借款、应付票据、应付职工薪酬、应交税费等流动负债的确认和计量；应付债券的发行及会计处理；长期借款的确认和计量。

掌握：流动负债和非流动负债的会计账务处理。

【技能目标】

能够运用负债核算的知识，分清各项负债的核算内容，正确进行核算，提供企业负债的相关信息。

【素质目标】

全面熟悉负债的杠杆作用，合理负债，降低企业筹集资金的成本；加强对借款费用资本化的管理，正确划分费用化和资本化的界限。

【项目引例】

对负债的认识

李某系自由职业者，其主要依靠给数家公司担任兼职会计为生。2015年6月，李某受聘于西安某旅行社担任兼职会计，该旅行社性质为一人有限公司，公司股东为王某。旅行社与李某签订了劳务聘用合同，合同约定"李某代理该旅行社会计账务，工作性质为兼职，每月劳务报酬为350元，合同期限为一年。"2016年6月，双方劳务聘用合同期限届满，李某仍继续代理旅行社会计账务，在此期间旅行社给李某增加了劳务报酬，李某也一直未领取劳务报酬直至干到2016年12月。后李某因为工作原因与旅行社经理王某发生矛盾，王某以此为借口拒绝向李某支付劳务报酬，李某多次向旅行社交涉无果，2017年2月，李某将旅行社和王某列为被告一并诉至西安市新城区人民法院，要求法院依法判令旅行社支付拖欠的劳务报酬4 900元及利息，并要求股东王某和旅行社承担连带责任。

原告李某向法庭提交的证据：(1)劳务聘用合同；(2)王某向李某出具欠李某劳务报酬4 900元的欠条；(3)2016年12月旅行社向税务机关报送的纳税报表。

【讨论】

(1)李某是否为该旅行社职员？旅行社所欠工资是否为该一人有限公司的债务？

(2)作为股东王某是否应该与旅行社承担连带责任？

知识精讲

任务一　负债概述

一、负债的概念和特征

（一）负债的概念

根据《企业会计准则——基本准则》，负债可以表述为：负债是指企业过去的交易或事项形成的、预期会导致经济利益流出企业的现时义务。它包括三层概念：第一，负债产生的原因：过去的交易、事项；第二，负债的表现形式：现时应承担的义务；第三，负债解除的结果：未来的经济利益流出企业。

（二）负债的特征

从上面的概念中可以看出，负债具有以下特征：

1. 负债是过去的交易或事项产生的

过去的交易或事项是指已经完成的经济业务，例如，企业已经购进材料但是尚未付款，在这种情况下，企业就有偿付货款的义务。过去的交易或事项可能产生的负债有：企业采购材料后的尚未付款、企业销售商品后的应交而未交税金、期末权责发生制下对费用调整后的预提费用、利润分配过程结束的未付利润等。也就是说，负债只与已经发生的交易或事项相关，而与尚未发生的交易或事项无关。例如，企业已经制订近期材料采购计划，而且不能立刻付款，在交易或事项尚未发生前，这种预期可能产生的负债不能成立。

2. 负债是企业承担的现时义务

它意味着负债是企业必须履行的经济责任，因为过去的交易或事项一般是以合同、协议或有关的法律法规作为约束条件，一旦形成负债的交易或事项已经发生，企业就不得不承担由此而带来的经济责任，即负债已成为事实，并且它将伴随企业直到履行该项经济责任为止。

3. 负债的清偿会导致企业未来经济利益的流出

负债的清偿就是企业履行其经济责任，一般是以向债权人支付资产或提供劳务方式，解除企业对债权人的经济责任。因为这种经济责任的存在有一定的期限，所以在企业不能以支付资产或提供劳务方式解除时，可通过举借新债偿还旧债或者将负债转化为所有者权益等方式处理。举借新债偿还旧债只是债务的延期，将来仍需用支付资产或提供劳务来清偿；而负债转化为所有者权益意味着企业增加所有者权益的同时增加资产，再以新增资产偿还负债。不论是哪种方式都表明负债的偿还是以牺牲企业的经济利益为代价的。

二、负债的分类

（一）按偿还期的长短不同，可分为流动负债和非流动负债

流动负债是指将在一年或者超过一年的一个营业周期内偿还的债务，包括短期借款、应付票据、应付账款、预收货款、应付工资、应交税费、应付利润、其他应付款、预提费用等。

非流动负债又称长期负债，是指偿还期在一年或者超过一年的一个营业周期以上的债务，包括长期借款、应付债券、长期应付款项等。

(二)按偿还方式的不同,可分为货币性负债和非货币性负债

货币性负债是指企业以货币偿还的债务,如应交税费。

非货币性负债是指企业以实物资产或提供劳务偿还的债务,如预收货款。这种分类的作用便于企业对现金流量的安排。

任务二 流动负债

一、流动负债概述

(一)流动负债的概念

流动负债是指企业在一年或超过一年的一个营业周期内,需要以流动资产或增加其他负债来抵偿的债务,主要包括短期借款、应付票据、应付账款、预收账款、应付职工薪酬、应付股利、应交税费、其他应付款等。

(二)流动负债的分类

1. 按照偿付手段分类

流动负债按照偿付手段分类,可以分为货币性流动负债和非货币性流动负债。

(1)货币性流动负债

货币性流动负债是指需要以货币资金来偿还的流动负债,主要包括短期借款、应付票据、应付账款、应付职工薪酬、应付股利、应交税费和其他应付款。

(2)非货币性流动负债

非货币性流动负债是指不需要用货币资金来偿还的流动负债,主要包括预收账款以及其他应付款。预收账款一般需要以商品或劳务来偿还。

2. 按照偿付金额是否确定分类

流动负债按照偿付金额是否确定分类,可以分为金额可以确定的流动负债和金额需要估计的流动负债。

(1)金额可以确定的流动负债

金额可以确定的流动负债是指有确切的债权人和偿付日期并有确切的偿付金额的流动负债,主要包括短期借款、应付票据、已经取得结算凭证的应付账款、预收账款、应付职工薪酬、应付股利、应交税费和其他应付款等。

(2)金额需要估计的流动负债

金额需要估计的流动负债是指没有确切的债权人和偿付日期,或虽有确切的债权人和偿付日期但其偿付金额需要估计的流动负债,主要包括没有取得结算凭证的应付账款、预提费用和预计负债等。

结算凭证尚未到达但已经入库的存货,应付账款应于月末估计确定;预提费用是应由当月成本或费用负担但当月尚未支付的债务,金额应予估计确定;预计负债是企业在与或有事项相关的义务符合一定条件的情况下估计确认的负债。

3. 按照形成方式分类

流动负债按照形成方式分类,可以分为融资活动形成的流动负债和营业活动形成的流动

负债。

(1)融资活动形成的流动负债

融资活动形成的流动负债是指企业从银行和其他金融机构筹集资金形成的流动负债，主要包括短期借款和预提的借款利息。

(2)营业活动形成的流动负债

营业活动形成的流动负债是指企业在正常的生产经营活动中形成的流动负债，可以分为外部业务结算形成的流动负债和内部往来形成的流动负债。外部业务结算形成的流动负债主要包括应付票据、应付账款、预收账款、应交税费、其他应交款、其他应付款中应付外单位的款项和预提费用等；内部往来形成的流动负债主要包括应付职工薪酬和其他应付款中应付企业内部单位或职工的款项。

二、短期借款

(一)短期借款的概念

短期借款是指企业向银行或其他金融机构借入的期限在 1 年以下(含 1 年)的各种借款。企业借入短期借款的主要目的在于解决企业流动资金的不足，以保证企业生产经营的正常进行。归还短期借款时，除了归还借入的本金外，还要按借款期限的长短，支付一定的利息。

为了反映和监督短期借款的取得和归还情况，应设置“短期借款”科目。该科目借方登记归还的借款金额，贷方登记取得的借款金额，期末余额在贷方，反映企业尚未归还的借款。该科目应当按借款种类、贷款人和币种设置明细科目。

(二)短期借款的账务核算

1. 短期借款取得的核算

企业取得短期借款时，通常在取得借款日，按取得借款数额，借记“银行存款”科目，贷记“短期借款”科目。短期借款账务核算程序如图 8—1 所示：

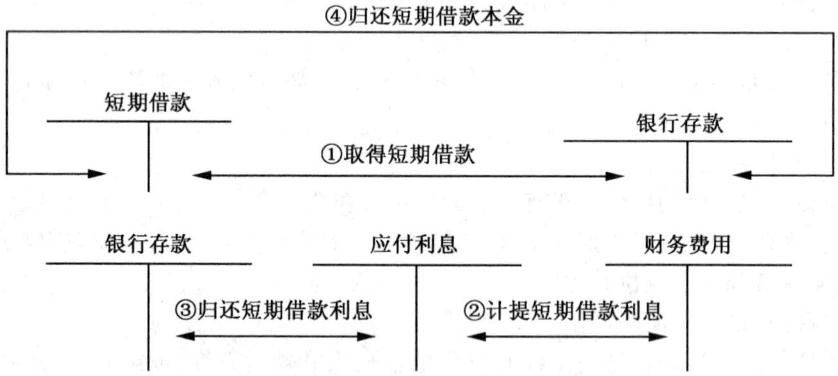

图 8—1　短期借款账务核算程序

2. 短期借款利息的核算

短期借款的利息，一般作为财务费用计入当期损益。如果符合借款费用资本化条件的，应予以计入相关资产的成本。

如果短期借款的利息是按期支付的(按季、按半年)，或利息是在借款到期时连同本金一起偿还，并且数额较大的，为了正确计算各期的盈亏，一般采用预提的办法，按月预提记入“财务费用”等科目。

如果企业短期借款利息是按月支付的，或利息是在借款到期时连同本金一起偿还，但是数额不大的，可以不采用预提的办法，而是在实际支付时，直接计入当期损益。

预提短期借款利息不通过“短期借款”科目，而是通过“应付利息”科目单独进行核算。

3. 短期借款归还的核算

短期借款到期，应及时归还。到期归还借款时，应借记“短期借款”科目，贷记“银行存款”科目。

【例 8—1】 甲公司取得商品周转借款 200 000 元，期限 6 个月，年利率 12%。到期一次还本付息。应编制会计分录如下：

(1)取得借款时：

借：银行存款	200 000	
贷：短期借款		200 000

(2)按月预提借款利息时：

月利息额＝200 000×12%÷12＝2 000(元)

借：财务费用	2 000	
贷：应付利息		2 000

(3)到期归还本息时：

借：短期借款	200 000	
应付利息	12 000	
贷：银行存款		212 000

三、应付票据

(一)应付票据的概念

应付票据是指出票人签发的、委托付款人在指定日期无条件支付确定的金额给收款人或者持票人的票据，包括商业承兑汇票和银行承兑汇票两种。应付票据也是付款人允诺在一定时期内支付一定款额的书面证明。

在我国商业汇票的付款期限，由交易双方商定，但最长不得超过 6 个月。因此，应将应付票据归于流动负债进行管理和核算。

(二)应付票据的账务核算

为了反映企业应付票据的业务，应设置“应付票据”科目。该科目属于负债类，贷方登记签发并承兑的商业汇票的面值，借方登记票据到期支付票款的数额，期末余额在贷方，反映企业尚未到期的商业汇票的票面金额。该科目应按不同的债权人设置明细科目，进行明细核算。

为了详细反映应付票据的有关情况，企业应设置“应付票据备查簿”，详细登记每一应付票据的种类、号数、签发日期、到期日、票面金额、交易合同号、收款单位名称，以及付款日期和金额等详细资料。应付票据到期付清时，应在备查簿内逐笔注销。

1. 应付票据签发的处理

企业开出、承兑票据时，应按面值借记“原材料”、“材料采购”、“应付账款”等科目，贷记“应付票据”科目。如果是银行承兑汇票，还应按承兑金额的一定比例支付承兑手续费，借记“财务费用”科目，贷记“银行存款”科目。应付票据账务核算程序如图 8—2 所示。

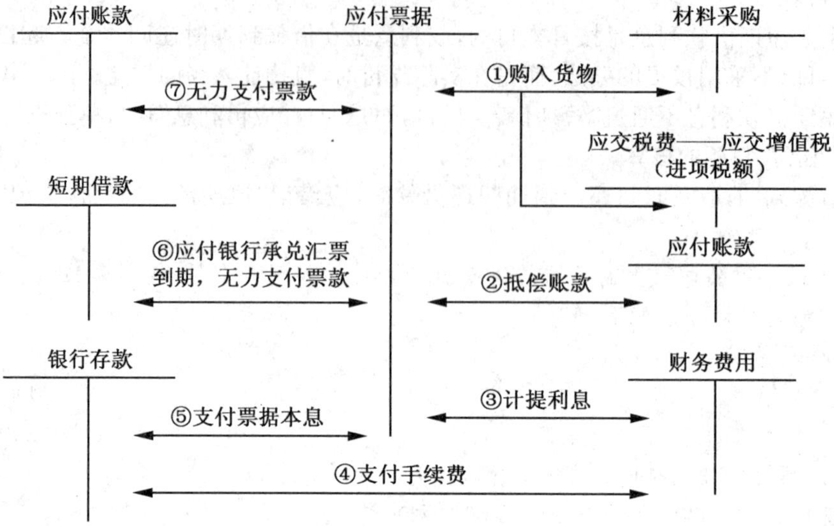

图 8—2　应付票据账务核算程序

2. 应付票据到期清偿的处理

票据到期，支付票款时，按面值借记"应付票据"科目，贷记"银行存款"科目。

到期不能偿付应付票据时，应根据不同情况进行处理：如果是商业承兑汇票，应转作应付账款，待协商后再处理，按面值借记"应付票据"科目，贷记"应付账款"科目；如果是银行承兑汇票，银行已代为付款，并从付款方账户扣款，对尚未扣回的部分作为逾期贷款处理。因此付款方应借记"应付票据"科目，贷记"银行存款"、"短期借款"科目。

【例 8—2】 甲公司购进 A 材料 50 000 元，增值税额为 8 500 元。甲公司 3 月 4 日签发面值 58 500 元、期限 3 个月的不带息商业汇票一张，承兑后交付对方。甲公司于 6 月 4 日如数支付。编制会计分录如下：

(1)3 月 4 日开出商业汇票时：

借：原材料——A 材料	50 000	
应交税费——应交增值税(进项税额)	8 500	
贷：应付票据		58 500

(2)6 月 4 日到期如数支付时：

借：应付票据	58 500	
贷：银行存款		58 500

(3)如果商业汇票为银行承兑汇票，按万分之五缴纳承兑手续费 29.25 元：

借：财务费用	29.25	
贷：银行存款		29.25

(4)如果是银行承兑汇票，企业到期无力支付，应转作"短期借款"：

借：应付票据	58 500	
贷：短期借款		58 500

四、应付账款

应付账款是指企业在正常的生产经营过程中因购进货物或接受劳务应在一年以内偿付的

债务,属于流动负债。

应付账款账务核算程序如图 8—3 所示:

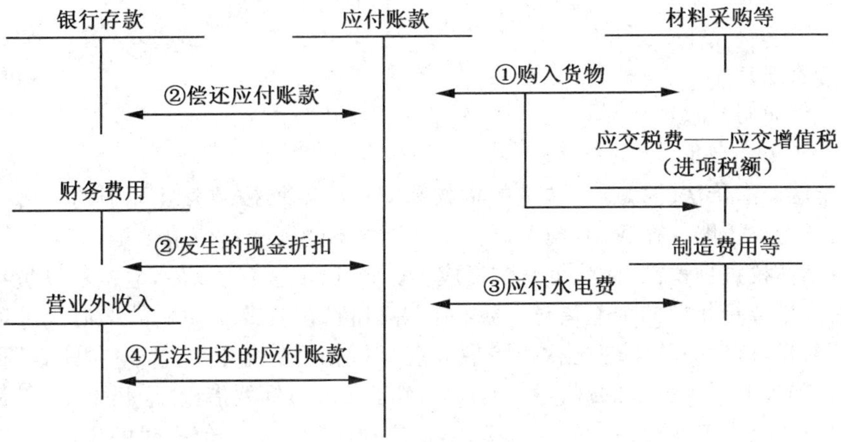

图 8—3 应付账款账务核算程序

(一)应付账款的入账时间

从理论上讲,应付账款的入账时间应为结算凭证取得的时间。在赊购情况下,企业取得结算凭证的同时可以取得货物,也意味着取得了该项货物的产权,应在确认资产的同时确认负债。在实际工作中,由于应付账款的偿付期限较短,往往在月内能够付款,为了简化核算工作,一般在取得结算凭证时不作账务处理,而在实际支付货款时作为资产入账。但是,结算凭证已到而月末仍未支付货款,则应确认资产和负债。

如果购进的货物已验收入库,而结算凭证在月末仍未到达,企业应对其进行估价,同时确认资产和负债。但为了规范实际支付货款时的核算方法,应在下月 1 日编制红字会计凭证予以冲销。

(二)应付账款的入账价格

一般来说,应付账款不再单独计算利息,业务发生时的金额即为未来应付的金额,延期付款期间的利息已经隐含在业务发生时的金额之内,按照重要性原则,应付账款一般按照业务发生时的金额即未来应付的金额入账。企业确认应付账款时,应借记有关科目,贷记“应付账款”科目;偿付应付账款时,应借记“应付账款”科目,贷记“银行存款”等科目。

如果应付账款中含有现金折扣,其入账价格的确定方法有总价法和净价法两种。

(1)总价法。总价法的特点是购进的货物和应付账款均按结算凭证中的价格入账,借记“原材料”、“应交税费”等科目,贷记“应付账款”科目。企业在折扣期内支付了货款,取得了现金折扣,则将其视为提前付款取得的利息收入,冲减财务费用,按应付账款的总价借记“应付账款”科目,按实际支付的价款贷记“银行存款”科目,按取得的现金折扣贷记“财务费用”科目;如果未取得现金折扣,按总价支付货款时,应借记“应付账款”科目,贷记“银行存款”科目。

【例 8—3】 某企业 5 月 3 日赊购原材料一批,发票中注明的买价为10 000元,增值税为1 700元,共计 11 700 元,原材料已经入库。付款条件为 2/10,1/20,n/30。该企业采用总价法进行核算。5 月 13 日实际支付价款 11 466 元[11 700 ×(1−2%)],取得现金折扣 234 元。

(1)5 月 3 日购入原材料,按总价入账。

借:原材料　　10 000
　应交税费——应交增值税　　1 700
　　贷:应付账款　　11 700

(2)5 月 13 日支付价款 11 466 元。

借:应付账款　　11 700
　　贷:银行存款　　11 466
　　　财务费用　　234

(2)净价法。净价法的特点是购进的货物和应付账款均按结算凭证中的价格扣除了最大现金折扣后的金额入账。在我国,现金折扣在销货方不能抵减增值税销项税额,因而在购货方也不应抵减增值税进项税额,而应抵减购货成本。企业购进货物以后,应按购进货物发票上的买价扣除最大现金折扣后的金额借记“原材料”等科目,按发票中注明的增值税进项税额借记“应交税费”科目,按发票的全部价款扣除最大现金折扣后的金额贷记“应付账款”科目。企业支付货款时,如果取得了最大的现金折扣,应按实际支付的价款借记“应付账款”科目,贷记“银行存款”科目;如果未能取得最大的现金折扣,比应付账款账面价值多付的金额,一般视为迟付货款多付的利息,计入财务费用,应按应付账款账面价值借记“应付账款”科目,按多付的价款借记“财务费用”科目,按实际支付的价款贷记“银行存款”科目。

需要指出的是,采用净价法时,为了正确反映应付账款的数额,对于期末已经丧失的现金折扣应予以调整,丧失的现金折扣一般也视为迟付货款多付的利息,计入财务费用。调整丧失的现金折扣时,应借记“财务费用”科目,贷记“应付账款”科目。

【例 8—4】 承接例 8—3,该企业采用净价法进行核算,编制会计分录如下:

(1)5 月 3 日购入原材料,按净价入账。

最大现金折扣=11 700×2%=234(元)

应付账款净价=11 700−234=11 466(元)

原材料入账价值=10 000−234=9 766(元)

借:原材料　　9 766
　应交税费——应交增值税　　1 700
　　贷:应付账款　　11 466

(2)5 月 13 日支付价款 11 466 元。

借:应付账款　　11 466
　　贷:银行存款　　11 466

如果该企业 5 月 13 日未支付货款,而在 5 月 23 日支付货款,则只能取得 1%的现金折扣 117 元,实际支付价款 11 583 元(11 700−117)。

借:应付账款　　11 466
　财务费用　　117
　　贷:银行存款　　11 583

如果该企业 5 月 30 日仍未支付货款,则现金折扣 234 元全部丧失,应予以调整。

借:财务费用　　234
　　贷:应付账款　　234

上述总价法和净价法都是应付账款核算较为常用的方法,它们各有其长短之处。

五、预收账款

预收账款是指企业在销货之前预先向购买方收取的款项，应在1年以内用产品或劳务来偿付。与应付账款不同，预收账款所形成的负债不是以货币偿付，而是以货物偿付的。

企业发生的预收账款业务，一般可以通过"预收账款"科目核算。收到预收账款时，应借记"银行存款"科目，贷记"预收账款"科目；销售货物或提供劳务时，应借记"预收账款"科目，贷记"主营业务收入"、"应交税费——应交增值税"等科目；退还多收的货款时，应借记"预收账款"科目，贷记"银行存款"科目；收到购买方补付的货款时，应借记"银行存款"科目，贷记"预收账款"科目。采用这种方式，在销货的全部价款大于预收账款而尚未收到购买方补付的账款时，"预收账款"科目所属的明细科目会有借方余额。月末，"预收账款"所属明细科目的借方余额，在资产负债表上，应列入"应收账款"项目。

在企业预收账款业务不多的情况下，为了简化核算工作，也可以不设"预收账款"科目，预收的账款记入"应收账款"科目的贷方。采用这种方式，"应收账款"科目所属的明细科目可能会有贷方余额。月末，"应收账款"科目所属明细科目的贷方余额，在资产负债表上，应列入"预收账款"项目。

预收账款账务核算程序如图8—4所示。

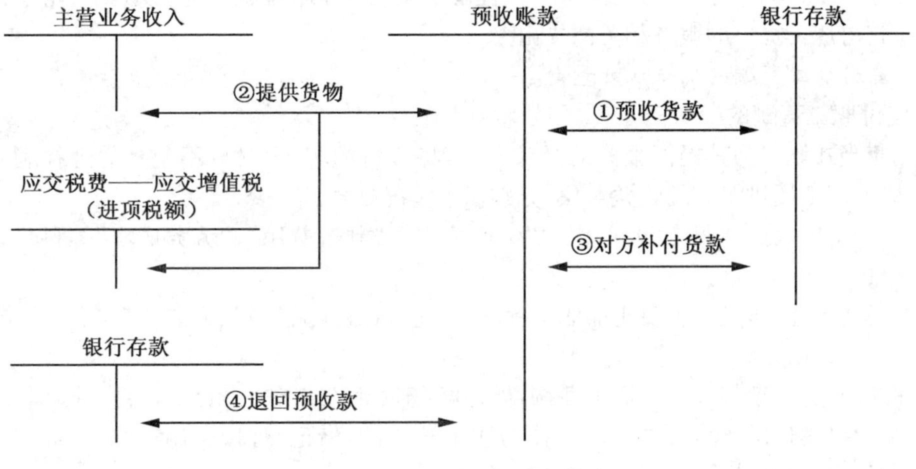

图8—4　预收账款账务核算程序

【例8—5】　企业收到丙公司汇来预付货款10 000元，存入银行。次月，丙公司正式办理了购货手续，售给丙公司商品一批，价款20 000元，销项税额3 400元，并从银行汇来补付款13 400元。

根据上述经济业务，应编制会计分录如下：

(1)收到预付货款时：

借：银行存款　　　　10 000

　　贷：预收账款　　　　10 000

(2)发出商品时：

借：预收账款　　　　23 400

　　贷：主营业务收入　　　　20 000

应交税费——应交增值税（销项税额） 3 400

收到补付货款时：

借：银行存款 13 400

贷：预收账款 13 400

六、应付职工薪酬

（一）职工薪酬的内容

职工薪酬，是指企业为获得职工提供的服务而给予各种形式的报酬以及其他相关支出，包括职工在职期间和离职后提供给职工的全部货币性薪酬和非货币性福利。企业提供给职工配偶、子女或其他被赡养人的福利等，也属于职工薪酬。

这里的职工包括与企业订立正式劳动合同的所有人员，含全职、兼职和临时职工；也包括未与企业订立正式劳动合同，但由企业正式任命的人员，如董事会成员、监事会成员和内部审计委员会成员等。在企业的计划、领导和控制下，虽未与企业订立正式劳动合同或企业未正式任命的人员，只要为企业提供了类似服务，也应该纳入职工范畴。

具体来说，职工薪酬主要包括以下内容：①职工工资、奖金、津贴和补贴；②职工福利费；③医疗保险费、养老保险费、失业保险费、工伤保险费和生育保险费等社会保险费；④住房公积金；⑤工会经费和职工教育经费；⑥非货币性福利；⑦因解除与职工的劳动关系给予的补偿；⑧其他与获得职工提供的服务相关的支出。

（二）应付职工薪酬的确认和计量

1. 应付职工薪酬的确认

企业应当在职工为其提供服务的会计期间，将应付的职工薪酬（不包括辞退福利）确认为负债，并根据职工提供服务的收益对象，分别以下情况处理：

（1）生产部门人员的职工薪酬，借记“生产成本”、“制造费用”、“劳务成本”等科目，贷记本科目。

应由在建工程、研发支出负担的职工薪酬，借记“在建工程”、“研发支出”等科目，贷记本科目。

管理部门人员、销售人员的职工薪酬，借记“管理费用”或“销售费用”科目，贷记本科目。

（2）企业以其自产产品发放给职工作为职工薪酬的，借记“管理费用”、“生产成本”、“制造费用”等科目，贷记本科目。

无偿向职工提供住房等固定资产使用的，按应计提的折旧额，借记“管理费用”、“生产成本”、“制造费用”等科目，贷记本科目；同时，借记本科目，贷记“累计折旧”科目。

租赁住房等资产供职工无偿使用的，按每期应支付的租金，借记“管理费用”、“生产成本”、“制造费用”等科目，贷记本科目。

（3）因解除与职工的劳动关系给予的补偿，借记“管理费用”科目，贷记本科目。

（4）企业以现金与职工结算的股份支付，在等待期内每个资产负债表日，按当期应确认的成本费用金额，借记“管理费用”、“生产成本”、“制造费用”等科目，贷记本科目。在可行权日之后，以现金结算的股份支付当期公允价值的变动金额，借记或贷记“公允价值变动损益”科目，贷记或借记本科目。

企业（外商）按规定从净利润中提取的职工奖励及福利基金，借记“利润分配——提取的职工奖励及福利基金”科目，贷记本科目。

2. 应付职工薪酬的计量标准

(1)货币性职工薪酬

企业应当在职工为其提供服务的会计期间，根据职工提供服务的受益对象，将应确认的职工薪酬(包括货币性薪酬和非货币性福利)计入相关资产成本或当期损益，同时确认为应付职工薪酬。具体分别以下情况处理：生产部门人员的职工薪酬，借记“生产成本”、“制造费用”、“劳务成本”等科目，贷记“应付职工薪酬”科目；管理部门人员的职工薪酬，借记“管理费用”科目，贷记“应付职工薪酬”科目；销售人员的职工薪酬，借记“销售费用”科目，贷记“应付职工薪酬”科目；应由在建工程、研发支出负担的职工薪酬，借记“在建工程”、“研发支出”科目，贷记“应付职工薪酬”科目。

(2)非货币性职工薪酬

企业以其自产产品作为非货币性福利发放给职工的，应当根据受益对象，按照该产品的公允价值，计入相关资产成本或当期损益，同时确认应付职工薪酬，借记“管理费用”、“生产成本”、“制造费用”等科目，贷记“应付职工薪酬——非货币性福利”科目。

将企业拥有的房屋等资产无偿提供给职工使用的，应当根据受益对象，将该住房每期应计提的折旧计入相关资产成本或当期损益，同时确认应付职工薪酬，借记“管理费用”、“生产成本”、“制造费用”等科目，贷记“应付职工薪酬——非货币性福利”科目，并且同时借记“应付职工薪酬——非货币性福利”科目，贷记“累计折旧”科目。租赁住房等资产供职工无偿使用的，应当根据受益对象，将每期应付的租金计入相关资产成本或当期损益，并确认应付职工薪酬，借记“管理费用”、“生产成本”、“制造费用”等科目，贷记“应付职工薪酬——非货币性福利”科目。难以认定受益对象的非货币性福利，直接计入当期损益和应付职工薪酬。

(三)应付职工薪酬的账务处理

为了核算企业应付职工薪酬的结算和分配情况，应设置“应付职工薪酬”科目。外商企业按规定从净利润中提取的职工奖励及福利基金，也在本科目核算。该科目属于负债类科目。贷方登记应付给职工的工资总额，借方登记实际支付给职工的工资及按规定从应付职工薪酬中扣除的各种款项。本科目应当按照“工资”、“职工福利”、“社会保险费”、“住房公积金”、“工会经费”、“职工教育经费”、“非货币性福利”、“辞退福利”、“股份支付”等进行明细核算。应付职工薪酬账务核算程序如图 8－5 所示。

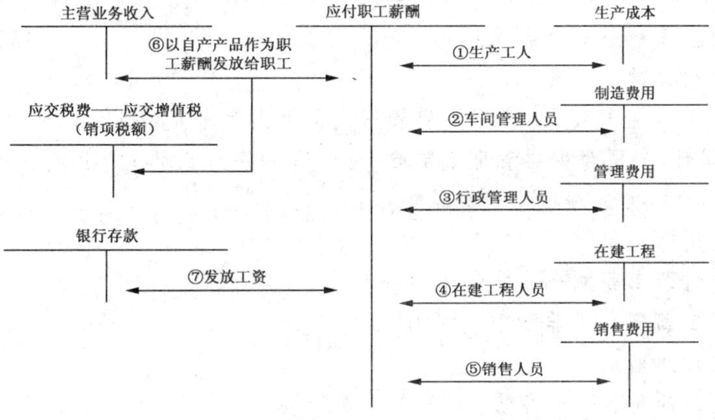

图 8－5　应付职工薪酬账务核算程序

【例8—6】 甲企业2017年6月职工薪酬总额为1980 000元，其中，生产工人工资690 000元，生产车间管理人员工资80 000元，厂部管理人员工资620 000元，销售人员工资470 000元，公司正在建设的一项工程人员工资为120 000元。应编制会计分录如下：

借：生产成本　690 000
　　制造费用　80 000
　　管理费用　620 000
　　销售费用　470 000
　　在建工程　120 000
　　贷：应付职工薪酬——工资　1 980 000

【例8—7】 承接例8—6，2017年10月，甲企业根据"工资结算汇总表"结算本月应付职工工资总额为1 980 000元，其中，代扣职工家属药费3 500元，代扣职工房租5 000元，代扣个人所得税6 000元，实际发放工资189 500元，已打入职工个人银行卡中。会计处理如下：

借：应付职工薪酬——工资　1 980 000
　　贷：银行存款　1 965 500
　　　　其他应收款　8 500
　　　　应交税费——应交个人所得税　6 000

【例8—8】 甲企业2017年6月按国家规定的标准，向社会保险经办机构缴纳职工基本养老保险费共计277 200元，其中，应计入生产成本的金额为96 600元，生产车间管理人员工资11 200元，厂部管理人员工资86 800元，销售人员工资65 800元，公司正在建设的一项工程人员工资为16 800元。应编制会计分录如下：

借：生产成本　96 600
　　制造费用　11 200
　　管理费用　86 800
　　营业费用　65 800
　　在建工程　16 800
　　贷：应付职工薪酬——社会保险费　277 200

【例8—9】 甲企业以银行存款上缴社会保险费277 200元。编制会计分录如下：

借：应付职工薪酬——社会保险费　277 200
　　贷：银行存款　277 200

【例8—10】 甲企业规定，为公司高层管理人员提供汽车免费使用。本月应计提的小轿车折旧6 000元。同时，公司为中层管理人员6人(引进的高级人才)提供免费租赁住房一套，本月应支付租赁费5 000元。编制会计分录如下：

借：管理费用　11 000
　　贷：应付职工薪酬——非货币性福利　11 000
借：应付职工薪酬——非货币性福利　11 000
　　贷：累计折旧　6 000
　　　　其他应付款——租金　5 000

【例8—11】 企业和一些职工解除劳动关系而给予补偿费用80 000元。编制会计分录如下：

借：管理费用　　80 000
　　贷：应付职工薪酬——解除职工劳动关系补偿　　80 000

【例 8—12】 企业以现金支付职工宁某生活困难补助 3 000 元。编制会计分录如下：

借：应付职工薪酬——职工福利　　3 000
　　贷：库存现金　　3 000

七、其他应付款

其他应付款是指企业除应付账款、应付票据等以外的其他应付、暂收款项。具体包括：应付经营租入固定资产和包装物的租金、存入保证金（如收取包装物押金等）、职工未按期领取的工资、应付暂收所属单位个人的款项以及其他应付、暂收款项。

为了核算和监督其他各项应付、暂收款项的增减变动及其结果，企业应设置"其他应付款"科目，该科目属负债类科目。贷方登记发生的各种应付、暂收款项，借方登记支付的各种应付、暂收款项，期末余额在贷方，反映企业尚未支付的其他应付款项。该科目按应付、暂收款项的类别和单位或个人设置明细科目，进行明细分类核算。

企业发生各种应付、暂收款项时，借记"银行存款"、"管理费用"等科目，贷记"其他应付款"科目；支付有关款项时，借记"其他应付款"科目，贷记"银行存款"等科目。

【例 8—13】 企业出租包装物，以现金收取出租包装物押金 3 000 元。应编制会计分录如下：

(1)收到押金时：

借：库存现金　　3 000
　　贷：其他应付款　　3 000

(2)退还包装物押金时：

借：其他应付款　　3 000
　　贷：库存现金　　3 000

八、应交税费

(一)应交税费的概念和内容

应交税费是指企业在生产经营过程中产生的应向国家缴纳的各种税费，主要包括增值税、消费税、营业税、城市维护建设税、教育费附加和所得税、土地增值税、房产税、车船税、城镇土地使用税、矿产资源补偿费等。

在实务中，企业代扣代缴的税和个人所得税，也通过应交税费核算，上述应交的各项税费根据税法等相关规定一般应当定期缴纳，因而在尚未缴纳之前形成企业的一项现时义务，应当确认为一项流动负债。其中，增值税、消费税和营业税是企业缴纳的三个主要税种。

企业应通过"应交税费"科目，总括反映各种税费的缴纳情况，并按照应交税费的种类进行明细核算。该科目贷方登记应缴纳的各种税费等，借方登记实际缴纳的税费；期末余额一般在贷方，反映企业尚未缴纳的税费，期末余额如在借方，反映企业多交或尚未抵扣的税费。

(二)应交增值税的核算

增值税是对我国境内销售货物、进口货物，或提供加工、修理修配劳务的单位和个人，就其取得的货物或应税劳务的销售额、以及进口货物的金额计算税款，并实行税款抵扣的一种流转税。按照纳税人的经营规模及会计核算的健全程度，增值税的纳税人分为一般纳税人和小规模纳税人。

1. 一般纳税人增值税的核算

(1)会计科目及专栏设置

为了核算企业的应交增值税，一般纳税人需要在“应交税费”科目下设置“应交增值税”和“未交增值税”两个明细科目进行核算。

在“应交税费——应交增值税”明细科目下设置“进项税额”、“销项税额”、“已交税金”、“出口退税”、“进项税额转出”、“转出未交增值税”和“转出多交增值税”等专栏。各专栏所反映的经济内容为：

①“进项税额”专栏，记录企业购进货物或接受应税劳务而支付的、准予从销项税额中抵扣的增值税额。

②“销项税额”专栏，记录企业销售货物或提供应税劳务应收取的增值税额。

③“已交税金”专栏，记录企业当月已交纳的增值税额。

④“出口退税”专栏，记录企业出口货物，向税务机关申报办理出口退税而收到退回的税款。

⑤“进项税额转出”专栏，记录企业的购进货物、在产品、产成品等发生非正常损失以及其他原因而不应从销项税额中抵扣，按规定应予转出的进项税额。

⑥“转出未交增值税”专栏，反映企业月末转出的本月应交未交的增值税。

⑦“转出多交增值税”专栏，反映企业月末转出的本月多交的增值税。

月末，将“应交税费——应交增值税”下属的“转出未交增值税”和“转出多交增值税”专栏余额转入“应交税费——未交增值税”明细科目。该科目贷方登记月末转入的应交未交的增值税额；借方登记月末转入的多交的增值税额和本月缴纳上月增值税额；期末余额如在贷方，反映企业本月应交未交的增值税额；如在借方，反映企业本月多交的增值税额。

(2)应纳税额的计算

一般纳税人销售货物或提供应税劳务，应纳税额等于当期销项税额抵扣当期进项税额后的余额。计算公式为：

$$应纳税额=当期销项税额-当期进项税额$$

如果当期销项税额小于当期进项税额不足抵扣时，其不足部分可以结转下期继续抵扣。

销项税额一般是企业对外开出的增值税专用发票上注明的税额。计算公式为：

$$销项税额=销售额\times 税率$$

上式中，销售额为企业销售货物或者提供应税劳务向购买方收取的全部价款和价外费用，但不包括收取的销项税额。

如果销售货物或提供应税劳务采用销售额和销项税额合并定价办法的，可按下列公式计算销售额：

$$销售额=\frac{含税销售额}{1+增值税率}$$

纳税人购进货物或者接受应税劳务，所支付或者负担的增值税额为进项税额。按照规定，一般纳税企业购入物资或接受劳务必须具备以下凭证，其进项税额才能予以扣除：①增值税专用发票；②完税凭证；③购进免税农产品或收购废旧物资，按照经税务机关批准的收购凭证上注明的价款或收购金额按13%的扣除率计算进项税额，并以此作为扣税和记账的依据；④一般纳税人外购货物(固定资产等非应税项目及免税项目除外)，所支付的运输费用，以及一般纳税人销售货物所支付的运输费用(代垫运费除外)，根据运费结算单据所列运费金额依7%的扣除率计算进项税额准予扣除。但随同运费支付的装卸费、保险费等其他杂费不得计算扣除进项税额。

(3)账务处理

①企业采购物资和接受劳务

【例8—14】 甲企业购入一批材料，增值税专用发票上注明的原材料价款20 000元，增值税额为3 400元。货款以银行存款支付，材料已验收入库(存货采用实际成本核算，下同)。

借:原材料　　20 000

　应交税费——应交增值税(进项税额)　　3 400

　贷:银行存款　　23 400

【例8—15】 甲公司生产车间为生产产品而接受其他单位提供的劳务，对方开出的专用发票上注明的劳务成本为50 000元，增值税税额为8 500元，款项已经支付。编制会计分录如下:

借:生产成本　　50 000

　应交税费——应交增值税(进项税额)　　8 500

　贷:银行存款　　58 500

②采购免税农产品。

【例8—16】 甲公司为生产产品购入免税农产品一批，价款200 000元，规定的扣除率为13%。货物已经到达，款项以银行存款支付。编制会计分录如下:

借:原材料　　174 000

　应交税费——应交增值税(进项税额)　　26 000

　贷:银行存款　　200 000

③销售货物或者提供应税劳务。

【例8—17】 甲公司销售商品一批，增值税发票上注明的价款60 000元，增值税10 200元。商品已经发出，价款尚未收到。编制会计分录如下:

借:应收账款　　70 200

　贷:主营业务收入　　60 000

　　应交税费——应交增值税(销项税额)　　10 200

④视同销售行为的增值税处理

视同销售行为是指企业在会计核算中未作销售处理而税法要求按销售行为缴纳增值税的行为。企业将货物委托他人代销或发生销售代销货物行为，企业将自产或委托加工或购买的货物用于在建工程等非应税项目，或作为投资、集体福利、个人消费、对外捐赠、分配给股东或投资者等，应视同销售物资计算应交增值税。

【例8—18】 甲企业以自产的一批产品分配给职工，其中生产工人占40%，企业管理人员占35%，企业销售人员占25%。该批产品的成本为40 000元，市价50 000元，增值税税率为17% 。编制会计分录如下:

(1)决定发放非货币福利时:

借:生产成本　　23 400

　制造费用　　20 475

　管理费用　　14 625

　贷:应付职工薪酬　　58 500

(2)实际发放非货币福利时:

借:应付职工薪酬　　58 500

　贷:主营业务收入　　50 000

　　应交税费——应交增值税(销项税额)　　8 500

同时:

借:主营业务成本　　40 000

　贷:库存商品　　40 000

⑤不予抵扣项目的账务处理

下列项目的进项税额不得从销项税额中抵扣:购进固定资产、用于免税项目的购进货物或应税劳务、用于非应税项目的购进货物或应税劳务、用于集体福利或者个人消费的购进货物或应税劳务、非正常损失的在产品、产成品所耗用的购进货物或应税劳务、非正常损失的购进货物。

【例 8-19】 甲公司购入一台不需要安装的设备,增值税专用发票上注明的价款为200 000元,增值税税额为 34 000 元,设备已经到达并交付使用,款项已经支付。编制会计分录如下:

借:固定资产　　234 000

　贷:银行存款　　234 000

【例 8-20】 某企业在仓库大修理工程中,领用生产产品所耗用的原材料一批,7 500 元,增值税税额为 1 275 元。编制会计分录如下:

借:在建工程　　8 775

　贷:原材料　　7 500

　　应交税费——应交增值税(进项税额转出)　　1 275

⑥缴纳增值税的账务处理

企业缴纳增值税时,按实际缴纳额,借记"应交税费——应交增值税(已交税金)"科目,贷记"银行存款"科目。

【例 8-21】 甲企业以银行存款预交本月增值税 5 000 元。应编制会计分录如下:

借:应交税费——应交增值税(已交税金)　　5 000

　贷:银行存款　　5 000

⑦应交未交和多交增值税

月度终了,本月应交未交的增值税自"应交税费——应交增值税"明细科目转入"应交税费——未交增值税"明细科目。借记"应交税费——应交增值税(转出未交增值税)"科目,贷记"应交税费——未交增值税"科目。

月度终了,本月多交的增值税也应自"应交税费——应交增值税"明细科目转入"应交税费——未交增值税"明细科目。借记"应交税费——未交增值税"科目,贷记"应交税费——应交增值税(转出多交增值税)"科目。

2. 小规模纳税企业增值税的账务处理

小规模纳税企业不享有进项税额的抵扣权,其购进货物无论是否取得增值税专用发票,其支付的增值税额都不能计入进项税额,不得从销项税额中抵扣,而应该直接计入有关货物和劳务的成本。

小规模纳税企业销售货物或提供应税劳务,只能开具普通发票,不能开具增值税专用发票。其实行简易办法计算应纳税额,按照销售额的3%计算。相应的,其他企业从小规模纳税企业购入货物或接受劳务支付的进项税额,如果不能取得增值税专用发票,也不能作为进项税额抵扣,应该计入购入货物或接受劳务的成本。

小规模纳税企业在设置科目时,只需在"应交税费"科目下设置"应交增值税"明细科目即可,不需要设置专栏。"应交税费——应交增值税"科目贷方登记应缴纳的增值税,借方登记已缴纳的增值税,期末贷方余额表示尚未缴纳的增值税。

【例8-22】 普惠商店为小规模纳税企业,增值税征收率为3%。本月购入商品,增值税专用发票上注明的价款为30 000元,增值税税额为5 100元,价款以银行存款支付,商品已验收入库(假设采用实际成本法核算)。该商店本期销售产品,含税价格为97 850元,货款尚未收到。根据上述经济业务,应编制会计分录如下:

购进商品时:

借:库存商品	35 100	
贷:应付票据		35 100

销售产品时:

不含税价格=97 850÷(1+3%)=95 000(元)

应交增值税=95 000×4%=2 850(元)

借:应收账款	97 850	
贷:主营业务收入		95 000
应交税费——应交增值税		2 850

(三)应交消费税的核算

消费税是指国家对在我国境内生产、委托加工和进口应税特定消费品的单位和个人,按其流转额征收的一种税,它属于价内税。

消费税的征收方法采用从价定率、从量定额和从价定率三种方法。

消费税实行价内征收,企业缴纳的消费税记入销售税金抵减产品销售收入。消费税并非在应税消费品的所有环节征收,只在其生产、委托加工或进口环节实行单向征税(金银首饰除外)。

企业按规定应交的消费税,在"应交税费"科目下设置"应交消费税"明细科目核算。"应交消费税"明细科目的贷方发生额,反映企业按规定应交的消费税;借方登记企业实际缴纳的消费税;期末贷方余额反映企业应交未交的消费税。

1. 销售应税消费品的核算

【例8-23】 W企业系增值税一般纳税企业,本月销售摩托车15辆,每辆售价20 000元(不含应向购买方收取的增值税税额),货款尚未收到。摩托车每辆成本8 000元。增值税税率为17%、消费税税率为10%。企业应编制会计分录如下:

应向购买方收取的增值税税额=20 000×15×17%=51 000(元)

应缴纳的消费税=20 000×15×10%=30 000(元)

(1)确认收入时:

借:应收账款	351 000	
贷:主营业务收入		300 000
应交税费——应交增值税(销项税额)		51 000

借：主营业务成本　　120 000

　　贷：库存商品　　120 000

（2）计算和结转应交消费税时：

借：营业税金及附加　　30 000

　　贷：应交税费——应交消费税　　30 000

2. 自产自用应税消费品的核算

按照税法规定，企业自产的应税消费品用于连续生产应税消费品的，领用时不计算应纳税额，到最终消费品销售时再纳税；企业自产的应税消费品用于换取生产资料和消费资料、投资入股和抵偿债务以及用于生产非应税项目、在建工程、管理部门、馈赠、赞助、职工福利等其他方面的，应于领用时以纳税人同类应税消费品的销售价格作为计税依据计算消费税。按应纳税额，借记"在建工程"、"应付职工薪酬"等科目，贷记"应交税费——应交消费税"科目。如果没有同类产品销售价格，则按组成计税价格计算纳税。其计算公式如下：

$$组成计税价格=\frac{成本+利润}{1-消费税税率}$$

【例 8—24】 某化妆品厂将试生产的化妆品 100 套分发给职工试用，这套化妆品单位生产成本为 200 元，尚未确定销售价格。增值税税率为 17%，化妆品的平均利润率为 5%，消费税税率为 30%。

$$组成计税价格=\frac{20\ 000+20\ 000\times 5\%}{1-30\%}=30\ 000(元)$$

应纳增值税额 $=30\ 000\times 17\%=5\ 100$（元）

应纳消费税额 $=30\ 000\times 30\%=9\ 000$（元）

编制会计分录如下：

借：销售费用　　44 100

　　贷：主营业务收入　　30 000

　　　　应交税费——应交增值税（销项税额）　　5 100

　　　　　　　　——应交消费税　　9 000

借：主营业务成本　　20 000

　　贷：库存商品　　20 000

3. 委托加工应税消费品的核算

委托加工应税消费品是指由委托方提供原料和主要材料，受托方只收取加工费和代垫部分辅助材料加工的应税消费品。企业委托加工应税消费品时，应由受托方代收代交消费税。委托加工收回后直接用于出售的，应将受托方代收代交的消费税计入加工成本，借记"委托加工物资"科目，贷记"银行存款"科目。委托加工收回后用于连续生产应税消费品的，所纳税款准予抵扣，借记"应交税费——应交消费税"科目，贷记"银行存款"科目。

【例 8—25】 某企业委托外单位加工材料，原材料价款 180 000 元，加工费用 60 000 元，由受托方代收代缴的消费税 6 000 元，增值税税率为 17%。材料已加工完毕验收入库，加工费以银行存款支付。委托方应做会计分录如下：

（1）发出材料时：

借:委托加工物资　　180 000
　　贷:原材料　　180 000

(2)如果委托方收回材料后用于继续生产应税消费品,委托方的会计处理如下:

借:委托加工物资　　60 000
　　应交税费——应交消费税　　6 000
　　　　——应交增值税(进项税额)　　10 200
　　贷:银行存款　　76 200

借:原材料　　240 000
　　贷:委托加工物资　　240 000

(3)如果委托方收回材料后用于直接销售,委托方的会计处理如下:

借:委托加工物资　　66 000
　　应交税费——应交增值税(进项税额)　　10 200
　　贷:银行存款　　76 200

借:原材料　　246 000
　　贷:委托加工物资　　246 000

4. 进出口应税消费品的核算

企业进口应税消费品时,应按关税完税价格和关税计算应交消费税,计入进口物资的成本,借记“物资采购”、“固定资产”等科目,贷记“银行存款”等科目。

免征消费税的出口应税消费品分别不同情况进行账务处理:

属于生产企业直接出口应税消费品或通过外贸企业出口应税消费品,按规定直接予以免税的,可以不计算应交消费税。

属于委托外贸企业代理出口应税消费品的生产企业,应在计算消费税时,按应交消费税额,借记“应收账款”科目,贷记“应交税费——应交消费税”科目。应税消费品出口收到外贸企业退回的税金时,借记“银行存款”科目,贷记“应收账款”科目。发生退关、退货而补交已退的消费税,做相反的会计分录。

(四)应交营业税的核算

1. 营业税概述

营业税是对在我国境内提供劳务、转让无形资产或销售不动产的单位和个人,按其营业额或销售收入征收的一种流转税。企业按照营业额及其适用税率计算应交的营业税。这里的营业额是指企业提供应税劳务、转让无形资产或者销售不动产向对方收取的全部价款和价外费用。价外费用包括向对方收取的手续费、基金、集资费等。营业税也属于价内税。

2. 营业税账务处理

(1)对外提供劳务

【例 8—26】 某企业是交通运输企业,本月对外提供运输劳务收入 400 000 元。营业税税率为 3%,月末计算本月应交营业税。编制会计分录如下:

借:营业税金及附加　　12 000
　　贷:应交税费——应交营业税　　12 000

(2)转让无形资产

【例 8—27】 某企业出售一项专利权,收取价款 200 000 元,该专利权账面价值 140 000 元,累计摊销 20 000 元,转让无形资产的营业税税率为 5%。编制会计分录如下:

借:银行存款　　200 000
　累计摊销　　200 000
　贷:无形资产　　140 000
　　应交税费——应交营业税　　10 000
　　营业外收入　　70 000

(五)其他税费的核算

1. 资源税的核算

资源税是国家对在我国境内开采矿产品以及生产盐的企业征收的一种税。资源税的纳税义务人是指在中华人民共和国境内开采应税资源的矿产品或生产盐的单位和个人。资源税实行分产品类别从量定额计算征收的方法,设置有上下限的幅度税额。

资源税的应纳税额,按照应税产品的课征数量和规定的单位税额计算。其计算公式为:

应纳税额=课税数量×单位税额

【例 8—28】 某企业自产原煤 3 000 吨,对外销售 2 000 吨,将 1 000 吨用于产品生产,每吨应交资源税 2 元。应做会计处理如下:

企业对外销售应缴纳的资源税=2 000×2=4 000(元)

企业产品生产应缴纳的资源税=1 000×2=2 000(元)

借:营业税金及附加　　4 000
　生产成本　　2 000
　贷:应交税费——应交资源税　　6 000

2. 城市维护建设税和教育费附加的核算

城市维护建设税是根据纳税人实际应纳的增值税、消费税、营业税的税额为计税依据,向缴纳这三项税额的单位和个人征收的专门用于城市维护和建设的一种附加税。城市维护建设税实行比例税率分为三档:7%、5%、1%。

教育费附加也是一种以增值税、消费税、营业税的税额为计税依据的,是国家为了发展我国的教育事业,提高人民的文化素质而征收的一项费用。教育费附加率为 3%。企业按规定计算出的城市维护建设税及教育费附加,记入"营业税金及附加"科目进行核算。

【例 8—29】 某企业本月主营业务应交增值税 80 000 元,消费税 20 000 元,其他业务应交营业税 3 000 元。按 5%计算应交城市维护建设税,按 3%计算本月应交教育费附加。

应交城市维护建设税=(80 000+20 000+3 000)×5%=5 150(元)

应交教育费附加=(80 000+20 000+3 000)×3%=3 090(元)

借:营业税金及附加　　8 240
　贷:应交税费——应交城市维护建设税　　5 150
　　　　——应交教育费附加　　3 090

3. 房产税、城镇土地使用税、车船税、印花税的核算

房产税是以房产为征税对象,依据房产计税价值或租金收入向房产所有人或经营人征收的一种税。房产税的计税依据是房产的计税价值或房产的租金收入。按房产的计税价值征税的,称为从价计征;按房产的租金收入征税的,称为从租计征。

城镇土地使用税是对中华人民共和国境内使用土地的单位和个人,以其实际占用的土地面积为计税依据而征收的一种税。

车船税是对在中华人民共和国境内车辆、船舶(以下简称车船)的所有人或者管理人依法

征收的一种税。在中华人民共和国境内，车辆、船舶的所有人或者管理人为车船税的纳税人。

印花税是对经济活动和经济交往中书立、使用、领受具有法律效力的凭证的单位和个人征收的一种税。一般情况下，企业需要预先购买印花税票，待发生应税行为时，再根据凭证的性质和规定的比例税率或者按件计算应纳税额，将已购买的印花税票粘贴在应税凭证上，并在每枚税票的骑缝处盖戳注销或划销，办理完税手续。所以企业缴纳印花税时，不需要预计应缴纳金额，不会发生应付未付税款的情况。

企业应缴纳的房产税、城镇土地使用税、车船税、印花税均计入管理费用，除印花税外，前三者均通过"应交税费"科目核算，借记"管理费用"科目，贷记"应交税费"科目；企业缴纳的印花税于购买时，借记"管理费用"科目，贷记"银行存款"科目。

【例 8－30】 某企业本期应交房产税 2 200 元、车船使用税 1 800 元、城镇土地使用税 2 500元，另以银行存款购买印花税票 400 元，并缴纳房产税、车船税和城镇土地使用税。应编制会计分录如下：

借：管理费用	6 500	
贷：应交税费——应交房产税		2 200
——应交车船使用税		1 800
——应交土地使用税		2 500
借：管理费用	400	
应交税费——应交房产税	2 200	
——应交车船使用税	1 800	
——应交土地使用税	2 500	
贷：银行存款		6 900

九、应付股利、应付利息

（一）应付股利

应付股利是指企业根据股东大会或类似机构审议批准的利润分配方案确定分配给投资者的现金股利或利润。

企业根据股东大会或类似机构审议批准的利润分配方案，确认应付给投资者的现金股利或利润时，借记"利润分配——应付股利"科目，贷记"应付股利"科目；向投资者实际支付股利或利润时，借记"应付股利"科目，贷记"银行存款"等科目。

企业董事会或类似机构通过的利润分配方案中拟分配的现金股利或利润，不做账务处理。

【例 8－31】 A有限责任公司有甲、乙两个股东，分别占注册资本的40%和60%。2014 年度该公司实现净利润 8 000 000 元，经过股东会批准，决定 2015 年分配股利 5 000 000 元。股利已经用银行存款支付。A有限责任公司的有关会计分录如下：

借：利润分配——应付股利	5 000 000	
贷：应付股利——甲股东		2 000 000
——乙股东		3 000 000
借：应付股利——甲股东	2 000 000	
——乙股东	3 000 000	
贷：银行存款		5 000 000

甲股东应分配的股利＝5 000 000×40%＝2 000 000（元）

乙股东应分配的股利＝5 000 000×60%＝3 000 000(元)

(二)应付利息

应付利息是指企业按照合同规定支付的利息，包括分期付息到期还本的长期借款、企业债券等应支付的利息。企业应当设置"应付利息"科目，按照债权人设置明细科目进行明细核算，该科目期末余额为企业按照合同规定应支付的利息。

企业采用合同约定的名义利率计算确定利息费用时，应按合同约定名义利率计算确定的应付利息的金额，记入"应付利息"科目；实际支付利息时，借记"应付利息"科目，贷记"银行存款"等科目。

【例 8－32】 星海公司 2016 年 12 月借入三年期到期还本每年付息的长期借款 1 000 000 元，合同约定年利率为 7.5%，假定该利息不符合资本化条件。该企业的有关会计分录如下：

(1)每年计算确定利息费用时：

借：财务费用	75 000	
贷：应付利息		75 000

(2)每年实际支付利息时：

借：应付利息	75 000	
贷：银行存款		75 000

任务三　非流动负债

一、非流动负债概述

(一)非流动负债的概念

非流动负债又称长期负债，是指偿还期在 1 年或超过 1 年的一个营业周期以上的债务。长期负债的形成是企业筹资决策的结果。企业为了扩大经营规模，调整产品结构，总是需要筹集大量资金，其资金来源有两个渠道：一是增发股票；二是举借长期债务。

(二)非流动负债的分类

1. 按筹措的方式不同划分

长期负债按筹措的方式不同，可分为长期借款、应付债券和长期应付款。长期借款是指企业向银行或其他金融机构借入的偿还期在 1 年以上的各种借款。应付债券是指企业为筹措长期资金而发行的 1 年期以上的债券。长期应付款是企业除长期借款和应付债券以外的长期应付款项，主要包括应付补偿贸易引进设备款和应付融资租入固定资产的租赁费。

2. 按偿还的方式不同划分

长期负债按偿还的方式不同，可分为定期偿还长期负债和分期偿还长期负债。定期偿还长期负债是指长期负债到期一次还本付息。分期偿还长期负债是指长期负债在偿还期内分次偿还。

二、长期借款

(一)长期借款的概念及分类

长期借款是指企业向银行等金融机构借入的期限在 1 年以上(不含 1 年)的各项借款。长期借款一般用于固定资产的购建、改扩建工程、大修理工程以及流动资产的正常需要等方面。它是企业长期负债的重要组成部分，必须加强管理与核算。

企业筹集的长期借款，按其付息方式可以分为还本时一次付息和在借款期限内分期付息的长期借款；按借款条件可以分为抵押借款、担保借款和信用借款；按其偿还方式可分为定期偿还和分期偿还的长期借款；按长期借款的币种可以分为人民币借款和外币借款；按借款目的可以分为形成固定资产的长期借款和形成流动资产的长期借款等。

（二）账户设置

企业应设置“长期借款”科目反映和监督长期借款的借入和归还的情况。该科目按照贷款单位和贷款种类，分别用“本金”、“利息调整”等进行明细核算。该科目的贷方登记长期借款本金的增加额，借方登记偿还的长期借款，期末贷方余额，反映企业尚未偿还的长期借款。

（三）长期借款的核算

长期借款的取得与偿还需设置“长期借款”账户进行核算。具体的账务处理如下：

1. 取得长期借款

企业借入长期借款应按实际收到的金额，借记“银行存款”科目，贷记“长期借款——本金”科目，如存在差额，还应借记“长期借款——利息调整”科目。

【例 8—33】 利达公司因建造厂房，2017 年 1 月 2 日向银行借入 3 年期借款 5 000 000 元，利率 6%，3 年后一次还本付息。该厂房建设期 1 年，1 年后达到预定可使用状态。企业收到借款时：

借：银行存款	5 000 000	
贷：长期借款——本金		5 000 000

2. 长期借款的利息

长期借款利息费用应当在资产负债表日按照实际利率法计算确定，实际利率与合同利率差异较小的，也可以采用合同利率计算确定利息费用。长期借款计算确定的利息费用，应当按以下原则计入有关成本费用：

(1)属于筹建期间的，计入管理费用。

(2)属于生产经营期间的，计入财务费用。

(3)如果长期借款用于购建固定资产的，在固定资产尚未达到预定可使用状态前所发生的应当资本化的利息支出数，计入在建工程成本。固定资产达到预定可使用状态后发生的利息支出，以及按规定不予资本化的利息支出，计入财务费用。

长期借款按合同利率计算确定的应付未付利息，记入“应付利息”科目，分别借记“在建工程”、“制造费用”、“财务费用”、“研发支出”等科目，贷记“应付利息”科目。

【例 8—34】 承例 8—33，利达公司于 2017 年 12 月 31 日计提长期借款利息时：

借：在建工程	300 000	
贷：应付利息		300 000

3. 借款到期归还的核算

【例 8—35】 承例 8—33 和例 8—34，利达公司于 2020 年 12 月 31 日归还计提长期借款本息时：

借：长期借款——本金	5 000 000	
应付利息	900 000	
贷：银行存款		5 900 000

三、应付债券

(一)应付债券概述

应付债券是企业为了筹集长期资金依法定程序对外发行的约定在一定期限还本付息的有价证券,是一种债务凭证。投资者可以根据其手中持有的债券在一定的时间按规定的利率向筹集企业收取利息和收回本金。企业发行的超过1年以上的债券,构成一项长期负债。

应付债券的发行价格是企业在发行债券时向购买人收取的价款。债券发行价格的高低一般取决于债券票面金额、债券票面利率、发行当时的市场利率以及债券期限的长短等因素。企业债券的票面利率是企业应付债券持有人利息的利率,又称名义利率。实际利率也可称为市场利率。假定其他条件不变的情况下,当票面利率与市场利率一致时,债券的发行价格等于面值,这时为平价发行或面值发行。当票面利率高于市场利率时,债券的发行价值高于面值,称为溢价发行。当票面利率低于市场利率时,企业按低于面值的价格发行,称为折价发行。

企业发行债券时,如果债券发行费用大于发行期间冻结资金所产生的利息收入,按其差额,根据发行债券用途列入财务费用或相关资产成本。如果发行费用小于发行期间冻结资金所产生的利息收入,其差额作为溢价收入,在债券存续期间于计提利息时摊销,分别计入财务费用或相关资产成本。

我国《公司法》规定,股份有限公司、国有独资公司和两个以上的国有企业或两个以上的国有投资主体设立的有限责任公司可发行公司债券,其他任何公司、企业和个人不得发行公司债券。

(二)应付债券的核算

为了核算企业发行的长期债券,企业应该设置"应付债券"科目,并在该科目下设置"面值"、"利息调整"、"应计利息"等明细科目,核算应付债券发行、计提利息、还本付息等情况。

1. 公司债券的发行

企业发行的一般公司债券,无论是按面值发行还是溢价发行或折价发行,均按债券面值记入应付债券科目的面值明细科目,实际收到的款项与面值的差额计入利息调整明细科目。企业发行债券时按实际收到的款项借记"银行存款"、"库存现金"等科目;按债券票面价值,贷记"应付债券——面值"科目,按实际收到的款项与票面价值之间的差额,贷记或借记"应付债券——利息调整"科目。利息调整应在债券存续期间内采用实际利率法进行摊销。

【例8—36】 A公司2017年1月1日发行公司债券面值为100万元,年利率为8%,期限为3年,到期一次还本付息。发行时市场利率为8%,采用面值发行。A公司发行债券时:

借:银行存款　　1 000 000

　　贷:应付债券——面值　　1 000 000

2. 债券利息调整的摊销

利息调整应在债券存续期间内采用实际利率法进行摊销。

资产负债表日,对于分期付息一次还本的债券,企业应按应付债券的摊余成本和实际利率计算确定的债券利息费用,借记"在建工程"、"制造费用"、"财务费用"等科目,按票面利率计算确定的应付未付利息贷记"应付利息"科目,按其差额借记或贷记"应付债券(利息调整)"科目。

对于一次还本付息的债券,应于资产负债表日,按摊余成本和实际利率计算确定的债券利息费用,借记"在建工程"、"制造费用"、"财务费用"等科目,按票面利率计算确定的应付未付利息,贷记"应付债券(应计利息)"科目,按其差额借记或贷记"应付债券——利息调整"科目。

实际利率法，是按照应付债券的实际利率计算其摊余成本及各期利息费用的方法。在实际利率法下，有关指标计算如下：

当期应确认的应计利息＝应付债券票面金额×票面利率

当期利息费用＝应付债券该期期初摊余成本×实际利率

利息调整的摊销额＝当期应确认的应计利息－当期利息费用

【例 8－37】 承例 8－36，A 公司发行公司债券所筹集的资金用于生产线的建设，建设工期 1 年。A 公司在各年计算债券利息时：

(1)2017 年 12 月 31 日：

借：在建工程　　80 000

　贷：应付债券——应计利息　　80 000

(2)2018 年 12 月 31 日和 2019 年 12 月 31 日：

借：财务费用　　80 000

　贷：应付债券——应计利息　　80 000

3. 应付债券偿还的处理

企业发行的债券通常分为到期一次还本付息或分期付息、到期一次还本两种。采用到期一次还本付息方式的，企业应于债券到期支付债券本息时，借记"应付债券——面值"和"应付债券——应计利息"科目，贷记"银行存款"等科目。采用分期付息、到期一次还本方式的，债券于到期时只剩下最后一期利息和本金，企业在支付债券本息时，借记"应付债券——面值"、"应付利息"等科目，贷记"银行存款"等科目。

【例 8－38】 承例 8－36 和例 8－37，2020 年 1 月 1 日，A 公司偿还债券本息时：

借：应付债券——面值　　1 000 000

　　　　　——应计利息　　240 000

　贷：银行存款　　1 240 000

但公司发行的债券有时采用溢价发行或折价发行，此时，会计处理比按面值发行要复杂一些。下面以溢价发行为例，介绍应付债券的发行。

【例 8－39】 B 公司 2015 年 1 月 1 日发行公司债券面值为 1 000 000 元，年利率为 6%，期限为 5 年，每年付息、到期还本。发行时市场利率为 5%，发行价格为 1 043 270 元。假定企业发行债券筹集的资金用于生产经营。A 公司的有关会计分录如下：

(1)企业发行债券时：

借：银行存款　　1 043 270

　贷：应付债券——面值　　1 000 000

　　　　　　——利息调整　　43 270

(2)根据资料，采用实际利率法计算利息和利息调整摊销如表 9－1 所示：

表 9－1　　利息费用一览表

付息日期	支付利息	利息费用	摊销的利息调整	应付债券摊余成本
2015 年 1 月 1 日				1 043 270.00
2015 年 12 月 31 日	60 000	52 163.50	7 836.50	1 035 433.50

续表

付息日期	支付利息	利息费用	摊销的利息调整	应付债券摊余成本
2016 年 12 月 31 日	60 000	51 771.68	8 228.32	1 027 205.18
2017 年 12 月 31 日	60 000	51 360.26	8 639.74	1 018 565.44
2018 年 12 月 31 日	60 000	50 928.27	9 071.73	1 009 493.71
2019 年 12 月 31 日	60 000	50 506.29*	9 493.71	1 000 000.00

注:“*”表示尾数调整。

(3)2015 年 12 月 31 日计算利息时:

借:财务费用 52 163.50

应付债券——利息调整 7 836.50

贷:应付利息 60 000

(4)2016 年 1 月 1 日收到利息时:

借:应付利息 60 000

贷:银行存款 60 000

2016~2019 年确认的利息费用和利息调整摊销的会计处理同 2015 年,只是金额不同。

(5)2020 年 1 月 1 日偿还最后一期利息和本金时:

借:应付债券——面值 1 000 000

应付利息 60 000

贷:银行存款 1 060 000

关键术语

短期借款　应付票据　应付账款　预收账款　职工薪酬　其他应付款　应交税费　增值税　营业税　消费税　长期借款　应付债券

◎ 应知考核 ◎

一、单项选择题

1. 短期借款的利息,应借记(　　)科目。

A.“管理费用”　B.“营业外支出”　C.“财务费用”　D.“投资收益”

2. 预收账款不多的企业,可以不设“预收账款”科目,而将预收的款项计入(　　)。

A.“应付账款”科目的借方　B.“应付账款”科目的贷方

C.“应收账款”科目的借方　D.“应收账款”科目的贷方

3. 下列各项中,不通过应付账款科目核算的是(　　)。

A. 应付购入货物的进项税额　B. 应付购入货物的采购价款

C. 应付销货方代垫的运杂费　D. 应付房屋租金

4. 在下列有关应付账款的叙述中,不正确的是(　　)。

A. 它是用来核算购买材料、商品或接受劳务而发生债务的账户

B. 它属于负债类账户

C. 若有余额一定在贷方

D. 贷方登记应付账款的发生额

5. 企业销售应税消费品时，计算的应交消费税额应贷记的科目是(　　)。

A.“管理费用”　B.“应交税费”　C.“营业税金及附加”　D.“营业费用”

6. 期末应计长期借款的利息，应贷记(　　)科目。

A.“短期借款”　B.“长期借款”　C.“财务费用”　D.“应付利息”

7. 下列各项中不属于负债的是(　　)。

A. 应付票据　B. 应付职工薪酬　C. 预付账款　D. 预收账款

8. 为建造工程所借入的长期借款，在工程完工前的利息应计入(　　)。

A. 管理费用　B. 财务费用　C. 固定资产　D. 在建工程

9. 企业如果发生无法支付的应付账款时，应计入(　　)。

A. 营业外收入　B. 管理费用　C. 营业外支出　D.资本公积

10. 甲企业为一般纳税企业，采用托收承付结算方式从其他企业购入原材料一批，货款为 100 000 元，增值税税额为 17 000 元，对方代垫的运杂费 2 000 元，该原材料已经验收入库。该购买业务所发生的应付账款入账价值为(　　)元。

A. 117 000　B. 100 000　C. 119 000　D. 102 000

二、多项选择题

1. 下列款项应计入应付账款的是(　　)。

A. 出租固定资产而收取的押金　B. 向银行借入的期限为 10 个月的借款

C. 购入货物应支付的货款　D. 购入货物应支付的增值税

2. 非流动负债包括(　　)等。

A. 应付账款　B. 长期待摊费用　C. 长期借款　D. 应付债券

3. 企业在工资分配时，应将发放的工资按照用途计入(　　)等账户中。

A. 管理费用　B. 制造费用　C. 在建工程　D. 生产成本

4. 下列经济业务中，不影响负债总额的有(　　)。

A. 从银行取现金　B. 预付购买材料款　C. 向供应商赊购材料　D. 以现金支付发放工资

5. 长期借款所发生的利息支出，可能借记的科目有(　　)。

A.“财务费用”　B.“在建工程”　C.“营业外支出”　D.“管理费用”

6. 在下列项目中，属于流动负债的有(　　)。

A. 应付利息　B. 应付账款　C. 应交税费　D. 预收账款

7. 下列项目中，通过“应交税费”账户核算的税金有(　　)。

A. 增值税销项税　B. 增值税进项税　C. 印花税　D. 消费税

8. 下列账户中，可以核算企业向供货方预付货款的有(　　)。

A. 预付账款　B. 应收账款　C. 预收账款　D. 应付账款

9. 下列项目中属于应付职工薪酬核算范围的有(　　)。

A. 与职工解除劳动合同而支付的补偿金

B. 按国家规定缴纳的职工养老保险

C. 提取的工会经费

D. 作为福利发放给职工自产产品的成本

10. 下列各项交易或事项中，应通过“其他应付款”科目核算的有(　　)。

A. 客户存入的保证金　B. 应付股东的股利

C. 应付租入包装物的租金　D. 预收购货单位的货款

三、判断题

1. 专为购建某项固定资产而借入的长期借款，其发生的利息费用应全部计入固定资产的原始价值。 （ ）
2. 短期借款的利息在预提和实际支付时均不通过“短期借款”科目进行核算。 （ ）
3. 应付职工薪酬科目是负债类科目，期末若有余额一定在贷方。 （ ）
4. 短期借款账户既核算短期借款的本金，又核算短期借款的利息。 （ ）
5. 长期借款所发生的利息支出均应计入当期损益。 （ ）
6. 负债减少的同时必然是资产减少。 （ ）
7. “应付账款”应按不同的客户设置明细账。 （ ）
8. 长期借款的利息在预提和实际支付时均不通过“长期借款”科目进行核算。 （ ）
9. 企业签发支票支付购货款时，应通过“应付票据”账户。 （ ）
10. 购买固定资产所支付的增值税额记入“应交税费——应交增值税”账户的借方。 （ ）

四、简述题

1. 负债有哪几种分类标准？具体如何分类？
2. 短期借款利息费用如何处理？
3. 应付职工薪酬是由哪几个部分所组成？其含义是什么？
4. 增值税一般纳税人和小规模纳税人的增值税是如何核算的？
5. 增值税的销项税额和进项税额有什么关系？

◎ 应会考核 ◎

★观念应用

【背景资料】

大地公司为增值税一般纳税企业，适用的增值税税率为 17%，消费税税率为 10%，营业税税率为 5%，存货收发采用实际成本核算。该企业 2017 年发生下列经济业务：

(1)从一般纳税企业购入一批原材料，增值税专用发票上注明的原材料价款为 100 万元，增值税税额为 17 万元，货款已经支付，另购入材料过程中支付运费 10 000 元(进项税额按 7%的扣除率计算)，材料已经到达并验收入库。

(2)销售商品一批(非应税消费品)，增值税专用发票上注明的价款为 200 万元，增值税税额为 34 万元，提货单和增值税专用发票已交购货方，并收到购货方开出并承兑的商业承兑汇票。

(3)在建工程领用生产用库存原材料一批，材料成本为 10 000 元，应由该批原材料负担的增值税额为 1 700 元。

(4)对外提供安装劳务，取得收入 100 000 元存入银行，确认收入并计算应交营业税。

(5)转让一项专利权，收入 100 000 元存入银行，该专利权转让时的摊余价值为 60 000 元。

(6)向华清公司销售一批应税消费品 100 000 元，增值税税额 17 000 元，收到款项存入银行。该批产品的实际成本为 80 000 元。

【考核要求】

根据背景资料，编制上述业务的会计分录(“应交税费”科目要求写出明细科目及专栏名称)。(金额单位用元表示)

★技能应用

A 公司为增值税一般纳税人，增值税税率为 17%，2007 年发生以下经济业务：

(1)于 2017 年 6 月 30 日从银行取得偿还期为 3 个月的借款 200 000 元，年利率 12%，借款到期后一次还本付息。请作出如下会计分录：(1)取得借款；(2)7、8 月月末计提借款利息；(3)9 月 30 日还本付息。

(2)购买一批商品，价款为 50 000 元，增值税 8 500 元，商品验收入库，货款尚未支付。

(3)开出支票一张，支付上述所欠货款。

(4)本年一项工程尚未完工，计算本年其应负担的长期借款利息 10 000 元。

(5)收到某客户交来的预付货款 10 000 元。

(6)接上题，企业发出货物，价款为 20 000 元。

(7)接上题，对方收货后补付剩余的货款。

(8)2017 年 8 月末计算的本月应付工资总额为 128 500 元。其中生产工人工资 89 300 元，车间管理人员工资 5 800 元，厂部管理人员工资 22 000 元，销售人员工资 3 900 元，在建工程人员工资 7 500 元。

(9)因销售产品，本月应缴纳的消费税 70 000 元，因提供运输劳务，本月应交营业税 30 000 元，另计算出应交城市维护建设税 7 000 元，教育费附加 3 000 元。9 月初缴纳税金。作如下会计分录：①计提税金；②缴纳税金。

(10)2017 年 1 月 1 日借入 2 年期银行借款 1 000 000 元用于生产经营周转，年利率 10%，到期一次归还本息。请作如下会计分录：①2017 年 1 月 1 日借入；②2017、2018 年年底计息；③2019 年 1 月 1 日归还本息。

(11)购入原材料一批，价款为 2 000 元；材料已入库，企业开出银行承兑汇票一张，面额为 2 340，支付货款及增值税税款。

(12)收到银行通知，转账支付三个月前开出的商业承兑汇票，款项为 70 000 元整。

(13)以银行存款 50 000 元支付职工培训费。

【技能要求】

请对上述业务做出相应的会计分录。

★案例分析

【情景与背景】

甲公司为增值税一般纳税人，适用的增值税税率为 17%。2017 年 5 月发生与职工薪酬有关的交易或事项如下：

(1)为公司总部下属 25 位部门经理每人配备汽车一辆免费使用，假定每辆汽车每月计提折旧 0.08 万元。

(2)将 50 台自产的液晶电视作为福利分配给本公司行政管理人员。该液晶电视每台生产成本为 1.2 万元，市场售价为 1.5 万元(不含增值税)。

(3)月末，分配职工工资 150 万元，其中直接生产产品人员工资 105 万元，车间管理人员工资 15 万元，企业行政管理人员工资 20 万元，专设销售机构人员工资 10 万元。

【分析要求】

根据上述资料，对甲公司的相关账务进行处理。

◎ 项目实训 ◎

【实训项目】

负债核算

【实训情境】

华兴公司为一般纳税人，2017 年发生以下经济业务：

(1)4 月 1 日向银行借入 1 200 000 元，年利率为 8%，偿还期限 6 个月，到期一次还本付息，该企业每月计提利息。

(2)9 月 1 日购进一批原材料，专用发票注明，材料买价 600 000 元，增值税 102 000 元，对方代垫的运费 20 000 元(已取得运费发票)。材料已验收入库，增值税和运费已通过银行支付，开出面值为 600 000 元、3 个月的带息商业承兑汇票，年利率 10%(假设该企业采用实际成本进行材料日常核算)。

(3)10 月份经计算，该月应付生产工人工资 500 000 元，车间管理人员工资 50 000 元，厂部管理人员工资 40 000 元，在建工程人员工资 10 000 元。

【实训任务】

上述资料涉及短期借款、应付账款、应付票据及应付职工薪酬等的账务处理，学生应认真阅题，逐笔进行账务处理。

项目九　所有者权益

【知识目标】

理解：所有者权益的概念、分类。

熟知：实收资本、资本公积、留存收益的内容。

掌握：独资有限公司股本的会计处理；投资者投入和债务与资本转换过程溢价的会计处理；盈余公积和未分配利润、弥补亏损的会计处理；股利的种类及其会计处理。

【技能目标】

能够运用会计确认、计量和记录方法对实收资本、资本公积、留存收益的账务进行会计处理。

【素质目标】

所有者权益属于企业自有资金，应加强管理，合理筹集资本，提高企业的偿债能力。

【项目引例】

浦发银行的所有者权益核算

假设浦发银行2017年度利润预分配方案为：按当年度税后利润的10%提取法定盈余公积，共计12.51亿元；按当年度税后利润的20%提取任意盈余公积，共计25.03亿元；以2017年年末总股本5 661 347 506股为基数，向全体股东每10股派送红股4股、现金股利2.3元人民币(含税)，合计分配35.67亿元；根据规定，向持社会公众股的个人股东、境外合格机构投资者(QFII)实际派发现金红利为每股0.167元，扣税0.063元，向持社会公众股的机构投资者不代扣所得税，实际派发现金股利为每股0.23元。上述分配方案执行后，结余未分配利润53.22亿元，结转到下一年度。公司现总股本为5 661 347 506股，全为无限售条件流通股；本次利润分配方案实施，送红股后的股本总额为7 925 886 508股。

【讨论】

浦发银行2017年末股本总额是多少？盈余公积是怎样形成的？盈余公积和税后利润有何区别？盈余公积有哪些用途？税后利润分配顺序如何？

知识精讲

任务一　所有者权益概述

一、所有者权益的概念和分类

（一）所有者权益的概念

我国在《企业会计准则》和《企业财务报告条例》中对所有者权益给予了较完整的概念：“所有者权益是指所有者在企业资产中享有的经济利益，其金额为资产减去负债后的余额。在资产负债表上，所有者权益应当按照实收资本（或股本）、资本公积、盈余公积和未分配利润等项目分别列示。”它不仅说明了企业投资者对企业净资产的要求权这一所有者权益的经济性质，也说明了所有者权益的构成内容，同时也指出了所有者权益的数量和金额。

（二）所有者权益的分类

所有者权益按其构成，可分为投入资本、资本公积和留存收益三类。

1. 投入资本

投入资本是指所有者在企业注册资本的范围内实际投入的资本。所谓注册资本，是指企业在设立时向工商行政管理部门登记的资本总额，也就是全部出资者设定的出资额之和。投入资本在一般情况下无须偿还，企业可以长期周转使用。

所有者权益按投资主体分类，可分为国家股、法人股、个人股和外资股四种。国家股为有权代表国家投资的政府部门或机构，以国有资产投入公司所形成的股份。法人股为企业法人以其依法可支配的资产投入公司形成的股份；或具有法人资格的事业单位和社会团体，以国家允许用于经营的资产，以向公司投资形式形成的股份。个人股为社会个人或本公司内部职工，以个人合法财产投入公司形成的股份。上述三种股份都为国内投资主体所拥有，简称 A 股。外资股为外国和我国香港、澳门、台湾地区投资者，以购买人民币特种股票形式，向公司投资形成的股份，也称 B 股。我国有些公司的股份在香港等境外地区或国家证券交易所公开上市流通，称为 H 股。这种分类的主要目的在于反映在企业里不同性质的股份所占比重，便于国家进行宏观调控。

投入资本按照投入资产形式的不同，可以分为货币投资、实物投资和无形资产投资。

2. 资本公积

资本公积是指归所有者所共有的、非收益转化而形成的资本，主要包括资本溢价（或股本溢价）和直接计入所有者权益的利得和损失等。

资本溢价（或股本溢价）是企业收到投资者的超出其在企业注册资本中所占份额的投资。形成资本溢价（或股本溢价）的原因有溢价发行股票、投资者超额缴入资本等。

直接计入所有者权益的利得和损失是指不应计入当期损益但会导致所有者权益发生增减变动的、与所有者投入资本或向所有者分配利润无关的利得或损失。

资本公积一般应当设置“资本溢价（或股本溢价）”、“其他资本公积”明细科目核算。

3. 留存收益

留存收益是指归所有者所共有的，由收益转化而形成的所有者权益，主要包括盈余公积和未分配利润。

留存收益按内容不同，分别通过“盈余公积”和“未分配利润”科目进行核算。其中“盈余公积”科目应当分“法定盈余公积”、“任意盈余公积”进行明细核算，外商投资企业还应分“储备基金”、“企业发展基金”等进行明细核算。中外合作经营企业在合作期间归还投资者的投资，应在“盈余公积”科目设置“利润归还投资”明细科目进行核算。

二、所有者权益的性质

在资产负债表中，左边为资产，右边为权益。权益与资产相对应，按其性质可分为债权人权益(即负债)和所有者权益。所有者权益有别于负债，而且企业组织形式不同，所有者权益的表现形式和会计处理也不同。

所有者权益是指所有者在企业资产中享有的经济利益，其金额为资产减去负债后的余额，这可以通过对会计恒等式的变形来表示，即：

资产－负债＝所有者权益

企业的所有者和债权人均是企业资金的提供者，因而所有者权益和负债(债权人权益)均是对企业资产的要求权，但两者之间存在明显的区别。主要的区别有：

(1)性质不同。负债是企业对债权人承担的经济责任，债权人有优先获取企业用以清偿债务的资产的要求权；所有者权益则是所有者对剩余资产的要求权，这种要求权在顺序上置于债权人的要求权之后。对于正常经营的企业，息税前盈余只有按事前约定支付利息后，才可依法归所有者享有；对于处于清算状态的企业，企业的资产只有清偿各种形式的负债后，才能按规定在所有者之间进行分配。

(2)权利不同。债权人只有获取企业用以清偿债务的资产的要求权，而没有经营决策的参与权和收益分配权；所有者则可以参与企业的经营决策及收益分配。

(3)使用期限不同。企业的负债通常都有约定的偿还日期；所有者权益在存续期内一般不存在抽回问题，即不存在约定的偿还日期，是企业的一项可以长期使用的资金，只有在企业清算时才予以偿还。

(4)风险不同。债权人获取的利息一般是按一定利率计算、预先可以确定的固定的金额，企业不论盈利与否均应按期付息，风险较小；所有者获得多少收益则视企业的盈利水平及经营政策而定，风险较大。

(5)计量不同。负债必须在发生时按照规定的方法单独予以计量；所有者权益不必单独计量，它是对资产和负债计量以后形成的结果。

三、企业组织形式

所有者权益会计旨在处理不同企业的所有者对企业应承担的风险及其享有的利益。国际通行的做法是按企业资产经营的法律责任，把企业划分为非公司制企业组织形式和公司制企业组织形式。

(一)非公司制企业组织形式

1. 独资企业

由单个出资者设立的企业称为独资企业。在独资企业，所有者权益属于业主一人所独有。出资者对企业债务承担无限清偿责任，所以，通常称为“业主权益”。虽然在法律意义上，独资企业拥有的财产和对外所负的债务，与业主个人另外所有的财产和所负的债务无甚区别，但在会计上仍把独资企业视为一个独立会计个体，单独予以处理。业主对企业所欠债务必须承担无限连带责任。

2. 合伙企业

合伙企业是由两人或两人以上订立合伙协议、共同出资经营、共负盈亏的企业。所有者权益属合伙人所共有，合伙人的出资额可以大小不等，利润按出资多少或协议规定分配。与独资企业一样，合伙人对企业所欠债务必须承担无限连带责任。

（二）公司制企业组织形式

我国《公司法》规定："公司是指依法在中国境内设立的有限责任公司和股份有限公司。"

1. 有限责任公司

有限责任公司是指股东以其出资额为限对公司承担责任，公司以其全部资产对公司债务承担责任的企业法人。其特征表现在：公司股东以其出资比例享受权利、承担义务；公司向股东签发出资证明（不发行股票），出资证明是公司股份的表现形式；公司股份转让有着严格限制；公司股东可以作为雇员参与公司经营管理；公司账目可以不对外公开，尤其是公司的资产负债表一般不公开；股东人数较少，且不能超过一定限额，即2人以上50人以下。

2. 股份有限公司

股份有限公司是指公司将全部资本分为等额股份，股东以其所持股份对公司承担有限责任，公司以其全部资产对公司债务承担责任的企业法人。其特征表现在：公司资本由等额股份组成，股份采取股票的形式，股票是公司签发的证明股东所持股份的凭证；公司股东必须达到法定人数，但没有上限，即5人以上；公司账目必须公开，便于股东全面掌握公司情况；公司股东仅负有限责任，即每个股东对公司所负债务的责任，只限于其对该公司的投资额，但公司须以全部的公司财产为限负债务清偿的有限责任；公司财产所有权和经营权相分离。

任务二　实收资本

一、实收资本的概念

实收资本（或股本），是指企业按照章程规定或合同协议约定接受投资者投入企业的资本。实收资本按照投资主体不同，分为国家投资、其他单位投资、个人投资和外商投资等。

在会计实务中，对于投资者实际投入的资本，由于企业组织形式不同，会计核算方法也有所不同。股份有限公司应当设置"股本"科目，其他企业则均应设置"实收资本"科目，核算企业实际收到的投资者投入的资本。

二、一般企业实收资本的核算

根据我国有关法律的规定，投资者投入的资本形式可以有多种，如投资者可以用现金资产投资，也可以用非现金资产投资，符合国家规定的，还可以用无形资产投资。投入资本应当按实际投资数额入账，股份制企业发行股票，应当按股票面值作为股本入账。

（一）企业接受现金资产投资

企业收到投资者以现金投入的资本时，应当以实际收到或存入企业开户银行的金额作为实收资本入账，借记“库存现金”、“银行存款”等科目，贷记“实收资本”科目。对于实际收到或者存入企业开户银行的金额超过投资者在企业注册资本中所占份额的部分，应当记入“资本公积”。

【例9—1】 W企业注册资本为3 000 000元，现收到甲投资者投入的银行存款1 000 000元，占W企业注册资本的30%。W企业应编制的会计分录如下：

借：银行存款　　1 000 000

　贷：实收资本　　900 000

　　资本公积——资本溢价　　100 000

(二)接受非现金资产投资

企业收到投资者以非现金资产投入的资本时，应按投资各方确认的价值作为实收资本入账，在办理完有关产权转移手续后，借记“固定资产”、“原材料”、“库存商品”等科目，贷记“实收资本”科目。对于投资各方确认的资产价值超过其在注册资本中所占份额的部分，应当记入“资本公积”科目。

【例9—2】 A企业成立时，甲投资者以原材料作为出资，按照投资合同约定的价值为1 000 000元，增值税进项税额为170 000元。假设合同约定的价值与公允价值相符，进项税额允许抵扣，不考虑其他因素。A企业应编制的会计分录如下：

借：原材料　　1 000 000

　应交税费——应交增值税(进项税额)　　170 000

　贷：实收资本　　1 170 000

【例9—3】 甲企业的某投资者以固定资产作为出资，各方确认的价值为2 000 000元。甲企业应编制的会计分录如下：

借：固定资产　　2 000 000

　贷：实收资本　　2 000 000

(三)接受外币资本投资

企业接受的投资者的投资如果为外币资本，则企业应当在接受外币资本投资时，将实际收到的外币款项等资本按照收到外币当日的汇率(即交易日的即期汇率)折合的人民币金额，借记“银行存款”等科目，贷记“实收资本”科目。

【例9—4】 接受投资者投入200万美元资本，合同约定汇率为＄1=￥6.8，投入当天市场汇率为＄1=￥6.6。A企业应编制的会计分录如下：

借：银行存款——美元户　　13 200 000

　贷：实收资本　　13 200 000

三、股份有限公司股本的核算

股份有限公司应当在核定的股本总额及核定的股份总额的范围内发行股票。当公司发行股票收到现金等资产时，应按实际收到的金额，借记“库存现金”、“银行存款”等科目，按股票面值和核定的股份总额的乘积计算的金额，贷记“股本”科目，按其差额，贷记“资本公积——股本溢价”科目。

境外上市公司，以及境内发行外资股的公司，在收到股款时，应按照收到股款当日的汇率折合的人民币金额，借记“库存现金”、“银行存款”等科目，按照确定的人民币股票面值与核定的股份总额的乘积计算的金额，贷记“股本”，按照收到股款当日的汇率折合的人民币金额与按人民币计算的股票面值总额的差额，贷记“资本公积——股本溢价”科目。

【例9—5】 A公司经批准在境内发行B股股票1 000万股，每股面值为1元，发行价格为

4.2元，按合同规定，公司应按发行价格的2%支付发行费用。假定股票发行成功，股票存入银行。A企业应编制的会计分录如下：

借：银行存款　　44 100 000
　贷：股本　　10 000 000
　　资本公积——股本溢价　　34100 000

四、实收资本(股本)增减变动的核算

一般情况下，企业的实收资本应相对固定不变，当企业法人实有资金比原注册资金数额增加或减少超过20%时，应持资金证明或者验资证明，向原登记机关申请变更登记。

(一)实收资本(股本)增加的核算

一般企业增加资本的途径主要有三条：一是所有者(包括原企业所有者和新投资者)投入；二是将资本公积转为实收资本；三是将盈余公积转为实收资本。

实收资本(或股本)增加的核算如图9—1所示。

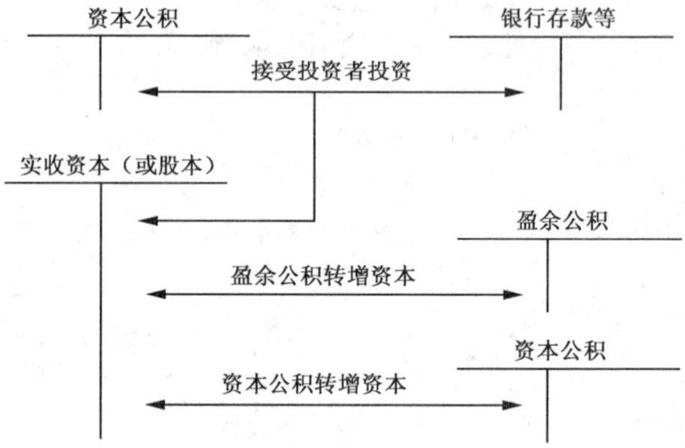

图9—1　实收资本(或股本)增加的核算

【例9—6】 按股东大会决议，并办理增资手续，B公司将法定公积金1 000 000元转增普通股股本。

B公司应编制的会计分录如下：

借：盈余公积——法定盈余公积　　1 000 000
　贷：股本　　1 000 000

(二)实收资本(股本)减少的核算

企业实收资本减少的原因大体有两种：一是资本过剩而减资；二是企业发生重大亏损而需要减少实收资本。

企业因资本过剩而减资，一般要返还投资。一般企业返还投资比较简单，按返还投资的数额，借记"实收资本"科目，贷记"库存现金"、"银行存款"等科目。中外合作经营企业根据合同规定在合作期间归还投资者的投资时，借记"实收资本(已归还投资)"科目，贷记"银行存款"等科目；同时，借记"利润分配——利润归还投资"科目，贷记"盈余公积——利润归还投资"科目。

股份有限公司采用收购本公司股票方式减资的，按股票的面值和注销股数计算的股票面值总额冲减股本，按注销库存股的账面余额与所冲减股本的差额冲减股本溢价，股本溢价不足冲减的，再冲销盈余公积。如盈余公积仍不足以支付收购款的，冲销未分配利润。如回购价格低于股票面值的，应按回购股份的面值，借记“股本”科目，按实际回购价格，贷记“银行存款”科目，按其差额，贷记“资本公积——股本溢价”科目。

实收资本(或股本)减少的核算如图 9—2 所示。

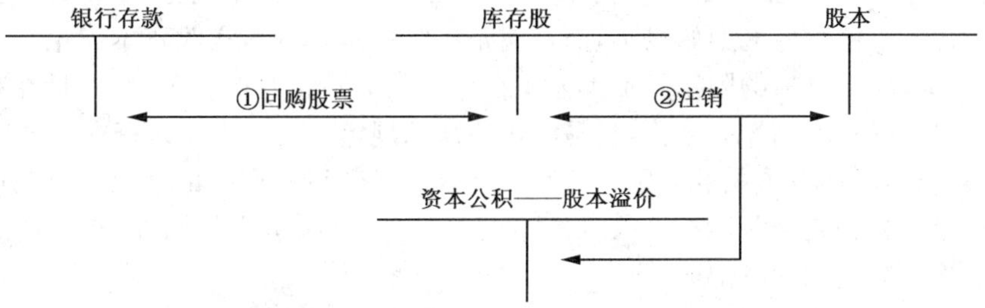

图 9—2　实收资本(或股本)减少的核算

【例 9—7】 某股份公司由于经营萎缩，资本过剩，经股东大会批准，公司以现金回购本公司股票50 000股并注销，收购价格为每股 2 元。公司原发行股票每股面值 1 元，发行价格 2 元。该企业提取的盈余公积 200 000 元，未分配利润 300 000 元。企业应编制的会计分录为：

(1)回购本公司股票时：

借：库存股　　200 000

　　贷：银行存款　　200 000

(2)注销本公司股票时：

借：股本　　50 000

　　资本公积——股本溢价　　150 000

　　贷：库存股　　200 000

【例 9—8】 承例 9—7，假如该企业以每股 6 元的价格收购，应编制的会计分录为：

(1)回购本公司股票时：

借：库存股　　300 000

　　贷：银行存款　　300 000

(2)注销本公司股票时：

借：股本　　50 000

　　资本公积——股本溢价　　180 000

　　盈余公积　　70 000

　　贷：库存股　　300 000

任务三　资本公积

一、资本公积的概念与来源

资本公积，是指投资者或者他人投入到企业、所有权归属于投资者，但不构成实收资本的那部分资本。资本公积从形成来源看，它是由投资者投入的资本金额中超过法定资本部分的资本或者他人投入的不形成实收资本的资产的转化形式，它不是由企业实现的净利润转化而来的。从本质上讲，资本公积应属于投入资本的范畴，因此，它与留存收益有本质区别。留存收益是企业实现净利润的转化形式，在核算资本公积时，应当与留存收益区别开来。

资本公积与实收资本虽然都属于投入资本范畴，但两者又有区别。实收资本一般是投资者投入的、为谋求价值增值的原始投资，而且属于法定资本，因此，实收资本无论是在来源上还是在金额上，都有比较严格的限制。资本公积在金额上则并没有严格限制，而且在来源上也相对比较多样，主要是资本（股本）溢价，只是由于法律的规定而无法直接以资本的名义出现。

资本公积与净利润有本质的区别。净利润是企业经营活动产生的结果，可以分配给股东。从本质上讲，资本公积是企业所有者投入资本的一部分，具有资本的属性，与企业的净利润无关，所以不能作为净利润的一部分。

二、资本公积的核算

企业应设置“资本公积”科目核算企业收到投资者出资超出其在注册资本或股本中所占的份额以及直接计入所有者权益的利得和损失等。本科目还应当分别“资本溢价”或“股本溢价”、“其他资本公积”进行明细核算。资本公积的核算内容主要包括：

（一）资本溢价（或股本溢价）的核算

1. 资本溢价的核算

除股份有限公司以外的其他类型的企业，在企业创立时，出资者认缴的出资额与注册资本一致，一般不会产生资本溢价。但在企业重组并有新的投资者加入时，为了维护原有投资者的权益，新加入的投资者的出资额并不一定全部作为实收资本处理。这是因为，在企业正常经营过程中投入的资金虽然与企业创立时投入的资金在数量上一致，但其获利能力却不一致。企业创立时，要经过筹建、试生产经营、为产品寻找市场、开辟市场等过程，从投入资金到取得投资回报，中间需要许多时间，并且这种投资具有风险性，在这个过程中的资本利润率很低。而企业进行正常生产经营后，在正常情况下，资本利润率要高于企业的初创阶段。而这高于初创阶段的资本利润率是以初创时必要的垫支资本带来的，企业创办者为此付出了代价。因此，相同数量的投资，由于出资时间不同，其对企业的影响程度不同，由此而带给投资者的权利也不同，往往前者大于后者。所以，新加入的投资者要付出大于原有投资者的出资额，才能取得与原投资者相同的投资比例。另外，不仅原投资者原有投资从质量上发生了变化，就是从数量上也可能发生变化，这是因为企业经营过程中实现利润的一部分留在企业，形成留存收益，而留存收益也属于投资者权益，也要求其付出大于原有投资者的出资额，才能取得与原有投资者相同的投资比例。投资者投入的资本中按其投资比例计算的出资额部分，应计入“实收资本”科目，大于部分应记入“资本公积——资本溢价”科目。

【例 9—9】 星海公司由甲、乙、丙三人各自出资 1 000 000 元而设立。设立时的实收资本为 3 000 000 元。经过三年的经营，该企业留存收益为 1 500 000 元。为扩大经营规模，经批准，星海公司注册资本增加到 4 000 000 元。这时有丁投资者有意加入该企业，并表示愿意出资 1 800 000 元而仅占有该企业份额的 25%。假定不考虑其他因素，企业收到丁投资者投入资金时，编制的会计分录为：

借：银行存款	1 800 000	
贷：实收资本——丁投资者		1 000 000
资本公积——资本溢价		800 000

2. 股本溢价的核算

股份有限公司按股票面值发行股票的情况下，企业取得的发行股票收入，应全部记入“股本”科目，不产生股本溢价。如果采用溢价发行股票，企业发行股票取得的收入，按股票面值记入“股本”科目，超出股票面值的溢价收入(含发行股票冻结期间所产生的利息收入，下同)记入“资本公积”科目。这里要注意，委托证券商代理发行股票而支付的手续费、佣金等，应从溢价发行收入中扣除，企业应按扣除手续费、佣金后的数额记入“资本公积”科目。如果股票没有溢价发行或溢价金额不足以支付发行费用的部分，应冲减盈余公积和未分配利润。

【例 9—10】 甲公司委托某证券公司代理发行普通股 2 000 000 股，每股面值 1 元，按每股 1.2 元的价格发行。公司与受托单位约定，按发行收入 3%收取手续费，从发行收入中扣除。假如收到的股款已存入银行。根据资料，企业应作如下会计处理：

公司收到委托发行单位交来现金＝2 000 000×1.2×(1－3%)＝2 328 000(元)

应记入“资本公积”科目的金额＝溢价收入－发行手续费

＝400 000－72 000＝328 000(元)

借：银行存款　　2 328 000

　贷：股本　　2 000 000

　　资本公积——股本溢价　　328 000

上市公司配股或增发新股，上市公司的股东以其所拥有的其他企业的全部或部分股权作为配股资金，或以实物资产和可辨认的无形资产作为配股资金，或作为认购新股的股款的，上市公司所接受的股权或所接受的实物资产和可辨认的无形资产，应按照配股或增发新股所确定的价格，确认为初始股权投资成本，按照该股东配股或增发新股所享有的股份面值总额，作为“股本”，按其差额，作为“资本公积(股本溢价)”。

(二)其他资本公积

其他资本公积是指除资本溢价(或股本溢价)项目以外所形成的资本公积，其中主要是直接计入所有者权益的利得和损失。如企业的长期股权投资采用权益法核算时，因被投资单位除净损益以外所有者权益的其他变动，投资企业按应享有份额而增加或减少的资本公积；自用房地产或存货转换为采用公允价值模式计量的投资性房地产时，按该项房地产在转换日的公允价值大于其账面价值的差额增加或减少的资本公积等。本书以长期股权投资权益法产生的其他资本公积为例加以介绍。

企业对被投资单位的长期股权投资采用权益法核算时，因被投资单位发生除净损益以外的所有者权益的增加或减少(直接计入所有者权益的利得和损失)时，投资企业长期股权投资的账面价值应随着被投资单位所有者权益的变化而变化，以与其应享有的份额保持一致。因此，企业应按其持有比例计算应享有的份额，调整“长期股权投资”和“资本公积”项目，借记或贷记“长期股权投资”科目，贷记或借记“资本公积——其他资本公积”科目，待处置长期股权投资时，再将记入资本公积的金额转入投资收益。

【例 9—11】 甲企业拥有乙企业 30%的股权，长期股权投资采用权益法进行核算，由于乙企业可供出售金融资产公允价值的变动，造成乙企业资本公积增加 300 000 元，甲企业编制的会计分录如下：

借：长期股权投资　　90 000

　贷：资本公积——其他资本公积　　90 000

任务四　留存收益

一、留存收益概述

(一)留存收益的概念

留存收益是指企业从历年实现的净利润中提取或形成的留存于企业内部的积累，是由企业内部所形成的资本。它来源于公司的生产经营活动所实现的净利润，在性质上与投资者投入资本一样属于所有者权益。主要包括盈余公积和未分配利润。它与实收资本和资本公积的区别在于：实收资本和资本公积来源于企业的资本投入，而留存收益则来源于企业的资本增值。

留存收益的目的是保证企业实现的净利润有一部分留存在企业，不全部分配给投资者，这样，一方面可以满足企业维持或扩大再生产经营活动的资金需要，保持或提高企业的获利能力；另一方面可以保证企业有足够的资金弥补以后年度可能出现的亏损，也保证企业有足够的资金用于偿还债务，保护债权人的权益。因此，对于留存收益的提取和使用，除了企业的自主行为外，往往也有法律上的诸多规定和限制，例如，我国规定企业必须根据净利润提取法定盈余公积。

(二)留存收益的内容

留存收益主要包括盈余公积和未分配利润两类。

盈余公积，是指企业按照规定从净利润中提取的积累资金，包括法定盈余公积和任意盈余公积。法定盈余公积，是指企业按照法律规定的比例从净利润中提取的盈余公积；任意盈余公积，是指企业按照股东大会决议提取的盈余公积。

未分配利润，是指企业留在以后年度分配的利润或待分配利润，其来源是净利润扣除利润分配数额之后的余额。

二、留存收益的核算

(一)盈余公积的核算

企业当年实现的净利润，应当提取法定公积和任意公积。

1. 提取法定公积

法定公积按照税后净利润10%的比例提取，公司法定公积累计额为公司注册资本的50%以上时，可以不再提取。公司的法定公积不足以弥补上一年度亏损的，在提取法定公积之前，应当先用当年利润弥补亏损。

2. 提取任意公积

公司在提取法定公积之后，经股东大会决议，可以提取任意公积。

企业提取盈余公积主要可用于以下几个方面：

(1)弥补亏损。企业发生亏损时，应当企业自行弥补。弥补亏损的渠道主要有三条：一是用以后年度税前利润弥补。按照现行制度规定，企业发生亏损时，可以用以后五年内实现的税前利润弥补，即税前利润弥补亏损的期间为5年。二是用以后年度税后利润弥补。企业发生的亏损经过5年期间未弥补足额的，尚未弥补的亏损应用所得税后的利润弥补。三是用盈余公积弥补亏损。企业以提取的盈余公积弥补亏损时，应当由公司董事会提议，并经股东大会批准。

(2)转增资本。当企业提取的盈余公积累积额较大时，可以将盈余公积转增资本，但是，转增时必须经投资人同意或股东大会决议批准并办理相应的增资手续，按照投资人原持股比例予以转增。用盈余公积转增资本后，留存的盈余公积不得少于转增前公司注册资本的25%。

(3)分派现金股利。企业在当年如果没有实现利润，原则上不得分配股利。但在特殊情况下，当企业累积的盈余公积比较多而未分配利润比较少时，为了维护企业形象，给投资者以比较均衡的投资回报，对于符合规定条件的企业，经股东大会做出特别决议，也可用盈余公积分派现金股利。

企业应设置"盈余公积"科目核算从净利润中提取的盈余公积。盈余公积科目应当分别"法定盈余公积"、"任意盈余公积"明细科目进行核算。

企业按规定提取的盈余公积，借记"利润分配——提取法定盈余公积、提取任意盈余公积"科目，贷记本科目(法定盈余公积、任意盈余公积)。

盈余公积核算如图9—3所示。

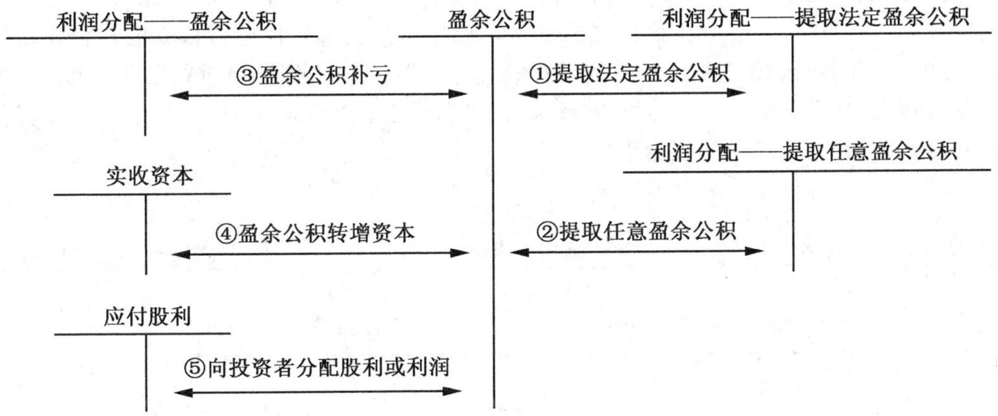

图9—3　盈余公积核算

【例9—12】 兴达股份有限公司本年度的税后利润为8 000 000元，按10%的比率提取法定盈余公积，并根据股东大会决议按3%的比率提取任意盈余公积。兴达股份有限公司编制的会计分录如下：

借：利润分配——提取法定盈余公积	800 000	
——提取任意盈余公积	240 000	
贷：盈余公积——提取法定盈余公积		800 000
——提取任意盈余公积		240 000

企业经股东大会或类似机构决议，用盈余公积弥补亏损或转增资本，借记本科目，贷记"利润分配——盈余公积补亏"、"实收资本"或"股本"科目。企业经股东大会决议，用盈余公积派送新股，按派送新股计算的金额，借记本科目，按股票面值和派送新股总数计算的股票面值总额，贷记"股本"科目，按其差额，贷记"资本公积——股本溢价"科目。企业(中外合作经营)在经营期间用利润归还投资，应按实际归还投资的金额，借记"实收资本——已归还投资"科目，

贷记“银行存款”等科目；同时，借记“利润分配——利润归还投资”科目，贷记本科目（利润归还投资）。

【例 9－13】 按股东大会决议，并办理增资手续，兴达股份有限公司将法定盈余公积500 000元，任意盈余公积400 000元转增普通股股本。兴达股份有限公司编制的会计分录如下：

借：盈余公积——法定盈余公积　　500 000
　　　　　　——任意盈余公积　　400 000
　贷：股本　　900 000

（二）未分配利润的核算

未分配利润是企业留待以后年度进行分配的结存利润，也是企业所有者权益的组成部分。相对于所有者权益的其他组成部分来讲，企业对于未分配利润的使用分配有较大的自主权。从数量上来讲，未分配利润是期初未分配利润，加上本期实现的净利润，减去提取的各种盈余公积和分出利润后的余额。未分配利润有两层概念：一是留待以后年度处理的利润；二是未指定用途的利润。

由于未分配利润是对累计可供分配的利润分配后的结果，利润分配是过程，未分配利润是对利润进行分配后的结果。因此，在会计核算上，未分配利润是通过“利润分配”科目进行核算的，具体来说，是通过“利润分配”科目之下的“未分配利润”明细科目进行核算的。企业在生产经营过程中取得的收入和发生的成本、费用，最终通过“本年利润”科目进行归集，计算出当年盈利；然后转入“利润分配——未分配利润”科目进行分配。“利润分配——未分配利润”科目的贷方余额，则为未分配利润；如为借方余额，则为未弥补亏损。

未分配利润核算如图 9－4 所示：

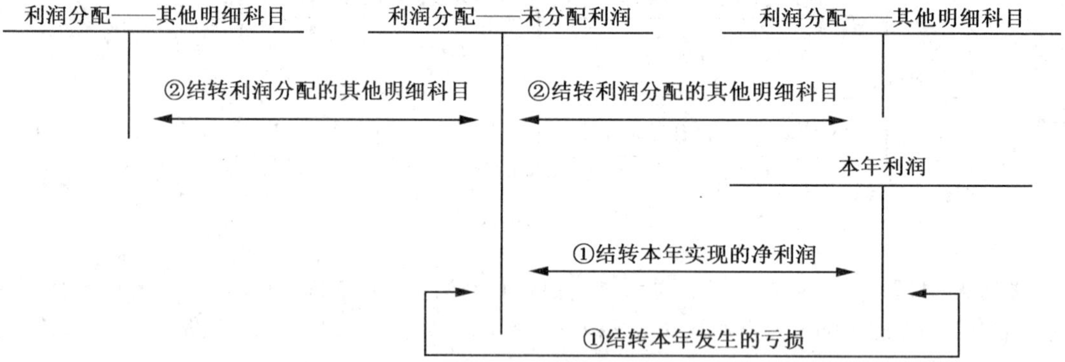

图 9－4　未分配利润核算

【例 9－14】 A 公司在 2010 年发生亏损 1 600 000 元，在年度终了时，企业应当结转本年发生的亏损。应作如下会计分录：

借：利润分配——未分配利润　　1 600 000
　贷：本年利润　　1 600 000

假设 2011～2016 年，A 公司每年实现利润 300 000 元，按现行制度规定，公司在发生亏损以后的 5 年内可以用税前利润弥补亏损，超过 5 年仍未弥补完的亏损则用税后利润弥补。假设不考虑其他因素，该公司应作如下会计分录：

(1)2011～2015 年按规定用税前利润弥补亏损时：

借：本年利润　　300 000

　　贷：利润分配——未分配利润　　300 000

(2)2016 年用税后利润弥补亏损时：

先按当年实现利润计算缴纳所得税75 000元(300 000×25%)，再用税后利润 100 000 元弥补超过 5 年的未弥补亏损。剩余部分才能按规定计提法定盈余公积。

借：所得税费用　　75 000

　　贷：应交税费——应交所得税　　75 000

借：本年利润　　75 000

　　贷：所得税费用　　75 000

借：本年利润　　225 000

　　贷：利润分配——未分配利润　　225 000

借：利润分配——未分配利润　　12 500

　　贷：盈余公积——法定盈余公积　　12 500

(三)弥补亏损的会计处理

企业在生产经营过程中既可能发生盈利，也可能发生亏损。企业在当年发生亏损的情况下，与实现利润的情况相同，应当将本年发生的亏损自"本年利润"科目，转入"利润分配——未分配利润"科目，借记"利润分配——未分配利润"科目，贷记"本年利润"科目，结转后"利润分配"科目的借方余额，即为未弥补亏损的数额。然后，通过"利润分配"科目核算有关亏损的弥补情况。

企业发生的亏损可以次年实现的税前利润弥补。在以次年实现的税前利润弥补以前年度亏损的情况下，企业当年实现的利润自"本年利润"科目转入"利润分配——未分配利润"科目，将本年实现的利润结转到"利润分配——未分配利润"科目的贷方，其贷方发生额与"利润分配——未分配利润"的借方余额自然抵补。因此，以当年实现净利润弥补以前年度结转的未弥补亏损时，不需要进行专门的账务处理。

由于未弥补亏损形成的时间长短不同等原因，以前年度未弥补亏损有的可以当年实现的税前利润弥补，有的则需用税后利润弥补。无论是以税前利润还是以税后利润弥补亏损，其会计处理方法相同，所不同的只是两者计算缴纳所得税时的处理不同而已。在以税前利润弥补亏损的情况下，其弥补的数额可以抵减当期企业应纳税所得额，而以税后利润弥补的数额，则不能作为纳税所得扣除处理。

【例 9－15】　D 股份有限责任公司年初未分配利润为 0，本年实现净利润 2 000 000 元，本年提取法定盈余公积 200 000 元，宣告发放现金股利 800 000 元。假定不考虑其他因素，D 股份有限公司会计处理如下：

(1)结转本年利润：

借：本年利润　　2 000 000

　　贷：利润分配——未分配利润　　2 000 000

如企业当年发生亏损，则应借记"利润分配——未分配利润"科目，贷记"本年利润"科目。

(2)提取法定盈余公积、宣告发放现金股利：

借：利润分配——提取法定盈余公积　　200 000

　　　　　　——应付现金股利　　800 000

　　贷：盈余公积　　200 000

应付股利　　800 000

同时，

借：利润分配——未分配利润　　1 000 000

　贷：利润分配——提取法定盈余公积　　200 000

　　　　　　——应付现金股利　　800 000

关键术语

所有者权益　留存收益　实收资本　资本公积　盈余公积　未分配利润　股本

◎ 应知考核 ◎

一、单项选择题

1. 下列事项中，可能引起企业所有者权益总额发生变动的是(　　)。

A. 发放股票股利

B. 以计入资本公积的股本溢价转增股本

C. 回购股票

D. 盈余公积补亏

2. 下列各项能够引起企业所有者权益增加的事项是(　　)。

A. 增发新股　　B. 发放股票股利

C. 提取盈余公积　　D. 以盈余公积转增资本

3. 下列各事项中，可能引起企业所有者权益减少的事项是(　　)。

A. 处置采用公允价值模式计量的投资性房地产

B. 以资本公积转增资本

C. 提取盈余公积

D. 派发股票股利

4. 公司注销回购库存股业务中，库存股账面余额大于回购股份的面值时，其差额冲减的顺序是(　　)。

A. 资本公积、盈余公积、未分配利润　　B. 未分配利润、盈余公积、资本公积

C. 未分配利润、资本公积、盈余公积　　D. 盈余公积、未分配利润、资本公积

5. 核算对联营企业长期股权投资时，在持股比例不变的情况下，被投资企业因增加资本公积而引起所有者权益的增加，投资企业应按所拥有的表决权资本的比例计算应享有的份额，将其记入的科目是(　　)。

A.“投资收益”　　B.“盈余公积”　　C.“资本公积”　　D.“利润分配”

6. 甲公司委托证券公司发行普通股股票1 000万股，每股面值1元，每股发行价格2.2元。证券公司按发行收入的2%收取手续费，从发行收入中扣除。该公司计入资本公积的金额为(　　)万元。

A. 2 156　　B. 1 200　　C. 1 180　　D. 1 156

7. 甲公司出资1 000万元，取得了乙公司80%的控股权，假如购买股权时乙公司的账面净资产价值为1 500万元，甲、乙公司合并前后同受一方控制。则甲公司应记入“资本公积——股本溢价”的金额为(　　)万元。

A. 200　　B. 500　　C. 0　　D. 1 200

8. 采用权益法核算的情况下，下列各项中，会引起投资企业资本公积发生增减变动的是(　　)。

A. 被投资企业接受捐赠的现金资产

B. 被投资企业接受捐赠的非货币性资产

C. 被投资企业因可供出售金融资产公允价值变动而确认了资本公积

D. 被投资企业以盈余公积转增股本

9. 甲公司为上市公司，2015 年初“资本公积”科目的贷方余额为 100 万元。2015 年 7 月 1 日，甲公司将自用房产转作公允价值模式计量的投资性房地产，房产账面原价为 300 万元，已计提折旧 30 万元，转换日公允价值为 400 万元。甲公司另以 500 万元购入某股票确认为可供出售金融资产，2015 年 12 月 31 日，前项房产的公允价值为 420 万元，前项购入股票的公允价值为 560 万元。假定不考虑相关税费，2015 年 12 月 31 日甲公司“资本公积”科目的贷方余额为（　　）万元。

A. 310　　B. 250　　C. 290　　D. 230

10. 某企业 2014 年发生亏损 60 万元，按规定可以用 2015 年度实现的税前利润弥补。该企业 2015 年实现利润总额 100 万元弥补了去年全部亏损，假定不考虑所得税因素的情况下，2015 年末企业会计处理的方法是（　　）

A. 借：利润分配——盈余公积　　60
　　贷：利润分配——未分配利润　　60

B. 借：本年利润　　60
　　贷：利润分配——未分配利润　　60

C. 借：利润分配——未分配利润　　40
　　贷：利润分配——盈余公积补亏　　40

D. 借：本年利润　　100
　　贷：利润分配——未分配利润　　100

二、多项选择题

1.下列各项中，引起非公司制企业实收资本增加的有（　　）。

A. 接受现金资产投资　　B. 盈余公积转增资本

C. 资本公积转增资本　　D. 追加对被投资单位的投资

2. 下列各项中，关于未分配利润描述正确的有（　　）。

A. 未分配利润是企业所有者权益的组成部分

B. 可留待以后年度进行分配，但不得用于弥补亏损

C. 可留待以后年度进行分配的当年结余利润

D. 可留待以后年度进行分配的历年结存利润

3. 股份有限公司发行股票发生的交易费用，可能借记（　　）科目。

A.“资本公积”　　B.“财务费用”　　C.“盈余公积”　　D. 利润分配

4. 下列各项中属于资本公积来源的有（　　）。

A. 资本溢价

B. 股本溢价

C. 处置无形资产形成的利得

D. 权益法下被投资单位因吸收新投资者而增加的资本溢价中投资企业按应享有的份额而增加的数额

5. 直接计入所有者权益的利得应是同时具备以下（　　）特点的经济利益的总流入。

A. 不应计入当期损益　　B. 会导致所有者权益增加

C. 与所有者投入资本无关　　D. 由企业非日常活动所形成

6. 直接计入所有者权益的损失应是同时具备以下（　　）特点的经济利益的流出。

A. 不应计入当期损益　　B. 会导致所有者权益减少

C. 与向所有者分配利润无关　　D. 由企业非日常活动所形成

7. 企业“利润分配”科目的核算内容包括(　　)。

A. 企业利润的分配　　B. 企业亏损的弥补

C. 历年分配后的未分配利润　　D. 历年弥补后的未弥补亏损

8.“利润分配”科目下可设置(　　)等明细科目进行明细核算。

A.“提取法定盈余公积”　　B.“提取法定公益金”

C.“盈余公积补亏”　　D.“未分配利润”

9. 下列各项中,能引起盈余公积发生增减变动的有(　　)。

A. 提取任意盈余公积　　B. 以盈余公积转增资本

C. 用任意盈余公积弥补亏损　　D. 用盈余公积派送新股

10. 下列各项中,属于所有者权益的有(　　)

A. 坏账准备　　B. 资本溢价　　C. 应付股利　　D. 任意盈余公积

三、判断题

1. 企业接受非现金资产投资时,应按投资合同或协议约定的价值(不公允的除外)记入“实收资本”,或“股本”科目。(　　)

2. 股份有限公司按法定程序报经批准采用收购本公司股票方式减资的,购回股票支付的价款(含交易费用)低于其面值总额的,应依次增加资本公积(股本溢价)、盈余公积和未分配利润。(　　)

3. 企业在非日常活动中形成的利得都应直接增加资本公积。(　　)

4. 无论是利得还是损失,都存在直接计入所有者权益的和计入当期损益的。(　　)

5.“利润分配——未分配利润”科目贷方仅登记转入的本年利润额。(　　)

6. 企业用以后年度的税前利润弥补亏损时,应借记“本年利润”科目,贷记“利润分配——其他转入”科目。(　　)

7. 在按面值发行股票的情况下,公司发行股票支付的手续费、佣金等发行费用,直接计入当期财务费用。(　　)

8. 企业的盈余公积包括:法定盈余公积、任意盈余公积。(　　)

9. 用盈余公积转增资本不影响所有者权益总额的变化,但会使企业净资产减少。(　　)

10. 企业以当年实现的利润弥补以前年度结转的未弥补亏损,不需要进行专门的账务处理。(　　)

四、简述题

1. 简述会计的概念和特征。
2. 简述核算和监督职能的关系。
3. 简述高质量的会计信息质量要求。
4. 简述资产的概念及特征。
5. 简述收入的确认条件。

◎ 应会考核 ◎

★观念应用

【背景资料】

甲公司2017年度的有关资料如下:

(1)年初未分配利润为100万元,本年利润总额为390万元,适用的企业所得税税率为25%。按税法规定本年度准予扣除的业务招待费20万元,实际发生业务招待费30万元。除此之外,不存在其他纳税调整因素。

(2)按税后利润的10%提取法定盈余公积。

(3)提取任意盈余公积10万元。

(4)向投资者宣告分配现金股利40万元。

【考核要求】

(1)计算甲公司本期所得税费用，并编制相应的会计分录。

(2)编制甲公司提取法定盈余公积的会计分录。

(3)编制甲公司提取任意盈余公积的会计分录。

(4)编制甲公司向投资者宣告分配现金股利的会计分录。

(5)计算年末未分配利润。

★技能应用

甲股份有限公司(以下简称甲公司)2007～2015年度有关业务资料如下：

(1)2007年1月1日，甲公司股东权益总额为46 500万元(其中：股本总额为10 000万股，每股面值1元；资本公积为30 000万元；盈余公积为6 000万元；未分配利润为500万元)。2007年度实现净利润400万元，股本与资本公积项目未发生变化。2008年3月1日，甲公司董事会提出如下预案：

①按2007年度实现净利润的10%提取法定盈余公积。

②以2007年12月31日的股本总额为基数，以资本公积(股本溢价)转增股本，每10股转增4股，计4 000万股。

2008年5月5日，甲公司召开股东大会，审议批准了董事会提出的预案，同时决定分派现金股利300万元。2008年6月10日，甲公司办妥了上述资本公积转增股本的有关手续。

(2)2008年度，甲公司发生净亏损3 142万元。

(3)2009～2014年度，甲公司分别实现利润总额200万元、300万元、400万元、500万元、600万元和600万元。假定甲公司适用的所得税税率为25%；无其他纳税调整事项。

(4)2015年5月9日，甲公司股东大会决定以法定盈余公积弥补2014年12月31日账面累计未弥补亏损。

假定：2008年发生的亏损可用以后5年内实现的税前利润弥补；除前述事项外，其他因素不予考虑。

【技能要求】

(1)编制甲公司2008年3月提取2007年度法定盈余公积的会计分录。

(2)编制甲公司2008年5月宣告分派2007年度现金股利的会计分录。

(3)编制甲公司2008年6月资本公积转增股本的会计分录。

(4)编制甲公司2008年度结转当年净亏损的会计分录。

(5)计算甲公司2014年度应交所得税并编制结转当年净利润的会计分录。

(6)计算甲公司2014年12月31日账面累计未弥补亏损。

(7)编制甲公司2015年5月以法定盈余公积弥补亏损的会计分录。

(“利润分配”、“盈余公积”科目要求写出明细科目；答案中的金额单位用万元表示)

★案例分析

【情景与背景】

正保股份有限公司(以下简称正保公司)为一家从事药品生产的增值税一般纳税企业。2017年1月1日，所有者权益总额为50 000万元，其中股本30 000万元，资本公积5 000万元，盈余公积6 000万元，未分配利润9 000万元。2017年度正保公司发生如下经济业务：

(1)接受甲公司投入原材料一批，合同约定的价值为3 000万元(与公允价值相符)，增值税税额为

510 万元；同时正保公司增加股本 2 500 万元，相关法律手续已办妥。

(2)被投资企业乙公司可供出售金融资产的公允价值净值减少 500 万元，甲公司采用权益法按 40%的持股比例确认应享有的份额。

(3)经股东大会决议，并报有关部门核准，增发普通股 3 000 万股，每股面值 1 元，每股发行价格 5 元，按照发行股款的 2%向证券公司支付发行费。发行款已全部收到并存入银行。假定不考虑其他因素。

(4)因扩大经营规模需要，经股东大会批准，正保公司将盈余公积 2 800 万元转增股本。

(5)结转本年实现净利润 3 000 万元。

(6)按税后利润的 10%提取法定盈余公积。

(7)向投资者宣告分配现金股利 500 万元。

(8)将“利润分配——提取法定盈余公积、利润分配——应付现金股利”明细科目余额结转至未分配利润。

【分析】

(1) 根据上述资料，逐项编制正保公司相关经济业务的会计分录。

(2)计算年末所有者权益各项目的账面余额。

◎ 项目实训 ◎

【实训项目】

所有者权益核算

【实训情境】

华兴公司 2013 年“未分配利润”年初贷方 100 万元，按 10%提取法定盈余公积，所得税税率为 25%，2013～2014 年有关资料如下：

(1)2013 年实现净利润 200 万元，提取法定盈余公积后，宣告派发现金股利 150 万元；

(2)2014 年发生亏损 500 万元；

(3)2015 年实现利润总额 600 万元。

【实训任务】

上述资料涉及净利润、利润总额、提取法定盈余公积、分派现金股利、计提企业所得税等的账务处理，学生应认真阅题，逐笔进行账务处理。

项目十　费用与成本

【知识目标】

理解：费用的概念和特征；费用与资产、成本和损失之间的关系；费用的分类及确认与计量原则。

熟知：生产成本核算应设置的账户、生产费用的归集和分配。

掌握：在产品成本的计算和完工产品成本的结转、期间费用的内容和具体核算方法。

【技能目标】

能够区别生产成本和期间费用，并具备处理相关业务的能力。

【素质目标】

能够结合会计准则，及时准确地提供企业费用和成本的相关信息。

【项目引例】

新宇公司成本费用控制存在的问题

2016年，新宇公司营业收入在同行排名第二，但是当年却发生了巨额亏损。经调查，主要是企业成本费用没有合理控制。现有成本控制制度：(1)销售费用实报实销制度；(2)为保证生产正常进行，采购制度设定为在正常持有量的基础上再加50%原材料库存；(3)生产工人执行计时工资制度。由于实报实销，销售费用持续增加；由于存货市价持续下降，大量库存给企业造成很大负担；由于计时工资，工人认为干多干少一个样，积极性不高。为强化成本费用管理，总经理决定试行成本费用管理新办法：(1)取消销售费用实报实销，实行“基本工资＋奖金制度”，奖金由总经理根据员工情况以“红包”形式不公开发放；(2)由车间主任根据生产消耗提出订购申请，经过总经理批准后由采购部门采购；(3)改计时工资为计件工资。半年后，总经理发现，销售部门抱怨销售情况时好时坏，产品质量下降，产品库存量很大。

【讨论】

公司原有成本费用控制制度和试行控制制度分别存在哪些问题？对公司的成本费用有何影响？如何改进公司成本费用控制制度，增加企业利润？

知识精讲

任务一　费用与成本概述

一、费用的概念和特征

（一）费用的概念

费用是企业在日常活动中发生的、会导致所有者权益减少的、与向所有者分配利润无关的经济利益的总流出。企业的费用主要包括主营业务成本、其他业务成本、营业税金及附加、销售费用、管理费用和财务费用等。通常，我们把销售费用、管理费用和财务费用统称为“期间费用”。

（二）费用的特征

1. 费用最终将导致企业经济资源的减少

费用的发生会引致企业经济资源的减少，这种减少可具体表现为一个企业实际的现金或非现金支出，也可以是预期的现金支出。因此，也可以将这种减少看作是企业资源的流动，但它是资源流出企业，与形成一个企业的收入不同，收入虽然也是企业资源的流动，但它表现为资源流入企业。

2. 费用最终会减少企业的所有者权益

企业的收入会引致经济利益流入企业，因此，会使企业所有者权益增加。而费用会导致企业经济利益流出企业，因此，会使企业所有者权益减少。但是，企业在生产经营过程中发生的支出并非都会引起企业所有者权益的减少，有两类支出是不应归入费用的。

二、费用与资产、成本和损失的关系

（一）费用与资产

费用与资产既有密切联系，也有明显区别。按照我国会计准则对资产的概念，资产是指过去交易、事项形成，并由企业拥有或控制的资源，该资源预期会给企业带来经济利益。资产从本质上讲是一种经济资源，并且能给企业带来未来的经济利益。企业为了得到未来的经济利益，通常要发生费用。也就是说，通过交换从其他个体取得资产时，它要牺牲别的资产，或者要承诺负债，而这项负债将来要用某项资产来偿还。从这个意义上讲，费用是为取得某项资产而耗费的另一项资产；或者说，部分地或全部地耗费了未来的经济资源。如在产品成本中的材料费是已耗费的原材料，折旧费是已耗费的固定资产。

（二）费用与成本

费用与成本既有联系也有区别，虽然两者都是支付或耗费的各项资产，但是严格来讲，成本并不等于费用。费用是相对于收入而言的，当这些支出和耗费与当期收入相配比时，即计入当期损益时，才成为当期的费用。费用与一定的期间相联系，而成本与一定的成本计算对象相联系。当期的成本不一定是当期的费用。比如，产品的生产成本在生产产品的报告期内不能确认为费用，而只有在销售产品的报告期内才能确认为费用。也就是说，生产产品的生产成本在产品没有销售之前，只是一种资产（在制品，或产成品），只有产品销售以后才能作为产品销售成本，转作当期费用。

（三）费用与损失

费用与损失既有联系也有区别。从广义上讲，费用包括了损失。损失和费用一样都是经济利益的减少，在性质上没有差别。但从狭义上讲，费用与损失是有区别的。费用是相对于收入而言的，损失是相对于溢余而言的。

三、费用的分类

企业发生的各项费用根据其性质，可以按照不同的标准进行分类。其中最基本的是按照费用的经济内容和经济用途分类。此外，还有一些其他的分类方法。下面加以具体说明：

（一）费用按其经济内容分类

费用按照经济内容（或性质）进行分类，一般可分为以下九类：(1)外购材料；(2)外购燃料；(3)外购动力；(4)工资；(5)福利费；(6)折旧费，指企业按照核定的固定资产折旧率计算提取的折旧基金；(7)利息支出；(8)税费；(9)其他支出。

（二）费用按其经济用途分类

费用按照经济用途分类，可分为以下五类：(1)直接材料；(2)直接工资；(3)其他直接支出；(4)制造费用；(5)期间费用。

（三）费用按其同产量之间的关系分类

费用按照与产量的关系，可分为以下两类：(1)固定费用，指产量在一定范围内，费用总额不随着产品产量的变动而变动的费用，如固定资产折旧费、管理人员工资、办公费等。(2)变动费用，指费用总额随着产品产量的变动而变动的费用，如原材料费用和生产工人计件工资等。

四、费用的确认与计量原则

（一）费用的确认

确认费用的标准主要有两点：一是某项资产的减少或负债的增加，如果不会减少企业的经济利益，就不能作为费用。生产产品领用的材料、支付的工资和其他的支出，虽然已经减少了存货和货币资金，即某种资金已经减少，但是，它又转化为另一种资产形式，企业和经济利益并没有因此而减少。因此，它只是成本而不是费用。只有产品已完工并销售时，才确认为费用。二是某项资产的减少或负债的增加必须能够准确地加以计量。如果某项资产的耗费不能够加以计量，也无法做出合理的估计，那么就不能在利润表中确认为费用。在具体会计实务中，形成了费用确认的一般原则，即划分收益性支出与资本性支出原则、权责发生制原则和配比原则。

1. 划分收益性支出与资本性支出原则

这一原则是按照支出效益涉及的期间来确认费用，如某项支出的效益涉及几个会计年度（或几个营业周期），该项支出则应予以资本化，不能作为当期费用，而应在以后各期逐渐确认为费用。如果某项支出的效益仅涉及本会计年度（或一个营业周期），就应将其作为收益性支出，在一个会计期间内确认为费用。这一原则为费用的确认划定了时间上的总体界限。

2. 权责发生制原则

这一原则是根据支出上的效益是否发挥作用来判断该项支出是否应确认为费用。在会计实务中，判断一项支出上的效用是否真正发挥作用，主要是看该项支出帮助创造的收入是否已流入企业。

划分收益性支出与资本性支出原则，只是为费用的确认给定了一个大致的时间界限，而权责发生制则解决了具体应该在何时入账的问题，为费用的确认提供了进一步的指南。

3. 配比原则

配比原则是会计上确认费用的重要原则，它是按照费用与收入的关联关系来确认费用的实现。也就是说，它是按照其关联的收入实现的期间来确认费用实现的期间。费用与收入之间的关联或一致性不仅表现在经济性质上的因果性方面，也表现在时间方面。

（二）费用的计量原则

通常的费用计量标准是实际成本。费用采用实际成本计量属性来计量，是由于实际成本代表了企业获得商品或劳务时的交换价值由交易双方认可，具有客观性和可验证性，从而能够使会计信息具有足够的可靠性。

费用的实际成本是按企业为取得商品和劳务而放弃的资源的实际价值来计量的，即按交换价值或市场价格计量。

任务二　生产成本

一、生产成本的概念

生产成本，是指一定期间生产产品所发生的直接费用和间接费用的总和。企业的生产成本可以根据企业的具体情况自行设定，一般包括直接材料、燃料及动力、直接人工和制造费用等。

(1)直接材料，指构成产品实体的原料、主要材料以及有助于产品形成的辅助材料、设备配件、外购半成品的消耗。

(2)燃料及动力，指直接用于产品生产的外购和自制的燃料及动力。

(3)直接人工，指直接参加生产的工人工资及按生产工人工资和规定比例计提的职工福利费。

(4)制造费用，指直接用于产品生产，但不便于直接计入产品成本，因而没有专设成本项目的费用，以及间接用于产品生产的各项费用。如生产单位管理人员的工资及职工福利费、生产单位固定资产的折旧费和修理费、物料消耗、办公费、水电费、保险费、劳动保护费等费用项目。

二、生产成本核算应设置的账户

企业为了核算各种产品所发生的各项生产费用，应设置“生产成本”账户和“制造费用”账户进行核算。此外，仅介绍“生产成本”账户。

“生产成本”账户是用来核算企业进行工业性生产所发生的各项生产费用，包括生产各种产成品、自制半成品、提供劳务、自制材料、自制工具，以及自制设备等所发生的各项费用。该账户借方反映企业发生的各项直接材料、直接人工和制造费用，贷方反映期末按实际成本计价的、生产完工入库的工业产品、自制材料、自制工具以及提供工业性劳务的成本结转，期末余额一般在借方，表示期末尚未加工完成的在产品制造成本。

“生产成本”账户应按不同的成本计算对象（包括产品的品种、产品的批次和产品生产的步骤等）来设置明细分类账户，并按直接材料、燃料及动力、直接人工和制造费用等成本项目设置专栏，进行明细核算。企业可以根据本身生产特点和管理要求，将“生产成本”账户分为“基本生产成本”和“辅助生产成本”两个明细账户。“基本生产成本”二级账户核算企业为完成主要生产目的而进行的产品生产所发生的费用，计算基本生产的产品成本。“辅助生产成本”二级账户核算企业为基本生产服务而进行的产品生产和劳务供应所发生的费用，计算辅助生产成本和劳务成本。

生产成本的账户设置及记录方法如下，如图 10－1 所示。

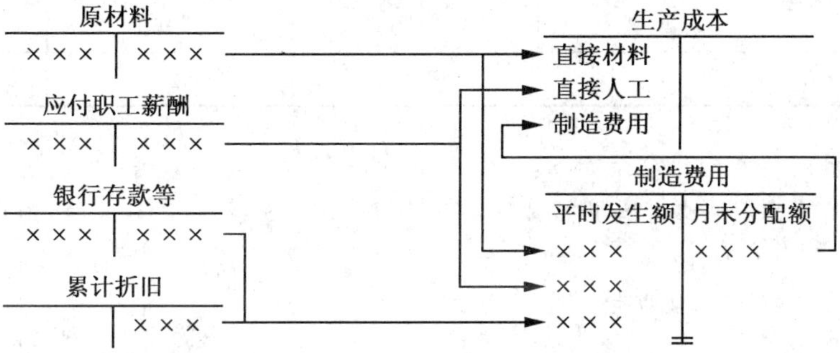

图 10－1　生产成本的账户设置及记录方法

三、生产费用的归集和分配

(一)材料费用的归集和分配

产品生产中消耗的各种材料物资的货币表现就是材料费。在一般情况下，它包括产品生产中消耗的原料、主要材料、辅助材料和外购半成品等。

材料费用的归集和分配，是由财会部门在月份终了时，将当月发生应计入成本的全部领料单、限额领料单、退料单等各种原始凭证，按产品和用途进行归集，编制“发出材料汇总表”，对于直接用于制造产品的材料费用，能够直接计入的，直接计入该产品成本计算单中“直接材料”项下。只有在几种产品合用一种材料时，才采用适当方法，分配计入该产品成本计算单中“直接材料”项下。在实际工作中，常用的分配方法是按各种产品的材料定额耗用量的比例，或按各种产品的重量比例分配。

通过归集和分配之后，根据分配的结果，编制出“发出材料汇总表”，据此登记有关明细账和产品成本计算单。

【例 10－1】 某企业 12 月发生材料汇总如表 10－1 所示。

表 10－1　　**发出材料汇总表**

2016 年 12 月 31 日　　单位：元

会计科目	领用单位及用途	原材料	低值易耗品	合　计
生产成本	一车间：甲产品	20 000		20 000
	乙产品	15 000		15 000
	二车间：甲产品	10 000		10 000
	乙产品	12 000		12 000
	小　计	57 000		57 000

续表

会计科目	领用单位及用途	原材料	低值易耗品	合　计
制造费用	一车间	1 000	7 500	8 500
	二车间	1 500	3 000	4 500
	小　计	2 500	10 500	13 000
生产成本	机　修	2 500	300	2 800
管理费用	厂　部	200	450	650
合　计		62 200	11 250	73 450

根据上表的有关数字作分录如下：

(1)借：生产成本——基本生产成本——甲产品　　30 000
　　　　　　　　　　　　　　——乙产品　　27 000
　　生产成本——辅助生产成本　　2 500
　　制造费用　　2 500
　　管理费用　　200
　　贷：原材料　　62 200

(2)借：制造费用　　10 500
　　生产成本——辅助生产成本　　300
　　管理费用　　450
　　贷：低值易耗品　　11 250

(二)工资费用的归集和分配

1. 工资总额的构成内容

工资是根据职工劳动的数量和质量，以货币形式支付给劳动者的劳动报酬。工资总额的组成内容是由国家统一规定的，根据国家统计局的规定，工资总额包括以下六项内容：计时工资、计件工资、奖金、津贴和补贴、加班加点工资、特殊情况下支付的工资。

工资费用除了工资总额中的六项内容外，还应包括从费用中提取的职工福利费。企业支付给职工的工资和按比例从费用中提取的应付福利费，分别计入产品成本和费用，共同构成企业的工资费用。

2. 工资费用的分配

企业的工资费用应按其发生的地点和用途进行分配。企业的工资费用的归集和分配，是根据工资结算凭证和工时统计记录，通过编制“工资结算汇总表” 和“工资费用分配表”进行的。

【例 10—2】 某企业 12 月工资结算汇总如表 10—2 所示：

表 10—2　　**2016 年 12 月工资结算汇总**

车间、部门	标准工资	奖金	病假工资	产假工资	粮价补贴	副食补贴	应发工资	扣款				实发工资
								家属医药费	房租	互助储金	小计	
第一生产车间												
生产工人	6 728	816	165	128	198.60	555	8 590.60	21.90	63.70	81	166.60	8 424
管理人员	825	60			12.40	75	972.40		12.40	24	36.40	936

续表

车间、部门	标准工资	奖金	病假工资	产假工资	粮价补贴	副食补贴	应发工资	扣款				实发工资
								家属医药费	房租	互助储金	小计	
第二生产车间												
生产工人	7 486	714	156	142	218	510	9 226	26.50	74.50	110	211	9 015
管理人员	715	36			4.60	65	820.60	2.10	14.50	30	46.60	774
供电车间	1 430	110	26		14.80	130	1 710.80	5.80	46	80	131.80	1 579
锅炉车间	1 504	151	48	36	21.20	165	1 925.20	6.70	21.50	45	73.20	1 852
企业管理部门	2 480	148	62	43.50	26.50	350	3 110	14.60	43.40	200	258	2 852
医务保育人员	572					55	627	4.50	14.50	20	39	588
长病人员	240			4.50	30	274.50		2.50		2.50	272	
合　计	21 980	2 035	457	349.50	500.60	1 935	27 257.10	82.10	293	590	965.10	26 292

对于生产车间直接从事产品生产工人的工资，能直接计入各种产品成本的，应根据上表直接计入“基本生产成本明细账”和“产品成本计算单”，并借记“生产成本”科目中的“直接工资”项目。对于车间管理人员的工资和企业管理部门的工资，应分别记入有关的费用明细账，并分别记入“制造费用”科目和“管理费用”科目。福利部门人员的工资，应记入“应付福利费”科目中；固定资产建造等工程人员的工资，应记入“在建工程”科目中；长病人员的工资不属于企业的工资费用，应在“管理费用”科目中列支。现举例说明如下：

根据上表分配工资费用时，应作如下会计分录：

借：生产成本——基本生产成本　　17 816.60

——辅助生产成本　　3 636

制造费用　　1 793

管理费用　　3 384.50

应付福利费　　627

贷：应付工资　　27 257.10

（三）制造费用的归集和分配

制造费用是企业为组织和管理生产所发生的各项费用。主要包括：企业各个生产单位（分厂、车间）为组织和管理生产所发生的生产单位管理人员工资、职工福利费、生产单位房屋建筑物、机器设备等的折旧费与修理费、机物料消耗、低值易耗品、水电费、办公费、劳动保护费、季节性与修理期间的停工损失以及其他制造费用。

这些费用是由于管理和组织生产而发生的间接费用，不是生产产品的直接费用，所以，这些费用在发生时，不能直接计入产品成本，需要通过“制造费用”科目进行归集，然后分配计入各种产品成本。在实际工作中，企业应设置“制造费用明细账”，按费用项目归集这些费用。

“制造费用”科目属于集合分配账户，借方登记制造费用的发生数，贷方登记制造费用的分配数。在一般情况下，期末应将全部费用都分配出去，不留余额。制造费用是各种产品所共同发生的一般费用，需要采用一定标准分配计入各种产品的成本。在分配时，应从该科目的贷方转入“生产成本”科目的借方。如车间除加工制造工业产品外，还制造一些自制材料、自制设备和自制工具时，应按各自负担的数额分配转入“原材料”、“在建工程”、“低值易耗品”等科目的借方。

【例 10－3】　某企业本月发生各种制造费用如下：

(1)计提本月车间使用的固定资产折旧,共计 40 000 元。

借:制造费用	40 000	
贷:累计折旧		40 000

(2)以银行存款 5 000 元支付市内材料运输费。

借:制造费用	5 000	
贷:银行存款		5 000

(3)支付本月固定资产租金 4 000 元,以银行存款支付。

借:制造费用	4 000	
贷:银行存款		4 000

(4)以现金 100 元购买办公用纸。

借:制造费用	100	
贷:库存现金		100

(5)车间办事员王小伟报销差旅费 1 500 元,预借款为 2 000 元。

借:制造费用	1 500	
库存现金	500	
贷:其他应收款		2 000

(6)预提本期大修理费 6 000 元。

借:制造费用	6 000	
贷:预提费用		6 000

(7)甲车间领用低值易耗品,价值 12 000 元(该厂低值易耗品采用分次摊销法,分 6 个月摊销)。

①借:待摊费用	12 000	
贷:低值易耗品		12 000
②借:制造费用	2 000	
贷:待摊费用		2 000

(8)甲车间支付本月设备租金 3 000 元,以银行存款支付。

借:制造费用	3 000	
贷:银行存款		3 000

(9)分配本期制造费用,总计 61 600 元,其中甲产品负担 32 400 元,乙产品负担 29 200 元。

借:生产成本——基本生产成本——甲产品	32 400	
——乙产品	29 200	
贷:制造费用		61 600

(四)辅助生产费用的归集和分配

辅助生产主要是为基本生产服务的,它所生产的产品和劳务,大部分被基本生产车间和管理部门所消耗,一般很少对外销售。辅助生产按其提供产品或劳务的种类不同,可分为以下两类:只生产一种产品或劳务的辅助生产,如供电、供水、蒸汽、运输等;生产多种产品或劳务的辅助生产,如工具、模型、机修等。

辅助生产的类型不同,其费用分配、转出的程序也不一样。生产多种产品的辅助生产车间,如工具、模型等车间,它所发生的费用,应在产品完工入库后,从辅助生产科目和明细账中转出,记入“原材料 ”或“低值易耗品”科目,有关车间或部门领用时,再从“原材料”或“低值易耗品"科目转入"生产成本"或"管理费用"等科目。只生产单一品种的辅助生产车间，如供电、蒸汽、供水等产品或劳务所发生的费用，应在月末汇总后，按各受益车间或部门耗用劳务的数量，选择适当的分配方法，进行分配后，从"生产成本"科目的"辅助生产成本"科目和明细账中转出，记入有关科目。分配单一产品或劳务费用的方法，常用的有直接分配法、一次交互分配法、计划成本分配法、代数分配法和顺序分配法等。下面仅就直接分配法作具体说明。

直接分配法是指将各辅助生产车间的实际成本，在基本生产车间和管理部门之间，按其受益数量进行分配，对于各辅助生产车间相互提供的产品或劳务则不进行分配。

【例 10－4】 某企业有供电、供水两个辅助生产车间，本月供电车间直接发生的费用为 30 800元，供水车间直接发生的费用为 21 000 元。劳务供应通知单和辅助生产费用分配如表 10－3 和 10－4 所示。

表 10－3　　**劳务供应通知单**

受益单位	用电度数	用水吨数
供电车间		700
供水车间	14 000	
第一生产车间	72 800	1 344
第二生产车间	56 000	1 036
管理部门	11 200	420
合　计	154 000	3 500

表 10－4　　**辅助生产费用分配**

项　目	分配费用	分配数量	分配率	分配额			
				生产成本		管理费用	
				数　量	金　额	数　量	金　额
供电车间	30 800	140 000	0.22	128 800	28 336	11 200	2 464
供水车间	21 000	2 800	7.50	2 380	17 850	420	3 150

根据分配结果，应作会计分录如下：

(1)借：生产成本——基本生产成本　　28 336
　　管理费用　　2 464
　　贷：生产成本——辅助生产成本(供电)　　30 800

(2)借：生产成本——基本生产成本　　17 850
　　管理费用　　3 150
　　贷：生产成本——辅助生产成本(供水)　　21 000

四、在产品成本的计算和完工产品成本的结转

工业企业生产过程中发生的各项生产费用，经过在各种产品之间的归集和分配，都已集中登记在"生产成本明细账"和"产品成本计算单"中。在"产品成本计算单"中，减去交库废料价值后，就是该产品本月发生的费用。当月初、月末都没有在产品时，本月发生的费用就等于本

月完工产品的成本；如果月初、月末都有在产品时，本月发生的生产费用加上月初在产品成本之后的合计数额，还要在完工产品和在产品之间进行分配，计算完工产品成本。完工产品成本一般按下式计算：

完工产品成本＝月初在产品成本＋本月发生费用－月末在产品成本

从上述公式可以看出，完工产品成本是在月初在产品成本加上本期发生费用的合计数额基础上，减去月末在产品成本后计算出来的。因此，计算月末在产品成本是计算完工产品成本的条件。在实际工作中正确地计算在产品成本，是正确计算完工产品成本的关键。

（一）在产品成本的计算

工业企业的在产品是指生产过程中尚未完工的产品。从整个企业来讲，在产品包括正在加工中的产品和已经加工告一段落的自制半成品，这称为广义在产品。从某一加工阶段来讲，在产品是指正在加工中的产品，一般称为狭义在产品。

企业应根据生产特点、月末在产品数量的多少、各项费用比重的大小，以及定额管理基础的好坏等具体条件，采用适当的方法计算在产品成本。

如果在产品数量很少，计算或不计算在产品成本对于完工产品成本的影响很小，为了简化计算工作，可以不计算在产品成本。这就是说，某种产品每月发生的生产费用，全部作为当月完工产品的成本。如果在产品数量较少，或者在产品数量虽然较多，但各月之间变化不大，因而月初、月末在产品成本的差额对于完工产品成本的影响不大，就可以将在产品成本按年初数固定不变，将每月发生的生产费用全部作为当月完工产品的成本，但在年终时，必须根据实际盘点的在产品数量，重新计算一次在产品成本，以免在产品成本与实际出入过大，影响成本计算的正确性。

如果在产品数量较多，而且各月之间变化也较大的企业，要根据实际结存的产品数量，计算在产品成本。一般来说，在产品成本计算的方法通常有以下几种：在产品成本按其所耗用的原材料费用计算、按定额成本计算、按约当产量计算、按定额比例分配计算。

（二）完工产品成本的结转

在计算出当期完工产品成本后，对验收入库的产成品，应结转成本。结转本期完工产品成本时，借记“产成品”或“库存商品”账户，贷记“生产成本”账户。通过在产品成本的计算，生产费用在完工产品和月末在产品之间进行分配之后，就可以确定完工产品的成本，根据计算的完工产品成本，从有关“产品成本计算单”中转出，编制“完工产品成本汇总计算表”（见表10－5），计算出完工产品总成本和单位成本。结转时，借记“产成品”科目，贷记“生产成本”科目。

完工产品成本结转的账户设置和记录方法归纳如图10－2所示。

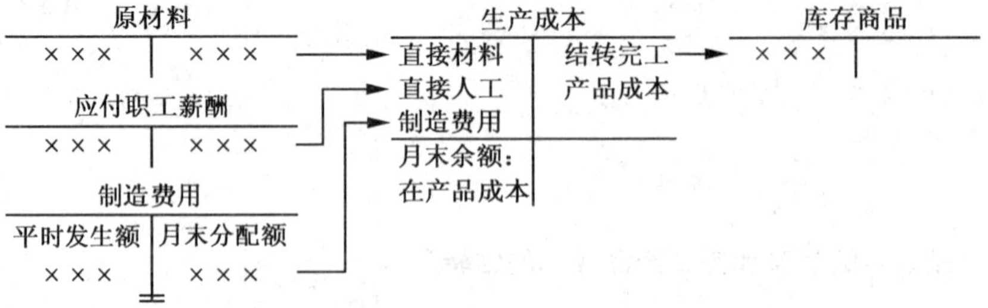

图10－2　完工产品成本结转的账户设置和记录方法

表 10—5　　　　完工产品成本汇总计算

2016 年 6 月

成本项目	产品名称:A产品 规格: 产量:100		产品名称:B产品 规格: 产量:250		合　计
	总成本	单位成本	总成本	单位成本	
直接材料	33 000	330	15 000	60	48 000
燃料动力	6 100	61	3 500	14	9 600
直接工资	10 500	105	8 000	32	18 500
制造费用	15 600	156	11 000	44	26 600
合　计	65 200	652	37 500	150	102 700

当产成品按实际成本计价时，月末根据上表中完工产品成本的数字，应作如下会计分录：

借：产成品　　102 700

　　贷：生产成本　　102 700

任务三　期间费用

期间费用是指企业当期发生的，但不能直接归属于某个特定产品成本的费用。由于难以判定其所归属的产品，因而不能列入产品制造成本，而在发生的当期直接计入当期损益。期间费用主要包括销售费用、管理费用和财务费用。

一、销售费用

（一）销售费用的内容

销售费用是指企业在销售商品过程中发生的各项费用以及为销售本企业商品而专设的销售机构（含销售网点、售后服务网点等）的经营费用。商品流通企业在购买商品过程中发生的进货费用也包括在销售费用之中。具体来说包括：

（1）产品自销费用，包括应由本企业负担的包装费、运输费、装卸费和保险费。

（2）产品促销费用，包括展览费、广告费、经营租赁费和销售服务费。

（3）销售部门的费用，一般是指专设销售机构的职工工资及福利费、类似工资性质的费用、业务费等经营费用，但企业内部销售部门所发生的费用，不包括在销售费用中，而应列入管理费用中。

（4）委托代销费用，主要指企业委托其他单位代销按代销合同规定支付的委托代销手续费。

（5）商品流通企业的进货费用，是指商品流通企业在进货过程中发生的运输费、装卸费、包装费、保险费和运输途中的合理损耗与入库前的挑选整理费等。

（二）销售费用的核算

企业发生的销售费用在“销售费用”账户中核算，并按费用项目设置明细账进行明细核算。

企业发生的各项销售费用借记该账户，贷记“现金”、“银行存款”、“应付工资”等账户；月终，将借方归集的销售费用全部由本账户的贷方转入“本年利润”账户的借方，计入当期损益。结转销售费用后，“销售费用”账户期末无余额。

【例 10－5】 东海公司8月份发生的销售费用包括：以银行存款支付广告费5 000元；以现金支付应由公司负担的销售A产品的运输费800元；本月分配给专设销售机构的职工工资4 000元，提取的职工福利费560元。月末将全部销售费用予以结转。

根据上述资料，应做账务处理如下：

(1)支付广告费：

借：销售费用——广告费	5 000	
贷：银行存款		5 000

(2)支付运输费：

借：销售费用——运输费	800	
贷：现金		800

(3)分配职工工资及提取福利费：

借：销售费用——工资及福利费	4 560	
贷：应付工资		4 000
应付福利费		560

(4)月末结转销售费用：

借：本年利润	10 360	
贷：销售费用		10 360

二、管理费用

(一)管理费用的内容

管理费用是指企业董事会和行政管理部门为组织和管理生产经营活动而发生的，或应当由企业统一负担的各种费用。具体来说包括：

(1)企业管理部门及职工方面的费用，主要包括公司经费、工会经费、职工教育经费、劳动保险费、待业保险费。

(2)用于企业直接管理之外的费用，主要包括董事会费、咨询费、聘请中介机构费、诉讼费、相关税费、矿产资源补偿费。

(3)提供生产技术条件的费用，主要包括研究与开发费、无形资产摊销、长期待摊费用摊销。

(4)业务招待费，指企业为业务经营的合理需要而支付的交际应酬费用，在下列限额内据实列入管理费用：全年销售净额(扣除折让、折扣后的净额)在1 500万元以下的，不超过年销售净额的0.5%；全年销售净额超过1 500万元但不足5 000万元的，不超过该部分销售净额的0.3%；超过5 000万元但不足1亿元的，不超过该部分的0.2%；超过1亿元的，不超过该部分的0.1%。

(5)损失或准备，主要包括坏账准备、存货跌价准备、存货盘亏和盘盈。

(6)其他费用，指不包括在以上各项之内又应列入管理费用的费用。

(二)管理费用的核算

企业应设置“管理费用”账户，发生的管理费用在“管理费用”账户中核算，并按费用项目设置明细账进行明细核算。企业发生的各项管理费用借记该账户，贷记“现金”、“银行存款”、“原材料”、“应付工资”、“待摊费用”、“无形资产”、“累计折旧”、“应交税费”、“应付福利费”、“坏账准备”等账户；期末，将本账户借方归集的管理费用全部由本账户的贷方转入“本年利润”账户的借方，计入当期损益。结转管理费用后，“管理费用”账户期末无余额。

【例10—6】 东海公司8月份发生以下管理费用：以银行存款支付业务招待费7 200元；计提管理部门使用的固定资产折旧费8 000元；分配管理人员工资12 000元，提取职工福利费1 680元；计算应交土地使用税3 500元；摊销无形资产2 000元。月末结转管理费用。

根据上述资料，应做账务处理如下：

(1)支付业务招待费：

借：管理费用——业务招待费	7 200	
贷：银行存款		7 200

(2)计提折旧费：

借：管理费用——折旧费	8 000	
贷：累计折旧		8 000

(3)分配工资及计提福利费：

借：管理费用——工资及福利费	13 680	
贷：应付工资		12 000
应付福利费		1 680

(4)计算应交土地使用税：

借：管理费用——土地使用税	3 500	
贷：应交税费——应交土地使用税		3 500

(5)摊销无形资产：

借：管理费用——无形资产摊销	2 000	
贷：无形资产		2 000

(6)结转管理费用：

借：本年利润	34 380	
贷：管理费用		34 380

三、财务费用

(一)财务费用的内容

财务费用是指企业为筹集生产经营所需资金而发生的费用。具体来说包括：

(1)利息净支出，指企业短期借款利息、长期借款利息、应付票据利息、票据贴现利息、应付债券利息、长期应付引进外国设备款利息等利息支出减去银行存款等利息收入后的净额。

(2)汇兑净损失，指企业因向银行结售或购入外汇而产生的银行买入、卖出价与记账所采用的汇率之间的差额，以及月度终了，各种外币账户的外币期末余额，按照期末汇率折合的记账本位币金额与账面记账本位币金额之间的差额等。

(3)相关手续费，指发行债券所需支付的手续费、开出汇票的银行手续费、调剂外汇手续费等。

(4)其他财务费用，如融资租入固定资产发生的融资租赁费用等。

(二)财务费用的核算

企业发生的财务费用在"财务费用"账户中核算,并按费用项目设置明细账进行明细核算。企业发生的各项财务费用借记该账户,贷记"银行存款"、"预提费用"等账户;企业发生利息收入、汇兑收益时,借记"银行存款"等账户,贷记该账户。月终,将借方归集的财务费用全部由该账户的贷方转入"本年利润"账户的借方,计入当期损益。结转当期财务费用后,"财务费用"账户期末无余额。

【例10—7】 东海公司8月份发生如下事项:接银行通知,已划拨本月银行借款利息5 000元;银行转来存款利息2 000元。月末结转财务费用。

根据上述资料,做账务处理如下:

(1)借:财务费用——利息收入	5 000	
贷:银行存款		5 000
(2)借:银行存款	2 000	
贷:财务费用——利息收入		2 000
(3)借:本年利润	3 000	
贷:财务费用		3 000

期间费用的账户设置及记录方法,归纳如图10—3所示

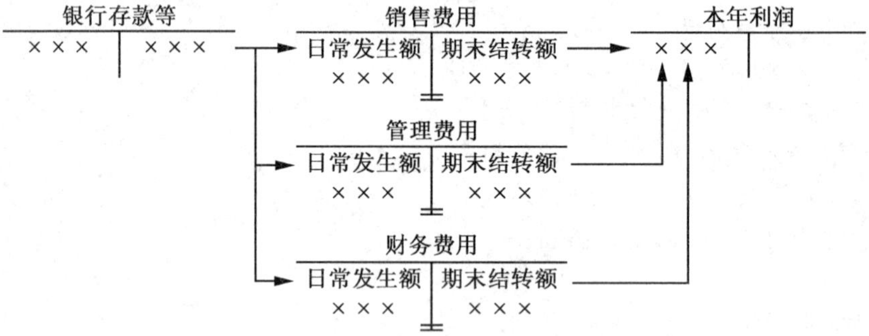

图10—3 期间费用的账户设置及记录方法

关键术语

费用 生产成本 制造费用 期间费用

◎ 应知考核 ◎

一、单项选择题

1. 下列各项中,不属于费用的是(　　)。

A. 经营性租出固定资产的折旧额　　B. 成本模式计量的投资性房地产的摊销额

C. 企业发生的现金折扣　　D. 出售固定资产发生的净损失

2. 某公司2017年销售甲产品10件,单价10万元,单位成本8万元,支付税收滞纳金2万元,发生销售费用5万元,该公司2015年的费用总额合计为(　　)万元。

A. 80　　B. 85　　C. 82　　D. 100

3. 下列各项中,应计入其他业务成本的是(　　)。

A. 库存商品盘亏净损失　　B. 经营租出固定资产折旧

C. 向灾区捐赠的商品成本　　D. 火灾导致原材料毁损净损失

4. 2017年1月1日建华公司经营租出管理用设备一台，每月设备折旧金额100万元，租期为2年，租金在每季末收取。则2015年1月末针对计提的折旧金额应编制的会计分录为（　　）。（分录中的金额单位为万元）

A. 借：其他业务成本　　100
　　贷：预付账款　　100

B. 借：其他业务成本　　100
　　贷：银行存款　　100

C. 借：其他业务成本　　100
　　贷：累计折旧　　100

D. 借：管理费用　　100
　　贷：累计折旧　　100

5. 下列各项中，可通过其他业务成本核算的业务是（　　）。

A. 计提经营出租固定资产的折旧　　B. 企业购买商品支付的增值税

C. 销售商品时产生的消费税　　D. 出售无形资产所有权缴纳的营业税

6. 下列各项税费中，应该计入营业税金及附加的是（　　）。

A. 出售固定资产应交的营业税

B. 增值税一般纳税人销售产品应交的增值税

C. 出租无形资产应交的营业税

D. 委托加工物资收回后用于连续生产应税消费品被代扣代缴的消费税

7. 某公司对外提供运输劳务，对应交的营业税应借记（　　）科目。

A.“营业税金及附加”　　B.“应交税费”

C.“管理费用”　　D.“营业外支出”

8. 某工业企业2017年3月份发生的费用有：发生生产车间管理人员工资80万元，发生行政管理部门人员工资60万元，支付广告费用40万元，计提短期借款利息40万元，支付固定资产维修费30万元。则该企业当期的期间费用总额为（　　）万元。

A. 100　　B. 140　　C. 170　　D. 250

9. 甲企业2017年3月份发生的费用有：计提车间管理人员工资费用50万元，发生管理部门人员工资30万元，支付广告宣传费用40万元，筹集外币资金发生汇兑损失10万元，支付固定资产维修费用15万元。则该企业当期的期间费用总额为（　　）万元。

A. 95　　B. 130　　C. 140　　D.145

10. 下列各项中，不属于期间费用的是（　　）。

A. 管理部门固定资产维修费　　B. 预计产品质量保证损失

C. 因违约支付的赔偿款　　D. 汇兑损益

二、多项选择题

1. 下列各项费用，最终计入管理费用的有（　　）。

A. 诉讼费　　B. 无形资产开发的研究费用

C. 业务招待费　　D. 日常经营活动聘请中介机构费

2. 下列各项中，不应计入管理费用的有（　　）。

A. 支付离退休人员工资　　B. 生产车间管理人员的工资

C. 摊销管理部门用无形资产　　D. 计提坏账准备

3. 下列各项费用，应计入销售费用的有（　　）。

A. 费用化的利息支出
B. 业务招待费
C. 广告费
D. 展览费

4. 下列各项中，属于企业销售费用核算范围的有（　　）。
A. 广告费
B. 业务招待费
C. 预计产品质量保证费
D. 专设销售机构发生的固定资产修理费

5. 下列各项中，属于期间费用的有（　　）。
A. 董事会会费
B. 管理部门的劳动保险费
C. 销售人员工资
D. 季节性停工损失

6. 下列各项中，应计入营业税金及附加的有（　　）。
A. 出售无形资产应交的营业税
B. 出售固定资产应交的营业税
C. 出租固定资产应交的营业税
D. 出租无形资产应交的营业税

7. 下列各项中，应计入其他业务成本的有（　　）。
A. 出借包装物成本的摊销
B. 出租包装物成本的摊销
C. 随同产品出售单独计价的包装物成本
D. 随同产品出售不单独计价的包装物成本

8. 下列各项中，属于费用核算范围的有（　　）。
A. 销售商品结转的商品成本
B. 出售固定资产产生的净损失
C. 出租固定资产计提的折旧费
D. 因违约支付的赔偿款

9. 下列各项中，不应确认为财务费用的有（　　）。
A. 企业筹建期间的借款费用
B. 资本化的借款利息支出
C. 销售商品发生的商业折扣
D. 分期收款销售方式下"未实现融资收益"的摊销

10. 下列各项中，应计入销售费用的有（　　）。
A. 销售商品发生的商业折扣
B. 采用一次转销法结转领用的出借包装物的成本
C. 结转出租包装物因不能使用而报废的残料价值
D. 结转随同商品出售单独计价的包装物成本

三、判断题

1. 工业企业出售产品应交的增值税销项税额，应计入营业成本。（　　）

2. 应当在确认销售商品收入、提供劳务收入等时，将已销售商品、已提供劳务的成本等计入当期损益。（　　）

3. 企业出售投资性房地产应交的营业税，应列入利润表的营业税金及附加项目。（　　）

4. 期末销售费用、管理费用和制造费用均应无余额。（　　）

5. 制造费用与管理费用不同，本期发生的管理费用直接影响本期损益，而本期发生的制造费用不一定影响本期的损益。（　　）

6. 企业向银行或其他金融机构借入的各种款项所发生的利息均应计入财务费用。（　　）

7. 现金折扣和销售折让，均应在实际发生时计入当期财务费用。（　　）

8. 企业发生的业务招待费计入销售费用。（　　）

9. 企业发生的固定资产修理费用应在发生时计入管理费用。（　　）

10. 企业发生或收到的现金折扣都通过"财务费用"科目核算。（　　）

四、简述题

1. 简述费用的概念和特征。
2. 简述费用与资产、成本和损失的关系。
3. 简述费用的确认与计量原则。
4. 如何理解生产成本？
5. 如何理解期间费用？

◎ 应会考核 ◎

★观念应用

【背景资料】

甲公司为增值税一般纳税人，适用的增值税税率为17%，消费税税率为10%，产品销售价格中均不含增值税金额。销售产品为公司的主营业务，2017年度，甲公司发生如下业务：

(1)2月5日，向A公司销售商品100 000件，单价10元。为了鼓励多购商品，甲公司同意给予A公司10%的商业折扣。该批商品的实际成本是500 000元，商品已经发出，货款尚未收到。

(2)3月1日，收到本年2月5日销售商品的全部货款。

(3)5月20日，向B公司销售应税消费品1 000件，每件商品的标价为80元。开出的增值税专用发票上注明的售价为80 000元，增值税为13 600元。甲公司为了及早收回货款，在合同中规定的现金折扣条件为：2/10，1/20，n/30。每件商品成本为60元。

(4)6月5日，收到B公司扣除所享受现金折扣后的全部款项并存入银行。(假定计算现金折扣不用考虑增值税)

(5)期末，应收账款的账面余额为1 000 000元，甲公司按照应收账款账面余额的5%计提坏账准备。假定期初坏账准备的余额为0。

(6)支付业务招待费200 000元。

(7)计提并支付专设销售机构人员薪酬50 000元。

(8)支付印花税10 000元。

假定不考虑其他事项。

【考核要求】

根据上述(1)～(8)业务编制甲公司的会计分录。

★技能应用

东方公司某月发生的部分经济业务如下：

(1)向乙公司销售A产品一批(属应税消费品)，开出的增值税专用发票上注明售价为100 000元，适用的增值税税率为17%，消费税税率为10%，成本60 000元，已收到货款，并将提货单交给乙公司。

(2)以银行存款支付销售A产品的运费5 000元。

(3)为拓展市场发生业务招待费10 000元，以银行存款支付。

(4)计提本月应负担的日常经营活动中的城市维护建设税2 100元，教育费附加900元，当期已用银行存款支付。

(5)3月份基本生产车间领用材料500 000元，辅助生产车间领用材料300 000元，车间管理部门领用材料50 000元，企业行政管理部门领用材料30 000元。

(6)结转本月随同产品出售不单独计价的包装物的成本4 000元。

【技能要求】

请根据上述背景资料，编制(1)～(6)业务会计分录(金额单位用元表示)。

★案例分析

【情景与背景】

某工业企业仅生产甲产品，采用品种法计算产品成本。3月初在产品直接材料成本30万元，直接人工成本8万元，制造费用2万元。3月份发生直接材料成本75万元，直接人工成本20万元，制造费用6万元。3月末甲产品完工50件，在产品100件。月末计算完工产品成本时，直接材料成本按完工产品与在产品数量比例分配，直接人工成本和制造费用采用定额工时比例分配。单位产成品工时定额20小时，单位在产品工时定额10小时。

【分析要求】

请根据上述背景资料，编制上述经济业务的会计分录，并完成下列内容。

(1)计算甲完工产品应负担的直接材料成本。

(2)计算甲完工产品应负担的直接人工成本。

(3)计算甲完工产品应负担的制造费用。

(4)计算甲完工产品总成本，并编制完工产品入库的会计分录。(金额单位用万元表示)

◎ 项目实训 ◎

【实训项目】

费用和成本核算

【实训情境】

华兴公司有第一、第二两个基本生产车间和供汽、供电两个辅助生产车间，生产A、B两种产品，该公司辅助生产、制造费用按生产员工工资比例进行分配，本月共生产完工A产品1 000件，B产品2 500件，2017年10月份发生以下经济业务。

(1)本月发生材料费用如表10—6所示。

表10—6　　**发出材料汇总表(2017年10月31日)**　　单位:元

领用单位	用　途	原材料	材料成本差异	合　计
第一车间	A产品	300 000	3 000	303 000
第二车间	B产品	337 000	3 370	340 370
维修车间	维修	3 000	300	3 300
厂部		200	20	220
合　计		640 200	6 690	646 890

(2)公司有供电、供水两个辅助生产车间，本月供电车间直接发生的费用为30 800元，供水车间直接发生的费用为21 000元，各部分使用情况如表10—7所示。

表10—7　　**劳务供应通知单**

受益单位	用电度数(度)	用水吨数(吨)
供电车间	—	700
供水车间	14 000	—
A产品	72 800	1 344

续表

受益单位	用电度数(度)	用水吨数(吨)
B产品	56 000	1 036
管理部门	11 200	420
合　计	154 000	3 500

(3)本月职工应发工资情况如表10－8所示。

表10－8　**工资结算汇总表(2017年10月31日)**　单位:元

部　门		标准工资	奖金	病假工资	产假工资	补贴	津贴	应发工资
一车间	A产品人工	6 728	816	165	128	198.60	555	8 590.60
	管理人员	825	60			12.4	75	972.40
二车间	B产品人工	7 486	714	156	142	218	510	9 226
	管理人员	715	36			4.60	65	820.60
供电车间		1 430	110	26		14.80	130	1 710.80
供水车间		1 504	151	48	36	21.20	165	1 925.20
厂部管理部门		2 480	148	62	43.50	26.50	350	3 110
医务保育人员		572					55	627
长病人员		240				4.50	30	274.50
合　计		21 980	2 035	457	349.50	500.60	1 935	27 257.10

(4)本月华兴公司发生下列费用(本公司制造费用按生产员工工资比例进行分配):

①计提本月车间使用的固定资产折旧40 000元,厂部管理部门使用的固定资产折旧32 000元;

②以银行存款5 000元支付市内材料运输费;

③以银行存款4 000元支付租入车间使用的固定资产租金;

④以现金支付车间办公用纸100元,厂部管理部门办公用纸300元;

⑤车间办事员小李上月预借差旅费2 000元,本月报销差旅费1 500元,余款已交回出纳处;

⑥以银行存款支付大修理费用6 000元;

⑦车间领用生产用工具,价值12 000元(采用五五摊销法);

⑧以银行存款支付业务招待费7 200元;

⑨摊销无形资产2 000元。

【实训任务】

上述资料涉及间接费用的归集分配、生产成本的核算、期间费用的结转等的账务处理,学生应认真阅题,逐笔进行账务处理。

项目十一　收入与利润

【知识目标】

理解：收入和利润的概念。

熟悉：利润的构成，营业外收入和营业外支出的内容和会计处理。

掌握：销售收入的确认和计量、提供劳务收入的确认和计量、让渡资产使用权收入的确认和计量；本年利润的会计处理，利润分配的程序和会计处理。

【技能目标】

能够运用收入会计准则正确确认和计量企业档期收入；能正确计算企业利润，结合企业利润分配政策对企业利润进行分配。

【素质目标】

能够根据收入会计准则，及时准确地提供企业收入的信息；结合企业盈利情况，制定科学合理的利润分配政策。

【项目引例】

ABC公司的销售收入如何进行确认

ABC公司于2017年5月20日销售一批商品，商品已经发出，买方已预付部分货款，余款由ABC公司开出一张商业承兑汇票，已随发票账单一并交付买方。买方当天收到商品后，发现质量没有达到合同规定的要求，立即根据合同的有关条款与ABC公司交涉，要求ABC公司在价格上给予一定的减让，否则买方可能退货。双方当天未达成一致意见，ABC公司未采取任何弥补措施。

【讨论】

根据企业会计准则的规定，ABC公司2017年5月20日是否应确认收入？如果不符合收入确认条件，那么ABC公司确认销售收入应满足哪些条件？

知识精讲

任务一　收入及其分类

一、收入的概念和特征

收入是指企业在日常活动中形成的、会促使所有者权益增加的、与所有者投入资本无关的经济利益的总流入。收入具有以下特征：(1)收入是企业在日常活动中形成的经济利益的总流入；(2)收入会促使企业所有者权益的增加；(3)收入不包括所有者向企业投入资本导致的经济利益的流入。

二、收入的分类

(一)按企业从事日常活动的性质划分

收入按企业从事日常活动的性质不同，可分为销售商品收入、提供劳务收入和让渡资产使用权收入。

1. 销售商品收入

销售商品收入是指企业通过销售商品实现的收入。这里的商品包括企业为销售而生产的产品和为转售而购进的商品。企业销售的其他存货如原材料、包装物等也视同商品。

2. 提供劳务收入

提供劳务收入是指企业通过提供劳务实现的收入。如企业通过提供旅游、运输、饮食、广告、咨询、代理、培训、产品安装等劳务所实现的收入。

3. 让渡资产使用权收入

让渡资产使用权收入是指企业通过让渡资产使用权实现的收入，包括利息收入和使用费收入。利息收入主要是指金融企业对外贷款形成以及同业之间发生往来形成的利息收入。使用费收入主要是指企业转让无形资产等资产的使用权形成的使用费收入。企业对外出租固定资产收取的租金、进行股权投资取得的现金股利、进行债权投资收取的利息等，也构成让渡资产使用权收入。

(二)按企业经营业务的主次划分

收入按企业经营业务的主次不同，可以分为主营业务收入和其他业务收入。

1. 主营业务收入

主营业务收入是指企业为完成其经营目标而从事的经常性活动所实现的收入。主营业务收入一般占企业总收入的比重较大，对企业的经济效益产生较大的影响。不同行业企业的主营业务收入所包括的内容不同，如工业企业的主营业务收入主要包括销售商品、自制半成品、代制品、代修品，提供工业性劳务等实现的收入；商品流通企业的主营业务收入主要包括销售商品所取得的收入；安装公司的主营业务收入主要包括提供安装服务实现的收入。

2. 其他业务收入

其他业务收入是指企业为完成其经营目标所从事的与经常性活动相关的活动实现的收入。其他业务收入属于企业日常活动中次要交易实现的收入，一般占企业总收入的比重较小。不同行业企业的其他业务收入所包括的内容不同，如工业企业的其他业务收入主要包括对外销售材料、对外出租包装物和商品或固定资产、对外转让无形资产使用权、对外进行权益性投资(取得现金股利)或债权性投资(取得利息)、提供非工业性劳务等实现的收入。

企业实现的原材料销售收入、包装物租金收入、固定资产租金收入、无形资产使用费收入等，通过“其他业务收入”科目核算，并通过“其他业务成本”科目核算其相关成本；企业进行权益性投资或债权性投资取得的现金股利收入或利息收入，通过“投资收益”科目核算。

任务二 收入的确认与计量

收入的确认,是指收入应于何时入账并列示于利润表之中。收入的计量,是指收入应按多少金融入账并列示于利润表之中。不同性质的收入,其交易过程和实现方式各具特点,因此,收入的确认和计量应根据不同性质的收入以及各类收入的确认条件和计量要求分别进行。

一、销售商品收入的确认与计量

(一)销售商品收入的确认条件

1. 企业已将商品所有权上的主要风险和报酬转移给购货方

与商品所有权有关的风险,是指商品可能发生的减值或毁损等形成的损失;与商品所有权有关的报酬,是指商品价值增值或通过使用商品所形成的经济利益。企业已将商品所有权上的主要风险和报酬转移给购货方,构成确认商品销售收入的重要条件。

2. 企业既没有保留通常与所有权相联系的继续管理权,也没有对已售出的商品实施有效控制

企业将商品所有权上的主要风险和报酬转移给购货方后,如仍然保留通常与所有权相联系的继续管理权,或仍然对售出的商品实施有效控制,则说明此项销售商品交易没有完成,销售不能成立,不能确认相应的收入。

3. 相关的经济利益很可能流入企业

在销售商品的交易中,与交易相关的经济利益主要表现为销售商品的价款。相关的经济利益很可能流入企业,是指销售商品价款收回的可能性大于不能收回的可能性,即销售商品价款收回的可能性超过50%。企业在销售商品时,如估计销售价款可能无法收回,即使收入确认的其他条件均已满足,也不应当确认收入。

4. 收入的金额能够可靠地计量

收入的金额能够可靠地计量,是指收入的金额能够合理地估计。收入能否合理地估计是确认收入的基本前提,如果收入的金额不能够合理地估计就无法确认收入。企业在销售商品时,售价通常已经确定,但销售过程中由于某些不确定因素,也有可能出现售价变动的情况,在新的售价未确定前,也不应确认收入。

5. 相关的已发生或将发生的成本能够可靠地计量

根据收入和费用配比的原则,与同一项销售有关的收入和费用应在同一会计期间予以确认,即企业应在确认收入的同时或同一会计期间结转相关的成本。因此,如果成本不能可靠地计量,相关的收入就不能确认。

相关的已发生或将发生的成本能够可靠地计量,是指与销售商品有关的已发生或将发生的成本能够合理地估计。通常情况下,销售商品相关的已发生或将发生的成本能够合理地估计,如库存商品的成本、商品运输费用等。有时,销售商品相关的已发生或将发生的成本不能够合理地估计,此时企业不应确认收入,若已收到价款,应确认为一项负债。

销售业务主要账务处理如图11—1所示。

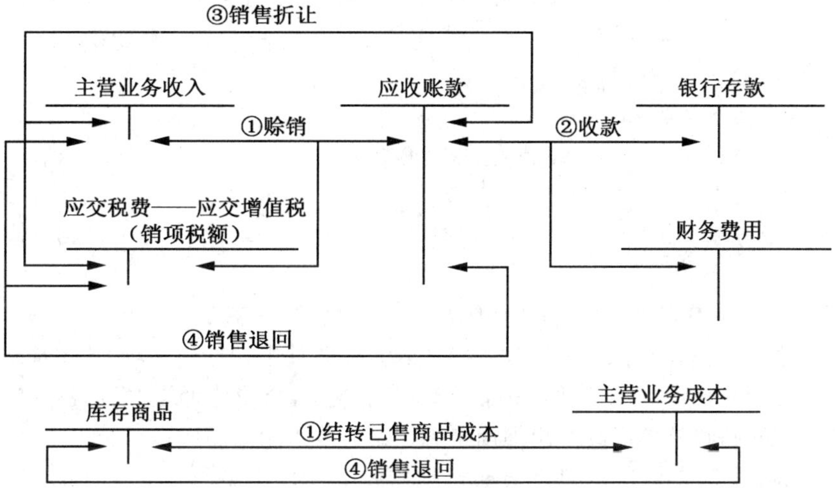

图 11－1　销售业务主要账务处理

（二）销售商品收入金额的确定

企业销售商品满足收入确认条件时，应当按照已收或应收合同或协议价款的公允价值确定销售商品收入金额。通常情况下，从购货方已收或应收的合同或协议价款（即为其公允价值）应当以此确定销售商品收入的金额。

在涉及现金折扣、商业折扣、销售折让时，销售商品收入金额的确定方法如下：

1. 现金折扣

现金折扣是指债权人为鼓励债务人在规定的期限内付款而向债务人提供的债务扣除。现金折扣一般用符号（折扣率/付款期限）表示，例如 1/10、2/20、n/30。企业销售商品涉及现金折扣的，应当按照扣除现金折扣前的金额确定销售商品收入金额。现金折扣在实际发生时，计入当期财务费用。在计算现金折扣时，还应注意销售方是按不包含增值税的价款提供现金折扣，还是按包含增值税的价款提供现金折扣。两种情况下，购买方享有的折扣金额不同。

2. 商业折扣

商业折扣是指企业为促进商品销售而在商品标价上给予的价格扣除。企业销售商品涉及商业折扣的，应当按照扣除商业折扣后的金额确定销售商品收入金额。

3. 销售折让

销售折让是指企业因售出商品的质量不合格等原因而在售价上给予的减让。销售折让如发生在确认销售收入之前，则应在确认销售收入时直接按扣除销售折让后的金额确认。已确认销售收入的售出商品发生销售折让，且不属于资产负债表日后事项的，应在发生时冲减当期销售商品收入。如按规定允许扣减增值税税额的，还应冲减已确认的应交增值税销项税额。

（三）销售商品收入的核算

1. 一般销售商品业务的核算

企业售出的商品符合销售收入确认的五项条件的，应当及时确认收入并结转相关的销售成本。通常情况下，销售商品采用托收承付方式的，在办妥托收手续时确认收入；交款提货销售商品的，在开出发票账单收到货款时确认收入。

【例 11－1】　甲公司于 2017 年 3 月 5 日采用托收承付方式销售给乙公司一批商品，增值税专用发票上注明售价 600 000 元，增值税 102 000 元，商品已经发出，款项已向银行办妥托收手续；该批商品的成本为 420 000 元。符合销售商品收入确认条件。编制会计分录如下：

借：应收账款——乙公司　　702 000
　　贷：主营业务收入　　600 000
　　　　应交税费——应交增值税（销项税额）　　102 000

同时结转成本：

借：主营业务成本　　420 000
　　贷：库存商品　　420 000

2. 已经发出但不符合销售商品收入确认条件的销售的核算

如果企业售出的商品不符合销售收入确认的五项条件中的任何一项，均不应确认为收入。为了单独反映已经发出但尚未确认销售收入的商品成本，企业应增设“发出商品”等科目进行核算。“发出商品”科目核算已经发出但尚未确认销售收入的商品成本。

【例 11－2】 甲公司于 2017 年 3 月 6 日向 B 企业销售一批商品，成本为 60 000 元，增值税专用发票上注明售价 100 000 元，增值税 17 000 元。甲公司在销售时已知 B 企业资金周转发生暂时困难，但为了减少存货积压，同时也为了维持与 B 企业长期以来建立的商业关系，公司仍将商品销售给 B 企业。该批商品已发出，并已向银行办妥托收手续。假定甲公司销售该批商品的纳税义务已经发生。编制会计分录如下：

借：发出商品——B 企业　　60 000
　　贷：库存商品　　60 000

同时，因甲公司销售该批商品的纳税义务已经发生，应确认应交的增值销项税额。编制会计分录如下：

借：应收账款——B 企业（应收销项税额）　　17 000
　　贷：应交税费——应交增值税（销项税额）　　17 000

假定 2017 年 10 月 5 日公司得知 B 企业经营情况逐渐好转，B 企业承诺近期付款，甲公司可以确认收入。编制会计分录如下：

借：应收账款——B 企业　　100 000
　　贷：主营业务收入　　100 000

同时结转成本：

借：主营业务成本　　60 000
　　贷：发出商品——B 企业　　60 000

假定甲公司于 2017 年 11 月 5 日收到 B 企业支付的货款。编制会计分录如下：

借：银行存款　　117 000
　　贷：应收账款——B 企业　　100 000
　　　　　　　　——B 企业（应收销项税额）　　17 000

3. 商业折扣、现金折扣和销售折让的核算

商业折扣是企业为促进商品销售而在商品标价上给予的价格扣除，因而不影响销售商品收入的计量。

现金折扣是在销售商品收入金额确定的情况下，债权人为鼓励债务人在规定的期限内付款而向债务人提供的债务扣除。也就是说，如果债务人愿意提前付款，则可以比合同约定的总价款“少”付一部分款项。对此，会计核算中有两种处理方法：一是按合同总价款扣除现金折扣

后的净额计量收入；二是按合同总价款全额计量收入。我国企业会计准则采用的是第二种做法。这样，当现金折扣以后实际发生时，直接计入当期损益。

销售折让是企业因售出商品的质量不合格等原因而在售价上给予的减让。企业将商品销售给买方之后，如果买方发现商品在质量、规格等方面不符合要求，可能要求卖方在价格上给予一定的减让。销售折让如果发生在确认销售收入之前，则应在确认销售收入时直接按扣除销售折让后的金额确认；企业在销售收入确认之后发生的销售折让，且不属于资产负债表日后事项的，应在实际发生时冲减当期销售商品收入，如按规定允许扣减当期销项税额的，还应冲减已确认的应交增值税销项税额。

【例 11－3】 甲公司在 2017 年 5 月 1 日向乙公司销售一批商品，增值税专用发票上注明售价 10 000 元，增值税额 1 700 元。为及早收回货款，甲公司给予乙公司的现金折扣条件为：2/10,1/20,n/30。假定计算现金折扣时不考虑增值税税额及其他因素。编制会计分录如下：

(1)5 月 1 日销售实现时，按销售总价确认收入。

借：应收账款　　11 700

　贷：主营业务收入　　10 000

　　应交税费——应交增值税(销项税额)　　1 700

(2)如果乙公司在 5 月 9 日付清货款，则按销售总价的 2%享受现金折扣 200 元(10 000×2%)，实际付款 11 500 元(11 700－200)。

借：银行存款　　11 500

　财务费用　　200

　贷：应收账款　　11 700

(3)如果乙公司在 5 月 18 日付清货款，则按销售总价的 1%享受现金折扣 100 元(10 000×1%)，实际付款 11 600 元(11 700－100)。

借：银行存款　　11 600

　财务费用　　100

　贷：应收账款　　11 700

(4)如果乙公司在 5 月底才付清货款，则按全额付款。

借：银行存款　　11 700

　贷：应收账款　　11 700

【例 11－4】 甲公司销售一批商品给 C 企业，增值税专用发票上注明售价 200 000 元，增值税额 34 000 元。该批商品的成本为 140 000 元。货到后，C 企业发现商品质量不合格，要求在价格上给予 5%的折让。经查明，C 企业提出的销售折让要求符合原合同的约定，甲公司同意并办妥了相关手续，开具了增值税专用发票(红字)。假定此前甲公司已确认该批商品的销售收入，但货款尚未收到。编制会计分录如下：

(1)销售实现时：

借：应收账款——C 企业　　234 000

　贷：主营业务收入　　200 000

　　应交税费——应交增值税(销项税额)　　34 000

同时结转成本：

借：主营业务成本　　140 000

　贷：库存商品　　140 000

(2)发生销售折让时：

借:主营业务收入　10 000

　应交税费——应交增值税(销项税额)　1 700

　　贷:应收账款——C企业　11 700

(3)实际收到款项时：

借:银行存款　222 300

　　贷:应收账款——C企业　222 300

(注:上述分录中因折让冲减的销项税额应用红字记录在“应交税费——应交增值税”明细科目的销项税额栏内,下同。)

本例中,假定发生销售折让前,因该项销售在货款回收上存在不确定性,公司未确认该批商品的销售收入,纳税义务也未发生。发生销售折让后,C企业承诺近期付款。编制会计分录如下：

(1)发出商品时：

借:发出商品——C企业　140 000

　　贷:库存商品　140 000

(2)确认销售收入时(直接按扣除销售折让后的金额确认收入)：

借:应收账款——C企业　222 300

　　贷:主营业务收入　190 000

　　　应交税费——应交增值税(销项税额)　32 300

同时结转成本：

借:主营业务成本　140 000

　　贷:发出商品——C企业　140 000

(3)实际收到款项时：

借:银行存款　222 300

　　贷:应收账款——C企业　222 300

4. 销售退回的核算

企业销售商品除了可能发生销售折让外,还可能发生销售退回。销售退回是指企业售出的商品由于质量、品种不符合要求等原因而发生的退货。企业发生销售退回的,应当分别不同情况进行会计处理:一是尚未确认销售商品收入的,应当冲减“发出商品”,同时增加“库存商品”;二是已确认销售商品收入的,除属于资产负债表日后事项外,一般应在发生时冲减当期销售商品收入,同时冲减当期销售成本。企业发生销售退回时,如按规定允许扣减当期销项税额的,应同时冲减已确认的应交增值税销项税额。如该项销售已发生现金折扣的,应同时调整相关财务费用的金额。

【例11—5】 甲公司2017年3月10日销售给乙企业商品一批,成本为182 000元,增值税专用发票上注明售价350 000元,增值税59 500元。商品已发出,购货方于3月27日付款。5月20日,乙企业发现该批商品质量出现严重问题,按合同约定将该批商品全部退回给甲公司,甲公司验收入库后将所收货款退回,并按规定向对方开具了增值税专用发票(红字)。编制会计分录如下：

(1)3月10日销售实现时：

借:应收账款——乙企业　409 500

贷：主营业务收入　　350 000

应交税费——应交增值税(销项税额)　　59 500

同时结转成本：

借：主营业务成本　　182 000

贷：库存商品　　182 000

(2)3 月 27 日收到货款时：

借：银行存款　　409 500

贷：应收账款——乙企业　　409 500

(3)5 月 20 日销售退回时：

借：主营业务收入　　350 000

应交税费——应交增值税(销项税额)　　59 500

贷：银行存款　　409 500

同时转销成本：

借：库存商品　　182 000

贷：主营业务成本　　182 000

5. 采用预收款方式销售商品的核算

预收款销售方式下，销售方直到收到最后一笔款项才将商品交付购货方，表明商品所有权上的主要风险和报酬只有在收到最后一笔款项时才转移给购货方，企业通常应在发出商品时确认收入，在此之前预收的货款应确认为预收账款。

预收款方式销售商品账务处理如图 11—2 所示：

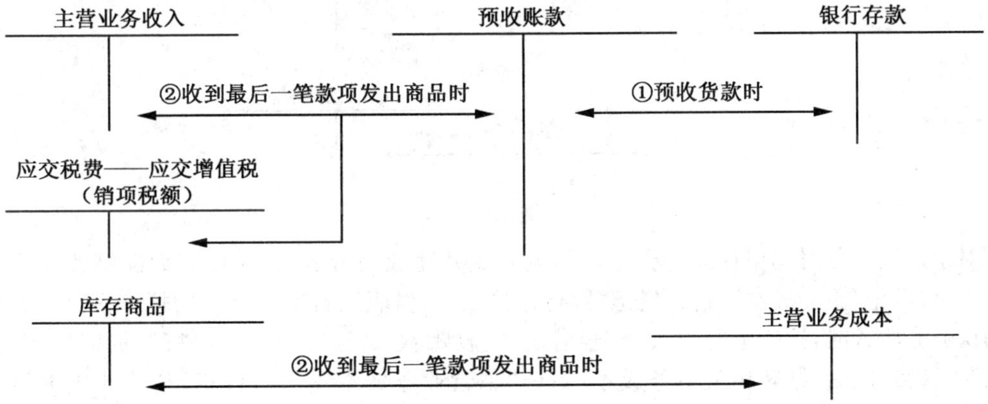

图 11—2　预收款方式销售商品账务处理

【例 11—6】　甲公司 2017 年 3 月 20 日与乙公司签订协议，采用预收款方式向乙公司销售一批商品。该批商品实际成本为 700 000 元。协议约定，该批商品销售价格为 1 000 000 元，增值税额为 170 000 元；乙公司应在协议签订时预付 60%的货款(按销售价格计算)，剩余货款于 2 个月后支付。编制会计分录如下：

(1)3 月 20 日收到 60%货款时：

借：银行存款　　600 000

贷：预收账款——乙公司　　600 000

(2)2 个月后收到剩余货款及增值税税额时：

借：预收账款——乙公司　　600 000

　银行存款　　570 000

　　贷：主营业务收入　　1 000 000

　　　应交税费——应交增值税(销项税额)　　170 000

同时结转成本：

借：主营业务成本　　700 000

　　贷：库存商品　　700 000

二、提供劳务收入的确认与计量

企业提供劳务的种类很多，如旅游、运输、饮食、广告、咨询、代理、培训、产品安装等。有的劳务一次就能完成，且一般为现金交易，如饮食、理发、照相等；有的劳务需要花费一段较长的时间才能完成，如安装、旅游、培训、远洋运输等。

(一)提供劳务收入的确认原则

企业提供劳务收入的确认原则因劳务完成时间的不同而不同。

1. 在同一会计期内开始并完成的劳务

对于一次就能完成的劳务，或在同一会计期内开始并完成的劳务，应在提供劳务交易完成时确认收入，确认的金额通常为从接受劳务方已收或应收的合同或协议价款，确认原则可参照销售商品收入的确认原则。流程如图 11－3 所示：

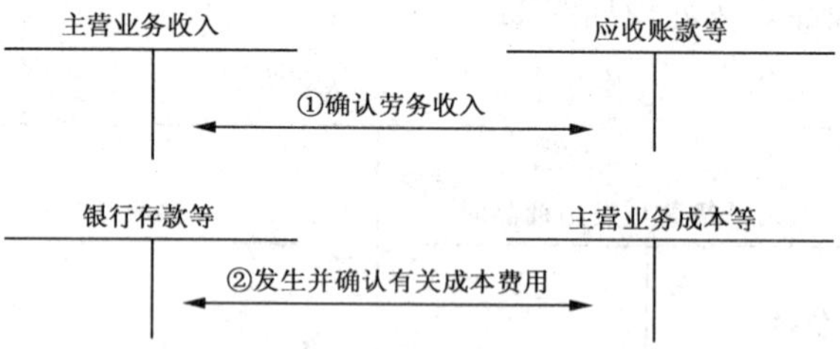

图 13－3

对于持续一段时间但在同一会计期间内开始并完成的劳务，企业应在为提供劳务发生相关支出时，借记“劳务成本”科目，贷记“银行存款”、“应付职工薪酬”、“原材料”等科目。劳务完成确认劳务收入时，按确定的收入金额，借记“应收账款”、“银行存款”等科目，贷记“主营业务收入”等科目；同时，结转相关劳务成本，借记“主营业务成本”等科目，贷记“劳务成本”科目。其账务处理如图 13－4 所示。

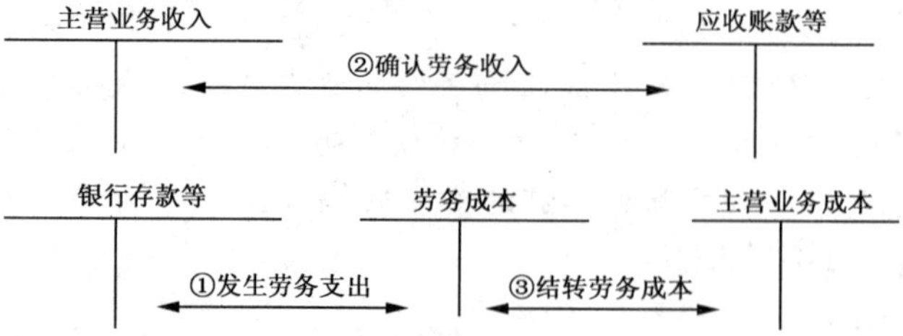

图 13－4

【例 11—7】 甲公司于 2017 年 3 月 10 日接受一项设备安装任务，该安装任务可一次完成，合同总价款 9 000 元，实际发生安装成本 5 000 元。假定安装业务属于甲公司的主营业务。不考虑相关税费。甲公司应在安装完成时作如下会计分录：

借：应收账款（或银行存款）　　9 000
　　贷：主营业务收入　　9 000
借：主营业务成本　　5 000
　　贷：银行存款等　　5 000

若上述安装任务需花费一段时间（不超过本会计期间）才能完成，则应在为提供劳务发生有关支出时：

借：劳务成本
　　贷：银行存款等

（注：以上分录未写明金额，主要是由于实际发生成本 5 000 元是个总计数，而每笔归集劳务成本的分录金额不同，下同。）

待安装完成确认所提供劳务的收入并结转该项劳务总成本时：

借：应收账款（或银行存款）　　9 000
　　贷：主营业务收入　　9 000
借：主营业务成本　　5 000
　　贷：劳务成本　　5 000

2. 劳务的开始和完成分属不同的会计期间

(1)提供劳务交易结果能够可靠估计

如果劳务的开始和完成分属不同的会计期间，且企业在资产负债表日提供劳务交易的结果能够可靠估计的，应采用完工百分比法确认劳务收入。

同时满足下列条件的，提供劳务交易的结果能够可靠估计：①收入的金额能够可靠地计量；②相关的经济利益很可能流入企业；③交易的完工进度能够可靠地确定；④交易中已发生和将发生的成本能够可靠地计量。

其账务处理如图 11—5 所示：

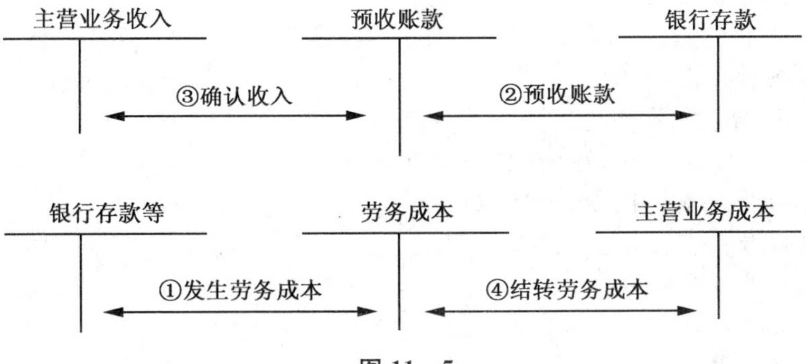

图 11—5

【例 11—8】 甲企业自 2015 年 4 月 1 日起为乙企业开发一项系统软件。合同约定工期为两年，合同总收入为 100 000 元，2015 年 4 月 1 日乙企业支付项目价款 50 000 元，余款于软件开发完成时收取。4 月 1 日，甲企业收到乙企业支付的该项目价款 50 000 元，并存入银行。该项目预计总成本为40 000元。其他相关资料如表11—1所示。

表11—1

时　间	收款金额(元)	累计实际发生成本(元)	开发程度
2015年4月1日	50 000		
2015年12月31日		16 000	40%
2016年12月31日		34 000	85%
2017年4月1日		41 000	100%

该项目于2017年4月1日完成并交付给乙企业,但余款尚未收到。甲企业按开发程度确定该项目的完工程度。假定为该项目发生的实际成本均用银行存款支付。

(1)2015年4月1日预收款项:

借:银行存款　50 000

　贷:预收账款　50 000

(2)2015年实际发生成本:

借:劳务成本　16 000

　贷:银行存款　16 000

(3)确认2015年收入和费用:

收入=100 000×40%=40 000(元)

费用=40 000×40%=16 000(元)

借:预收账款　40 000

　贷:主营业务收入　40 000

借:主营业务成本　16 000

　贷:劳务成本　16 000

(4)2016年实际发生成本:

借:劳务成本　18 000

　贷:银行存款　18 000

(5)确认2016年收入和费用:

收入=100 000×85%-40 000=45 000(元)

费用=40 000×85%-16 000=18 000(元)

借:预收账款　45 000

　贷:主营业务收入　45 000

借:主营业务成本　18 000

　贷:劳务成本　18 000

(6)至2017年4月1日实际发生成本:

借:劳务成本　7 000

　贷:银行存款　7 000

(7)确认2017年收入和费用：

收入＝100 000－40 000－45 000＝15 000(元)

费用＝41 000－16 000－18 000＝7 000(元)

借:预收账款　　15 000

　　贷:主营业务收入　　15 000

借:主营业务成本　　7 000

　　贷:劳务成本　　7 000

(2)提供劳务交易结果不能可靠估计

如劳务的开始和完成分属不同的会计期间,且企业在资产负债表日提供劳务交易结果不能可靠估计的,即不能同时满足上述四个条件的,不能采用完工百分比法确认提供劳务收入。此时,企业应当正确预计已经发生的劳务成本能否得到补偿,分别下列情况进行处理：

①已经发生的劳务成本预计全部能够得到补偿的,应按已收或预计能够收回的金额确认提供劳务收入,并结转已经发生的劳务成本。

②已经发生的劳务成本预计部分能够得到补偿,应按能够得到补偿的劳务成本金额确认提供劳务收入,并结转已经发生的劳务成本。

③已经发生的劳务成本预计全部不能得到补偿的,应将已经发生的劳务成本计入当期损益(主营业务成本或其他业务成本),不确认提供劳务收入。

【例11－9】 甲公司于2016年12月25日接受乙公司委托,为其培训一批学员,培训期为6个月,2017年1月1日开学。协议约定,乙公司应向甲公司支付的培训费总额为60 000元,分三次等额支付,第一次在开学时预付,第二次在2017年3月1日支付,第三次在培训结束时支付。

2017年1月1日,乙公司预付第一次培训费。至2017年2月28日,甲公司发生培训成本30 000元(假定均为培训人员薪酬)。2017年3月1日,甲公司得知乙公司经营发生困难,后两次培训费能否收回难以确定。假定不考虑相关税费,甲公司的会计处理如下：

(1)2017年1月1日收到乙公司预付的培训费：

借:银行存款　　20 000

　　贷:预收账款　　20 000

(2)实际发生培训成本30 000元：

借:劳务成本　　30 000

　　贷:应付职工薪酬　　30 000

(3)2017年2月28日确认提供劳务收入并结转劳务成本：

借:预收账款　　20 000

　　贷:主营业务收入　　20 000

借:主营业务成本　　30 000

　　贷:劳务成本　　30 000

本例中,甲公司已经发生的劳务成本30 000元预计只能部分得到补偿,即只能按预收款项得到补偿,应按预收账款20 000元确认劳务收入,并将已经发生的劳务成本30 000元结转入当期损益。

(二)提供劳务收入的核算

1. 劳务完成时确认收入的核算

对于一次就能完成的劳务，或在同一会计期间内开始并完成的劳务，应在提供劳务交易完成时确认收入。

企业对外提供劳务，如属于企业的主营业务，所实现的收入应作为主营业务收入处理，结转的相关成本应作为主营业务成本处理；如属于主营业务以外的其他经营活动，所实现的收入应作为其他业务收入处理，结转的相关成本应作为其他业务成本处理。企业对外提供劳务发生的支出一般先通过“劳务成本”科目予以归集，待确认为费用时，再由“劳务成本”科目转入“主营业务成本”或“其他业务成本”科目。

对于一次就能完成的劳务，企业应在提供劳务完成时确认收入及相关成本。对于持续一段时间但在同一会计期间内开始并完成的劳务，企业应在为提供劳务发生相关支出时确认劳务成本，劳务完成时再确认劳务收入，并结转相关劳务成本。

【例 11－10】 甲公司于 2017 年 3 月 1 日接受一项设备安装任务，该安装任务可一次完成，合同总价款为 90 000 元，实际发生安装成本 50 000 元。假定安装业务属于甲公司的主营业务。甲公司应在安装完成时编制会计分录如下：

借：应收账款(或银行存款)　　90 000
　　贷：主营业务收入　　90 000

同时结转成本：

借：主营业务成本　　50 000
　　贷：银行存款等　　50 000

若上述安装任务需花费一段时间(不超过本会计期间)才能完成，则应在为提供劳务发生有关支出时编制会计分录如下：

借：劳务成本　　50 000
　　贷：银行存款等　　50 000

待安装完成确认所提供劳务收入并结转该项劳务总成本时：

借：应收账款(或银行存款)　　90 000
　　贷：主营业务收入　　90 000

同时结转成本：

借：主营业务成本　　50 000
　　贷：劳务成本　　50 000

2. 按完工百分比法确认收入的核算

完工百分比法是指按照提供劳务交易的完工进度确认收入与费用的方法。在完工百分比法下，本期应确认的劳务收入及费用的计算公式如下：

本期确认的收入＝劳务总收入×本期末止劳务的完工进度－以前期间已确认的收入

本期确认的费用＝劳务总成本×本期末止劳务的完工进度－以前期间已确认的费用

上述公式中的劳务总收入通常按照从接受劳务方已收或应收的合同或协议价款确定。在劳务总收入和总成本能够可靠计量的情况下，关键是确定劳务的完工进度，企业根据所提供劳务的特点，选择确定劳务完工进度的方法。

【例 11－11】 甲公司于 2016 年 12 月 1 日接受乙公司一项设备安装任务，安装期为 3 个月，合同总收入 300 000 元，至年底已预收安装费 220 000 元，实际发生安装费 140 000 元(假定均为安装人员薪酬)，估计完成安装任务还需发生安装费 60 000 元。假定甲公司按实际发生的成本占估计总成本的比例确定劳务的完工进度，则应确认的收入和费用计算如下：

实际发生的成本占估计总成本的比例＝140 000÷(140 000＋60 000)＝70％

2016 年 12 月 31 日确认的劳务收入＝300 000×70％－0＝210 000(元)

2016 年 12 月 31 日确认的费用＝(140 000＋60 000)×70％－0＝140 000(元)

编制会计分录如下：

(1)实际发生劳务成本 140 000 元：

借：劳务成本　　140 000

　　贷：应付职工薪酬　　140 000

(2)预收劳务款 220 000 元：

借：银行存款　　220 000

　　贷：预收账款　　220 000

(3)2016 年 12 月 31 日确认提供劳务收入并结转劳务成本：

借：预收账款——乙公司　　210 000

　　贷：主营业务收入　　210 000

同时结转成本：

借：主营业务成本　　140 000

　　贷：劳务成本　　140 000

【例 11－12】 甲公司于 2016 年 10 月 1 日为乙公司研制一项软件，合同规定的研制开发期为 5 个月，合同总收入 500 000 元，至 2016 年 12 月 31 日已发生成本 225 000 元，预收账款 300 000 元。预计开发完成该软件的总成本为 300 000 元，2016 年 12 月 31 日，经专业测量师测量，软件的开发程度为 70％。假定合同收入能够可靠收回，研制开发属于甲公司的主营业务。编制会计分录如下：

发生成本时：

借：劳务成本　　225 000

　　贷：银行存款(应付职工薪酬等)　　225 000

预收款项时：

借：银行存款　　300 000

　　贷：预收账款——乙公司　　300 000

2016 年 12 月 31 日确认该项劳务的本期收入和费用时：

若该企业按软件的开发程度(70％)确定该劳务的完工程度，则 2014 年应确认的收入为：500 000×70％－0＝350 000(元)；应确认的费用为：300 000×70％－0＝210 000(元)。

借：预收账款——乙公司　　350 000

　　贷：主营业务收入　　350 000

同时结转成本：

借：主营业务成本　　210 000

　　贷：劳务成本　　210 000

若该企业按已提供的劳务量占应提供劳务总量的百分比确定完工程度(假定研制开发期内劳务量均衡发生)，则至 2016 年 12 月 31 日的完工程度为 60％(该项软件研制开发已完成的工作时间为 3 个月，占完成此项劳务所需总工作时间 5 个月的 60％)。因此，2016 年应确认的收入为：500 000×60％－0＝300 000(元)；应确认的费用为：300 000×60％－0＝180 000(元)。

借：预收账款——乙公司　　300 000

贷:主营业务收入　　300 000

同时结转成本:

借:主营业务成本　　180 000

贷:劳务成本　　180 000

若该企业按已发生的成本占估计总成本的百分比确定该劳务的完工程度,则至2016年12月31日的完工程度为75%(225 000÷300 000)。因此,2016年应确认的收入为:500 000×75%－0＝375 000(元);应确认的费用为:300 000×75%－0＝225 000(元)

借:预收账款——乙公司　　375 000

贷:主营业务收入　　375 000

同时结转成本:

借:主营业务成本　　225 000

贷:劳务成本　　225 000

三、让渡资产使用权收入

让渡资产使用权收入主要指让渡无形资产等资产使用权的使用费收入。出租固定资产取得的租金、进行债权投资收取的利息、进行股权投资取得的现金股利等,也构成让渡资产使用权收入。下面主要介绍让渡资产使用权的使用费收入的核算,这里的资产主要是指无形资产。

(一)让渡资产使用权的使用费收入的确认和计量原则

让渡资产使用权的使用费收入同时满足下列条件的,才能予以确认:相关的经济利益很可能流入企业;收入的金额能够可靠地计量。

(二)让渡资产使用权收入的账务处理

企业让渡资产使用权的使用费收入,一般通过“其他业务收入”科目核算;所让渡资产计提的摊销额等,一般通过“其他业务成本”科目核算。

企业确认让渡资产使用权的使用费收入时,按确定的收入金额,借记“银行存款”、“应收账款”等科目,贷记“其他业务收入”科目。企业对所让渡资产计提摊销以及所发生的与让渡资产有关的支出等,借记“其他业务成本”科目,贷记“累计摊销”等科目。

【例11－13】 甲公司向乙公司转让其软件的使用权,一次性收取使用费60 000元,不提供后续服务,款项已经收回。假定不考虑相关税费,甲公司确认使用费收入的会计分录如下:

借:银行存款　　60 000

贷:其他业务收入　　60 000

如果甲公司于2017年1月1日向丙公司转让某专利权的使用权,协议约定转让期为5年,每年年末收取使用费200 000元。2016年该专利权计提的摊销额为120 000元,每月计提金额为10 000元。假定不考虑其他因素和相关税费。甲公司会计处理如下:

(1)2017年年末确认使用费收入:

借:应收账款(或银行存款)　　200 000

贷:其他业务收入　　200 000

(2)2017年每月计提专利权摊销额:

借:其他业务成本　　10 000

贷:累计摊销　　10 000

【例11－14】 甲公司向丁公司转让某商品的商标使用权,约定丁公司每年年末按年销售收入的10%支付使用费,使用期10年。第一年,丁公司实现销售收入1 200 000元;第二年,丁公司实现销售收入1 800 000元。假定甲公司均于每年年末收到使用费。不考虑相关税费,甲公司确认使用费收入的会计分录如下:

(1)第一年年末确认使用费收入:

应确认的使用费收入=1 200 000×10%=120 000(元)

借:银行存款　　120 000

　　贷:其他业务收入　　120 000

(2)第二年年末确认使用费收入:

应确认的使用费收入=1 800 000×10%=180 000(元)

借:银行存款　　180 000

　　贷:其他业务收入　　180 000

任务三　利润及其分配

一、利润的概念

利润是指企业在一定会计期间的经营成果。利润包括收入减去费用后的净额、直接计入当期利润的利得和损失等。

直接计入当期的利得和损失,是指应当计入当期损益、会导致所有者权益发生增减变动的、与所有者投入资本或者向所有者分配利润无关的利得或者损失。

二、利润的构成

利润由营业利润、利润总额、净利润等构成。利润相关计算公式如下:

(一)营业利润

营业利润的计算公式:

营业利润=营业收入-营业成本-营业税金及附加-销售费用-管理费用-财务费用
　　　　-资产减值损失+公允价值变动收益(-公允价值变动损失)
　　　　+投资收益(-投资损失)

其中,营业收入是指企业经营业务所确认的收入总额,包括主营业务收入和其他业务收入。营业成本是指企业经营业务所发生的实际成本总额,包括主营业务成本和其他业务成本。资产减值损失是指企业计提各项资产减值准备所形成的损失。公允价值变动收益(或损失)是指企业交易性金融资产等公允价值变动形成的应计入当期损益的利得(或损失)。投资收益(或损失)是指企业以各种方式对外投资所取得的收益(或发生的损失)。

(二)利润总额

利润总额的计算公式如下:

利润总额=营业利润+营业外收入-营业外支出

其中,营业外收入是指企业发生的与其日常活动无直接关系的各项利得。营业外支出是指企业发生的与其日常活动无直接关系的各项损失。

(三)净利润

净利润的计算公式如下:

净利润=利润总额-所得税费用

其中,所得税费用是指企业确认的应从当期利润总额中扣除的所得税费用。

三、营业外收入的核算

(一)营业外收入核算的内容

营业外收入是指企业发生的与其日常活动无直接关系的各项利得。营业外收入并不是企业经营资金耗费所产生的,不需要企业付出代价,实际上是经济利益的净流入,不可能也不需要与有关的费用进行配比。营业外收入主要包括非流动资产处置利得、盘盈利得、罚没利得、捐赠利得、确实无法支付而按规定程序经批准后转作营业外收入的应付款项等。

(二)营业外收入的核算

企业应通过"营业外收入"科目核算营业外收入的取得及结转情况。该科目贷方登记企业确认的各项营业外收入,借方登记期末转入"本年利润"科目的营业外收入,结转后该科目应无余额。该科目应按照营业外收入的项目进行明细核算。

企业确认营业外收入,借记"固定资产清理"、"银行存款"、"库存现金"、"应付账款"等科目,贷记"营业外收入"科目。期末,应将"营业外收入"科目余额转入"本年利润"科目,借记"营业外收入"科目,贷记"本年利润"科目。

【例 11-15】 甲公司将固定资产报废清理的净收益 15 000 元转作营业外收入。编制会计分录如下:

借:固定资产清理　　15 000

　　贷:营业外收入　　15 000

【例 11-16】 甲公司本期营业外收入总额为 200 000 元,期末结转本年利润。会计分录如下:

借:营业外收入　　200 000

　　贷:本年利润　　200 000

四、营业外支出的核算

(一)营业外支出核算的内容

营业外支出是指企业发生的与其日常活动无直接关系的各项损失,主要包括非流动资产处置损失、盘亏损失、罚款支出、公益性捐赠支出、非常损失等。

(二)营业外支出的核算

企业应通过"营业外支出"科目核算营业外支出的发生及结转情况。该科目借方登记企业发生的各项营业外支出,贷方登记期末转入"本年利润"科目的营业外支出,结转后该科目应无余额。该科目应按营业外支出的项目进行明细核算。

企业发生营业外支出时,借记"营业外支出"科目,贷记"固定资产清理"、"待处理财产损溢"、"库存现金"、"银行存款"等科目;期末,应将"营业外支出"科目余额转入"本年利润"科目,借记"本年利润"科目,贷记"营业外支出"科目。

【例 11-17】 甲公司将已经发生的原材料意外灾害损失 300 000 元转作营业外支出。编制会计分录如下:

借:营业外支出　　300 000

　　贷:待处理财产损溢　　300 000

【例 11－18】　甲公司用银行存款支付税款滞纳金 20 000 元。编制会计分录如下:

借:营业外支出　　20 000

　　贷:银行存款　　20 000

【例 11－19】　甲公司将拥有一项非专利技术出售,取得价款 400 000 元,应交营业税 20 000元。该非专利技术的账面余额为 500 000 元,累计摊销 100 000 元,未计提减值准备。编制会计分录如下:

借:银行存款　　400 000

　　累计摊销　　100 000

　　营业外支出　　20 000

　　贷:无形资产　　500 000

　　　　应交税费——应交营业税　　20 000

【例 11－20】　甲公司本期营业外支出总额为 340 000 元,期末结转本年利润。编制会计分录如下:

借:本年利润　　340 000

　　贷:营业外支出　　340 000

五、本年利润的形成与结转

(一)结转本年利润的方法

会计期末结转本年利润的方法有表结法和账结法两种。

1. 表结法

在表结法下,各损益类科目每月月末只需结计出本月发生额和月末累计余额,不结转到“本年利润”科目,只有在年末时才将全年累计余额结转入“本年利润”科目。但每月月末要将损益类科目的本月发生额合计数填入利润表的本月数栏,同时将本月末累计余额填入利润表的本年累计数栏,通过利润表计算反映各期的利润(或亏损)。表结法下年中损益类科目无需结转入“本年利润”科目,从而减少了转账环节和工作量,同时并不影响利润表的编制及有关损益指标的利用。

2. 账结法

在账结法下,每月月末均需编制转账凭证,将在账上结计出的各损益类科目的余额结转入“本年利润”科目。结转后“本年利润”科目的本月合计数反映当月实现的利润或发生的亏损,“本年利润”科目的本年累计数反映本年累计实现的利润或发生的亏损。账结法在各月均可通过“本年利润”科目提供当月及本年累计的利润(或亏损)额,但增加了转账环节和工作量。

(二)结转本年利润的核算

企业应设置“本年利润”科目,核算企业本年度实现的净利润(或发生的净亏损)。会计期末,企业应将各收益类科目的余额转入“本年利润”科目的贷方。借记有关收益类科目,贷记“本年利润”科目;将各成本费用或支出类科目的余额转入“本年利润”科目的借方,借记“本年利润”科目,贷记各有关成本费用或支出类科目。如果有关收益类科目为借方余额或有关成本费用类科目为贷方余额,则作相反的结转分录。结转后“本年利润”科目如为贷方余额,表示当年实现的净利润;如为借方余额,表示当年发生的净亏损。年度终了,企业还应将“本年利润”

科目的本年累计余额转入“利润分配——未分配利润”科目。如为贷方余额，借记“本年利润”科目，贷记“利润分配——未分配利润”科目。如为借方余额，作相反的会计分录。结转后“本年利润”科目应无余额。如图 11—6 所示：

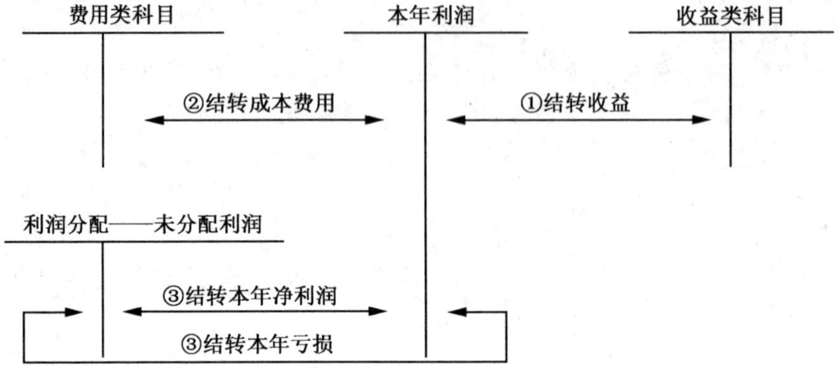

图 11—6　本年利润的会计处理

【例 11—21】 甲公司 2016 年有关损益类科目的年末余额如表 11—2 所示（该企业采用表结法年末一次结转损益类科目，所得税税率为 25%）：

表 11—2　　**损益类科目的年末余额**　　单位：元

账户名称	结账前余额	
	借　方	贷　方
主营业务收入		6 000 000
其他业务收入		700 000
公允价值变动损益		150 000
投资收益		600 000
营业外收入		50 000
主营业务成本	4 000 000	
其他业务成本	400 000	
营业税金及附加	80 000	
管理费用	770 000	
销售费用	500 000	
财务费用	200 000	
资产减值损失	100 000	
营业外支出	250 000	
合　计	6 300 000	7 500 000

编制会计分录如下：

(1)将各项损益类科目年末余额结转入“本年利润”科目。

①结转各项收入、利得类科目：

借：主营业务收入　6 000 000
　其他业务收入　700 000
　公允价值变动损益　150 000
　投资收益　600 000
　营业外收入　50 000
　　贷：本年利润　7 500 000

②结转各项费用、损失类科目：

借：本年利润　6 300 000
　　贷：主营业务成本　4 000 000
　　　其他业务成本　4 00 000
　　　营业税金及附加　80 000
　　　销售费用　500 000
　　　管理费用　770 000
　　　财务费用　200 000
　　　资产减值损失　100 000
　　　营业外支出　250 000

(2)经过上述结转后，“本年利润”科目的贷方发生额合计 7 500 000 元减去借方发生额合计 6 300 000 元即为税前会计利润 1 200 000 元。假定将该税前会计利润进行纳税调整后，应纳税所得额为 1 000 000 元，则应交所得税税额＝1 000 000×25％＝250 000 元。假定将该应交所得税按照会计准则进行调整后计算确认的所得税费用为 380 000 元。编制会计分录如下：

①确认所得税费用：

借：所得税费用　380 000
　　贷：应交税费——应交所得税　380 000

②将所得税费用结转入“本年利润”科目：

借：本年利润　380 000
　　贷：所得税费用　380 000

(3)将“本年利润”科目年末余额 820 000 元(7 500 000－ 6 300 000－380 000)转入“利润分配——未分配利润”科目：

借：本年利润　820 000
　　贷：利润分配——未分配利润　820 000

六、利润分配

(一)利润分配的程序

利润分配是指企业按照国家有关规定和企业章程、投资者协议等，对企业当年可供分配的利润所进行的分配。

可供分配的利润＝当年实现的净利润＋年初未分配利润(或－年初未弥补亏损)＋其他转入

利润分配的顺序依次是：①提取法定盈余公积；②提取任意盈余公积；③向投资者分配利润。

(二)利润分配(或弥补亏损)的核算

企业应设置“利润分配”科目，进行利润分配的核算。该科目核算企业利润的分配(或亏损的弥补)和历年分配(或弥补)后的余额。该科目的贷方反映年末从“本年利润”科目转入的本年净利润以及用盈余公积补亏的数额;借方反映按规定提取的盈余公积、公益金、向投资者分配的利润数额以及年末从“本年利润”科目转入的本年亏损数额。该科目年末余额反映企业历年积存的未分配利润(或未弥补的亏损)。

在“利润分配”科目下应设置以下明细科目:(1)提取法定盈余公积;(2)提取任意盈余公积;(3)应付现金股利或利润;(4)转作股本的股利;(5)盈余公积补亏;(6)未分配利润。

企业按规定提取的盈余公积,借记“利润分配——提取法定盈余公积、提取任意盈余公积”,贷记“盈余公积——法定盈余公积、任意盈余公积”科目。

外商投资企业按规定提取的储备基金、企业发展基金、职工奖励及福利基金,借记“利润分配——提取储备基金、提取企业发展基金、提取职工奖励及福利基金”,贷记“盈余公积——储备基金、企业发展基金”、“应付职工薪酬”等科目。经股东大会或类似机构批准的年度利润分配方案应当分配给股东的现金股利或利润,借记“利润分配——应付现金股利或利润”科目,贷记“应付股利”科目。

经股东大会或类似机构决议,分配给股东的股票股利,应在办理增资手续后,借记“利润分配——转作股本的股利”科目,贷记“股本”科目。

企业用盈余公积弥补亏损时,借记“盈余公积——法定盈余公积或任意盈余公积”科目,贷记“利润分配——盈余公积补亏”科目。

年度终了,企业应将全年实现的净利润,自“本年利润”科目转入“利润分配”科目,借记“本年利润”科目,贷记“利润分配——未分配利润”科目,如为净亏损,作相反的会计分录。同时,将“利润分配”科目下的其他明细科目的余额转入“利润分配”科目的“未分配利润”明细科目。结转后,除“未分配利润”明细科目外,“利润分配”科目的其他明细科目应无余额。

【例 11—22】 甲公司 2016 年度实现净利润 820 000 元,按本年实现净利润的 10%和 5%分别提取法定盈余公积和任意盈余公积。经董事会决议,按本期可向股东分配利润的 80%向投资者分配利润。假设无年初未分配利润。编制会计分录如下:

(1)年末将“本年利润”科目年末余额 820 000 元转入“利润分配——未分配利润”科目时:

借:本年利润　　820 000
　　贷:利润分配——未分配利润　　820 000

(2)年末进行利润分配时:

提取法定盈余公积=820 000×10%=82 000(元)

提取任意盈余公积=820 000×5%=41 000(元)

本期可向投资者分配的利润=820 000－123 000=697 000(元)

应向投资者分配的利润=697 000×80%=557 600(元)

借:利润分配——提取法定盈余公积　　82 000
　　　　——提取任意盈余公积　　41 000
　　　　——应付现金股利或利润　　557 600
　　贷:盈余公积——法定盈余公积　　82 000
　　　　　　——任意盈余公积　　41 000
　　　　应付股利　　557 600

(3)将“利润分配”其他明细科目金额结转至“未分配利润”明细科目时:

借:利润分配——未分配利润　　680 600

　　　　贷:利润分配——提取法定盈余公积　　82 000
　　　　　　　　　——提取任意盈余公积　　41 000
　　　　　　　　　——应付现金股利或利润　　557 600

经过年末结转后,该企业2016年"本年利润"科目及"利润分配"的其他明细科目均无余额,只有"利润分配——未分配利润"科目有贷方余额139 400元。

【例11-23】 假设甲公司2016年度发生净亏损100 000元,经董事会决议,用法定盈余公积弥补。编制会计分录如下:

　　借:盈余公积——法定盈余公积　　100 000
　　　　贷:利润分配——盈余公积补亏　　100 000

关键术语

利润　营业利润　利润总额　净利润　所得税会计　暂时性差异　递延所得税资产　所得税费用　递延所得税负债

◎ 应知考核 ◎

一、单项选择题

1. 下列各项中,不应在利润表"营业收入"项目列示的是(　　)。

A. 政府补助收入　　B. 设备安装劳务收入
C. 代销品销售收入　　D. 无形资产出租收入

2. 在委托其他单位代销商品的情况下,企业应在(　　)确认销售收入的实现。

A. 代销商品发出时　　B. 代销商品售出时
C. 代销商品售出并收到代销清单时　　D. 收到代销商品销售货款时

3. 企业在确认商品销售收入时,对现金折扣的处理是(　　)。

A. 在确认商品收入时加以预计,作为商品销售收入的减项
B. 在实际发生时作为当期商品销售收入的减项
C. 在实际发生时作为当期发生的财务费用
D. 在实际发生时作为当期发生的管理费用

4. 某工业企业本期营业利润为200万元,管理费用为15万元,投资收益为30万元,营业外支出5万元,所得税费用为30万元。假定不考虑其他因素,该企业本期净利润为(　　)万元。

A. 160　　B. 165　　C. 200　　D. 210

5. 下列各项业务中,不应通过"营业外收入"科目核算的有(　　)。

A. 存货盘盈　　B. 转销无法偿付的应付账款
C. 接受现金捐赠　　D. 接受政府补助

6. 企业不可用于转增资本的项目是(　　)。

A. 法定盈余公积　　B. 任意盈余公积　　C. 资本公积　　D. 现金股利

7. 企业因债权人撤销而无法支付应付账款时,应将无法支付的应付账款计入(　　)。

A. 营业外收入　　B. 其他应付款　　C. 资本公积　　D.其他业务收入

8. 某企业年初未分配利润贷方余额900万元,本年净利润1 000万元,若按10%提取法定盈余公积,则本年应提取的法定盈余公积为(　　)万元。

A. 190　　B. 100　　C. 150　　D. 200

9. 企业已经确认的无法支付的应付账款在转销时，应记入的科目为（　　）。

A.“营业外收入”　　B.“未分配利润”　　C.“盈余公积”　　D.“资本公积”

10. 下列各项中，不影响企业营业利润的是（　　）。

A. 计提的工会经费　　B. 发生的业务招待费

C. 收到退回的所得税　　D. 处置投资取得的净收益

二、多项选择题

1. 下列各项中，既影响营业利润又影响利润总额的业务有（　　）。

A. 计提坏账准备　　B. 转让无形资产所有权的净收益

C. 计提所得税费用　　D. 转让股票所得收益

2. 下列各项中，需调整增加企业应纳税所得额的项目有（　　）。

A. 已计入投资收益的国库券利息收入

B. 已超过税法规定扣除标准，但已计入当期费用的业务招待费

C. 支付并已计入当期损失的各种税收滞纳金

D. 未超标的业务招待费支出

3. 下列各项损益中，会计上和税法上核算不一致，需要进行纳税调整的项目有（　　）。

A. 超标的业务招待费　　B. 公司债券的利息收入

C. 国债利息收入　　D. 公司债券转让净收益

4. 下列各项中，应计入“营业外收入”的有（　　）。

A. 出售固定资产取得的净收益　　B. 转让长期股权投资的净收益

C. 赔款收入　　D. 盘盈存货取得的净收益

5. 下列各项，应计入“营业外收入”的有（　　）。

A. 出售固定资产取得的净收益　　B. 转让长期股权投资的净收益

C. 赔款收入　　D. 盘盈存货取得的净收益

6. 下列各项中，不应确认为营业外收入的有（　　）。

A. 存货盘盈　　B. 固定资产出租收入

C. 固定资产盘盈　　D. 无法查明原因的现金溢余

7. 下列各项中，影响企业利润总额的有（　　）。

A. 管理费用　　B. 财务费用　　C. 所得税费用　　D. 商品的销售成本

8. 下列各项中，影响当期利润表中利润总额的有（　　）。

A. 固定资产盘盈　　B. 确认所得税费用

C. 对外捐赠固定资产　　D. 无形资产出售利得

9. 下列科目中，期末余额应转入本年利润的有（　　）。

A. 财务费用　　B. 主营业务收入　　C. 营业外收入　　D.递延收益

10. 下列各项中，影响利润表“所得税费用”项目金额的有（　　）。

A. 当期应交所得税　　B. 递延所得税收益

C. 递延所得税费用　　D. 代扣代缴的个人所得税

三、判断题

1. 表结法下，每月月末均需编制转账凭证，将在账上结计出的各损益类科目的余额结转入本年利润科目。（　　）

2. 会计期末结转本年利润的方法有表结法和账结法两种。（　　）

3. 企业发生毁损的固定资产的净损失，应记入“营业外支出”科目，最终影响净利润的计算。（　　）

4. 年度终了，本年利润科目的本年累计余额即为净利润的金额。（　　）

5. 某企业 2016 年度利润总额为1 800万元，其中本年度国债利息收入 200 万元；企业所得税税率为 25%。假定不考虑其他因素，该企业 2016 年度净利润为1 400万元。（　　）

6. 企业盘盈的固定资产应该直接计入营业外收入中。（　　）

7. 某企业年初有上年形成的亏损 50 万元，当年实现利润总额 40 万元。假设企业本期无纳税调整事项，则企业当年还应缴纳一定的企业所得税。（　　）

8. 所得税是企业根据应纳税所得额的一定比例上交的一种税金。应纳税所得额是在企业税前会计利润（即利润总额）的基础上调整确定的。（　　）

9. 对采用成本模式进行后续计量的投资性房地产计提折旧，影响营业利润。（　　）

10. 年度终了，除“未分配利润”明细科目外，“利润分配”科目下的其他明细科目应当无余额。（　　）

四、简述题

1. 简述利润的构成。
2. 简述利润分配的程序。
3. 营业利润包括哪些内容？
4. 本年利润的结转方法有哪些。各有什么优缺点？
5. 简述结转本年利润的方法。

◎ 应会考核 ◎

★观念应用

【背景资料】

甲企业 2016 年度利润总额为 200 万元，其中包括本年收到的国债利息收入 50 万元。该企业适用的所得税税率为 25%。甲企业当年按税法核定的全年计税工资为 200 万元，全年实发工资为 180 万元；当年的营业外支出中，有 10 万元为税收滞纳金支出。除上述事项外，甲企业无其他纳税调整事项。

【考核要求】

请根据上述背景资料，

(1)计算甲企业 2016 年度应纳税所得额。

(2)计算甲企业 2016 年度应交所得税额。

(3)计算甲企业 2016 年度实现的净利润。

(4)编制甲企业年末结转“所得税费用”科目余额的会计分录。（金额单位用万元表示）

★技能应用

某企业 2016 年度结转前损益类科目的余额如表 11－3 所示：

表 11－3　　某企业 2016 年度结转前损益类科目的余额　　单位：万元

会计科目	借方余额	贷方余额
主营业务收入		2 000
其他业务收入		200
投资收益		150

续表

会计科目	借方余额	贷方余额
营业外收入		110
公允价值变动损益		38
主营业务成本	1 400	
营业税金及附加	50	
其他业务成本	120	
销售费用	70	
管理费用	162	
财务费用	20	
资产减值损失	26	
营业外支出	50	

(1)上表中除"所得税"科目外不存在其他未列损益类科目。

(2)无纳税调整事项。

(3)该企业适用的所得税税率为25%。

(4)年初未弥补的亏损102万元(该亏损发生于2009年,已超过税前弥补的期限),该企业权力机构决定分别按净利润的10%提取法定盈余公积,向投资者分配利润200万元。

【技能要求】

请根据上述背景资料,计算营业利润、利润总额、应纳税所得额、应交所得税、所得税费用、净利润和期末未分配利润并编制相关的会计分录(所得税按资产负债表负债法核算,金额单位用万元表示)。

★案例分析

【情景与背景】

甲公司为增值税一般纳税人,适用的增值税税率为17%,商品、原材料售价中不含增值税。假定销售商品、原材料和提供劳务均符合收入确认条件,其成本在确认收入时逐笔结转,不考虑其他因素。2016年4月,甲公司发生如下交易或事项:

(1)销售商品一批,按商品标价计算的金额为200万元,由于是成批销售,甲公司给予客户10%的商业折扣并开具了增值税专用发票,款项尚未收回。该批商品实际成本为150万元。

(2)向本公司行政管理人员发放自产产品作为福利,该批产品的实际成本为8万元,市场售价为15万元。

(3)向乙公司转让一项软件的使用权,一次性收取使用费20万元并存入银行,且不再提供后续服务。

(4)销售一批原材料,增值税专用发票注明售价80万元,款项收到并存入银行。该批材料的实际成本为59万元。

(5)将以前会计期间确认的与资产相关的政府补助在本月分配计入当月收益300万元。

(6)确认本月设备安装劳务收入。该设备安装劳务合同总收入为100万元,预计合同总成本为70万元,合同价款在前期签订合同时已收取。采用完工百分比法确认劳务收入。截至本月末,该劳务的累计完工进度为60%,前期已累计确认劳务收入50万元、劳务成本35万元。

(7)以银行存款支付管理费用20万元,财务费用10万元,营业外支出5万元。

【分析要求】

请根据上述背景资料，

(1)逐笔编制甲公司上述交易或事项的会计分录。(“应交税费”科目要写出明细科目及专栏名称)

(2)计算甲公司4月份的营业收入、营业成本、营业利润、利润总额。(金额单位用万元表示)

◎ 项目实训 ◎

【实训项目】

利润核算

【实训情境】

华兴公司为一般纳税人企业，适用的增值税税率为17%，所得税税率为25%，城市维护建设税为7%，教育费附加为3%。2016年11月30日该企业尚未抵扣的增值税进项税额为21 500元，该企业12月份发生以下经济业务：

(1)购进原材料一批，价款100 000元(不含税)，款项以银行存款支付，材料已验收入库存(按实际成本核算)；

(2)销售给B公司产品一批，增值税专用发票上注明的售价(不含税)为300 000元，收到B公司交来的面值为351 000元的银行承兑汇票一张，销售成本为200 000元；

(3)报废旧设备一台，原值为65 000元，已提折旧60 000元，发生清理费用为1 000元，取得残料变价收入为2 000元，有关款项已通过银行结算完毕；

(4) B公司来函提出本月购买的产品中，有100 000元的产品质量不完全合格，要求在价格上给予40 000元的折扣，经查明，符合原合同约定，同意B公司的要求，并办理退款手续和开具红字增值税发票；

(5)于2016年8月1日为客户研制一项产品，工期为6个月，合同收入330 000元，到2016年12月31日已发生成本220 000元，已预收账款200 000元，预计开发完成该项产品总成本为250 000元，年末经专业测量师测量，产品的开发程度为85%；

(6)用银行存款支付本月管理费用18 430元。

【实训任务】

上述资料涉及销售的实现、销售折扣、增值税进项税额、销项税额、附加税及待处理固定资产而发生的变价收入等的核算账务处理，学生应认真阅题，逐笔进行账务处理及根据上述资料计算营业利润、利润总额和净利润。

项目十二 财务报表列报

【知识目标】

理解：财务报表的概念、作用、披露方式、分类、编制原则。

熟知：所有者权益变动报表、财务报表附注。

掌握：资产负债表、利润表、现金流量表的编制方法。

【技能目标】

能够利用财务报表的数据资料对企业的财务状况、经营成果和现金流量进行分析。

【素质目标】

能够运用所学的会计知识，及时、准确地编制财务报表，为有关各方提供信息，为企业管理当局提供决策所学的资料。

【项目引例】

U企业财务报表存在的问题

审计人员查阅U企业2016年10月份会计报表时，发现利润表中“主营业务收入”项目较以前月份的发生额有较大增加，资产负债表中“应收账款”项目本期与前几期比较也发生了较大的变动。于是，审计人员查阅该企业的账簿，发现“应收账款”总账与明细账金额之和不相等，对总账所记载的一些“应收账款”数额，明细账中并未作登记。审计人员根据账簿记录调阅有关记账凭证，发现3张记账凭证后未附有原始凭证。其中：

10月12日9#凭证编制的会计分录是：

借：应收账款	585 000	
贷：主营业务收入		500 000
应交税费——应交增值税(销项税额)		85 000

10月17日15#凭证编制的会计分录是：

借：应收账款	117 000	
贷：主营业务收入		100 000
应交税费——应交增值税(销项税额)		17 000

10月23日20#凭证编制的会计分录是：

借：应收账款	92 000(红字)	
贷：应交税费——应交增值税(销项税额)		92 000(红字)

经审查，U企业在上述10月份的3张会计凭证中虚列当期收入60万元，三笔业务中在“库存商品”明细账和“主营业务成本”明细账均未作登记，准备于下年年初作销货退回处理。

【讨论】

(1)U企业此举的目的是什么?你认为企业所为有几种可能性?

(2)上述问题在年终结账前发现,U企业应如何调账?

知识精讲

任务一　财务报表列报概述

一、财务报表列报的概念

2014版《企业会计准则第30号——财务报表列报》规范了财务报表的列报。列报,是指交易和事项在报表中的列示和在附注中的披露。其中,"列示"通常反映资产负债表、利润表、现金流量表和所有者权益(或股东权益)变动表等报表中的信息,"披露"通常反映附注中的信息。

财务报表是对企业财务状况、经营成果和现金流量的结构性表述。一套完整的财务报表至少应当包括"四表一注",即资产负债表、利润表、现金流量表、所有者权益变动表和附注,并且这些组成部分在列报上具有同等的重要程度。

二、财务报表列报的基本要求

(一)列报基础

企业应当以持续经营为基础,根据实际发生的交易和事项,按照企业会计准则的规定进行确认和计量,在此基础上编制财务报表。在编制财务报告过程中,企业管理层应当在考虑市场经营风险、企业盈利能力、偿债能力、财务弹性,以及企业管理层改变经营政策的意向等因素的基础上,对企业的持续经营能力进行评价。如果对持续经营能力产生重大怀疑的,应当在附注中披露导致对持续经营能力产生重大怀疑的影响因素。

企业正式决定或被迫在当期或将在下一个会计期间进行清算或停止营业的,表明其处于非持续经营状态,应当采用其他基础编制财务报表,并在附注中声明财务报表未以持续经营为基础列报、披露未以持续经营为基础的原因和财务报表的编制基础。

(二)可比性

财务报表项目的列报应当在各个会计期间保持一致,不得随意变更。当期财务报表的列报,至少应当提供所有列报项目上一可比会计期间的比较数据,以及与理解当期财务报表相关的说明。

财务报表项目的列报发生变更的,应当对上期比较数据按照当期的列报要求进行调整,并在附注中披露调整的原因和性质,以及调整的各项目金额对上期比较的数据。进行调整不切实可行的,应当在附注中披露不能调整的原因。不切实可行,是指企业在做出所有合理努力后仍然无法采用某项规定。但下列情况除外:(1)会计准则要求改变财务报表项目的列报;(2)企业经营业务的性质发生重大变化后,变更财务报表项目的列报,能够提供更可靠更相关的会计信息。

(三)重要性的判断

在编制财务报告的过程中,企业应当考虑报表项目的重要性。判断报表项目的重要性一般从项目的性质和项目的金额大小两个方面进行。判断项目性质的重要性,应当考虑该项目的性质是否属于企业日常活动等因素;判断项目金额大小的重要性,应当通过单项金额占资产总额、负债总额、所有者权益总额、营业收入总额、营业成本总额、净利润等直接相关项目金额的比重加以确定。比如,对于性质或功能不同的项目,如长期股权投资、固定资产、无形资产等,应当在财务报告中单独列报;对于性质或功能类似的项目,如库存商品、原材料等,应予以合并,作为存货项目列报。

(四)项目的抵销

财务报表中的资产项目和负债项目的金额,收入项目和费用项目的金额,不得相互抵销,但满足抵销条件的除外。

如果金融资产和金融负债同时满足下列条件,应当以相互抵销的净额在资产负债表内列示:(1)企业具有抵销已确认金额的法定权利,且该种法定权利现在是可执行的。(2)企业计划以净额结算,或同时变现该金融资产和清偿金融负债。

下列两种情况不属于抵销,可以按净额列示:(1)资产项目按扣除减值准备后的净额列示,不属于抵销。(2)非日常活动产生的损益以收入扣减费用后的净额列示,不属于抵销。非日常活动的发生具有偶然性,不是企业的经常性活动以及与经常性活动相关的其他活动。非日常活动产生的损益以收入扣减费用后的净额列示,更有利于财务报告使用者的经济决策,不属于抵销。

(五)至少披露的项目

企业应当在财务报表的显著位置,至少披露下列各项:编报企业的名称;资产负债表日或财务报表涵盖的会计期间;人民币金额单位;财务报表是合并财务报表的应当予以标明。

三、财务报表的组成与分类

(一)财务报表的组成

财务报表是指企业对外提供的反映企业某一特定日期的财务状况和某一会计期间的经营成果现金流量等会计信息的文件,它包括财务报表和其他应当在财务报告中披露的相关信息和资料。

财务报表的作用表现在以下几个方面:(1)财务报表有助于投资者和债权人等进行合理的决策;(2)财务报表反映企业管理当局的受托经管责任;(3)财务报表能够帮助企业管理当局改善经营管理,协调企业与相关利益集团的关系,促进企业快速、稳定地发展;(4)财务报表能够帮助国家有关部门实现其经济与社会目标,并进行必要的宏观调控,促进社会资源的有效配置。

2014版《企业会计准则第30号——基本准则》第44条规定:财务会计报告包括会计报表及其附注和其他应当在财务会计报告中披露的相关信息和资料。会计报表至少应当包括资产负债表、利润表、现金流量表等报表。小企业编制的会计报表可以不包括现金流量表。

资产负债表、利润表和现金流量表分别从不同角度反映企业的财务状况、经营成果和现金流量。资产负债表反映企业在某一特定日期所拥有的资产、需偿还的债务以及股东(投资者)拥有的净资产情况。利润表反映企业在一定会计期间的经营成果(即利润或亏损)的情况,表明企业运用所拥有的资产的获利能力。现金流量表反映企业在一定会计期间现金和现金等价物流入和流出的情况。

所有者权益变动表反映构成所有者权益的各组成部分当期的增减变动情况。企业的净利润及其分配情况是所有者权益变动的组成部分，相关信息已经在所有者权益变动表及其附注中反映，企业不需要再单独编制利润分配表。

附注是财务报告不可或缺的组成部分，是对在资产负债表、利润表、现金流量表和所有者权益变动表等报表中列示项目的文字描述或明细资料，以及对未能在这些报表中列示项目的说明等。

财务报表是财务报告的核心内容，除了财务报表之外，财务报告还应当包括其他相关信息，具体可以根据有关法律、行政法规、部门规章等的规定和外部使用者的信息需求而定。

（二）财务报表的分类

财务报表可以按照不同的标准进行分类：

1. 按财务报表编报期间的不同，可分为中期财务报表和年度财务报表

中期财务报表是以短于一个完整会计年度的报告期间为基础编制的财务报表，包括月报、季报和半年报等。中期财务报表至少应当包括资产负债表、利润表、现金流量表和附注。其中，中期资产负债表、利润表和现金流量表应当是完整报表，其格式和内容应当与年度财务报表相一致。与年度财务报表相比，中期财务报表中的附注披露可适当简略。

2. 按财务报表编报主体的不同，可分为个别财务报表和合并财务报表

个别财务报表是由企业在自身会计核算基础上对账簿记录进行加工而编制的财务报表，它主要用以反映企业自身的财务状况经营成果和现金流量情况。合并财务报表是以母公司和子公司组成的企业集团为会计主体，根据母公司和所属子公司的财务报表，由母公司编制的综合反映企业集团财务状况经营成果及现金流量的财务报表。

3. 按照会计报表反映的内容不同，可分为静态报表和动态报表

静态报表是反映会计主体一定时期末财务状况的报表，如资产负债表。静态报表的数字来自有关账簿的期末余额。动态报表是反映会计主体在一定时期经营成果、现金流量和成本状况的报表，如利润表、现金流量表和各成本报表。动态报表的数字来自有关账簿的本期发生额。

4. 按照会计报表服务的对象不同，可分为内部报表和外部报表

内部报表是指为满足企业内部管理需要而编制的会计报表，一般没有固定编制格式和要求，也不用对外公布，内部报表的资料应是会计主体的"商业秘密"。外部报表是向会计主体外部的利益关系集团公开报送的报表，会计主体的财务报表均属于对外报表。

5. 按照会计报表的编制单位不同，可分为单位会计报表和汇总会计报表

单位会计报表是由独立核算的基层企业，根据账簿记录和其他有关资料编制的会计报表，用来反映基层企业的经济活动情况。汇总会计报表是由上级主管部门根据所属基层企业上报的会计报表综合汇总编制的报表，用来反映某个汇总部门综合性的经济情况。

任务二　资产负债表

一、资产负债表概述

资产负债表是指反映企业在某一特定日期（如月末、季末或年末）财务状况的报表，属于静

态报表。它是以"资产＝负债＋所有者权益"这一会计等式作为理论依据，按照一定的分类标准和排列次序，将企业在某一特定日期的资产、负债和所有者权益项目进行排列编制而成。

资产负债表主要能够向各类报表使用者提供以下几个方面的会计信息：企业所掌握的经济资源；企业所负担的债务；企业的偿债能力；企业所有者享有的权益；企业未来的财务趋向。

（一）资产

资产负债表中的资产反映由过去的交易、事项形成并由企业在某一特定日期所拥有或控制的、预期会给企业带来经济利益的资源。资产应当按照流动资产和非流动资产两大类别在资产负债表中列示，在流动资产和非流动资产类别下进一步按性质分项列示。

（二）负债

资产负债表中的负债反映在某一特定日期企业所承担的、预期会导致经济利益流出企业的现时义务。负债应当按照流动负债和非流动负债在资产负债表中进行列示，在流动负债和非流动负债类别下再进一步按性质分项列示。

（三）所有者权益

资产负债表中的所有者权益是企业资产扣除负债后的剩余权益，反映企业在某一特定日期股东（投资者）拥有的净资产的总额，它一般按照实收资本（或股本）、资本公积、盈余公积和未分配利润分项列示。

二、资产负债表的结构和格式

资产负债表一般有表首、正表两部分。其中，表首概括地说明报表名称、编制单位、编制日期、报表编号、货币名称、计量单位等。正表是资产负债表的主体，列示了用以说明企业财务状况的各个项目。资产负债表正表的格式一般有两种：报告式资产负债表和账户式资产负债表。

1. 报告式资产负债表

报告式资产负债表将资产、负债、股东权益项目采用垂直分列的形式。分别有两种形式：(1)依照"资产＝权益"的等式，(2)依照"资产－负债＝股东权益"的等式，如表12－1所示。

表12－1　不同的报告式资产负债表

资产＝权益式		资产－负债＝股东权益式	
资产		资产	
资产合计	101 000	资产合计	101 000
权益			
负债		负债	
负债合计	54 500	负债合计	54 500
股东权益		股东权益	
股东权益合计	46 500		
权益合计	101 000	股东权益合计	46 500

报告式资产负债表的优点是便于编制和比较资产负债表，即在一张报表中，除列出本期的财务状况外，可增设几个栏目，分别列示过去几期的财务状况。其缺点是资产和权益间的恒等关系并不一目了然。

2. 账户式资产负债表

即按照T型账户的形式设计资产负债表，将资产列在报表左方（借方），负债及股东权益列在报表右方（贷方），左（借）右（贷）两方总额相等，如表12—2所示。

表12—2　　　　账户式资产负债表　　　　单位：元

资　产		权　益	
各项目明细		负债	
		负债合计	545 000
		股东权益	
		股东权益合计	46 500
资产合计	101 000	权益合计	101 000

账户式资产负债表的优缺点与报告式资产负债表正好相反。资产和权益间的恒等关系一目了然，但编制和比较资产负债表，要做些旁注，可能比较困难。

3. 我国现行资产负债表格式

在我国企业的资产负债表采用账户式结构。不管采用什么格式，账户式资产负债表中的资产各项的合计等于负债和所有者权益各项的合计，即资产负债表左方和右方平衡。因此，通过账户式资产负债表，可以反映资产、负债、所有者权益之间的内在关系，即"资产＝负债＋所有者权益"。我国资产负债表的格式如表12—3所示。

表12—3　　　　资产负债表会企01表

编制单位：　　　　2016年12月31日　　　　单位：元

资　产	行次	年初数	期末数	负债和股东权益	行次	年初数	期末数
流动资产：				流动负债：			
货币资金	1			短期借款	68		
短期投资	2			应付票据	69		
应收票据	3			应付账款	70		
应收股利	4			预收账款	71		
应收利息	5			应付工资	72		
应收账款	6			应付福利费	73		
其他应收款	7			应付股利	74		
预付账款	8			应交税费	75		
应收补贴款	9			其他应交款	80		
存货	10			其他应付款	81		

续表

资　产	行次	年初数	期末数	负债和股东权益	行次	年初数	期末数
待摊费用	11			预提费用	82		
1年内到期的长期债权投资	21			预计负债	83		
其他流动资产	24			1年内到期的长期负债	86		
流动资产合计	31			其他流动负债	90		
长期投资：							
长期股权投资	32			流动负债合计	100		
长期债权投资	34			长期负债：			
长期投资合计	38			长期借款	101		
固定资产：				应付债券	102		
固定资产原价	39			长期应付款	103		
减：累计折旧	40			专项应付款	106		
固定资产净值	41			其他长期负债	108		
减：固定资产减值准备	42			长期负债合计	110		
固定资产净额	43			递延税项：			
工程物资	44			递延税款贷项	111		
在建工程	45			负债合计	114		
固定资产清理	46						
固定资产合计	50			所有者权益(或股东权益)：			
无形资产及其他资产：				实收资本(或股本)	115		
无形资产	51			减：已归还投资	116		
长期待摊费用	52			实收资本(或股本)净额	117		
其他长期资产	53			资本公积	118		
无形资产及其他资产合计	60			盈余公积	119		
				其中：法定公益金	120		
递延税项：				未分配利润	121		
递延税款借项	61			所有者权益(或股东权益)合计	122		
资产总计	67			负债和所有者权益(或股东权益)总计	135		

三、资产负债表的编制

（一）资产负债表中的“年初数”和“期末数”

企业会计准则规定：会计报表至少应当反映相关两个期间的比较数据。也就是说，企业需要提供比较资产负债表，所以，资产负债表中的各项目均需填列“年初数”和“期末数”两栏。具体填列方法是：

1. 年初数

“年初数”栏内各项数字应根据上年末资产负债表的“期末数”栏内所列数字填列。如果本年度资产负债表规定的各项目的名称和内容与上年不一致，则应按照本年度的规定，对上年年末资产负债表各项目的名称和数字进行调整，与本年一致后，填入本表“年初数”栏内。

2. 期末数

“期末数”应根据本年度会计报告期末的有关账户余额直接或计算分析填列。具体方法是：

(1)根据总账科目的余额填列。资产负债表中的有些项目，可直接根据有关总账科目的余额填列，如“交易性金融资产”“短期借款”“应付票据”“应付职工薪酬”等项目；有些项目，则需根据几个总账科目的期末余额计算填列，如“货币资金”项目，需根据“库存现金”“银行存款”“其他货币资金”三个总账科目期末余额合计填列。

(2)根据有关明细科目的余额计算填列。资产负债表中的有些项目，需要根据明细科目余额计算填列，如“应付账款”项目，需要分别根据“应付账款”和“预付账款”两个科目所属明细科目的期末贷方余额计算填列。

(3)根据总账科目和明细科目的余额分析计算填列。资产负债表的有些项目，需要依据总账科目和明细科目两者的余额分析填列，如“长期借款”项目，应根据“长期借款”总账科目余额扣除“长期借款”科目所属的明细科目中将在资产负债表日起一年内到期、且企业不能自主地将清偿义务展期的长期借款后的金额填列。

(4)根据有关科目余额减去其备抵科目余额后的净额填列。如资产负债表中的“应收账款”“长期股权投资”等项目，应根据“应收账款”“长期股权投资”等科目的期末余额减去“坏账准备”“长期股权投资减值准备”等科目余额后的净额填列；“固定资产”项目，应根据“固定资产”科目期末余额减去“累计折旧”“固定资产减值准备”科目余额后的净额填列；“无形资产”项目，应根据“无形资产”科目期末余额减去“累计摊销”“无形资产减值准备”科目余额后的净额填列。

(5)综合运用上述填列方法分析填列。如资产负债表中的“存货”项目，需根据“原材料”“库存商品”“委托加工物资”“周转材料”“材料采购”“在途物资”“发出商品”“材料成本差异”等总账科目期末余额的分析汇总数，再减去“存货跌价准备”备抵科目余额后的净额填列。

（二）资产负债表中各项目的填列方法

资产负债表中资产、负债和所有者权益主要项目的填列说明如下：

1. 资产项目的填列说明

(1)“货币资金”项目，反映企业库存现金、银行结算户存款、外埠存款、银行汇票存款、银行本票存款、信用卡存款、信用证保证金存款等的合计数。本项目应根据“库存现金”“银行存款”“其他货币资金”科目期末余额的合计数填列。

(2)“交易性金融资产”项目，反映企业持有的以公允价值计量且其变动计入当期损益的为交易目的所持有的债券投资、股票投资、基金投资、权证投资等金融资产。本项目应当根据“交易性金融资产”科目的期末余额填列。

(3)“应收票据”项目，反映企业因销售商品、提供劳务等而收到的商业汇票，包括银行承兑汇票和商业承兑汇票。本项目应根据“应收票据”科目的期末余额，减去“坏账准备”科目中有关应收票据计提的坏账准备期末余额后的金额填列。

(4)“应收账款”项目，反映企业因销售商品、提供劳务等经营活动应收取的款项。本项目应根据“应收账款”和“预收账款”科目所属各明细科目的期末借方余额合计减去“坏账准备”科目中有关应收账款计提的坏账准备期末余额后的金额填列。如“应收账款”科目所属明细科目期末有贷方余额的，应在本表“预收款项”项目内填列。

(5)“预付款项”项目，反映企业按照购货合同规定预付给供应单位的款项等。本项目应根据“预付账款”和“应付账款”科目所属各明细科目的期末借方余额合计数，减去“坏账准备”科目中有关预付款项计提的坏账准备期末余额后的金额填列。如“预付账款”科目所属各明细科目期末有贷方余额的，应在资产负债表“应付账款”项目内填列。

(6)“应收利息”项目，反映企业应收取的债券投资等的利息。本项目应根据“应收利息”科目的期末余额，减去“坏账准备”科目中有关应收利息计提的坏账准备期末余额后的金额填列。

(7)“应收股利”项目，反映企业应收取的现金股利和应收取的其他单位分配的利润。本项目应根据“应收股利”科目的期末余额，减去“坏账准备”科目中有关应收股利计提的坏账准备期末余额后的金额填列。

(8)“其他应收款”项目，反映企业除应收票据、应收账款、预付款项、应收股利、应收利息等经营活动以外的其他各种应收、暂付的款项。本项目应根据“其他应收款”科目的期末余额，减去“坏账准备”科目中有关其他应收款计提的坏账准备期末余额后的金额填列。

(9)“存货”项目，反映企业期末在库、在途和在加工中的各种存货的可变现净值。本项目应根据“材料采购”“原材料”“低值易耗品”“库存商品”“周转材料”“委托加工物资”“委托代销商品”、“生产成本”等科目的期末余额合计，减去“代销商品款”、“存货跌价准备”科目期末余额后的金额填列。材料采用计划成本核算，以及库存商品采用计划成本核算或售价核算的企业，还应按加或减材料成本差异、商品进销差价后的金额填列。

(10)“1 年内到期的非流动资产”项目，反映企业将于 1 年内到期的非流动资产项目金额。本项目应根据有关科目的期末余额填列。

(11)“长期股权投资”项目，反映企业持有的对子公司、联营企业和合营企业的长期股权投资。本项目应根据“长期股权投资”科目的期末余额，减去“长期股权投资减值准备”科目的期末余额后的金额填列。

(12)“固定资产”项目，反映企业各种固定资产原价减去累计折旧和累计减值准备后的净额。本项目应根据“固定资产”科目的期末余额，减去“累计折旧”和“固定资产减值准备”科目期末余额后的金额填列。

(13)“在建工程”项目，反映企业期末各项未完工程的实际支出，包括交付安装的设备价值、未完建筑安装工程已经耗用的材料、工资和费用支出、预付出包工程的价款等的可收回金额。本项目应根据“在建工程”科目的期末余额，减去“在建工程减值准备”科目期末余额后的金额填列。

(14)“工程物资”项目，反映企业尚未使用的各项工程物资的实际成本。本项目应根据“工程物资”科目的期末余额填列。

(15)“固定资产清理”项目，反映企业因出售、毁损、报废等原因转入清理但尚未清理完毕的固定资产的净值，以及固定资产清理过程中所发生的清理费用和变价收入等各项金额的差额。本项目应根据“固定资产清理”科目的期末借方余额填列，如“固定资产清理”科目期末为贷方余额，以“－”号填列。

(16)“无形资产”项目，反映企业持有的无形资产，包括专利权、非专利技术、商标权、著作权、土地使用权等。本项目应根据“无形资产”的期末余额，减去“累计摊销”和“无形资产减值准备”科目期末余额后的金额填列。

(17)“开发支出”项目，反映企业开发无形资产过程中能够资本化形成无形资产成本的支出部分。本项目应当根据“研发支出”科目中所属的“资本化支出”明细科目期末余额填列。

(18)“长期待摊费用”项目，反映企业已经发生但应由本期和以后各期负担的分摊期限在1年以上的各项费用。长期待摊费用中在1年内(含1年)摊销的部分，在资产负债表“1年内到期的非流动资产”项目填列。本项目应根据“长期待摊费用”科目的期末余额减去将于1年内(含1年)摊销的数额后的金额填列。

(19)“其他非流动资产”项目，反映企业除长期股权投资、固定资产、在建工程、工程物资、无形资产等以外的其他非流动资产。本项目应根据有关科目的期末余额填列。

2. 负债项目的填列说明

(1)“短期借款”项目，反映企业向银行或其他金融机构等借入的期限在1年以下(含1年)的各种借款。本项目应根据“短期借款”科目的期末余额填列。

(2)“应付票据”项目，反映企业购买材料、商品和接受劳务供应等而开出、承兑的商业汇票，包括银行承兑汇票和商业承兑汇票。本项目应根据“应付票据”科目的期末余额填列。

(3)“应付账款”项目，反映企业因购买材料、商品和接受劳务供应等经营活动应支付的款项。本项目应根据“应付账款”和“预付账款”科目所属各明细科目的期末贷方余额合计数填列。如“应付账款”科目所属明细科目期末有借方余额的，应在资产负债表“预付款项”项目内填列。

(4)“预收款项”项目，反映企业按照销货合同规定预收客户的款项。本项目应根据“预收账款”和“应收账款”科目所属各明细科目的期末贷方余额合计数填列。如“预收账款”科目所属各明细科目期末有借方余额，应在资产负债表“应收账款”项目内填列。

(5)“应付职工薪酬”项目，反映企业根据有关规定应付给职工的工资、职工福利、社会保险费、住房公积金、工会经费、职工教育经费、非货币性福利、辞退福利等各种薪酬。外商投资企业按规定从净利润中提取的职工奖励及福利基金，也在本项目列示。

(6)“应交税费”项目，反映企业按照税法规定计算应缴纳的各种税费，包括增值税、消费税、营业税、所得税、资源税、土地增值税、城市维护建设税、房产税、土地使用税、车船税、教育费附加、矿产资源补偿费等。企业代扣代缴的个人所得税，也通过本项目列示。企业所缴纳的税金不需要预计应交数的，如印花税、耕地占用税等，不在本项目列示。本项目应根据“应交税费”科目的期末贷方余额填列；如“应交税费”科目期末为借方余额，应以“－”号填列。

(7)“应付利息”项目，反映企业按照规定应当支付的利息，包括分期付息到期还本的长期借款应支付的利息、企业发行的企业债券应支付的利息等。本项目应当根据“应付利息”科目的期末余额填列。

(8)“应付股利”项目，反映企业分配的现金股利或利润，企业分配的股票股利，不通过本项目列示。本项目应根据“应付股利”科目的期末余额填列。

(9)“其他应付款”项目，反映企业除应付票据、应付账款、预收款项、应付职工薪酬、应付股利、应付利息、应交税费等经营活动以外的其他各项应付、暂收的款项。本项目应根据“其他应付款”科目的期末余额填列。

(10)“1年内到期的非流动负债”项目，反映企业非流动负债中将于资产负债表日后1年内到期部分的金额。如将于一年内偿还的长期借款。本项目应根据有关科目的期末余额填列。

(11)“长期借款”项目，反映企业向银行或其他金融机构借入的期限在1年以上(不含1年)的各项借款。本项目应根据“长期借款”科目的期末余额填列。

(12)“应付债券”项目，反映企业为筹集长期资金而发行的债券本金和利息。本项目应根据“应付债券”科目的期末余额填列。

(13)“其他非流动负债”项目，反映企业除长期借款、应付债券等项目以外的其他非流动负债。本项目应根据有关科目的期末余额填列。其他非流动负债项目应根据有关科目期末余额减去将于1年内(含1年)到期偿还数后的余额填列。非流动负债各项目中将于1年内(含1年)到期的非流动负债，应在“1年内到期的非流动负债”项目内单独反映。

3. 所有者权益项目的填列说明

(1)“实收资本(或股本)”项目，反映企业各投资者实际投入的资本(或股本)总额。本项目应根据“实收资本”(或“股本”)科目的期末余额填列。

(2)“资本公积”项目，反映企业资本公积的期末余额。本项目应根据“资本公积”科目的期末余额填列。

(3)“盈余公积”项目，反映企业盈余公积的期末余额。本项目应根据“盈余公积”科目的期末余额填列。

(4)“未分配利润”项目，反映企业尚未分配的利润。本项目应根据“本年利润”科目和“利润分配”科目的余额计算填列。未弥补的亏损在本项目内以“—”号填列。

四、资产负债表的编制实例

【例12—1】 嘉年华公司为增值税一般纳税人，适用的增值税税率为17%，所得税税率为25%，存货采用实际成本法进行核算。2015年12月31日的资产负债表(简化)如表12—4所示。

表12—4 **资产负债表** 会企01表

编制单位：嘉年华公司 2015年12月31日 单位：元

资 产	金 额	负债及所有者权益	金 额
流动资产：		流动负债：	680 000
货币资金	1 200 000	短期借款	192 000
交易性金融资产	25 000	应付账款	11 400
应收账款	299 100	应付职工薪酬	9 700
其他应收款	4 000	应交税费	
存货	580 000	应付股利	
流动资产合计	2 108 100	其他应付款	

续表

资　产	金　额	负债及所有者权益	金　额
非流动资产：		1年内到期的长期负债	200 000
可供出售金融资产		流动负债合计	1 093 100
持有至到期投资		非流动负债：	
长期股权投资	250 000	长期借款	300 000
固定资产	1 080 000	负债合计	1 393 100
在建工程		所有者权益(或股东权益)：	
固定资产清理		实收资本	2 000 000
无形资产	48 000	资本公积	62 000
开发支出		盈余公积	13 000
其他资产	12 000	未分配利润	30 000
非流动资产合计	1 390 000	所有者权益合计	2 105 000
资产总计	3 498 100	负债及所有者权益总计	3 498 100

其中“应收账款”科目的期末余额为300 000元，“坏账准备”科目的期末余额为900元，坏账准备按照年末应收账款余额的3‰比例提取。存货、交易性金融资产都没有计提减值准备。按公司法规定，企业按净利润的10%计提法定盈余公积，按净利润的5%计提法定公益金，2015年不进行投资分红。

会计人员根据2016年所登记的会计账簿记录及其他记录，整理出2016年总账及有关明细账余额如表12—5所示。

表12—5　　科目余额表

借方余额		贷方余额	
库存现金	3 560	坏账准备	1 596
银行存款	837 110	累计折旧	412 000
其他货币资金	221 140	短期借款	780 000
交易性金融资产	50 000	应付票据	50 000
应收账款	532 026	应付账款	192 000
其他应收款	4 000	其他应付款	11 400
在途物资	38 000	应付职工薪酬	20 900
原材料	75 400	应交税费	24 800
库存商品	471 500	长期借款	310 000
生产成本	28 500	实收资本	2 000 000
长期股权投资	250 000	资本公积	92 831

续表

借方余额		贷方余额	
固定资产	1 550 000	盈余公积	13 000
无形资产	42 000	未分配利润	204 709
长期待摊费用	10 000		
合　计	4 113 236	合　计	4 113 236

根据《企业会计准则第30号——财务报表列报》的有关规定，企业会计人员编制的资产负债表(简表)如表12—6所示。

表12—6　　**资产负债表**　　会企01表

编制单位：嘉年华公司　　2016年12月31日　　单位：元

资　产	期末余额	年初余额	负债及所有者权益	期末余额	年初余额
流动资产：			流动负债：		
货币资金	1 061 810	1 200 000	短期借款	780 000	680 000
交易性金融资产	50 000	25 000	应付票据	50 000	
应收账款	530 430	299 100	应付账款	192 000	192 000
预付款项			应付职工薪酬	20 900	9 700
应收利息			应交税费	24 800	
应收股利			应付利息		
其他应收款	4 000	4 000	应付股利		
存货	613 400	580 000	其他应付款	11 400	11 400
流动资产合计	2 259 640	2 108 100	1年内到期的长期负债		200 000
非流动资产：			流动负债合计	1 079 100	1 093 100
可供出售金融资产			非流动负债：		
持有至到期投资			长期借款	310 000	300 000
长期股权投资	250 000	250 000	长期应付款		
固定资产	1 138 000	1 080 000	非流动负债合计	310 000	300 000
在建工程			负债合计	1 389 100	1 393 100
工程物资			所有者权益(或股东权益)：		
固定资产清理			实收资本(或股本)	2 000 000	2 000 000
无形资产	42 000	48 000	资本公积	92 831	62 000
开发支出			盈余公积	13 000	13 000
长期待摊费用	10 000	12 000	未分配利润	204 709	30 000

续表

资　产	期末余额	年初余额	负债及所有者权益	期末余额	年初余额
非流动资产合计	1 440 000	1 390 000	所有者权益合计	2 310 540	2 105 000
资产总计	3 699 640	3 498 100	负债及所有者权益总计	3 699 640	3 498 100

任务三　利润表

一、利润表概述

利润表属于动态报表，是反映企业在一定会计期间的生产经营成果及其分配情况的会计报表。利润表和利润分配表可合并编制成一张表，也可分别编制成两张表，我国现行会计制度采用后者。

利润表是以“收入－费用＝利润”这一平衡公式所包含的经济内容为依据编制的。通过利润表可以反映企业在一定会计期间的收入实现情况和费用耗费情况；可以反映企业在一定会计期间生产经营活动的成果，据以判断资本保值、增值情况。可以为报表使用者提供会计主体当期收入结构、会计主体当期成本费用结构。

二、利润表的结构和格式

利润表一般包括表首、正表两部分。其中，表首概括说明报表名称、编制单位、编制日期、报表编号、货币名称、计量单位；正表表示利润表的主体，反映形成经营成果的各个项目和计算过程。正表的格式一般有两种：单步式利润表和多步式利润表。

(一)单步式利润表

单步式利润表是将所有收入和所有费用分别加以汇总，用收入合计减去费用合计从而得出本期利润。单步式利润表格式如表 12－7 所示。

表 12－7　　单步式利润表

2016 年度

项　目	行次	本月数	本年累计数
一、收入			
主营业务收入			
其他业务利润			
投资收益			
营业外收入			
收入合计			
二、费用			

续表

项　目	行次	本月数	本年累计数
营业成本			
流转税			
销售费用			
管理费用			
财务费用			
营业外支出			
所得税			
费用合计			
三、净利润			

单步式利润表编制方式简单，收入支出归类清楚，但缺点是收入、费用的性质不加区分，硬性归为一类，不利于报表分析。

（二）多步式利润表

多步式利润表是将收入与费用按同类属性分别加以归集，分别计算主营业务利润、营业利润、利润总额，最后计算出所得税税后利润。

1. 计算营业利润

营业利润＝营业收入－营业成本－营业税金及附加－销售费用－管理费用－财务费用－资产减值损失＋公允价值变动收益＋投资收益

2. 计算利润总额

利润总额＝营业利润＋营业外收入－营业外支出

3. 计算净利润

净利润＝利润总额－所得税费用

我国目前的利润表，采用的就是多步式结构，表中各项目均设“本月数”、“本年累计数”两栏，年度利润表则设“上年数”和“本年累计数”两栏。我国“多步式利润表”格式如表 12－8 所示。

表 12－8　　**多步式利润表**　　会企 02 表

编制单位：　　2016 年度　　单位：元

项　目	行次	本期金额	本期累计金额
一、营业收入	1		
减：营业成本	2		
营业税金及附加	3		
销售费用	4		
管理费用	7		
财务费用	9		

续表

项 目	行次	本期金额	本期累计金额
资产减值损失	10		
加:公允价值变动收益(损失以"—"号填列)	11		
投资收益(损失以"—"号填列)	14		
其中:对联营企业和合营企业的投资收益			
二、营业利润(亏损以"—"号填列)	15		
加:营业外收入	16		
减:营业外支出	17		
其中:非流动资产处置损失			
三、利润总额(亏损总额以"—"号填列)	20		
减:所得税费用	22		
四、净利润(净亏损以"—"号填列)	25		
五、每股收益:			
(一)基本每股收益			
(二)稀释每股收益			

多步式利润表比单步式利润表提供的信息更加丰富,通过不同时期各对应项目的比较分析,可以预测未来现金的流量,将营业利润与其他利润分开列示,可使报表使用人分清主次,对未来经营成果做出正确判断、预测。

三、利润表的编制方法

(一)利润表中的"本期金额"和"上期金额"

利润表各项目均需填列"本期金额"和"上期金额"两栏。其中"上期金额"栏内各项数字,应根据上年该期利润表的"本期金额"栏内所列数字填列。"本期金额"栏内各期数字,除"基本每股收益"和"稀释每股收益"项目外,应当按相关科目的发生额分析填列,如:"营业收入"项目,根据"主营业务收入"、"其他业务收入"科目的发生额分析计算填列;"营业成本"项目,根据"主营业务成本"、"其他业务成本"科目的发生额计算分析填列。

(二)利润表项目的填列说明

(1)"营业收入"项目,反映企业经营主要业务和其他业务所确认的收入总额。本项目应根据"主营业务收入"和"其他业务收入"科目的发生额分析填列。

(2)"营业成本"项目,反映企业经营主要业务和其他业务所发生的成本总额。本项目应根据"主营业务成本"和"其他业务成本"科目的发生额分析填列。

(3)"营业税金及附加"项目,反映企业经营业务应负担的消费税、营业税、城市维护建设税、资源税、土地增值税和教育费附加等。本项目应根据"营业税金及附加"科目的发生额分析填列。

(4)"销售费用"项目,反映企业在销售商品过程中发生的包装费、广告费等费用和为销售本企业商品而专设的销售机构的职工薪酬、业务费等经营费用。本项目应根据“销售费用”科目的发生额分析填列。

(5)“管理费用”项目，反映企业为组织和管理生产经营发生的管理费用。本项目应根据“管理费用”科目的发生额分析填列。

(6)“财务费用”项目，反映企业筹集生产经营所需资金等而发生的筹资费用。本项目应根据“财务费用”科目的发生额分析填列。

(7)“资产减值损失”项目，反映企业各项资产发生的减值损失。本项目应根据“资产减值损失”科目发生额分析填列。

(8)“公允价值变动收益”项目，反映企业应当计入当期损益的资产或负债公允价值变动收益。本项目应根据“公允价值变动损益”科目的发生额分析填列，如为净损失，本项目以“－”号填列。

(9)“投资收益”项目，反映企业以各种方式对外投资所取得的收益。本项目应根据“投资收益”科目的发生额分析填列。如为投资损失，本项目用“－”号填列。

(10)“营业利润”项目，反映企业实现的营业利润。如为亏损，本项目以“－”号填列。

(11)“营业外收入”项目，反映企业发生的与经营业务无直接关系的各项收入。本项目应根据“营业外收入”科目的发生额分析填列。

(12)“营业外支出”项目，反映企业发生的与经营业务无直接关系的各项支出。本项目应根据“营业外支出”科目的发生额分析填列。

(13)“利润总额”项目，反映企业实现的利润。如为亏损，本项目以“－”号填列。

(14)“所得税费用”项目，反映企业应从当期利润总额中扣除的所得税费用。本项目应根据“所得税费用”科目的发生额分析填列。

(15)“净利润”项目，反映企业实现的净利润。如为亏损，本项目以“－”号填列。

四、利润表的编制实例

【例 12－2】 昌盛公司(非股份制企业)2016 年 12 月 31 日各损益类科目“本年累计数”金额如表 12－9 所示。

表 12－9 **损益类科目本年累计数** 单位:元

科目名称	借方发生额	贷方发生额
主营业务收入		6 000 000
主营业务成本	4 200 000	
其他业务收入		300 000
其他业务成本	200 000	
营业税金及附加	180 000	
销售费用	220 000	
管理费用	723 000	
财务费用	160 000	
资产减值损失	8 000	

续表

科目名称	借方发生额	贷方发生额
投资收益		320 000
营业外收入		12 000
营业外支出	17 000	
所得税	304 920	

根据以上资料,编制的昌盛公司2016年度利润表如表12—10所示。

表12—10　　**利润表**　　会企02表

编制单位:昌盛公司　　2016年12月　　单位:元

项　目	本期金额	上期金额
一、营业收入	6 300 000	
减:营业成本	4 400 000	
营业税金及附加	180 000	
销售费用	220 000	
管理费用	723 000	
财务费用	160 000	
资产减值损失	8 000	
加:公允价值变动收益(损失以“—”填列)		
投资收益(损失以“—”填列)	320 000	
其中:对联营企业和合营企业的投资收益		
二、营业利润(亏损以“—”号填列)	929 000	
加:营业外收入	12 000	
减:营业外支出	17 000	
其中:非流动资产处置损失		
三、利润总额(亏损总额以“—”号填列)	924 000	
减:所得税费用	304 920	
四、净利润(净亏损以“—”号填列)	619 080	
五、每股收益		
(一)基本每股收益		
(二)基本每股收益		

单位负责人:丁园园　　财务负责人:汪志华　　制表人:吴小云

任务四　现金流量表

一、现金流量表概述

现金流量表是反映企业在一定会计期间现金和现金等价物流入和流出的报表。

现金是指企业库存现金以及可以随时用于支付的存款,包括库存现金、银行存款和其他货币资金(如外埠存款、银行汇票存款、银行本票存款等)等。不能随时用于支付的存款不属于现金。

现金等价物是指企业持有的期限短、流动性强、易于转换为已知金额现金、价值变动风险很小的投资。期限短一般是指从购买日起 3 个月内到期。现金等价物,通常包括 3 个月内到期的债券投资等。权益性投资变现的金额通常不确定,因而不属于现金等价物。企业应当根据具体情况确定现金等价物的范围,一经确定不得随意变更。

现金流量是指一定会计期间内企业现金和现金等价物的流入和流出。企业从银行提取现金、用现金购买短期到期的国库券等现金和现金等价物之间的转换不属于现金流量。

企业产生的现金流量分为三类:

(一)经营活动产生的现金流量

经营活动是指企业投资活动和筹资活动以外的所有交易和事项。经营活动产生的现金流量主要包括销售商品、提供劳务、购买商品、接受劳务、支付工资和缴纳税款等流入和流出的现金和现金等价物。

(二)投资活动产生的现金流量

投资活动是指企业长期资产的购建和不包括在现金等价物范围内的投资及其处置活动。投资活动产生的现金流量主要包括购建固定资产、处置子公司及其他营业单位等流入和流出的现金和现金等价物。

(三)筹资活动产生的现金流量

筹资活动是指导致企业资本及债务规模和构成发生变化的活动。筹资活动产生的现金流量主要包括吸收投资、发行股票、分配利润、发行债券、偿还债务等流入和流出的现金和现金等价物。偿付应付账款、应付票据等商业应付款等属于经营活动,不属于筹资活动。

二、现金流量表的结构和格式

我国企业现金流量表采用报告式结构,分类反映经营活动产生的现金流量、投资活动产生的现金流量和筹资活动产生的现金流量,最后汇总反映企业某一期间现金及现金等价物的净增加额。

现金流量表分为三部分,第一部分为表首,第二部分为正表,第三部分为补充资料,如表 12—11。

(1)表首概括地说明报表名称、编制单位、编制日期、报表编号、货币名称、计量单位等。

(2)正表是反映现金流量表的各个项目内容。正表有五项:一是经营活动产生的现金流量;二是投资活动产生的现金流量;三是筹资活动产生的现金流量;四是汇率变动对现金的影响；五是现金及现金等价物净增加额。其中，经营活动产生的现金流量，是按直接法编制的。

(3)补充资料有三项：一是将净利润调节为经营活动产生的现金流量；二是不涉及现金收支的投资和筹资活动；三是现金及现金等价物净增加情况。

注：正表第一项经营活动产生的现金流量净额与补充资料中的第一项经营活动产生的现金流量净额应当核对相符。正表中的第五项与补充资料中的第三项金额应当一致。正表中的数字是流入与流出的差额，补充资料中的数字是期末数与期初数的差额，计算依据不同，但结果应当一致，两者应当核对相符。

表 12—11　　**现金流量表**　　会企 03 表

编制单位：　　2016 年度　　单位：元

项　目	本期余额	上期金额
一、经营活动产生的现金流量：		
销售商品、提供劳务收到的现金		
收到的税费返还		
收到的其他与经营活动有关的现金		
现金流入小计		
购买商品、接受劳务支付的现金		
支付给职工以及为职工支付的现金		
支付的各项税费		
支付的其他与经营活动有关的现金		
现金流出小计		
经营活动产生的现金流量净额		
二、投资活动产生的现金流量：		
收回投资所收到的现金		
取得投资收益所收到的现金		
处置固定资产、无形资产和其他长期资产而收回的现金净额		
收到的其他与投资活动有关的现金		
现金流入小计		
购建固定资产、无形资产和其他长期资产所支付的现金		
投资所支付的现金		
支付的其他与投资活动有关的现金		
现金流出小计		
投资活动产生的现金流量净额		
三、筹资活动产生的现金流量：		
吸收投资所收到的现金		

续表

项　目	本期余额	上期金额
取得借款所收到的现金		
收到的其他与筹资活动有关的现金		
现金流入小计		
偿还债务所支付的现金		
分配股利、利润或偿付利息所支付的现金		
支付的其他与筹资活动有关的现金		
现金流出小计		
筹资活动产生的现金流量净额		
四、汇率变动对现金的影响		
五、现金及现金等价物净增加额		
加:期初现金及现金等价物余额		
六、期末现金及现金等价物余额		

三、现金流量表的编制

(一)现金流量表的编制方法

编制现金流量表的时候,经营活动现金流量有两种列示方法:一为直接法,二为间接法。这两种方法通常也称为现金流量表的编制方法。

直接法是指通过现金收入和支出的主要类别反映来自企业经营活动的现金流量。一般以利润表中的营业收入为起点,调整与经营活动有关项目的增减活动,然后计算出经营活动的现金流量。企业应当采用直接法列示经营活动产生的现金流量。采用直接法具体编制现金流量表时,可以采用工作底稿法或T型账户法,也可以根据有关科目记录分析填列。

间接法是指以本期净利润为起点,调整不涉及现金的收入、费用、营业外收支以及有关项目的增减变动,据此计算出经营活动的现金流量。

《企业会计准则——现金流量表》要求企业采用直接法报告经营活动的现金流量,同时要求在补充资料中用间接法来计算现金流量。有关经营活动现金流量的信息,可通过以下途径之一取得:

第一,直接根据企业有关账户的会计记录分析填列。

第二,对当期业务进行分析并对有关项目进行调整:(1)将权责发生制下的收入、成本和费用转换为现金基础;(2)将资产负债表和现金流量表中的投资、筹资项目,反映为投资和筹资活动的现金流量;(3)将利润中有关投资和筹资方面的收入和费用列入现金流量表的投资、筹资的现金流量中去。

(二)现金流量表主要项目说明

1. 经营活动产生的现金流量

(1)“销售商品、提供劳务收到的现金”项目,反映企业本年销售商品、提供劳务实际收到的现金，以及前期销售商品、提供劳务本期收到的现金（包括应向购买者收取的增值税销项税额）和本期预收的款项，减去本期销售本期退回的商品和前期销售本期退回的商品支付的现金。企业销售材料和代购代销业务收到的现金也在本项目反映。

(2)“收到的税费返还”项目，反映企业收到返还的各种税费，如收到的增值税、营业税、所得税、消费税、关税和教育费附加等各种税费的返还款。

(3)“收到的其他与经营活动有关的现金”项目，反映企业经营租赁收到的租金等其他与经营活动有关的现金，金额较大的应当单独列示。

(4)“购买商品、接受劳务支付的现金”项目，反映企业购买商品、接受劳务实际支付的现金（包括增值税进项税额），以及本期支付前期购买商品、接受劳务的未付款项和本期预付款项，减去本期发生的购货退回收到的现金。企业购买材料和代购代销业务支付的现金，也在本项目反映。

(5)“支付给职工以及为职工支付的现金”项目，反映企业实际支付给职工的现金以及为职工支付的现金，包括企业为获得职工提供的服务，本期实际给予各种形式的报酬以及其他相关支出（包括代扣代缴的职工个人所得税），如支付给职工的工资、奖金、各种津贴和补贴等，以及为职工支付的其他费用。

(6)“支付的各项税费”项目，反映企业按规定支付的各项税费，包括本期发生并支付的税费，以及本期支付以前各期发生的税费和预交的税金，如支付的所得税、增值税、营业税、消费税、印花税、房产税、土地增值税、车船税、教育费附加等。

(7)“支付的其他与经营活动有关的现金”项目，反映企业除上述各项目外，支付的其他与经营活动有关的现金，如罚款支出、支付的差旅费、业务招待费、保险费、经营租赁支付的现金等。其他与经营活动有关的现金，如果金额较大的，应单列项目反映。

2. 投资活动产生的现金流量

(1)“收回投资收到的现金”项目，反映企业出售、转让或到期收回除现金等价物以外对其他企业长期股权投资等而收到的现金，但处置子公司及其他营业单位收到的现金净额外。

(2)“取得投资收益收到的现金”项目，反映企业除现金等价物以外对其他企业的长期股权投资等分回的现金股利和利息等。

(3)“处置固定资产、无形资产和其他长期资产收回的现金净额”项目，反映企业出售、报废固定资产、无形资产和其他长期资产所取得的现金（包括因资产毁损而收到的保险赔偿收入），减去为处置这些资产而支付的有关费用后的净额。

(4)“处置子公司及其他营业单位收到的现金净额”项目，反映企业处置子公司及其他营业单位所取得的现金，减去子公司或其他营业单位持有的现金和现金等价物以及相关处置费用后的净额。

(5)“购建固定资产、无形资产和其他长期资产支付的现金”项目，反映企业购买、建造固定资产、取得无形资产和其他长期资产支付的现金（含增值税款等），包括购买机器设备所支付的现金、建造工程支付的现金、支付在建工程人员的工资等现金支出。

(6)“投资支付的现金”项目，反映企业取得除现金等价物以外的对其他企业的长期股权投资等所支付的现金以及支付的佣金、手续费等附加费用，但取得子公司及其他营业单位支付的现金金额除外。

(7)“取得子公司及其他营业单位支付的现金净额”项目，反映企业取得子公司及其他营业单位购买出价中以现金支付的部分，减去子公司或其他营业单位持有的现金和现金等价物后的净额。

(8)"收到其他与投资活动有关的现金"、"支付的其他与投资活动有关的现金"项目反映企业除上述(1)至(7)项目外收到或支付的其他与投资活动有关的现金,金额较大的应当单独列示。

3. 筹资活动产生的现金流量

(1)"吸收投资收到的现金"项目,反映企业以发行股票等方式筹集资金实际收到的款项(发行收入减去支付的佣金等发行费用后的净额)。

(2)"取得借款收到的现金"项目,反映企业举借各种短期、长期借款而收到的现金,以及发行债券实际收到的款项净额(发行收入减去直接支付的佣金等发行费用后的净额)。

(3)"偿还债务所支付的现金"项目,反映企业以现金偿还债务的本金,包括归还金融企业的借款本金、偿付企业到期的债券本金等。

(4)"分配股利、利润或偿付利息支付的现金"项目,反映企业实际支付的现金股利、支付给其他投资单位的利润或用现金支付的借款利息、债券利息。

(5)"收到的其他与筹资活动有关的现金"、"支付的其他与筹资活动有关的现金"项目,反映企业除上述(1)至(4)项目外收到或支付的其他与筹资活动有关的现金,金额较大的应单独列示。

四、现金流量表的编制实例

【例 12—3】 甲股份有限公司为工业企业,该公司 2017 年有关资料如下:

(1)资产、负债类部分账户年初、年末余额和本年发生额如表 12—12 所示:

表 12—12　　年初、年末余额和本年发生额　　单位:万元

账户名称	年初余额		本年发生额		年末余额	
	借方	贷方	借方	贷方	借方	贷方
交易性金融资产	100		500	400	200	
应收票据	300			300		
应收账款(总)	500		3 000	2 800	700	
——甲公司	600		2 500	2 200	900	
——乙公司		100	500	600		200
坏账准备		6		3		9
应收股利			10	10		
原材料	300		2 000	2 200	100	
制造费用			800	800		
生产成本	100		4 000	3 800	300	
库存商品	200		3 800	3 500	500	
固定资产	5 000		400	1 000	4 400	
累计折旧		2 000	800	200		1 400

续表

账户名称	年初余额		本年发生额		年末余额	
	借方	贷方	借方	贷方	借方	贷方
在建工程	1 000		300		1 300	
短期借款			200	250		50
长期借款		1 000				1 000
应付账款(总)		300	1 300	1 200		200
——丙公司		500	1 200	1 000		300
——丁公司	200		100	200	100	
应付职工薪酬		30	1 160	1 200		70
应交税费(总)		55	1 319.3	1 325.3		61
——应交增值税			850	850		
——未交增值税		30	180	200		50
——应交其他税费		25	289.3	275.3		11

(2)损益类部分账户本年发生额如表12—13所示：

表12—13　　损益类部分账户本年发生额　　单位:万元

账户名称	借方发生额	贷方发生额
主营业务收入		5 000
主营业务成本	3 500	
营业税金及附加	51	
销售费用	300	
管理费用	500	
财务费用	25	
投资收益		30
营业外支出		20
所得税费用		198

(3)货币资金的期初余额为120万元,期末余额为455万元。

(4)其他有关资料如下:

①交易性金融资产的取得及出售均为现金结算,且交易性金融资产均不属于现金等价物。

②“制造费用”及“生产成本”科目借方发生额含工资及福利费1 000万元、折旧费180万元,不含其他摊入的费用。

③“固定资产”科目借方发生额为现金购入的固定资产400万元;“在建工程”科目借方发生额含用现金支付的资本化利息费用30万元,以及用现金支付的出包工程款270万元。

④应付职工薪酬均为生产经营人员的工资及福利费。

⑤“应交税费——应交增值税”科目借方发生额含增值税进项税额340万元、已交税金310万元、转出未交增值税200万元，贷方发生额为销售商品发生的销项税额850万元；“应交税费——未交增值税”科目借方发生额为缴纳的增值税180万元。

⑥“销售费用”及“管理费用”科目借方发生额含工资及福利费200万元、离退休人员费80万元、计提坏账准备3万元、折旧费20万元、房产税和印花税30万元以及用现金支付的其他费用467万元。

⑦“财务费用”科目借方发生额含票据贴现利息5万元以及用现金支付的其他利息。

⑧“投资收益”科目贷方发生额含出售股票获得的投资收益20万元以及收到的现金股利。

⑨“营业外支出”科目借方发生额为出售固定资产发生的净损失20万元(出售固定资产的原价1 000万元，累计折旧800万元，支付清理费用30万元，收到价款210万元)。

⑩假定该公司期末未发生其他交易或事项。

根据以上资料，采用分析填列的方法，确定的甲股份有限公司2017年度的现金流量表各项目金额如下：

(1)销售商品、提供劳务收到的现金＝营业收入＋增值税的销项税额＋(应收票据年初余额－应收票据年末余额)＋(应收账款年初余额－应收账款年末余额)＋(预收账款年末余额－预收账款年初余额)－计提的坏账准备－应收票据贴现利息＝5 000＋850＋(300－0)＋(594－891)＋(200－100)－3－5＝ 5 945(万元)

(2)购买商品、接受劳务支付的现金＝营业成本＋增值税的进项税额＋(存货年末余额－存货年初余额)＋(应付账款年初余额－应付账款年末余额)＋(应付票据年初余额－应付票据年末余额)＋(预付账款年末余额－预付账款年初余额)－当期列入生产成本、制造费用的职工薪酬－当期列入生产成本、制造费用的折旧费等＝3 500＋340－(600－900)＋(500－300)＋(100－200)－1 000－180＝3 060(万元)

(3)支付给职工以及为职工支付的现金＝(应付职工薪酬年初余额－应付职工薪酬期末余额)＋生产成本、制造费用、管理费用中职工薪酬＝(30－70)＋1 000＋200＝1 160(万元)

(4)支付的各项税费＝营业税金及附加＋当期所得税费用＋应交税费－应交增值税(已交税金)＋应交税费－未交增值税科目借方发生额＋管理费用中的税金＋应交税费－其他税费(年初余额－年末余额)＝51＋198＋310＋180＋30＋(25－11)＝783(万元)

(5)支付其他与经营活动有关的现金＝销售费用和管理费用中用现金支付的其他费用＋离退休人员费＝300＋500－200－3－20－30＝547(万元)或467＋80＝547(万元)

(6)收回投资收到的现金＝交易性金融资产＋与交易性金融资产一起收回的投资收益＝400＋20＝420(万元)

(7)取得投资收益收到的现金＝收到的现金股利＝30－20＝10(万元)

(8)处置固定资产收回的现金净额＝出售固定资产收到的价款－支付的清理费用＝210－30＝180(万元)

(9)购置固定资产支付的现金＝现金购入的固定资产＋用现金支付的出包工程款＝400＋270＝670(万元)

(10)取得借款收到的现金＝短期借款的贷方发生额＝250(万元)

(11)偿还债务支付的现金＝短期借款的借方发生额＝200(万元)

(12)分配股利、利润或偿付应付利息支付的现金＝支付的财务费用中的借款利息＋支付

的资本化利息费用=25-5+30=50(万元)

根据以上数据,编制的现金流量表如表12-14所示。

表12-14　　**现金流量表**　　会企03表

编制单位:甲股份有限公司　　2016年度　　单位:元

项　目	本期余额	上期金额
一、经营活动产生的现金流量:		
销售商品、提供劳务收到的现金	5 945	
收到的税费返还		
收到的其他与经营活动有关的现金		
现金流入小计	5 945	
购买商品、接受劳务支付的现金	3 060	
支付给职工以及为职工支付的现金	1 160	
支付的各项税费	783	
支付的其他与经营活动有关的现金	547	
现金流出小计	5 550	
经营活动产生的现金流量净额	395	
二、投资活动产生的现金流量:		
收回投资所收到的现金	420	
取得投资收益所收到的现金	10	
处置固定资产、无形资产和其他长期资产而收回的现金净额	180	
收到的其他与投资活动有关的现金		
现金流入小计	610	
购建固定资产、无形资产和其他长期资产所支付的现金	670	
投资所支付的现金		
支付的其他与投资活动有关的现金		
现金流出小计	670	
投资活动产生的现金流量净额	-60	
三、筹资活动产生的现金流量:		
吸收投资所收到的现金		
取得借款所收到的现金	250	
收到的其他与筹资活动有关的现金		
现金流入小计	250	
偿还债务所支付的现金	200	

续表

项　目	本期余额	上期金额
分配股利、利润或偿付利息所支付的现金	50	
支付的其他与筹资活动有关的现金		
现金流出小计	250	
筹资活动产生的现金流量净额	0	
四、汇率变动对现金的影响		
五、现金及现金等价物净增加额	335	
加:期初现金及现金等价物余额	120	
六、期末现金及现金等价物余额	455	

任务五　所有者权益变动表

一、所有者权益变动表的概念和作用

所有者权益变动表是反映构成所有者权益的各组成部分当期的增减变动情况的报表。所有者权益变动表应当全面反映一定时期所有者权益变动的情况，不仅包括所有者权益总量的增减变动，还包括所有者权益增减变动的重要结构性信息，特别是要反映直接计入所有者权益的利得和损失，让报表使用者准确理解所有者权益增减变动的根源。

二、所有者权益变动表的内容和结构

在所有者权益变动表上，企业至少应当单独列示反映下列信息的项目:(1)净利润;(2)直接计入所有者权益的利得和损失项目及其总额;(3)会计政策变更和差错更正的累积影响金额;(4)所有者投入资本和向所有者分配利润等;(5)提取的盈余公积;(6)实收资本、资本公积、盈余公积、未分配利润的期初期末余额及其调节情况。其中，反映“直接计入所有者权益的利得和损失”项目即为其他综合收益项目。

三、所有者权益变动表的填列方法

(一)上年金额栏的填列方法

所有者权益变动表“上年金额”栏内各项数字，应根据上年度所有者权益变动表“本年金额”栏内所列数字填列。如果上年度所有者权益变动表规定的各个项目的名称和内容同本年度不相一致，应对上年度所有者权益变动表各项目的名称和数字按本年度的规定进行调整，填入所有者权益变动表“上年金额”栏内。

(二)本年金额栏的填列方法

所有者权益变动表“本年金额”栏内各项数字一般应根据“实收资本(或股本)”、“资本公

积”、“盈余公积”、“利润分配”、“库存股”、“以前年度损益调整”科目的发生额分析填列，如表12—15所示。

表 12—15 **所有者权益变动表** 会企 04 表

编制单位： 2016 年度 单位：元

项 目	本年金额						上年金额					
	实收资本（股本）	资本公积	减：库存股	盈余公积	未分配利润	所有者权益合计	实收资本（或股本）	资本公积	减：库存股	盈余公积	未分配利润	所有者权益合计
一、上年年末余额												
加：会计政策变更												
前期差错更正												
二、本年年初余额												
三、本年增减变动金额（减少以“—”号填列）												
（一）净利润												
（二）直接计入所有者权益的利得和损失												
1. 可供出售金融资产公允价值变动净额												
2. 权益法下被投资单位其他所有者权益变动的影响												
3. 与计入所有者权益项目相关的所得税影响												
4. 其他												
上述（一）和（二）小计												
（三）所有者投入和减少资本												
1. 所有者投入资本												
2. 股份支付计入所有者权益的金额												
3. 其他												
（四）利润分配												
1. 提取盈余公积												
2. 对所有者（或股东）的分配												
3. 其他												
（五）所有者权益内部结转												
1. 资本公积转增资本（或股本）												
2. 盈余公积转增资本（或股本）												

续表

项目	本年金额						上年金额					
	实收资本（股本）	资本公积	减:库存股	盈余公积	未分配利润	所有者权益合计	实收资本（或股本）	资本公积	减:库存股	盈余公积	未分配利润	所有者权益合计
3. 盈余公积弥补亏损												
4. 其他												
四、本年年末余额												

任务六　财务报表附注

一、财务报表附注的概念和作用

附注是对在资产负债表、利润表、现金流量表和所有者权益变动表等报表中列示项目的文字描述或明细资料，以及对未能在这些报表中列示项目的说明等。

附注应当披露财务报表的编制基础，其作用表现在：增进会计信息的可理解性；提高会计信息可比性；突出重要的会计信息。

附注披露的基本要求：附注披露的信息应是定量、定性信息的结合；附注应当按照一定的结构进行系统合理的排列和分类，有顺序地披露信息；附注相关信息应当与资产负债表、利润表、现金流量表和所有者权益变动表等报表中列示的项目相互参照，以有助于使用者联系相关联的信息，并由此从整体上更好地理解财务报表。

二、财务报表附注的形式

在会计实务中，财务报表附注可采用旁证、附表和底注等形式。

（一）旁注

旁注是指在财务报表的有关项目旁直接用括号加注说明。旁注是最简单的报表注释方法，如果报表上有关项目的名称或金额受到限制或需简要补充时，可以直接用括号加注说明。为了保持报表项目的简明扼要、清晰明了，旁注仅适用于个别只需简单补充的信息项目。

（二）附表

附表是指为了保持财务报表的简明易懂而另行编制一些反映其构成项目及年度内的增减来源与数额的表格。附表反映的内容，有些已直接包括在脚注之内，有些则附在报表和脚注之后，作为财务报表的一个单独组成部分。必须注意的是，附表与补充报表的概念并不相同。附表所反映的是财务报表中某一项目的明细信息（如应收账款的账龄表），而补充报表则往往反映一些附加的信息或按不同基础编制的信息。最常见的补充报表是揭示物价变动对企业财务状况和经营成果影响的附表。

（三）底注

底注也称脚注，是指在财务报表后面用一定文字和数字所作的补充说明。一般而言，每一种报表都可以有一定的底注，其篇幅大小随各种报表的复杂程度而定。底注的主要作用是揭示那些不便于列入报表正文的有关信息。

三、会计报表附注的内容

企业应当按照如下顺序披露以下附注的内容：

(一)企业的基本情况

(1)企业注册地、组织形式和总部地址。

(2)企业的业务性质和主要经营活动，如企业所处的行业、所提供的主要产品或服务、客户的性质、销售策略、监管环境的性质等。

(3)母公司以及集团最终母公司的名称。

(4)财务报告的批准报出者和财务报告批准报出日。

(二)财务报表的编制基础

企业应当以持续经营为基础编制会计报表。在编制会计报表时，企业应当对持续经营的能力进行估计。如果会计报表不是以持续经营为基础编制的，则企业在会计报表附注中对此应当首先予以披露，并进一步披露会计报表的编制基础，以及企业未能以持续经营为基础编制会计报表的原因。

(三)遵循企业会计准则的声明

企业应当声明编制的财务报表符合企业会计准则的要求，真实、完整地反映了企业的财务状况、经营成果和现金流量等有关信息。

(四)重要会计政策和会计估计

根据财务报表列报准则的规定，企业应当披露采用的重要会计政策和会计估计，不重要的会计政策和会计估计可以不披露。

(五)会计政策和会计估计变更以及差错更正的说明

企业应当按照《企业会计准则第28号——会计政策、会计估计变更和差错更正》及其应用指南的规定，披露会计政策和会计估计变更以及差错更正的有关情况。

(六)报表重要项目的说明

企业应当以文字和数字描述相结合、尽可能以列表形式披露报表重要项目的构成或当期增减变动情况，并且报表重要项目的明细金额合计，应当与报表项目金额相衔接。在披露顺序上，一般应当按照资产负债表、利润表、现金流量表、所有者权益变动表的顺序及其项目列示的顺序。

(七)其他需要说明的重要事项

这主要包括或有和承诺事项、资产负债表日后非调整事项、关联方关系及其交易等，具体的披露要求须遵循相关准则的规定。

关键术语

财务报告　资产负债表　利润表　现金流量表　财务报表附注　所有者权益变动表　附注

◎ 应知考核 ◎

一、单项选择题

1. 财务报表是反映各单位在一定时期(　　)的一种报告文件。

A. 财务结构、变现能力　　B. 经营状况、获利能力
C. 财务状况、经营成果　　D. 经营状况、变现能力

2. 财务报表中各项目数字的直接来源是(　　)。
A. 原始凭证　　B. 日记账　　C. 记账凭证　　D. 账簿记录

3. 在下列各个财务报表中,属于企业对外的静态报表的是(　　)。
A. 利润表　　B. 所有者权益变动表　　C. 现金流量表　　D. 资产负债表

4. 下列有关附注的说法中,不正确的是(　　)。
A. 附注不属于财务报表的组成部分
B. 附注是对在财务报表中列示项目的描述或明细资料
C. 附注是对未能在财务报表中列示项目的说明
D. 附注是财务会计报告的组成部分

5. 资产负债表中的"存货"项目,应根据(　　)。
A."存货"账户的期末借方余额直接填列
B."原材料"账户的期末借方余额直接填列
C."原材料"、"生产成本"和"库存商品"等账户的期末借方余额之和填列
D."原材料"、"在产品"和"库存商品"等账户的期末借方余额之和填列

6. 编制利润表主要是根据(　　)。
A. 资产、负债及所有者权益各账户的本期发生额
B. 资产、负债及所有者权益各账户的期末余额
C. 损益类各账户的本期发生额
D. 损益类各账户的期末余额

7. 某年 12 月 31 日编制的利润表中"本期金额"一栏反映了(　　)。
A. 12 月 31 日利润或亏损的形成情况　　B. 1～12 月累计利润或亏损的形成情况
C. 12 月份利润或亏损的形成情况　　D. 第 4 季度利润或亏损的形成情况

8. 下列各项中,不会影响营业利润金额增减的是(　　)。
A. 资产减值损失　　B. 财务费用　　C. 投资收益　　D. 营业外收入

9. 企业本月利润表中的营业收入为 450 000 元,营业成本为 216 000 元,营业税金及附加为 9 000 元,管理费用为 10 000 元,财务费用为 5 000 元,销售费用为 8 000 元,则其营业利润为(　　)元。
A. 217 000　　B. 225 000　　C. 234 000　　D. 202 000

10. 下列各项中,不属于速动资产的是(　　)。
A. 应收账款　　B. 预付账款　　C. 应收票据　　D. 货币资金

二、多项选择题

1. 按现行制度规定,企业财务报表主要包括(　　)和附注。
A. 资产负债表　　B. 利润表　　C. 现金流量表　　D. 所有者权益变动表

2. 财务报表按其报送对象进行分类可分为(　　)。
A. 对外财务报表　　B. 对内财务报表　　C. 个别财务报表　　D. 合并财务报表

3. 单位编制财务会计报告的主要目的,就是为(　　)社会公众等财务会计报告的使用者进行决策提供会计信息。
A. 投资者　　B. 债权人　　C. 政府及相关机构　　D. 单位管理人员

4. 下列各项中,可以通过资产负债表反映的有(　　)。
A. 某一时点的财务状况　　B. 某一时点的偿债能力
C. 某一期间的经营成果　　D. 某一期间的获利能力

5. 下列各项中，属于资产负债表中流动负债项目的有(　　)。

A. 应付职工薪酬　　B. 应付股利　　C. 应交税费　　D. 应付票据

6. 资产负债表中“应收账款”项目应根据(　　)之和减去“坏账准备”账户中有关应收账款计提的坏账准备期末余额填列。

A.“应收账款”科目所属明细科目的借方余额

B.“应收账款”科目所属明细科目的贷方余额

C.“应付账款” 科目所属明细科目的贷方余额

D.“预收账款”科目所属明细科目的借方余额

7. 资产负债表中下列项目在经济业务发生相反变化时应用负号表示的是(　　)。

A. 应付工资　　B. 应交税费　　C. 预提费用　　D. 应付股利

8. 资产负债表中的“未分配利润”项目，应根据(　　)填列。

A.“本年利润”账户余额　　B.“利润分配”账户余额

C.“盈余公积”账户余额　　D.“资本公积”账户余额

9. 下列各项中，反映企业偿债能力的指标有(　　)。

A. 流动比率　　B. 产权比率　　C. 速动比率　　D.资本保值增值率

10. 下列属于利润表提供的信息的有(　　)。

A. 实现的营业收入　　B. 发生的营业成本　　C. 营业利润　　D. 企业的利润或亏损总额

三、判断题

1. 财务会计报告的本身并非会计核算的目的，而是通过财务会计报告所披露的信息帮助财务会计报告的使用者总结和评价企业财务状况、经营成果和现金流量，便于他们做出合理的经济决策。(　　)

2. 财务报表按其反映的内容，可分为动态财务报表和静态财务报表，资产负债表是反映在某一时期企业财务状况的财务报表。(　　)

3. 财务报表项目数据的直接来源是原始凭证和记账凭证。(　　)

4. 个别报表和合并报表都是由企业在自身会计核算基础上对账簿记录进行加工而编制的财务报表。(　　)

5. 编制资产负债表时，如“应收账款”账户所属明细账有贷方余额，应反映在“预收款项”项目内。(　　)

6. 所有者权益变动表能够反映所有者权益各组成部分当期增减变动情况，有助于报表使用者理解所有者权益增减变动的原因。(　　)

7. 资产负债表是总括反映企业在特定日期资产、负债和所有者权益情况的动态报表，通过它可以了解企业的资产构成、资金的来源构成和企业债务的偿还能力。(　　)

8. 资产负债表中“固定资产”项目，应根据“固定资产”账户余额减去“累计折旧” 、“固定资产减值准备”等账户的期末余额后的金额填列。(　　)

9. 利润表是反映企业一定日期经营状况的财务报表。(　　)

10. 利润表中“营业税金及附加”项目不包括增值税。(　　)

四、简述题

1. 简述财务报表的作用。

2. 简述资产负债表的编制方法。

3. 简述利润表的编制方法。

4. 简述现金流量表的编制依据与编制方法。

5. 简述所有者权益变动表的填列方法。

◎ 应会考核 ◎

★观念应用

【背景资料】

某商业企业为增值税一般纳税企业，适用的增值税税率为17%。2016年有关资料如下：

(1)资产负债表有关账户年初、年末余额和部分账户发生额如表12－16所示：

表12－16 单位：万元

账户名称	年初余额	本年增加	本年减少	年末余额
应收账款	2 340			4 680
应收票据	585			351
交易性金融资产	300		100(出售)	200
应收股利	20	30		10
存货	2 500			2 400
长期股权投资	500	200 (以固定资产投资)		700
应付账款	1 755			2 340
应交税费				
应交增值税	250		302(已交) 408(进项税额)	180
应交所得税	30	100		40
短期借款	600	400		700

(2)利润表有关账户本年发生额如表12－17所示：

表12－17 单位：万元

账户名称	借方发生额	贷方发生额
主营业务收入		4 000
主营业务成本	2 500	
投资收益		
现金股利		10
出售交易性金融资产		20

(3)其他有关资料如下：交易性金融资产均为非现金等价物；出售交易性金融资产已收到现金；应收、应付款项均以现金结算；应收账款变动数中含有本期计提的坏账准备100万元。不考虑该企业本年度发生的其他交易和事项。

【考核要求】

请根据上述背景资料，计算以下项目的现金流入和流出(要求列出计算过程)：

(1)销售商品、提供劳务收到的现金(含收到的增值税销项税额);

(2)购买商品、接受劳务支付的现金(含支付的增值税进项税额);

(3)支付的各项税费;

(4)收回投资收到的现金;

(5)分得股利或利润收到的现金;

(6)借款收到的现金;

(7)偿还债务支付的现金。

★技能应用

甲企业和乙企业均为增值税一般纳税企业,其有关资料如下:

(1)甲企业销售的产品、材料均为应纳增值税货物,增值税税率为17%,产品、材料销售价格中均不含增值税。

(2)甲企业材料和产品均按实际成本核算,其销售成本随销售同时结转。

(3)乙企业为甲企业的联营企业,甲企业对乙企业的投资占乙企业有表决权资本的25%,甲企业对乙企业的投资按权益法核算。

(4)甲企业2017年1月1日有关科目余额如表12—18所示:

表12—18　科目余额表

科目名称	借方余额	科目名称	贷方余额
库存现金	500	短期借款	300 000
银行存款	400 000	应付票据	50 000
应收票据	30 000	应付账款	180 000
应收账款	200 000	应付职工薪酬	5 000
坏账准备	−1 000	应交税费	12 000
其他应收款	200	长期借款	1 260 000
原材料	350 000	实收资本	2 000 000
周转材料	30 000	盈余公积	120 000
库存商品	80 000	利润分配(未分配利润)	7 700
长期股权投资——乙企业	60 0000		
固定资产	2 800 000		
累计折旧	−560 000		
无形资产	5 000		
合　计	3 934 700	合　计	3 934 700

(5)甲企业2017年度发生如下经济业务:

①购入原材料一批,增值税专用发票上注明的增值税税额为51 000元,原材料实际成本300 000元。材料已经到达,并验收入库。企业开出商业承兑汇票。

②销售给乙企业一批产品,销售价格40 000元,产品成本32 000元。产品已经发出,开出增值税专用发票,款项尚未收到(除增值税以外,不考虑其他税费)。甲企业销售该产品的销售毛利率为20%。

③对外销售一批原材料，销售价格 26 000 元，材料实际成本 18 000 元。销售材料已经发出，开出增值税专用发票。款项已经收到，并存入银行（除增值税以外，不考虑其他税费）。

④出售一台闲置设备给乙企业，设备账面原价 150 000 元，已提折旧 24 000 元，出售价格 180 000 元。出售设备价款已经收到，并存入银行。甲企业出售该项设备的毛利率为 30%（假设出售该项设备不需缴纳增值税等有关税费）。乙公司购入该项设备用于管理部门，本年度提取该项设备的折旧 18 000 元。

⑤按应收账款年末余额的 5‰计提坏账准备。

⑥用银行存款偿还到期应付票据 20 000 元，缴纳所得税 2 300 元。

⑦乙企业本年实现净利润 280 000 元，甲企业按投资比例确认其投资收益。

⑧摊销无形资产价值 1 000 元，计提管理用固定资产折旧 8 766 元。

⑨本年度所得税费用和应交所得税为 42 900 元，实现净利润 87 100 元，计提盈余公积 8 710 元。

【技能要求】

请根据上述背景资料，

(1)编制甲企业的有关经济业务会计分录（各损益类科目结转本年利润以及与利润分配有关的会计分录除外。除“应交税费”科目外，其余科目可不写明细科目）。

(2)填列甲企业 2016 年 12 月 31 日资产负债表的年末数（填入表 12—19）。

表 12—19 资产负债表

编制单位：甲企业 2016 年 12 月 31 日 单位：元

资　产	期末余额	负债及所有者权益	期末余额
流动资产：		流动负债：	
货币资金		短期借款	
应收票据		应付票据	
应收账款		应付账款	
其他应收款		应付职工薪酬	
存货		应交税费	
流动资产合计		流动负债合计	
非流动资产：		非流动负债：	
长期股权投资——乙企业		长期借款	
固定资产		非流动负债合计	
无形资产		负债合计	
非流动资产合计		所有者权益：	
		实收资本	
		盈余公积	
		未分配利润	
		所有者权益合计	
资产总计		负债及所有者权益总计	

★案例分析

【情景与背景】

东大股份有限公司（简称“东大公司”）为增值税一般纳税企业，适用的增值税税率为 17%。商品销售价格中均不含增值税额。按每笔销售分别结转销售成本。东大公司销售商品、零配件及提供劳务均为主营业务。

东大公司2016年9月发生的经济业务如下：

(1)以交款提货销售方式向甲公司销售商品一批。该批商品的销售价格为20万元，实际成本为17万元，提货单和增值税专用发票已交甲公司，款项已收到存入银行。

(2)与乙公司签订协议，委托其代销商品一批。根据代销协议，乙公司按代销商品协议价的5%收取手续费，并直接从代销款中扣除。该批商品的协议价为25万元，实际成本为18万元，商品已运往乙公司。本月末收到乙公司开来的代销清单，列明已售出该批商品的50%；同时收到已售出代销商品的代销款(已扣除手续费)。

(3)与丙公司签订一项设备安装合同。该设备安装期为两个月，合同总价款为15万元，分两次收取。本月末收到第一笔价款5万元，并存入银行。按合同约定，安装工程完成日收取剩余的款项。至本月末，已实际发生安装成本6万元(假定均为安装人员工资)。

(4)向丁公司销售一件特定商品。合同规定，该件商品须单独设计制造，总价款175万元，自合同签订日起两个月内交货。丁公司已预付全部价款。至本月末，该件商品尚未完工，已发生生产成本75万元(其中，生产人员工资25万元，领用原材料50万元)。

(5)向A公司销售一批零配件。该批零配件的销售价格为500万元，实际成本为400万元。增值税专用发票及提货单已交给A公司。A公司已开出承兑的商业汇票，该商业汇票期限为3个月，到期日为12月10日。A公司因受场地限制，推迟到下月24日提货。

(6)与B公司签订一项设备维修服务协议。本月末，该维修服务完成并经B公司验收合格，增值税发票上标明的金额为213.7万元，增值税为36.3万元。货款已经收到，为完成该项维修服务，发生相关费用52万元(假定均为维修人员工资)。

(7)C公司退回2015年12月28日购买的商品一批。该批商品的销售价格为30万元，实际成本为23.5万元。该批商品的销售收入已在售出时确认，但款项尚未收取。经查明，退货理由符合原合同约定。本月末已办妥退货手续并开具红字增值税专用发票。

(8)计算本月应交所得税(结果保留两位小数)。

假定该公司适用的所得税税率为25%，本期无任何纳税调整事项。

其他相关资料：除上述经济业务外，东大公司登记2016年9月份发生的其他经济业务形成的账户余额如表12—20所示。

表12—20　　账户余额

账户名称	借方余额(万元)	贷方余额(万元)
其他业务收入		10
其他业务成本	5	
投资收益		7.65
营业外收入		50
营业外支出	150	
营业税金及附加	50	
管理费用	25	
财务费用	5	

【分析要求】

请根据上述背景资料，

(1)编制东大公司上述(1)～(8)项经济业务相关的会计分录。

(2)编制东大公司 2016 年 9 月份的利润表，见表 12—21。

(“应交税费”科目要求写出明细科目及专栏名称，金额单位用万元表示)

表 12—21 **利润表**

编制单位：东大公司 2016 年 9 月 单位：万元

项　目	本期金额
一、营业收入	
减：营业成本	
营业税金及附加	
销售费用	
管理费用	
财务费用	
资产减值损失	
加：公允价值变动收益(损失以“—”号填列)	
投资收益(损失以“—”号填列)	
其中：对联营企业和合营企业的投资收益	
二、营业利润(亏损以“—”号填列)	
加：营业外收入	
减：营业外支出	
其中：非流动资产处置损失	
三、利润总额(亏损总额以“—”号填列)	
减：所得税费用	
四、净利润(净亏损以“—”号填列)	

◎ 项目实训 ◎

【实训项目】

财务报表编制

【实训情境】

华兴公司为一般纳税人企业，适用增值税税率为 17%，所得税税率为 25%。该公司 2016 年 12 月 31 日科目余额表如表 12—22 所示。

表 12－22　　　　　　　　　　　　**科目余额表**　　　　　　　　　　　　单位:元

科目名称	借方余额	科目名称	贷方余额
库存现金	800	短期借款	120 000
银行存款	561 720	应付票据	80 000
交易性金额资产	6 000	应付账款	381 520
应收票据	98 400	其他应付款	20 000
应收账款	120 000	应付职工薪酬	44 000
坏账准备	－360	应交税费	14 640
预付账款	80 000	应付利息	400
其他应收款	2 000	长期借款	640 000
材料采购	90 000	其中:一年内到期的	400 000
原材料	220 000	股本	2 000 000
周转材料	35 220	盈余公积	40 000
库存商品	672 000	未分配利润	20 000
材料成本差异	14 780		
长期股权投资	100 000		
固定资产	600 000		
累计折旧	－160 000		
在建工程	600 000		
无形资产	240 000		
长期待摊费用	80 000		
合　计	3 360 560		3 360 560

华兴公司 2016 年 12 月份发生以下经济业务:

(1)购入原材料一批,价款 34 000 元,增值税 5 780 元,款项未付;

(2)上述材料已验收入库,计划成本 32 300 元;

(3)取得产品销售收入 136 000 元,应交增值税 23 120 元,原已预收账款 42 500 元,余款已由银行收妥,销售成本为 108 000 元;

(4)提取固定资产折旧 7 650 元,其中管理部门 4 590 元,销售部门 3 060 元;

(5)以银行存款支付办公室租赁费 1 700 元;

(6)将购买单位交来的面值为 10 000 元、期限为 5 个月的无息商业承兑汇票一张(已持有 2 个月),到银行申请贴现,银行年贴现率为 9%;

(7)偿还长期借款 42 500 元(未归还的借款中 2015 年 11 月 30 日借入 68 000 元,期限 2 年,2015 年 6 月 30 日借入 85 000 元,期限 3 年);

(8)购入一项商标权,计 51 000 元,款项以银行存款支付;

(9)摊销无形资产 850 元。

【实训任务】

上述资料涉及材料按计划成本的购入、销售的实现、计提折旧、商业承兑汇票的贴现、归还借款、购入无形资产及无形资产摊销等的会计处理事项。学生应认真阅题，逐笔进行账务处理并根据处理结果编制资产负债表(见表 12—23)。

表 12—23　　资产负债表

编制单位：　　2016 年 12 月 31 日　　单位：元

资　产	年初数	年末数	负债及所有者权益	年初数	年末数
流动资产：			流动负债：		
货币资金			短期借款		
交易性金额资产			应付票据		
应收票据			应付账款		
应收账款			其他应付款		
坏账准备			应付职工薪酬		
应收账款净值			应交税费		
预付账款			应付利息		
其他应收款			一年内到期的长期负债		
存货			其他流动负债		
待处理流动资产净损益			流动负债合计		
其他流动资产			长期负债：		
流动资产合计			长期借款		
长期投资：			应付债券		
长期股权投资			长期应付款		
固定资产：			其他长期负债		
固定资产原值			其中：住房周转金		
减：累计折旧			长期负债合计		
国定资产净值			递延税项：		
在建工程			递延税款贷项		
待处理固定资产净损失			负债合计		
固定资产合计：			所有者权益：		
无形及递延资产：			实收资本		
无形资产			资本公积		
减：累计摊销			盈余公积		
递延资产			其中：公益金		
无形及递延资产合计			未分配利润		

续表

资　产	年初数	年末数	负债及所有者权益	年初数	年末数
其他长期资产：			所有者权益合计		
长期待摊费用					
递延税项：					
递延税款借项					
资产总计			负债及所有者权益总计		

补充资料：

1. 已贴现的商业承兑汇票1 000元
2. 法人资本____元；
3. 已包括在固定资产原价内的融资租入固定资产原价____元；
4. 个人资本____元；
5. 国家资本____元；
6. 外商资本____元；

单位负责人：　　　　财务负责人：　　　　制表人：

项目十三　财务报表分析

【知识目标】

理解:财务报表分析的概念及作用;财务综合指标分析的概念和特点。

熟知:财务报表分析的目的及内容;财务报表分析的局限性;财务评价。

掌握:偿债能力、运营能力、获利能力、发展能力分析的内容和方法;财务综合指标分析的内容和方法。

【技能目标】

能够对企业的偿债能力、运营能力、获利能力、发展能力做出分析与评价;能够运用财务综合指标分析法对企业的财务状况和经营业绩做出分析和评价。

【素质目标】

能够结合企业具体规模和行业特点,对企业的财务状况和财务能力进行客观的分析和评价,并根据分析的结果提出合理化建议。

【项目引例】

"蓝田神话"的财务报表故事

刘姝威(中央财经大学财经研究所研究员,中国企业研究中心主任)被评为中央电视台"经济年度人物"和"感动中国——年度人物"。CCTV的颁奖词称:"她是那个在童话里说'皇帝没穿衣服'的孩子,一句真话险些给她惹来杀身之祸。她对社会的关爱与坚持真理的风骨,体现了知识分子的本分、独立、良知与韧性。"

刘姝威运用国际通用的财务报表分析方法,分析了从蓝田股份的招股说明书到2001年中期报告的全部财务报告以及其他公开资料。根据对蓝田股份会计报表的研究推理,写了一篇600多字的研究推理短文"应立即停止对蓝田股份发放贷款"给《金融内参》。她通过《北京青年报》公开发表了蓝田股份会计报表的研究推理摘要,包括四部分内容:(1)蓝田股份的偿债能力分析;(2)蓝田股份的农副产品销售收入分析;(3)蓝田股份的现金流量分析;(4)蓝田股份的资产结构分析。最后,研究推理得出:蓝田股份的偿债能力越来越恶化;扣除各项成本和费用后,蓝田股份没有净收入来源;蓝田股份不能创造足够的现金流量以便维持正常的经营活动和保证按时偿还银行贷款的本金和利息;银行应该立即停止对蓝田股份发放贷款。

600字的短文谁不能写?谁都能写,关键是所写的价值。而刘姝威的这篇600字文章的意义巨大,它居然击碎了"蓝田神话"(1996年,蓝田股份上市时股本为9 696万股,至2000年底已扩张到4.46亿股;主营业务收入从4.68亿元猛增到18.4亿元),直接改变了蓝田公司的命运,众多的银行就是在看了这篇文章以后"统一行动",拒绝给蓝田贷款。想一想,上市公司一旦遭到银行的“统一封杀”,结果会如何?股价自然是一泻千里,蓝田的命运自然是可想而知。不仅如此,从这篇文章挽回国家巨大损失和使多少股民免遭“家破人亡”悲剧的发生的“隐性社会效果”来看,“中国”怎能不被刘姝威所“感动”?

【讨论】

财务报表分析有什么意义?

知识精讲

任务一　财务报表分析概述

一、财务报表分析的概念及作用

财务报表分析又称财务分析,是以企业财务报表反映的财务指标为主要依据,采用一系列专门的财务报表分析技术与方法,用以揭示各项财务指标之间的内在联系,从而系统分析和评价企业的财务状况、经营成果和现金流量的过程,发现企业生产经营活动中存在的问题,预测企业未来发展趋势,为未来决策提供依据的一项管理活动。

财务报表分析既是财务预测的前提,也是过去经营活动的总结,具有承上启下的作用:(1)财务报表分析是评价财务状况及经营业绩的重要依据;(2)财务报表分析是实现理财目标的重要手段;(3)财务报表分析是实施正确投资决策的重要步骤。

二、财务报表分析的目的及内容

(一)财务报表分析的目的

财务报表分析的目的是指财务报表分析的主体对企业财务状况、经营成果进行分析所要达到的目的。一般而言,财务报表分析的主体主要包括企业所有者、企业债权人、企业经营者、政府机构等。

(二)财务报表分析的内容

投资主体的多元化,决定了企业财务信息流向的多层次性。不同主体出于不同的利益考虑,对财务报表分析信息有着各自不同的要求。不同的投资主体由于利益倾向的差异,在对企业经营财务状况进行分析、评价时,必然会有不同的侧重点。

1. 对于所有者来讲

对于所有者来讲,作为出资人,必然高度关心其产权的保值和增值状况,对资本的回报率有很高的要求,因此较为重视企业获利能力指标,主要进行企业盈利能力分析。考虑如何增强竞争实力,扩大市场占有率,追求资本的长期性持续成长。

2. 对于债权人来讲

对于债权人来讲,最关心的不是企业是否具有强劲的获利能力,而主要是关注其投资的安全性,因此更重视企业偿债能力指标,主要进行企业偿债能力分析,同时也关注企业获利能力分析。企业获利能力的形成在于有效的支付能力,以保证其债务本息能够及时、足额得以偿还,使其投资风险降到最低限度。

3. 对于企业经营决策者来讲

对于企业经营决策者来讲，必须对企业经营理财的各个方面，包括运营能力、偿债能力、获利能力、社会贡献能力及发展能力的全部信息予以详尽地了解和掌握，主要进行各方面综合分析，并关注企业财务风险和经营风险，进一步挖掘潜力，优化投资组合，为经济效益稳定增长奠定基础。

4. 对于政府经济管理机构来讲

对于政府经济管理机构来讲，它们是国有企业的所有者和重要的市场参与者，在资本保全的前提下，期望能够带来稳定增长的财政收入，因此政府对企业财务报表分析的关注点因身份不同而异。政府考核企业经营理财状况需要了解企业资金占用的使用效率，预测财政收入的增长情况，有效组织和调整社会资源的配置。

综合起来，可以将企业财务报表分析的内容总结为以下五个方面：偿债能力分析、运营能力分析、获利能力分析、发展能力分析和综合能力分析。不同企业的经营状况、经营规模、经营特点不同，作为运用价值形式进行的财务报表分析的基本原理是一致的。

三、财务报表分析的局限性

财务报表分析对于了解企业的财务状况和经营成绩、评价企业的偿债能力和经营能力、帮助制定经济决策有着显著的作用。但由于种种因素的影响，财务报表分析也存在着一定的局限性。在分析中，应注意这些局限性的影响，以保证分析结果的正确性。

（一）资料来源的局限性

1. 报表数据的时效性问题

财务报表中的数据，均是企业过去经济活动的结果和总结，用于预测未来发展趋势，只有参考价值，并非绝对合理。

2. 报表数据的真实性问题

在企业形成其财务报表之前，信息提供者往往会对信息使用者所关注的财务状况以及对信息的偏好进行仔细分析与研究，并尽力满足信息使用者对企业财务状况和经营成果信息的期望。其结果极有可能使信息使用者所看到的报表信息与企业实际状况相距甚远，从而误导信息使用者的决策。

3. 报表数据的可靠性问题

财务报表虽然是按照会计准则编制的，但不一定能准确地反映企业的客观实际情况。例如：报表数据未按通货膨胀进行调整；某些资产以成本计价，并不代表其实际价值；许多支出在记账时存在灵活性，既可以作为当期费用，也可以作为资本项目在以后年度摊销；很多资产以估计值入账，但未必正确；偶然事件可能歪曲本期的损益，不能反映盈利的正常水平。

4. 报表数据的可比性问题

根据会计准则的规定，不同的企业或同一个企业的不同时期都可以根据情况采用不同的会计政策和会计处理方法，使得报表上的数据在企业不同时期和不同企业之间的对比在很多时候失去意义。

5. 报表数据的完整性问题

由于报表本身的原因，其提供的数据是有限的。对报表使用者来说，可能不少需要的信息在报表或附注中根本找不到。

(二)财务报表分析方法的局限性

对于比率分析法来说,比率分析是针对单个指标进行分析,综合程度较低,在某些情况下无法得出令人满意的结论;比率指标的计算一般是建立在以历史数据为基础的财务报表之上的,这使比率指标提供的信息与决策之间的相关性大打折扣。

对于因素分析法来说,在计算各因素对综合经济指标的影响时,主观假定各因素的变化顺序而且规定每次只有一个因素发生变化,这些假定往往与事实不符。并且,无论何种分析法均是对过去经济事项的反映。随着环境的变化,这些比较标准也会发生变化。而在分析时,分析者往往只注重数据的比较,而忽略经营环境的变化,这样得出的分析结论也是不全面的。

对于趋势分析法来说,它所依据的资料,主要是财务报表的数据,具有一定的局限性。另外,由于通货膨胀或各种偶然因素的影响和会计换算方法的改变,使得不同时期的财务报表可能不具有可比性。

(三)财务报表分析指标的局限性

1. 财务指标体系不严密

每一个财务指标只能反映企业的财务状况或经营状况的某一方面,每一类指标都过分强调本身所反映的方面,导致整个指标体系不严密。

2. 财务指标所反映的情况具有相对性

在判断某个具体财务指标是好还是坏,或根据一系列指标形成对企业的综合判断时,必须注意财务指标本身所反映情况的相对性。因此,在利用财务指标进行分析时,必须掌握好对财务指标的“信任度”。

3. 财务指标的评价标准不统一

比如,对流动比率,人们一般认为指标值为 2 比较合理,速动比率为 1 比较合适,但许多成功企业的流动比率低于 2,不同行业的速动比率也有很大差别,如采用大量现金销售的企业,几乎没有应收账款,速动比率低于 1 是很正常的。相反,一些应收账款较多的企业,速动比率可能要大于 1。因此,在不同企业之间用财务指标进行评价时没有一个统一标准,不便于不同行业间的对比。

4. 财务指标的计算口径不一致

比如,对反映企业运营能力的指标,分母的计算可用年末数,也可用平均数,而平均数的计算又有不同的方法,这些都会导致计算结果不一样,不利于评价和比较。

四、财务评价

财务评价是对企业财务状况和经营情况进行的总结、考核和评价。它以企业的财务报表和其他财务报表分析资料为依据,注重对企业财务报表分析指标的综合考核。

财务综合评价的方法有很多,包括杜邦分析法、沃尔评分法等。目前,我国企业经营绩效评价主要使用的是功效系数法。功效系数法又称功效函数法,它根据多目标规划原理,对每一项评价指标确定一个满意值和不允许值,以满意值为上限,以不允许值为下限,计算各指标实现满意值的程度,并以此确定各指标的分数,再经过加权平均进行综合,从而评价被研究对象的综合状况。

运用科学的财务绩效评价手段,实施财务绩效综合评价,不仅可以真实反映企业经营绩效状况,判断企业的财务处理水平,而且有利于适时揭示财务风险,引导企业持续、快速、健康地发展。

任务二　财务报表分析的方法

进行财务报表分析，需要运用一定的方法。财务报表分析的方法多种多样，常用的有趋势分析法、比率分析法和因素分析法。

一、趋势分析法

趋势分析法又称水平分析法，是通过对比两期或连续数期财务报告中的相同指标，确定其增减变动的方向、数额和幅度来说明企业财务状况或经营成果的变动趋势的一种方法。采用这种方法，可以分析引起变化的主要原因、变动的性质，并预测企业未来的发展前景。趋势分析法的具体运用主要有三种方式：①重要财务指标的比较；②会计报表的比较；③会计报表项目构成的比较。

（一）重要财务指标的比较

重要财务指标的比较，是指将不同时期财务报告中的相同指标或比率进行比较，直接观察其增减变动情况及变动幅度，考查其发展趋势，预测其发展前景。对不同时期财务指标的比较，可以用以下两种比率：

1. 定基动态比率

定基动态比率是以某一时期的数额为固定的基期数额而计算出来的动态比率。其计算公式为：

$$定基动态比率=\frac{分析期数额}{固定基期数额}\times 100\%$$

2. 环比动态比率

环比动态比率是以每一分析期的前期数额为基期数额而计算出来的动态比率。其计算公式为：

$$环比动态比率=\frac{分析期数额}{前期数额}\times 100\%$$

（二）会计报表的比较

会计报表的比较是指将连续数期的会计报表的金额并列起来，比较其相同指标的增减变动金额和幅度，据以判断企业财务状况和经营成果发展变化的一种方法。会计报表的比较，具体包括资产负债表比较、利润表比较和现金流量表比较等。比较时，既要计算出表中有关项目增减变动的绝对额，又要计算出其增减变动的百分比。

（三）会计报表项目构成的比较

这是在会计报表比较的基础上发展而来的。它是以会计报表中的某个总体指标作为100%，再计算出其各组成项目占该总体指标的百分比，从而比较各个项目百分比的增减变动，以此来判断有关财务活动的变化趋势。这种方式比前述两种方式能更准确地分析企业财务活动的发展趋势。它既可用于同一企业不同时期财务状况的纵向比较，又可用于不同企业之间的横向比较。同时，这种方法能消除不同时期（不同企业）之间业务规模差异的影响，有利于分析企业的耗费水平和盈利水平。

二、比率分析法

比率分析法是通过计算各种比率指标来确定财务活动变动程度的方法。比率是相对数，采用这种方法，能够把某些条件下的不同可比指标变为可比指标，以利于分析。比率指标的类型主要有构成比率、效率比率和相关比率。

(一)构成比率

构成比率又称结构比率，是指某项财务报表分析指标的各构成部分数值占总体数值的百分比，反映部分与总体的关系。其计算公式为：

$$构成比率=\frac{某个组成部分数值}{总体数值}\times 100\%$$

例如：企业资产中流动资产、固定资产和无形资产占资产总额的百分比(资产构成比率)，企业负债中流动负债和非流动负债占负债总额的百分比(负债构成比率)等。利用构成比率，可以考查总体中某个部分的形成和安排是否合理，以便协调各项财务活动。

(二)效率比率

效率比率是指某项财务活动中所费与所得的比率，反映投入与产出的关系。利用效率比率指标可以进行得失比较，考查经营成果，评价经济效益。比如，将利润项目与销售成本、销售收入、资本金等项目加以对比，可以算出成本利润率、销售利润率以及资本金利润率等利润率指标，可以从不同角度观察比较企业获利能力的高低及其增减变化情况。

(三)相关比率

相关比率是指将某个项目和与其有关但又不同的项目加以对比所得出的比率，反映有关经济活动的相互关系。利用相关比率指标可以考查企业相互关联的业务安排是否合理，以保障经营活动顺畅进行。比如，将流动资产与流动负债加以对比，计算出流动比率，据以判断企业的短期偿债能力。

三、因素分析法

因素分析法是根据分析指标与其影响因素之间的关系，按照一定的程序和方法，从数量上确定各因素对指标差异的影响程度的一种方法。采用这种方法主要基于，当有若干因素对分析指标产生影响时，假定其他各个因素既定的情况下，按顺序确定每一个因素单独变化所产生的影响。因素分析法具体有两种：连环替代法和差额分析法。

(一)连环替代法

连环替代法是将分析指标分解为各个可以计量的因素，并根据各个因素之间的依存关系，顺次用各因素的比较值(通常即实际值)替代基准值(通常即标准值或计划值)，据以测定各因素对分析指标的影响。

连环替代法的计算程序如下：

第一步，将经济指标的基数(计划数或上期数等)和实际数分解为两个指标体系。

第二步，以基数指标体系为计算的基础，用实际指标体系中每项因素的实际数逐步、顺序地替换其基数，每次替换后实际数就被保留下来，有几个因素就替换几次，每次替换后计算出由于该因素变动所得出的新的结果。

第三步，将每次替换得出的新的结果，与这一因素被替换前的结果进行比较，两者的差额就是这一因素变化对经济指标差异的影响程度。

第四步，将每个因素的影响数值相加，其代数和应同该经济指标的实际数与基数之间的总差异数相符。

【例13—1】 海南强力食品加工厂2016年11月某种原材料费用的实际数是61 380元，而其计划数是75 600元。实际比计划减少14 220元。由于原材料费用是由产品产量、单位产品材料消耗量和材料单价三个因素的乘积组成，因此就可以把材料费用这一总指标分解为三个因素，然后逐个来分析它们对材料费用总额的影响程度。现假设这三个因素的数值如表13—1所示。

表13—1　　　　海南强力食品加工厂2016年11月原材料费用表

项　目	单　位	计划数	实际数
产品产量	件	180	186
单位产品材料消耗量	千克	15	11
材料单价	元	28	30
材料费用总额	元	75 600	61 380

根据表13—1中资料，材料费用总额实际数较计划数减少14 220元。运用连环替代法，可以计算各因素变动对材料费用总额的影响。

计划指标：180×15×28＝75 600(元)　①

第一次替代：186×15×28＝78 120(元)　②

第二次替代：186×11×28＝57 288(元)　③

第三次替代：186×11×30＝61 380(元)　④

实际指标：

②－①＝78 120－75 600＝2 520(元)　产量增加的影响

③－②＝57 288－78 120＝－20 832(元)　材料节约的影响

④－③＝61 380－57 288＝4 092(元)　价格提高的影响

2 520－20 832＋4 092＝－14 220(元)　全部因素的影响

(二)差额分析法

差额分析法是连环替代法的一种简化形式，是利用各个因素的比较值与基准值之间的差额来计算各因素对分析指标的影响。运用的基本点是确定各因素报告期数与基期数之间的差额，在此基础上乘以关系式中排列在该因素前面各因素的报告期数和排列在该因素后面各因素的基期数，所得出的结果就是该因素变动对分析指标的影响数。

差额分析法的计算程序如下：

第一步，确定各因素的实际数与基数的差额。

第二步，以各因素造成的差额，乘上计算公式中该因素前面的各因素的实际数，以及列在该因素后面的其余因素的基数，就可求得各因素的影响值；将各个因素的影响值相加，其代数和应同该项经济指标的实际数与基数之差相符。

【例13—2】 仍用表13—1中的资料，可采用差额分析法计算确定各因素变动对材料费用的影响。

(1)由于产量增加对财务费用的影响为：

(186－180)×15×28＝2 520(元)

(2)由于材料消耗节约对材料费用的影响为：

186×(11－15)×28＝－20 832(元)

(3)由于价格提高对材料费用的影响为：

186×11×(30－28)＝4 092(元)

任务三　财务指标分析

总结和评价企业财务状况与经营成果的分析指标包括偿债能力指标、运营能力指标、盈利能力指标和发展能力指标。

现将后面举例时需要用到的大连星海财务有限公司的资产负债表和利润表列举如下(见表 13－2、表 13－3)。

表 13－2　　**资产负债表**

编制单位:大连星海财务有限公司　　2016 年 12 月 31 日　　单位:万元

资　产	期末余额	年初余额	负债及所有者权益	期末余额	年初余额
流动资产：			流动负债：		
货币资金	900	800	短期借款	2 300	2 000
交易性金融资产	500	1 000	应付账款	1 200	1 000
应收账款	1 300	1 200	预收账款	400	300
预付账款	70	40	其他应付款	100	100
存货	5 200	4 000	流动负债合计	4 000	3 400
其他流动资产	80	60	非流动负债：		
流动资产合计	8 050	7 100	长期借款	2 500	2 000
非流动资产：			非流动负债合计	2 500	2 000
持有至到期投资	400	400	负债合计	6 500	5 400
固定资产	14 000	12 000	所有者权益：		
无形资产	550	500	实收资本(或股本)	12 000	12 000
非流动资产合计	14 950	12 900	盈余公积	1 600	1 600
			未分配利润	2 900	1 000
			所有者权益合计	16 500	14 600
资产总计	23 000	20 000	负债及所有者权益合计	23 000	20 000

表 13—3 利润表

编制单位:大连星海财务有限公司 2016 年度 单位:万元

项　目	本期金额	上期金额
一、营业收入	21 200	18 800
减:营业成本	12 400	10 900
营业税金及附加	1 200	1 080
销售费用	1 900	1 620
管理费用	1 000	800
财务费用	300	200
加:投资收益	300	300
二、营业利润	4 700	4 500
加:营业外收入	150	100
减:营业外支出	650	600
三、利润总额	4 200	4 000
减:所得税费用	1 050	1 000
四、净利润	3 150	3 000

注:①资产负债表和利润均为简化格式,仅用于示例;②所得税税率为 25%。

一、偿债能力指标

偿债能力是指企业偿还到期债务(包括本息)的能力。偿债能力指标包括短期偿债能力指标和长期偿债能力指标。

(一)短期偿债能力指标

短期偿债能力是指企业流动资产对流动负债及时足额偿还的保证程度,是衡量企业当前财务能力,特别是流动资产变现能力的重要指标。

企业短期偿债能力的衡量指标主要有流动比率、速动比率和现金流动负债比率三项。

1. 流动比率

流动比率是流动资产与流动负债的比率,它表明企业每一元流动负债有多少流动资产作为偿还的保证,反映企业可在短期内转变为现金的流动资产偿还到期流动负债的能力。其计算公式为:

$$流动比率=\frac{流动资产}{流动负债}\times 100\%$$

一般情况下,流动比率越高,反映企业短期偿债能力越强,债权人的权益越有保证。通常认为,流动比率的下限为 100%,而流动比率为 200%时较为适当,它表明企业财务状况稳定可靠,除了满足日常生产经营的流动资金需要外,还要有足够的财力偿付到期短期债务。如果比例过低,则表示企业财务状况可能捉襟见肘,难以如期偿还债务。但是,流动比率也不可以过高,过高则表明企业流动资产占用较多,会影响资金的使用效率和企业的筹资成本,进而影响获利能力。究竟应保持多高水平的流动比率,主要视企业对待风险和收益的态度予以确定。

【例 13—3】 根据表 13—2 的资料，同时假设大连星海财务有限公司 2016 年的流动比率如下(计算结果保留至小数点后两位，下同)：

$$年初流动比率=\frac{7\ 100}{3\ 400}\times 100\%=208.82\%$$

$$年末流动比率=\frac{8\ 050}{4\ 000}\times 100\%=201.25\%$$

该公司 2016 年年初和年末的流动比率均超过一般公认标准，反映该公司具有较强的短期偿债能力。

2. 速动比率

速动比率是企业速动资产与流动负债的比值。所谓速动资产，是指流动资产减去变现能力较差且不稳定的存货、预付账款、一年内到期的非流动资产和其他流动资产等之后的余额。由于剔除了存货等变现能力弱且不稳定的资产，因此，速动比率较之流动比率能够更加准确、可靠地评价企业资产的流动性及其偿还短期负债的能力。其计算公式为：

$$速动比率=\frac{速动资产}{流动负债}\times 100\%$$

其中：

速动资产＝货币资金＋交易性金融资产＋应收账款＋应收票据

　　　　＝流动资产－存货－预付账款－一年内到期的非流动资产－其他流动资产

(说明：报表中如有应收利息、应收股利和其他应收款项目，可视情况归入速动资产项目。)

一般情况下，速动比率越高，表明企业偿还流动负债的能力越强。国际上通常认为，速动比率为 100%时较为适当。如果速动比率小于 100%，会使企业面临很大的偿债风险；如果速动比率大于 100%，尽管债务偿还的安全性很高，但会因企业现金及应收账款资金占用过多而大大增加企业的机会成本。

【例 13—4】 根据表 13—2 的资料，同时假设大连星海财务有限公司 2015 年度和 2016 年度的其他流动资产均为待摊费用，该公司 2016 年的速动比率如下：

$$年初速动比率=\frac{800+1\ 000+1\ 200}{3\ 400}\times 100\%=88.24\%$$

$$年末速动比率=\frac{900+500+1\ 300}{4\ 000}\times 100\%=67.5\%$$

分析表明，大连星海财务有限公司 2016 年年末的速动比率比年初有所降低，虽然该公司流动比率超过一般公认标准，但由于流动资产中存货所占比重过大，导致公司速动比率未达到一般公认标准，公司的实际短期偿债能力并不理想，需采取措施加以扭转。

在分析时需注意的是：尽管速动比率较之流动比率更能反映出流动负债偿还的安全性和稳定性，但并不能认为速动比率较低的企业的流动负债到期绝对不能偿还。实际上，如果企业存货周转顺畅，变现能力较强，即使速动比率较低，只要流动比率高，企业仍然有望偿还到期的债务本息。

3. 现金流动负债比率

现金流动负债比率也称现金流量比率，是企业一定时期的经营现金净流量与流动负债的比率。它可以从现金流量角度来反映企业当期偿付短期负债的能力。其计算公式为：

$$现金流动负债比例=\frac{年经营现金净流量}{年末流动负债}\times 100\%$$

其中，年经营现金净流量是指一定时期内，企业经营活动所产生的现金及现金等价物流入量与流出量的差额。

现金流动负债比率从现金流入和流出的动态角度对企业的实际偿债能力进行考察。由于有利润的年份不一定有足够的现金（含现金等价物）来偿还债务，所以利用以收付实现制为基础计量的现金流动负债比率指标，能充分体现企业经营活动所产生的现金结算净流量可以在多大程度上保证当期流动负债的偿还，直观地反映出企业偿还流动负债的实际能力。用该指标评价企业偿债能力时要谨慎。该指标越大，表明企业经营活动产生的现金结算净流量越多，越能保障企业按期偿还到期债务，但并不是越大越好，该指标过大则表明企业流动资金利用不充分，获利能力不强。

【例 13—5】 根据表 13—2 的资料，同时假设大连星海财务有限公司 2015 年度和 2016 年度的经营现金净流量分别为3 000万元和5 000万元（经营现金净流量的数据可以从公司的现金流量表中获得），则该公司 2015 年度和 2016 年度的现金流动负债比率分别为：

$$2015\text{ 年度的现金流动负债比率}=\frac{3\ 000}{3\ 400}\times 100\%=88.24\%$$

$$2016\text{ 年度的现金流动负债比率}=\frac{5\ 000}{4\ 000}\times 100\%=125\%$$

大连星海财务有限公司 2016 年度的现金流动负债比率比 2015 年度有明显提高，表明该公司的短期偿债能力增强。

（二）长期偿债能力指标

长期偿债能力是指企业偿还长期负债的能力。企业长期偿债能力的衡量指标主要有资产负债率、产权比率、已获利息倍数。

1. 资产负债率

资产负债率又称负债比率，是指企业负债总额对资产总额的比率。它表明企业资产总额中，债权人提供资金所占的比重，以及企业资产对债权人权益的保障程度。其计算公式为：

$$\text{资产负债率}=\frac{\text{负债总额}}{\text{资产总额}}\times 100\%$$

一般情况下，资产负债率越小，表明企业长期偿债能力越强。但是也并非说该指标对谁都是越小越好。对债权人来说，该指标越小越好，这样企业偿债越有保证。对企业所有者来说，如果该指标较大，说明利用较少的自有资本投资形成了较多的生产经营用资产，不仅扩大了生产经营规模，而且在经营状况良好的情况下，还可以利用财务杠杆的原理，得到较多的投资利润，如果该指标过小则表明企业对财务杠杆利用不够。但资产负债率过大，则表明企业的债务负担重，企业资金实力不强，不仅对债权人不利，而且企业有濒临破产的危险。此外，企业的长期偿债能力应与获利能力指标（收益）结合起来分析，予以权衡考虑。保守的观点认为资产负债率不应高于 50%，而国际上通常认为资产负债率等于 60%时较为适当。

【例 13—6】 根据表 13—2 的资料，大连星海财务有限公司 2016 年的资产负债率如下：

$$2016\text{ 年年初资产负债率}=\frac{5\ 400}{20\ 000}\times 100\%=27\%$$

大连星海财务有限公司 2016 年年初和年末的资产负债率均不高，说明公司长期偿债能力较强，这样有助于增强债权人对公司出借资金的信心。

2. 产权比率

产权比率是指负债总额与所有者权益的比率，是企业财务结构稳健与否的重要标志，也称资本负债率。它反映企业所有者权益对债权人权益的保障程度。其计算公式为：

$$产权比率=\frac{负债总额}{所有者权益总额}\times 100\%$$

一般情况下，产权比率越低，表明企业的长期偿债能力越强，债权人权益的保障程度越高，承担的风险越小，但企业不能充分地发挥负债的财务杠杆效应。所以，企业在评价产权比率适度与否时，应从提高获利能力与增强偿债能力两个方面综合进行，即在保障债务偿还安全的前提下，应尽可能提高产权比率。

【例 13—7】 根据表 13—2 的资料，大连星海财务有限公司 2016 年的产权比率如下：

$$年初产权比率=\frac{5\ 400}{14\ 600}\times 100\%=36.99\%$$

$$年末产权比率=\frac{6\ 500}{16\ 500}\times 100\%=39.39\%$$

该公司 2016 年年初和年末的产权比率都不高，同资产负债率的计算结果可相互印证，表明公司的长期偿债能力较强，债权人的保障程度较高。

产权比率与资产负债率对评价偿债能力的作用基本相同，两者的主要区别是：资产负债率侧重于分析债务偿付安全性的物质保障程度，而产权比率则侧重于揭示财务结构的稳健程度以及自有资金对偿债风险的承受能力。

3. 已获利息倍数

已获利息倍数是指企业一定时期息税前利润与利息支出的比率，反映了获利能力对债务偿付的保证程度。其中，息税前利润总额是指利润总额与利息支出的合计数，利息支出是指实际支出的借款利息、债券利息等。其计算公式为：

$$已获利息倍数=\frac{息税前利润总额}{利息支出}$$

其中：

$$\begin{aligned}息税前利润总额&=利润总额+利息支出\\&=净利润+所得税+利息支出\end{aligned}$$

已获利息倍数不仅反映企业获利能力的大小，而且反映获利能力对偿还到期债务的保证程度。它既是企业举债经营的前提依据，也是衡量企业长期偿债能力大小的重要标志。一般情况下，已获利息倍数越高，表明企业长期偿债能力越强。国际上通常认为，该指标为 3 时较为适当。从长期来看，若要维持正常偿债能力，利息保障倍数至少应当大于 1，如果利息保障倍数过小，企业将面临亏损以及偿债的安全性与稳定性下降的风险。究竟企业已获利息倍数应是多少，才算偿付能力强，这要根据往年经验结合行业特点来判断。

【例 13—8】 根据表 13—3 的资料，同时假定表中财务费用全部为利息支出，大连星海财务有限公司 2015 年度和 2016 年度的已获利息倍数分别为：

$$2015\ 年度的已获利息倍数=\frac{4\ 000+200}{200}=21$$

$$2016\ 年度的已获利息倍数=\frac{4\ 200+300}{300}=15$$

从以上的计算结果来看，应当说该公司 2015 年度和 2016 年度的已获利息倍数都较高，有较强的偿付负债利息的能力。

二、运营能力指标

运营能力是指企业基于外部市场环境的约束，通过内部人力资源和生产资料的配置组合对财务目标所产生作用的大小。运营能力分析包括人力资源运营能力分析和生产资料运营能力分析。

(一)人力资源运营能力分析

人作为生产力的主体和企业财富的原始创造者，其素质水平的高低对企业运营能力的形成状况具有决定性作用。而分析和评价人力资源运营能力的着眼点在于如何充分调动劳动者的积极性、能动性，从而提高其经营效率。通常采用劳动效率指标对其进行分析。

劳动效率是指企业主营业务收入净额或净产值与平均职工人数(可以视不同情况具体确定)的比率，其计算公式为：

$$劳动效率=\frac{营业收入或净产值}{平均职工人数}$$

对企业劳动效率进行考核评价主要采用比较的方法，例如，将实际劳动效率与本企业计划水平、历史先进水平或同行业平均先进水平等指标进行对比，进而确定其差异程度，分析造成差异的原因，以采取适宜对策，进一步发掘提高人力资源劳动效率的潜能。

(二)生产资料运营能力分析

企业拥有或控制的生产资料表现为各项资产占用。因此，生产资料的运营能力实际上就是企业的总资产及其各个组成要素的运营能力。资产运营能力的强弱关键取决于周转速度。

一般来说，周转速度越快，资产的使用效率越高，则资产运营能力越强；反之，运营能力就越差。其计算公式为：

$$周转率(周转次数)=\frac{周转额}{资产平均余额}$$

$$周转期(周转天数)=\frac{计算期天数}{周转次数}=资产平均余额\times\frac{计算期天数}{周转额}$$

具体来说，生产资料运营能力分析可从以下几个方面进行：流动资产周转情况分析、固定资产周转情况分析以及总资产周转情况分析等。

1. 流动资产周转情况分析

反映流动资产周转情况的指标主要有应收账款周转率、存货周转率和流动资产周转率。

(1)应收账款周转率。它是企业一定时期内营业收入(或销售收入，本项目下同)与平均应收账款余额的比率，是反映应收账款周转速度的指标。其计算公式为：

$$应收账款周转率(周转次数)=\frac{营业收入}{平均应收账款余额}$$

$$平均应收账款余额=\frac{应收账款余额年初数+应收账款余额年末数}{2}$$

$$应收账款周转期(周转天数)=\frac{平均应收账款余额\times 360}{营业收入}=\frac{360}{应收账款周转率}$$

应收账款周转率反映了企业应收账款变现速度的快慢及管理效率的高低。周转率高表明：收账迅速，账龄较短；资产流动性强，短期偿债能力强；可以减少收账费用和坏账损失，从而相对增加企业流动资产的投资收益。同时，借助应收账款周转期与企业信用期限的比较，还可以评价购买单位的信用程度，以及企业原定的信用条件是否适当。

利用上述公式计算应收账款周转率时，需要注意一些问题：公式中的应收账款包括会计核算中的“应收账款”和“应收票据”等全部赊销账款在内，且金额应是扣除坏账准备后的净额；如果应收账款余额的波动性较大，应尽可能使用更详尽的计算资料，如按每月的应收账款余额来计算其平均占用额；分子、分母的数据应注意时间的对应性。

【例 13—9】 根据表 13—2 和表 13—3 的资料，同时假定大连星海财务有限公司 2014 年年末的应收账款余额为1 100万元，该公司 2015 年度和 2016 年度应收账款周转率的计算如表 13—4 所示。

表 13—4 **应收账款周转率计算表** 单位：万元

项 目	2014 年	2015 年	2016 年
营业收入		18 800	21 200
应收账款年末余额	1 100	1 200	1 300
平均应收账款余额		1 150	1 250
应收账款周转率(次)		16.35	16.96
应收账款周转期(天)		22.02	21.23

以上计算结果表明，大连星海财务有限公司 2016 年度的应收账款周转率比 2015 年度略有改善，周转次数由 16.35 次提高为 16.96 次，周转天数由 22.02 天缩短为 21.23 天。这不仅说明公司的运营能力有所增强，而且对流动资产的变现能力和周转速度也会起到促进作用。

(2)存货周转率。它是企业一定时期营业成本(或称销售成本，本项目下同)与平均存货余额的比率，是反映企业流动资产流动性的一个指标，也是衡量企业生产经营各环节中存货运营效率的一个综合性指标。其计算公式为：

$$存货周转率(周转次数)=\frac{营业成本}{平均存货余额}$$

其中：

$$平均存货余额=\frac{存货余额年初数+存货余额年末数}{2}$$

$$存货周转天数=\frac{360}{存货周转率}$$

存货周转速度的快慢，不仅反映出企业采购、储存、生产、销售各环节管理工作状况的好坏，而且会对企业的偿债能力及获利能力产生决定性影响。一般来说，存货周转率越高越好，存货周转率越高，表明其变现的速度越快，周转额越大，资产占用水平越低。因此，通常存货既不能储存过少，否则可能造成生产中断或销售紧张；又不能储存过多而形成呆滞、积压。一定要保持结构合理、质量可靠。另外，存货是流动资产的重要组成部分，其质量和流动对企业流动比率具有举足轻重的影响，并进而影响企业的短期偿债能力。所以，一定要加强存货的管理来提高其投资的变现能力和获利能力。

【例 13—10】 根据表 13—2 和表 13—3 的资料，同时假设大连星海财务有限公司 2014 年年末的存货余额为 3 800 万元，该公司 2015 年度和 2016 年度存货周转率的计算如表 13—5 所示。

表 13—5　　**存货周转率计算表**　　单位：万元

项　目	2014 年	2015 年	2016 年
营业成本		10 900	12 400
存货年末余额	3 800	4 000	5 200
平均存货余额		3 900	4 600
存货周转率(次)		2.79	2.70
存货周转期(天)		128.81	133.55

以上计算结果表明，大连星海财务有限公司 2016 年度的存货周转率比 2015 年度有所下降，存货周转次数由 2.79 次降为 2.70 次，周转天数由 128.81 天增为 133.55 天。这反映出大连星海财务有限公司 2016 年度存货管理效率不如 2015 年度，其原因可能与 2016 年度存货较大幅度增长有关。

(3)流动资产周转率。它是企业一定时期营业收入与平均流动资产总额的比率，是反映企业流动资产周转速度的指标。其计算公式为：

$$流动资产周转率(周转次数)=\frac{营业收入}{平均流动资产总额}$$

$$平均流动资产总额=\frac{流动资产总额年初数+流动资产总额年末数}{2}$$

$$流动资产周转期(周转天数)=\frac{平均流动资产总额\times 360}{营业收入}=\frac{360}{流动资产周转率}$$

在一定时期内，流动资产周转次数越多，表明以相同的流动资产完成的周转额越多，流动资产利用效果就越好。从流动资产周转天数来看，周转一次所需要的天数越少，表明流动资产在经历生产和销售各阶段时所占用的时间越短。生产经营任何一个环节上的工作改善，都会反映到周转天数的缩短上来。

【例 13—11】 根据表 13—2 和表 13—3 的资料，同时假设大连星海财务有限公司 2014 年年末的流动资产总额为6 000万元，该公司 2015 年度和 2016 年度流动资产周转率的计算如表 13—6 所示。

表 13—6　　**流动资产周转率计算表**　　单位：万元

项　目	2014 年	2015 年	2016 年
营业收入		18 800	21 200
流动资产年末总额	6 000	7 100	8 050
平均流动资产总额		6 550	7 575
流动资产周转率(次)		2.87	2.80
流动资产周转期(天)		125.43	128.63

由此可见，该公司 2016 年度的流动资产周转期比 2015 年度延缓了 3.2 天，流动资金占用增加的数额可计算如下：

(128.63－125.43)×21 200÷360＝188.44(万元)

2. 固定资产周转情况分析

反映固定资产周转情况的主要指标是固定资产周转率，它是企业一定时期营业收入与平均固定资产净值的比值，是衡量固定资产利用效率的一项指标。其计算公式为：

$$\text{固定资产周转率(周转次数)}=\frac{\text{营业收入}}{\text{平均固定资产净值}}$$

其中：

$$\text{平均固定资产净值}=\frac{\text{固定资产净值年初数}+\text{固定资产净值年末数}}{2}$$

$$\text{固定资产周转期(周转天数)}=\frac{\text{平均固定资产净值}\times 360}{\text{营业收入}}=\frac{360}{\text{固定资产周转率}}$$

需要说明的是，与固定资产有关的价值指标有固定资产原价、固定资产净值和固定资产净额等。其中，固定资产原价是指固定资产的历史成本。固定资产净值为固定资产原价扣除已计提的累积折旧后的金额(即：固定资产净值＝固定资产原价－累计折旧)。固定资产净额则是固定资产原价扣除已计提的累计折旧以及已计提的减值准备后的余额(即：固定资产净额＝固定资产原价－累计折旧－已计提的减值准备)。

一般情况下，固定资产周转率越高，表明企业固定资产利用充分，同时也表明企业固定资产投资得当，固定资产结构合理，能够充分发挥效率；反之，如果固定资产周转率不高，则表明固定资产使用效率不高，提供的生产成果不多，企业的运营能力不强。

运用固定资产周转率时，需要考虑固定资产因计提折旧的影响，其净值在不断地减少，以及因更新重置，其价值会突然增加的影响。同时，由于折旧方法的不同，可能影响其可比性。在分析时，一定要剔除这些不可比因素。

【例 13－12】 根据表 13－2 和表 13－3 的资料，同时假设大连星海财务有限公司 2014 年年末的固定资产净值为11 800万元，表 13－7 中的固定资产金额均为固定资产净值(未计提固定资产减值准备)。该公司 2015 年度和 2016 年度固定资产周转率的计算如表 13－7 所示。

表 13－7　　**固定资产周转率计算表**　　单位：万元

项　目	2014 年	2015 年	2016 年
营业收入净额		18 800	21 200
固定资产年末净值	11 800	12 000	14 000
平均固定资产净值		11 900	13 000
固定资产周转率(次)		1.58	1.63
固定资产周转期(天)		227.87	220.75

以上计算结果表明，大连星海财务有限公司 2016 年度的固定资产周转率比 2015 年度有所加快，其主要是固定资产净值的增长幅度低于营业收入的增长幅度所引起。这表明公司的运营能力有所提高。

3. 总资产周转情况分析

反映总资产周转情况的主要指标是总资产周转率，它是企业一定时期营业收入与平均资产总额的比值，可以用来反映企业全部资产的利用效率。其计算公式为：

$$\text{总资产周转率(周转次数)}=\frac{\text{营业收入}}{\text{平均资产总额}}$$

其中：

$$平均资产总额=\frac{资产总额年初数+资产总额年末数}{2}$$

$$总资产周转期(周转天数)=\frac{平均资产总额\times 360}{营业收入}=\frac{360}{总资产周转率}$$

总资产周转率越高，表明企业全部资产的使用效率越高；反之，如果该指标较低，则说明企业利用全部资产进行经营的效率较差，最终会影响企业的获利能力。企业应采取各项措施来提高企业的资产利用程度，如提高销售收入或处理多余的资产。

【例 13－13】 根据表 13－2 和表 13－3 的资料，同时假设大连星海财务有限公司 2014 年年末的资产总额为 19 000 万元，该公司 2015 年度和 2016 年度总资产周转率的计算如表13－8所示。

表 13－8 **总资产周转率计算表** 单位：万元

项　目	2014 年	2015 年	2016 年
营业收入		18 800	21 200
资产年末总额	19 000	20 000	23 000
平均资产总额		19 500	21 500
总资产周转率(次)		0.96	0.99
总资产周转期(天)		373.40	365.09

以上计算结果表明，大连星海财务有限公司 2016 年度的总资产周转率比 2015 年度略有加快。这是因为该公司固定资产平均净值的增长幅度(9.24%)虽低于营业收入的增长幅度(12.77%)，但流动资产平均余额的增长幅度(15.65%)却以更大幅度高于营业收入的增长幅度，所以总资产的利用效果难以大幅度提高。

需要说明的是，在上述指标的计算中均以年度作为计算期，在实际中，计算期应视分析的需要而定，但应保持分子与分母在时间口径上的一致。如果资金占用的波动性较大，企业应采用更详细的资料进行计算。如果各期占用额比较稳定，波动不大，则季度、年度的平均资金占用额也可以直接用[(期初数＋期末数)/2]的公式来计算。

三、盈利能力指标

对增值的不断追求是企业资金运动的动力源泉与直接目的。盈利能力就是企业资金增值的能力，它通常体现为企业收益数额的大小与水平的高低。用以反映企业盈利能力的比率指标有很多，可以按照会计基本要素设置营业利润率、成本费用利润率、盈余现金保障倍数、总资产报酬率、净资产收益率和资本收益率等指标，借以评价企业各要素的获利能力及资本保值增值情况。此外，上市公司经常使用的盈利能力指标还有每股收益、每股股利、市盈率、每股净资产等。

(一)营业利润率

营业利润率是企业一定时期营业利润与营业收入的比率。其计算公式为：

$$营业利润率=\frac{营业利润}{营业收入}\times 100\%$$

营业利润率越高，表明企业市场竞争力越强，发展潜力越大，从而获利能力越强。

需要说明的是，从利润表来看，企业的利润包括营业利润、利润总额和净利润三种形式。而营业收入包括主营业务收入和其他业务收入，收入来源有商品销售收入、提供劳务收入和资产使用权收入等，在实务中也经常使用销售净利率、销售毛利率等指标（计算公式如下）来分析企业经营业务的获利水平。此外，通过考察营业利润占整个利润总额比重的升降，可以发现企业经营理财状况的稳定性、面临的危险或者可能出现的转机迹象。

$$\text{销售净利率}=\frac{\text{净利润}}{\text{销售收入}}\times 100\%$$

$$\text{销售毛利率}=\frac{\text{销售收入}-\text{销售成本}}{\text{销售收入}}\times 100\%$$

【例 13—14】 根据表 13—2 和表 13—3 的资料，同时假设大连星海财务有限公司 2015 年度和 2016 年度的营业利润率的计算如表 13—9 所示。

表 13—9　　**营业利润率计算表**　　单位：万元

项　目	2015 年	2016 年
营业利润	4 500	4 700
营业收入	18 800	21 200
营业利润率	23.94%	22.17%

从以上分析可以看出：大连星海财务有限公司的营业利润率略有下降，这种下降趋势主要是由于公司 2016 年的成本费用增加所致，由于下降幅度不大，公司的经营方向和产品结构仍符合现有市场需要。

（二）成本费用利润率

成本费用利润率是指企业一定时期利润总额与成本费用总额的比率。其计算公式为：

$$\text{成本费用利润率}=\frac{\text{利润总额}}{\text{成本费用总额}}\times 100\%$$

其中：

成本费用总额＝营业成本＋营业税金及附加＋销售费用＋管理费用＋财务费用

该指标越高，表明企业为取得利润付出的代价越小，成本费用控制越好，获利能力越强。同利润一样，成本费用的计算口径也可以分为不同层次，如主营业务成本、营业成本等。在评价成本费用效果时，应当注意成本费用与利润之间在计算层次和口径上的对应关系。

【例 13—15】 根据表 13—2 和表 13—3 的资料，同时假设大连星海财务有限公司 2015 年度和 2016 年度的成本费用利润率的计算如表 13—10 所示。

表 13—10　　**成本费用利润率计算表**　　单位：万元

项　目	2015 年	2016 年
营业成本	10 900	12 400
营业税金及附加	1 080	1 200
销售费用	1 620	1 900
管理费用	800	1 000

续表

项　目	2015 年	2016 年
财务费用	200	300
成本费用总额	14 600	16 800
利润总额	4 000	4 200
成本费用利润率	27.40％	25％

从以上计算结果可以看出，该公司 2016 年度的成本费用利润率比 2015 年度有所下降。公司应当深入调查导致成本费用上升的因素，改进有关工作以扭转效益指标下降的状况。

（三）盈余现金保障倍数

盈余现金保障倍数是企业一定时期经营现金净流量与净利润的比值，反映了企业当期净利润中现金收益的保障程度，真实反映了企业盈余的质量。其计算公式为：

$$盈余现金保障倍数=\frac{经营现金净流量}{净利润}$$

盈余现金保障倍数是从现金流入和流出的动态角度，对企业收益的质量进行评价，在收付实现制的基础上，充分反映出企业当期净利润中有多少是有现金保障的。一般来说，当企业当期净利润大于 0 时，盈余现金保障倍数应当大于 1。该指标越大，表明企业经营活动产生的净利润对现金的贡献越大，企业收益质量越高。

【例 13－16】 根据表 13－11 的资料，同时假设该公司 2015 年度和 2016 年度的经营现金净流量分别为4 000万元和6 000万元（经营现金净流量的数据可以从公司的现金流量表中获得），该公司 2015 年度和 2016 年度的盈余现金保障倍数的计算如表 13－11 所示。

表 13－11　　盈余现金保障倍数计算表　　单位：元

项　目	2015 年	2016 年
经营现金净流量	4 000	6 000
净利润	3 000	3 150
盈余现金保障倍数	1.33	1.90

从以上计算结果可以看出，该公司 2016 年度的盈余现金保障倍数比 2015 年度有较大的提高，这是因为在净利润略有增长（150 万元）的情况下，经营现金净流量有较大幅度的增长（2 000万元），表明该公司收益的流动性有所提高。

（四）总资产报酬率

总资产报酬率是企业一定时期内获得的报酬总额与平均资产总额的比率。它是反映企业资产综合利用效果的指标，也是衡量企业利用债权人和所有者权益总额所取得盈利的重要指标。其计算公式为：

$$总资产报酬率=\frac{息税前利润总额}{平均资产总额}\times 100\%$$

其中：

$$息税前利润总额=利润总额+利息支出=净利润+所得税+利息支出$$

总资产报酬率全面反映了企业全部资产的获利水平，企业所有者和债权人对该指标都非常关心。一般情况下，该指标越高，表明企业的资产利用效益越好，整个企业获利能力越强，经营水平越高。企业还可以将该指标与市场资本利率进行比较，如果前者比后者大，则说明企业可以充分利用财务杠杆，适当举债经营，以获得更多的收益。

【例 13－17】 根据表 13－2 和表 13－3 的资料，同时假设表中财务费用全部为利息支出，而且大连星海财务有限公司 2014 年度的年末资产总额为19 000万元。该公司 2015 年度和 2016 年度总资产报酬率的计算如表 13－12 所示：

表 13－12　总资产报酬率　　单位：万元

项　目	2014 年	2015 年	2016 年
利润总额		4 000	4 200
利息支出		200	300
息税前利润总额		4 200	4 500
资产年末总额	19 000	20 000	23 000
平均资产总额		19500	21 500
总资产报酬率		21.54%	20.93%

以上计算结果表明，企业 2016 年度的资产综合利用效率略微不如 2015 年度，需要对公司资产的使用情况、增产节约工作情况等作进一步的分析，以便改进管理，提高效益。

(五)净资产收益率

净资产收益率也称股东权益报酬率，是企业一定时期净利润与平均净资产的比率。它是反映自有资金投资收益水平的指标，是企业获利能力指标的核心。其计算公式为：

$$净资产收益率=\frac{净利润}{平均净资产}\times 100\%$$

其中：

$$平均净资产=\frac{所有者权益年初数+所有者权益年末数}{2}$$

净资产收益率是评价企业自有资本及其积累获取报酬水平的最具综合性与代表性的指标，反映企业资本运营的综合效益。该指标通用性强、适应范围广、不受行业局限，在国际上企业综合评价中使用率非常高。通过对该指标的综合对比分析，可以看出企业获利能力在同行业中所处的地位，以及与同类企业的差异水平。一般认为，净资产收益率越高，企业自有资本获取收益的能力越强，运营效益越好，对企业投资人和债权人权益的保证程度越高。

【例 13－18】 根据表 13－2 和表 13－3 的资料，同时假设大连星海财务有限公司 2014 年度的年末净资产为13 000万元。该公司 2015 年度和 2016 年度净资产收益率的计算如表13－13 所示。

表 13－13　净资产收益率　　单位：万元

项　目	2014 年	2015 年	2016 年
净利润		3 000	3 150
年末净资产额	13 000	14 600	16 500
平均净资产		13 800	15 550
净资产收益率		21.74%	20.26%

大连星海财务有限公司 2016 年度的净资产收益率比 2015 年度降低了近 1.5 个百分点，这是由该公司所有者权益的增长快于净利润的增长所引起的，根据资料可以求得，该公司的所有者权益增长率为：

$$所有者权益增长率=\frac{15\ 550-13\ 800}{13\ 800}\times100\%=12.68\%$$

$$净利润增长率=\frac{3\ 150-3\ 000}{3\ 000}\times100\%=5\%$$

(六)资本收益率

资本收益率是企业一定时期净利润与平均资本即资本性投入及其资本溢价的比率，反映企业实际获得投资额的回报水平。其计算公式如下：

$$资产收益率=\frac{净利润}{平均资本}\times100\%$$

其中：

$$平均资本=\frac{\left[\begin{array}{c}实收资本\\(股本)年初数\end{array}+\begin{array}{c}资本公积\\年初数\end{array}\right]+\left[\begin{array}{c}实收资本\\(股本)年末数\end{array}+\begin{array}{c}资本公积\\年末数\end{array}\right]}{2}$$

其中：

资本公积＝实收资本(股本)中的资本溢价(股本溢价)

需要说明的是，所有者权益的来源包括所有者投入的资本、直接计入所有者权益的利得和损失、留存收益等。其中：①所有者投入的资本，反映在实收资本（股本）和资本公积（资本溢价或股本溢价）中。②直接计入所有者权益的利得和损失，是指不应计入当期损益、会导致所有者权益发生增减变动、与所有者投入资本或者向所有者分配利润无关的利得或者损失。利得是指由企业非日常活动所形成的、会促使所有者权益增加、与所有者投入资本无关的经济利益的流入。损失是指在企业非日常活动中所发生的、会导致所有者权益减少、与向所有者分配利润无关的经济利益的流出。③留存收益包括未分配利润和盈余公积。换句话说，并非资本公积中的所有金额都属于所有者投入的资本，只有其中的资本溢价（股本溢价）才属于资本性投入。

【例 13－19】 根据表 13－2 和表 13－3 的资料，同时假设大连星海财务有限公司 2015 年度的年末实收资本为12 000万元(无资本公积)。该公司 2015 年度和 2016 年度的资本收益率的计算如表 13－14 所示。

表 13－14 **资本收益率计算表** 单位：万元

项　目	2015 年	2016 年
净利润	3 000	3 150
年末实收资本(股本)	12 000	12 000
平均净资产	12 000	12 000
净资产收益率	25%	26.25%

从以上计算结果可以看出，该公司 2016 年度的资本收益率比 2015 年度上升了 1.25 个百分点，这是由该公司资本没有发生变化而净利润有所增长所引起的。

(七)每股收益

每股收益也称每股利润或每股盈余,是反映企业普通股股东持有每一股份所能享有的企业利润或承担的企业亏损,是衡量上市公司获利能力最常用的财务报表分析指标。每股收益越高,说明公司的获利能力越强。每股收益的计算包括基本每股收益和稀释每股收益。企业应当按照归属于普通股股东的当期净利润,除以当期发行在外普通股股数的加权平均数计算基本每股收益。其计算公式为:

$$\text{基本每股收益}=\frac{\text{归属于普通股股东的当期净利润}}{\text{当期发行在外普通股的加权平均数}}$$

$$\text{当期发行在外普通股股数的加权平均数}=\frac{\text{期初发行在外普通股股数}+\text{当期新发行普通股股数}\times\text{已发行时间}}{\text{报告期时间}}-\frac{\text{当期回购普通股股数}\times\text{已回购时间}}{\text{报告期时间}}$$

(注:已发行时间、报告期时间和已回购时间一般按天数计算,在不影响计算结果的前提下,也可以按月份简化计算。)

企业存在稀释性潜在普通股的,应当分别调整归属于普通股股东的当期净利润和当期发行在外普通股股数的加权平均数(即基本每股收益计算公式中的分子、分母),并据以计算稀释每股收益。其中:稀释性潜在普通股,是指假设当期转换为普通股会减少每股收益的潜在普通股。潜在普通股,是指赋予其持有者在报告期或以后期间享有取得普通股权利的一种金融工具或其他合同,包括可转换公司债券、认股权证、股份期权等。

需要特别说明的是,潜在普通股是否具有稀释性的判断标准是,看其对持续经营期内每股收益的影响。也就是说,假定潜在普通股当期转换为普通股,如果会减少持续经营期内每股收益或增加持续经营期内每股亏损,表明具有稀释性;否则,具有反稀释性。其中:

第一,分子的调整。计算稀释每股收益时,应当根据下列事项对归属于普通股股东的当期净利润进行调整:(1)当期已确认为费用的稀释性潜在普通股的利息;(2)稀释性潜在普通股转换时将产生的收益或费用。上述调整应当考虑相关的所得税影响。

第二,分母的调整。计算稀释每股收益时,当期发行在外普通股的加权平均数应当为计算基本每股收益时,普通股的加权平均数与假定稀释性潜在普通股转换为已发行普通股而增加的普通股股数的加权平均数之和。

每股收益是衡量上市公司盈利能力的非常重要的一个财务指标,是所有上市公司必须披露的重要信息之一。在分析时,与同行业内不同公司进行比较,可以评价该公司的相对盈利能力;与公司的历史数据进行比较,可以了解公司盈利能力的变化趋势;与公司盈利预测进行比较,可以反映公司的管理效率。

在运用每股收益分析公司盈利能力时,应当注意以下几个问题:一是每股收益并不能够揭示股票所包含的风险,同一公司不同时期的经营风险不同,但每股收益可能相同;二是不同股票每一股的经济价值是不等量的,它们所含有的净资产和市价不同,即换取每股收益的投资额不同;三是每股收益多,并不意味着股利多,还要取决于公司股利分配政策和现金流量等状况。

$$每股收益=\frac{净利润}{普通股平均股数}$$

$$=\frac{净利润}{平均股东权益}\times\frac{平均股东权益}{普通股平均股数}$$

$$=股东权益收益率\times平均每股净资产$$

$$=\frac{净利润}{平均资产总额}\times\frac{平均资产总额}{平均股东权益}\times\frac{平均股东权益}{普通股东平均股数}$$

$$=总资产收益率\times股东权益比率\times平均每股净资产$$

$$=\frac{净利润}{营业收入}\times\frac{营业收入}{平均资产总额}\times\frac{平均资产总额}{平均股东权益}\times\frac{平均股东权益}{普通股平均股数}$$

$$=营业净利率\times总资产周转率\times股东权益比率\times平均每股净资产$$

【例 13—20】 根据表 13—2 和表 13—3 的资料，同时假设大连星海财务有限公司 2014 年度的年末资产总额为19 000万元、年末净资产为13 000万元，2014～2016 年发行在外的普通股股数均为12 000万股。计算资料如表 13—15 所示。

表 13—15

项　目	2014 年	2015 年	2016 年
净利润(万元)		3 000	3 150
营业收入(万元)		18 800	21 200
年末资产总额(万元)	19 000	20 000	23 000
平均资产总额(万元)		19 500	21 500
年末股东权益总额(万元)	13 000	14 600	16 500
平均股东权益(万元)		13 800	15 550
年末普通股股数(万股)	12 000	12 000	12 000
普通股平均股数(万股)	12 000	12 000	12 000
每股收益(元)		0.25	0.2625
营业净利率		15.96%	14.86%
总资产周转率		0.96	0.99
股东权益比率		141.30%	138.26%
平均每股净资产(元)		1.15	1.30

每股收益＝营业净利率×总资产周转率×股东权益比率×平均每股净资产

2015 年度指标：15.96%×0.96×141.30%×1.15＝0.249　①

第一次替代：14.86%×0.96×141.30%×1.15＝0.232　②

第二次替代：14.86%×0.99×141.30%×1.15＝0.239　③

第三次替代：14.86%×0.99×138.26%×1.15＝0.234　④

第四次替代：14.86%×0.99×138.26%×1.30＝0.264　⑤

②－①＝0.232－0.249＝－0.017　　营业净利率下降的影响

③－②＝0.239－0.232＝0.007　　总资产周转率略有上升的影响

④－③＝0.234－0.239＝－0.005　　股东权益比率下降的影响

⑤－④＝0.264－0.234＝0.030　　平均每股净资产增加的影响

(八)每股股利

每股股利一般是指上市公司本年发放的普通股现金股利总额与年末普通股总数的比值。它反映了普通股获得的现金股利的多少。该指标数值越高，股东获得的现金股利越多。其计算公式为：

$$每股股利=\frac{普通股股利总额}{年末普通股股数}$$

$$股利发放率=\frac{每股股利}{每股收益}$$

股利发放率也称股利支付率，是普通股每股股利与每股收益的比率。它反映了股份公司的净收益中有多少用于股利的分派。

【例 13－21】 根据表 13－2 和表 13－3 的资料，同时假设大连星海财务有限公司 2015 年度和 2016 年度分别发放普通股股利1 200万元和1 440万元，2015 年和 2016 年发行在外的普通股股数均为12 000万股。该公司 2015 年和 2016 年每股股利的计算如表 13－16 所示。

表 13－16　　每股股利计算表

项　目	2015 年	2016 年
普通股股利总额(万元)	1 200	1 440
年末普通股总数(万股)	12 000	12 000
每股股利(元)	0.1	0.12

该公司 2016 年度的每股股利比 2015 年度上涨了 0.02 元，这是由该公司普通股股数没有发生变化，而发放的普通股股利增加引起的。

(九)市盈率

市盈率是指上市公司普通股每股市价相当于每股收益的倍数。该指标反映投资者对每 1 元净利润所愿意支付的价格，可以用来估计股票的投资风险和收益水平。它是市场对公司的总体期望值，是市场对该股票的评价。市盈率越高，表明投资者对公司的未来越看好，但投资风险越高。仅从市盈率高低的横向比较看，较高的市盈率说明公司能够获得投资者信赖，可能具有良好的发展前景。其计算公式为：

$$市盈率(倍数)=\frac{普通股每股市价}{普通股每股收益}$$

【例 13－22】 根据表 13－2 和表 13－3 的资料，同时假定大连星海财务有限公司 2015 年度和 2016 年度发行在外的普通股股数均为12 000万股。2015 年和 2016 年年末的每股市价分别为 4 元和 5 元。该公司 2015 年和 2016 年年末市盈率的计算如表 13－17 所示。

表 13－17　　市盈率计算表

项　目	2015 年	2016 年
净利润(万元)	3 000	3 150
年末普通股股数(万股)	12 000	12 000

续表

项　目	2015 年	2016 年
普通股平均股数(万股)	12 000	12 000
每股收益(元)	0.25	0.2625
年末每股市价(元)	4	5
年末市盈率	16	19.05

该公司 2016 年年末的市盈率比 2015 年年末的市盈率大幅度上涨，反映了投资者对该公司的发展前景进一步看好。

(十)每股净资产

每股净资产是上市公司年末净资产(即股东权益)与年末普通股总数的比值。该指标反映发行在外的每股普通股所代表的净资产即账面权益。在投资分析时，只能有限制地使用这个指标，因其是用历史成本计量的，既不反映净资产的变现价值，也不反映净资产的产出能力。其计算公式为：

$$每股净资产=\frac{年末股东权益}{年末普通股总数}$$

【例 13—23】 根据表 13—2 和表 13—3 的资料，同时假定大连星海财务有限公司 2015 年度和 2016 年度发行在外的普通股股数均为12 000万股。该公司 2015 年和 2016 年年末每股净资产的计算如表 13—18 所示。

表 13—18　　每股净资产计算表

项　目	2015 年	2016 年
年末股东权益(万元)	14 600	16 500
年末普通股总数(万股)	12 000	12 000
年末每股净资产(元)	1.22	1.3

该公司 2016 年度的每股股利比 2015 年度上涨了 0.08 元，这是由该公司普通股股数没有发生变化，而发放的普通股股利增加引起的。

四、发展能力指标

发展能力是企业在生存的基础上，扩大规模、壮大实力的潜在能力。分析发展能力主要考察以下七项指标：营业收入增长率、资本保值增值率、资本积累率、总资产增长率、营业利润增长率、营业(销售)收入三年平均增长率和资本三年平均增长率。

(一)营业收入增长率

营业收入增长率是企业本年营业收入增长额与上年营业收入总额的增减变动情况，是评价企业成长状况和上年营业收入总额的比率。它是反映企业营业收入发展能力的重要指标。其计算公式为：

$$营业收入增长率=\frac{本年营业收入增长额}{上年营业收入总额}\times 100\%$$

其中：

本年营业收入增长额＝本年营业收入总额－上年营业收入总额

实务中，也可以使用销售增长率来分析企业经营业务收入的增减情况。其计算公式为：

$$销售增长率=\frac{本年销售收入增长额}{上年销售收入总额}\times 100\%$$

营业收入增长率是衡量企业经营状况和市场占有能力、预测企业经营业务拓展趋势的重要标志。不断增加的营业收入，是企业生存的基础和发展的条件。该指标如果大于0，表示企业本年的营业收入有所增长，指标值越高，表明增长速度越快，企业市场前景越好；如果该指标小于0，则说明产品或服务不适销对路、质次价高，或是售后服务等方面存在问题，市场份额萎缩。在运用该指标时，应结合企业历年的营业收入水平、企业市场占有率、行业未来发展及其他影响企业发展的潜在因素进行前瞻性预测，或者结合企业前三年的营业收入增长率做出趋势性分析判断。

【例13－24】 根据表13－3的资料，计算该公司2016年度的营业增长率。

$$营业增长率=\frac{21\ 200-18\ 800}{18\ 800}\times 100\%=12.77\%$$

（二）资本保值增值率

企业资本额的多少是企业发展和负债融资的基础和保证，资本保值增值率是从资本扩张方面衡量企业的持续发展能力。其概念是指，企业本年末扣除客观因素后的所有者权益与年初所有者权益的比率。它是考核投资者投入资本保值和增值能力的指标。其计算公式为：

$$资本保值增值率=\frac{扣除客观因素后的年末所有者权益总额}{年初所有者权益总额}\times 100\%$$

资本保值增值率一方面反映了资本保全原则的要求，即企业要以保持资本完整无损为前提来确认收益，另一方面又能够及时、有效地发现侵蚀所有者权益的现象。它是投资者和经营者都非常重视的指标，也是国有资本金绩效评价的重要指标。该指标大于1，表明企业所有者权益资本增值，维护和增加了所有者利益，表明企业的资本保全状况好，所有者权益增长快，债权人的权益有一定的保障，企业可持续发展能力强。该指标小于1，表明企业所有者权益资本减值，受到侵蚀，损害了所有者利益。

【例13－25】 根据表13－2，同时假定不存在有影响的客观因素，计算该公司2016年度的资本保值增值率。

$$资产保值增值率=\frac{16\ 600}{14\ 600}\times 100\%=113.01\%$$

（三）资本积累率

资本积累率即股东权益增长率，是企业本年所有者权益增长额与年初所有者权益的比率，反映企业当年资本的积累能力，是评价企业发展潜力的重要指标。其计算公式为：

$$资本累积率=\frac{本年所有者权益增长额}{年初所有者权益}\times 100\%$$

资本积累率是企业当年所有者权益总的增长率，反映了企业所有者权益在当年的变动水平，体现了企业资本的积累情况，是企业发展的标志，也是企业扩大再生产的源泉，展示了企业的发展潜力。该指标反映了投资者投入企业资本的保全性和增长性，该指标越高，表明企业的资本积累越多，企业资本保全性越强，应对风险、持续发展的能力越强。它反映了利润企业当年资本的积累能力。该指标如果大于0，表明企业的资本积累越多，应付风险、持续发展的能力越大；该指标如果为负值，表明企业资本受到侵蚀，所有者利益受到损害，应予以充分重视。

【例 13－26】 根据表 13－2 的资料，计算该公司 2016 年度的资本积累率。

$$资本积累率=\frac{16\ 500-14\ 600}{14\ 600}\times 100\%=13.01\%$$

（四）总资产增长率

总资产增长率是企业本年总资产增长额与年初资产总额的比率，反映企业本期资产规模的增长情况，可用于评价企业经营规模总量上的扩张程度。其计算公式为：

$$总资产增长率=\frac{本年总资产增长额}{年初资产总额}\times 100\%$$

其中：

$$本年总资产增长额=资产总额年末数-资产总额年初数$$

总资产增长率是从企业资产总量扩张方面衡量企业的发展潜力，表明企业规模增长水平对企业发展后劲的影响。总资产增长率越高，表明企业一定时期内资产经营规模扩张的速度越快。

【例 13－27】 根据表 13－2 的资料，计算该公司 2016 年度的总资产增长率。

$$总资产增长率=\frac{23\ 000-20\ 000}{20\ 000}\times 100\%=15\%$$

（五）营业利润增长率

营业利润增长率是企业本年营业利润增长额与上年营业收入总额的比率，反映企业营业利润的增减变动情况，是评价企业成长状况和发展能力的重要指标。其计算公式为：

$$营业利润增长率=\frac{本年营业利润增长额}{上年营业利润总额}\times 100\%$$

其中：

$$本年营业利润增长额=本年营业利润总额-上年营业利润总额$$

营业利润增长率是衡量企业经营状况和市场占有能力、预测企业经营发展能力的重要财务指标。营业利润增长率大于 0，表明企业本年营业利润有所增长。该指标值越高，表明企业营业利润的增长速度越快，企业市场前景越好；如果该指标小于 0，则说明产品或服务不适销对路、质次价高，或售后服务差，市场份额缩小。

【例 13－28】 根据表 13－3 的资料，计算该公司 2016 年度的营业利润增长率。

$$营业利润增长率=\frac{4\ 700-4\ 500}{4\ 500}\times 100\%=4.44\%$$

（六）营业（销售）收入三年平均增长率

营业（销售）收入三年平均增长率表明企业营业收入连续三年的增长情况，反映企业的持续发展态势和市场扩张能力。其计算公式为：

$$营业（销售）收入三年平均增长率=\left(\sqrt[3]{\frac{本年营业（销售）收入总额}{三年前营业（销售）收入总额}}-1\right)\times 100\%$$

在评价大连星海财务有限公司 2016 年的绩效状况时，三年前营业收入总额是指 2014 年的营业收入总额。

营业（销售）收入三年平均增长率指标能够反映企业的经营业务增长趋势和稳定程度，体现企业连续发展状况和发展能力，避免了因少数年份经营业务的波动造成对企业发展潜力的错误判断。一般认为，该指标越高，表明企业经营业务持续增长势头越好，市场扩张能力越强。

（七）资本三年平均增长率

资本三年平均增长率表示企业资本连续三年的积累情况，在一定程度上反映了企业的持续发展水平和发展趋势。其计算公式为：

$$资本三年平均增长率=\left(\sqrt[3]{\frac{年末所有者权益总额}{三年前年末所有者权益总额}}-1\right)\times 100\%$$

在评价大连星海财务有限公司2016年的绩效状况时，三年前年末所有者权益总额是指2014年所有者权益年末数。

一般增长率指标在分析时具有“滞后性”，仅反映当期情况；而利用该指标，能够反映企业资本积累或资本扩张的历史发展状况，以及企业稳步发展的趋势。一般认为，该指标越高，表明企业所有者利益得到保障程度越大，企业可以长期使用的资金越充足，抗风险和持续发展的能力越强。

任务四　财务综合指标分析

一、财务综合指标分析的概念和特点

（一）财务综合指标分析的概念

财务综合指标分析就是将反映企业的偿债能力、运营能力、盈利能力等诸方面的财务指标纳入一个有机的整体中，系统、全面、综合地对企业财务状况、经营成果和财务状况的变动进行剖析、解释和评价，从而对企业经营绩效的优劣做出准确的评判。

（二）财务综合指标分析的特点

与基本财务比率分析或单项财务指标分析相比，财务综合分析具有以下特点：

1. 分析方法不同

基本财务比率分析采用由一般到个别的方法，把企业财务活动总体分解为每个具体部分，然后逐一考查分析；而综合分析则是通过归纳综合，从个别财务现象分析入手，再从财务活动的总体上做出总结评价。

2. 财务报表分析性质不同

基本财务比率分析具有实务性和实证性；而综合分析则具有高度的抽象性和概括性，着重从整体上概括财务状况的本质特征。

3. 财务报表分析的重点和比较基准不同

单项财务指标分析的重点和比较基准是财务计划、财务理论标准，而综合分析的重点和基准是企业整体发展趋势。

4. 财务指标在分析中的地位不同

单项财务报表分析把每个分析的指标视为有同等重要地位来处理，忽视了各种指标之间的相互关系；而财务综合分析则强调各种指标有主辅之分，并且特别注意主辅指标之间的本质联系和层次关系。

一个健全有效的财务综合指标分析体系，一般应该具备以下要素：(1)指标要素齐全适当；(2)主辅指标功能匹配；(3)满足多方面信息需要。

二、财务综合指标分析的方法

财务综合指标分析的方法中目前应用比较广泛的主要有杜邦分析法和沃尔比重评分法。

(一)杜邦分析法

1. 杜邦分析法原理

杜邦分析法又称杜邦财务报表分析体系,简称杜邦体系,是利用各主要财务比率指标间的内在联系,对企业财务状况及经济效益进行综合系统分析评价的方法。该体系是以净资产收益率为起点,以总资产净利率和权益乘数为核心,重点揭示企业获利能力及权益乘数对净资产收益率的影响,以及各相关指标间的相互影响、相互作用和内在关系。因其最初由美国杜邦企业成功进行应用,故而得名。杜邦分析法将净资产收益率(权益净利率)分解如图 13—1 所示。

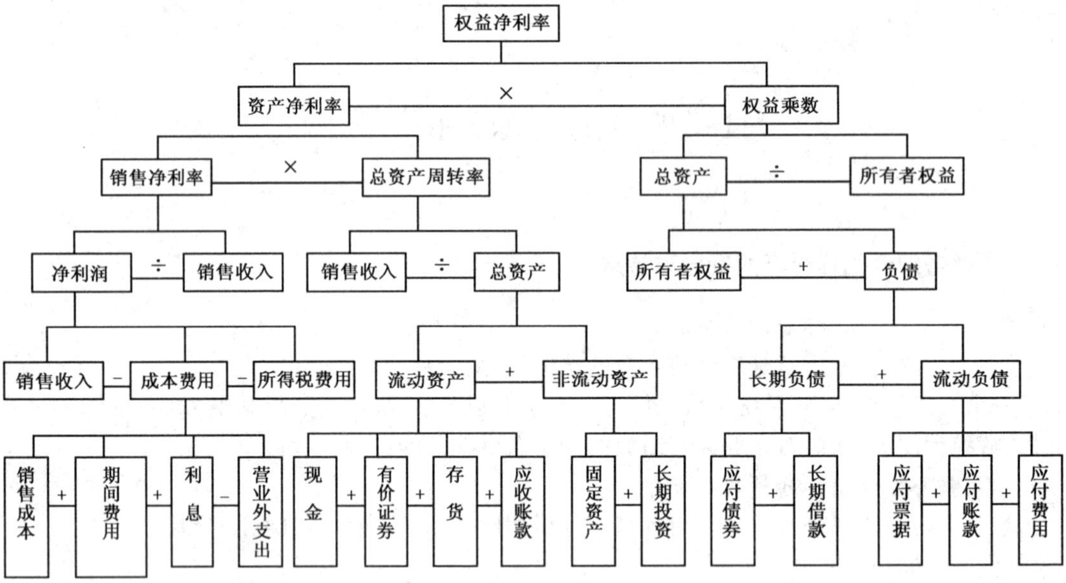

注:权益乘数=资产÷权益=1÷(1—资产负债率)。

图 13—1　ABC 公司杜邦分析法

杜邦体系各主要指标之间的关系如下:

$$\text{净资产收益率}=\text{总资产净利率}\times\text{权益乘数}$$

$$=\text{营业净利率}\times\text{总资产周转率}\times\text{权益乘数}$$

其中:

$$\text{营业净利率}=\frac{\text{净利润}}{\text{营业收入}}\times100\%$$

$$\text{总资产周转率}=\frac{\text{营业收入}}{\text{平均资产总额}}\times100\%$$

$$\text{权益乘数}=\frac{\text{资产总额}}{\text{所有者权益总额}}=\frac{1}{1-\text{资产负债率}}$$

【例 13—29】 根据表 13—2、表 13—3 的资料,可计算大连星海财务有限公司 2016 年度杜邦体系中的各项指标,如图 13—2 所示。

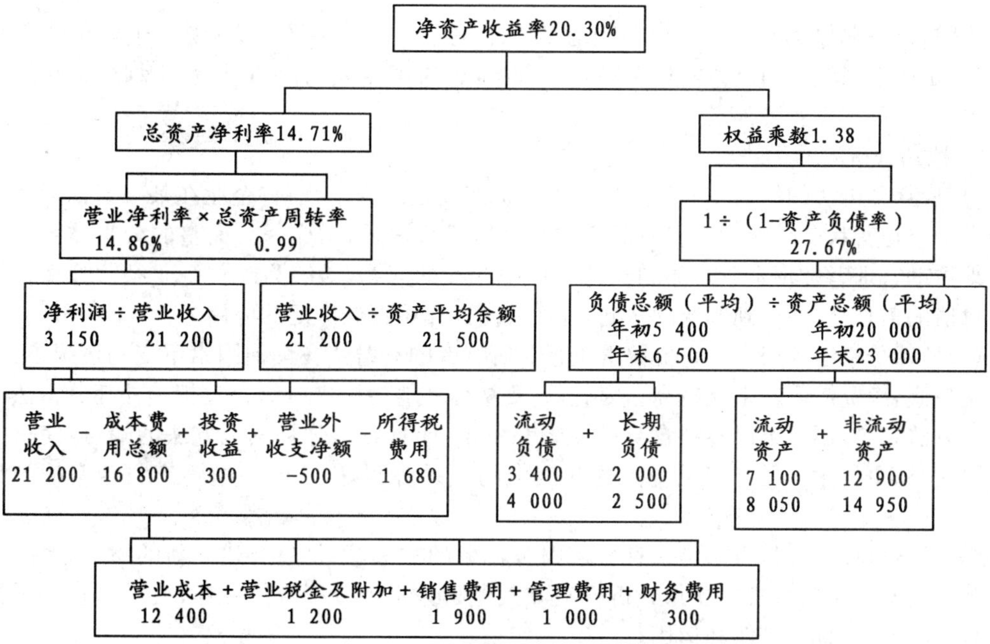

注：因计算结果保留至小数点后2位，图中的指标金额可能与直接计算得出的金额略有差异。

图13—2　2016年度杜邦体系中的各项指标

需要说明的是，净资产收益率、总资产净利率、营业净利率和总资产周转率是时期指标，而权益乘数和资产负债率是时点指标。为了使这些指标具有可行性，图中的权益乘数和资产负债率均采用的是2016年度年初和年末的平均值。

净资产收益率＝营业净利率×总资产周转率×权益乘数

2016年度指标：15.96%×0.96×1.41＝21.60%　①

第一次替代：14.86%×0.96×1.41＝20.11%　②

第二次替代：14.86%×0.99×1.41＝20.74%　③

第三次替代：14.86%×0.99×1.38＝20.30%　④

②－①＝20.11%－21.60%＝－1.49%　营业净利率下降的影响

③－②＝20.74%－20.11%＝0.63%　总资产周转率上升的影响

④－③＝20.30%－20.74%＝－0.44%　权益乘数下降的影响

通过案例13—29，可以发现上述指标之间的关系如下：

第一，净资产收益率是一个综合性最强的财务比率，财务管理的目标是使所有者财富最大化，净资产收益率反映所有者投入资金的获利能力，反映企业筹资、投资、资产运营等活动的效率，提高净资产收益率是实现财务管理目标的基本保证。该指标的高低取决于营业净利率、总资产周转率与权益乘数。

第二，营业净利率反映了企业净利润与营业收入的关系。提高营业净利率是提高企业盈利的关键，主要有两种途径：一是扩大营业收入，二是降低成本费用。

第三，总资产周转率揭示企业资产总额在实现营业收入的综合能力。企业应当联系营业收入分析企业资产的使用是否合理，结合资产的内部结构以及影响资产周转率的各具体因素进行分析。

第四，权益乘数反映所有者权益与总资产的关系。权益乘数越大，说明企业负债程度越高，能给企业带来较大的财务杠杆利益，但同时也带来了较大的偿债风险。因此，企业既要合理使用全部资产，又要妥善安排资本结构。

2. 杜邦分析法的优缺点

(1)杜邦分析法的优点。杜邦分析法以净资产收益率为主线，将企业在某一时期的销售成果以及资产运营状况全面联系在一起，层层分解，逐步深入，构成一个完整的分析体系。它能较好地帮助管理者发现企业财务和经营管理中存在的问题，能够为改善企业经营管理提供十分有价值的信息，因而得到普遍的认同，并在实际工作中得到广泛的应用。

(2)杜邦分析法的缺点。它更偏重于企业所有者的利益。在其他因素不变的情况下，资产负债率越高，净资产收益率就越高。因此，还要结合其他指标进行综合分析。杜邦分析法与其他分析方法结合，不仅可以弥补自身的缺陷和不足，而且可以弥补其他方法的缺点，使得分析结果更完整、更科学。只有把系统内这些因素的关系协调好，才能使净资产收益率达到最大值。

综上所述，杜邦分析方法是一种分解财务比率的方法，不是另外建立新的财务指标，可以用于各种财务比率的分解。杜邦分析方法和其他财务报表分析方法一样，关键不在于指标的计算，而在于对指标的理解和运用。

(二)沃尔比重评分法

1. 沃尔比重评分法的原理

沃尔比重评分法也称沃尔评分法，它是在20世纪初由企业财务综合分析的先驱者之一亚历山大·沃尔提出的。他将流动比率、产权比率、固定资产比率、存货周转率、应收账款周转率、固定资产周转率、自有资金周转率七项财务比率用线性关系结合起来，并分别给定各自的分数比重，然后通过与标准比率进行比较，确定各项指标的得分及总体指标的累计分数，从而对企业的信用水平做出评价。

这种方法的具体做法是：选择七种财务比率，分别给定其在总评价中所占的比重，总和为100分；然后，确定标准比率，并与实际比率相比较，评出每项指标的得分，求出总评分，然后以分数的高低来决定企业的信用能力。

如果评价得出一个企业的综合指数大于100，说明综合评分达到标准的要求，总体财务状况是不错的。尽管沃尔评分法在理论上还有待证明，在技术上也不完善，但它还是在实践中被广泛加以应用。沃尔评分法从技术上讲有一个问题，就是当某一个指标严重异常时，会对综合指数产生不合逻辑的重大影响。沃尔评分法从理论上讲有一个弱点，就是未能证明为什么要选择这七个指标，而不是更多些或更少些，或者选择别的财务比率，以及未能证明每个指标所占比重的合理性。

一般认为，企业财务评价的内容首先是盈利能力，其次是偿债能力，最后是发展能力，它们之间大致可按5 : 3 : 2的比例来分配。盈利能力的主要指标是总资产报酬率、销售净利率和净资产收益率，这三个指标可按2 : 2 : 1的比例来安排。偿债能力有四个常用指标，成长能力有三个常用指标。标准比率以本行业平均数为基础，在给每个指标评分时，应规定其上限和下限，以减少个别指标异常对总分造成不合理的影响。

2. 沃尔评分法的运用

现代社会与沃尔所在的时代相比，已发生了很大的变化。财务比率的选择、权重的确定、标准比率的确定、实际比率的计算等方面的研究也有了很大的发展。当前运用沃尔评分法对企业财务状况进行综合分析评价，通常可按以下程序展开：

(1)选定评价企业财务状况的比率指标。在每一类指标中，通常应选择有代表性、能说明问题的重要指标，如盈利能力、偿债能力和运营能力三类比率指标。选择指标时，应尽量选择正指标，不要选择逆指标。

(2)根据各项比率的重要程度，确立其重要性系数，各项比率指标的重要性系数之和应等于1或100%。对其重要性程度的判断，可根据企业的经营状况、管理要求、发展趋势及分析的目的等具体情况来确定。

(3)确定各项财务比率的标准值和实际值。财务比率标准值是指特定国家、特定行业、特定时期的财务比率指标体系及其标准值，可以用来作为标准财务比率的通常是行业平均水平的比率。它是根据同一行业中部分有代表性的企业的财务与经营资料，经过综合成为整体后，再据以求得的各项比率，如流动比率标准值，它可以作为评价企业财务比率优劣的参照物。

(4)计算相对比率。相对比率即各项指标实际值与标准值的比率，有时也称为关系比率或单项指数。

$$相对比率=实际值\div标准值$$

需要注意的是，评价指标体系中一般为正指标(如总资产利润率、存货周转率)，但是，如果评价指标为资产负债率、流动比率等，既不是正指标，也不是逆指标，而是适度指标，即具有标准值，则对于这类指标，其相对比率计算公式为：

$$相对比率=1-\frac{|实际值-标准值|}{标准值}\times100\%$$

(5)根据企业财务报表，分别计算所选定指标的实际值，再计算所选定指标的加权平均分数。其计算公式为：

$$综合实际分=\sum(重要性系数\times相对比率)$$

一般来说，综合系数合计数如为1(100%)或接近1(100%)，则表明该企业财务状况基本符合要求；若过低，则表明企业财务活动与结果不佳。

3. 沃尔评分法的优缺点

(1)沃尔评分法的优点。它将互不关联的财务指标按照权重予以综合联动，使得综合评价成为可能。沃尔评分法是一种数据、综合统计性的理论评分制分析法，相比一般理论评价法，它更全面、更权威、更能实实在在地对信用数据加以相对准确的理论性评价。沃尔评分法的综合性强，其根本来源于现实数据，不是凭空的理想评价，更能反映事实。

(2)沃尔评分法的缺点。一是所选定的七项指标缺乏证明力；二是从技术上讲，由于评分是相对比率与比重相乘计算出来的，所以当某一个指标严重异常(过高或过低，甚至是负数)时，会对总评分产生不合逻辑的重大影响。

因而，在采用此方法进行财务状况综合分析和评价时，应注意以下方面的问题：①同行业的标准值必须准确无误；②标准分值的规定应根据指标的重要程度合理确定；③分析指标应尽可能全面，采用指标越多，分析的结果越接近现实。尽管沃尔评分法在理论上还有待于证明，但在实践中仍被广泛应用。

【例13—30】 沃尔评分法的基本步骤：

(1)选择评价指标并分配指标权重，如表13—19所示。

表 13—19　　选择评价指标并分配指标权重

选择的指标	分配的权重
一、偿债能力指标	20
1. 资产负债率	12
2. 已获利息倍数	8
二、盈利能力指标	38
1. 净资产收益率	25
2. 总资产报酬率	13
三、运营能力指标	18
1. 总资产周转率	9
2. 流动资产周转率	9
四、发展能力指标	24
1. 营业增长率	12
2. 资本积累率	12
合　计	100

(2)确定各项评价指标的标准值。

财务指标的标准值一般可以行业平均数、企业历史先进数、国家有关标准或者国际公认数为基准来加以确定。表 13—20 中的标准值仅是为举例目的而假设的。

表 13—20　　标准值举例

选择的指标	指标的标准值
一、偿债能力指标	
1. 资产负债率	60%
2. 已获利息倍数	3
二、盈利能力指标	
1.净资产收益率	25%
2. 总资产报酬率	16%
三、运营能力指标	
1. 总资产周转率	2
2. 流动资产周转率	5
四、发展能力指标	
1. 营业增长率	10%
2. 资本积累率	15%

(3)对各项评价指标记分并计算综合分数，如表13—21所示。

$$\text{各项评价指标的得分}=\text{各项指标的权重}\times\frac{\text{指标的实际值}}{\text{标准值}}$$

$$\text{综合得分}=\sum\text{各项评价指标的值}$$

表13—21　　　　**计算综合分数**

选择的指标	分配的权重 ①	指标的标准值 ②	指标的实际值 ③	实际得分 ④=①×③÷②
一、偿债能力指标	20			
1. 资产负债率	12	60%	28.26%	5.65
2. 已获利息倍数	8	3	15	40
二、盈利能力指标	38			
1. 净资产收益率	25	25%	20.26%	20.26
2. 总资产报酬率	13	16%	20.93%	17.01
三、运营能力指标	18			
1. 总资产周转率	9	2	0.99	4.46
2. 流动资产周转率	9	5	2.80	5.04
四、发展能力指标	24			
1. 营业增长率	12	10%	12.77%	15.32
2. 资本积累率	12	15%	13.01%	10.41
合　计	100			118.15

(4)形成评价结果

在最终评价时，如果综合得分大于100，则说明企业的财务状况比较好；反之，则说明企业的财务状况比同行业平均水平或者本企业历史先进水平等差。由于该公司综合得分为118.15，大于100，说明其财务状况为良好。

沃尔评分法是评价企业总体财务状况的一种比较可取的方法，这一方法的关键在于指标的选定、权重的分配及标准值的确定等。

关键术语

财务分析　财务评价　因素分析法　趋势分析法　差额分析法　连环替代法　流动比率　速动比率
现金流动负债比率　资产负债率　产权比率　或有负债比率　已获利息倍数　劳动效率
应收账款周转率　存货周转率　固定资产周转率　总资产周转率　营业利润率　成本费用利润率
资产报酬率　资本收益率　每股收益　每股股利　市盈率　营业收入增长率　资本保值增值率
总资产增长率　营业利润增长率　杜邦分析法　沃尔评分法

◎ 应知考核 ◎

一、单项选择题

1. 财务分析的主要内容不包括(　　)。

A. 偿债能力分析　B. 运营能力分析　C. 盈利能力分析　D. 融资能力分析

2.所有者在进行企业的财务分析时,最关注的是(　　)。

A. 企业的支付能力　B. 企业的发展能力

C. 投资的回报率　D. 企业对社会贡献的多少

3. 财务分析的对象是(　　)。

A. 财务报表　B. 财务报告　C. 财务活动　D. 财务效率

4. 从企业债权者角度看,财务分析的最直接目的是(　　)。

A. 企业的盈利能力　B. 企业的运营能力

C. 企业的偿债能力　D. 企业的发展能力

5. 沃尔评分法最初是用于评价企业的(　　)。

A. 盈利能力　B. 发展能力　C. 运营能力　D. 信用能力

6. 下列属于短期偿债能力指标的是(　　)。

A. 资产负债率　B. 速动比率　C. 利息保障倍数　D. 产权比率

7. 下列各项中能提高企业已获利息倍数的是(　　)。

A. 支付职工劳保用品费　B. 发行长期债券

C. 成本降低、利润提高　D. 赊购材料

8. 产权比率能反映(　　)。

A. 盈利能力　B. 运营能力　C. 短期偿债能力　D. 长期偿债能力

9. 杜邦分析法是利用各项财务指标间的内在联系,对企业综合经营理财及经济效益进行系统分析评价的方法。该体系以(　　)为核心。

A. 销售收入　B. 资产负债率　C. 净利润　D. 净资产收益率

10. 在杜邦分析法中,假设其他情况相同,下列说法中错误的是(　　)。

A. 权益乘数大则财务风险大　B. 权益乘数大则净资产收益率大

C. 权益乘数等于产权比率加 1　D. 权益乘数大则资产净利率大

二、多项选择题

1. 财务分析的内容包括(　　)。

A. 偿债能力分析　B. 运营能力分析

C. 盈利能力分析　D. 现金流量分析

2. 由于财务报表存在下列问题,(　　)导致财务分析具有局限性。

A. 会计核算要求以历史成本报告资产

B. 会计规范要求按年度分期报告,只报告短期信息

C. 财务报告没有披露公司的全部信息

D. 管理层的各项会计政策选择,使财务报表会扭曲公司的实际情况

3. 财务分析应该具有以下几个方面的作用(　　)。

A. 评价企业财务状况　B. 评价企业盈利能力

C. 评价企业资产管理水平　D. 评价企业成本费用水平

4. 财务报表分析的方法主要有(　　)。

A. 比率分析法　B. 本量利分析法　C. 因素分析法　D. 趋势分析法

5. 趋势分析法的具体运用主要有以下方式(　　)。

A. 重要财务指标的比较　　B. 会计报表的比较

C. 会计报表项目构成的比较　　D. 与历史水平的比较

6. 用来确定几个相互联系的因素对分析对象——综合财务指标或经济指标的影响程度的分析方法包括(　　)。

A. 因素替换法　　B. 连环替代法　　C. 比率分析法　　D. 综合分析法

7. 已获利息倍数指标所反映的企业财务层面包括(　　)。

A. 盈利能力　　B. 长期偿债能力　　C. 短期偿债能力　　D. 举债能力

8. 在流动资产的基础上减掉(　　),可以得到速动资产的数额。

A. 存货　　B. 预付账款

C. 待摊费用　　D. 待处理流动资产损溢

9. 存货周转速度快(　　)。

A. 表明存货管理效率高　　B. 会增强企业短期偿债能力

C. 会提高企业的获利能力　　D. 会增加存货占用的资金

10. 影响净资产收益率的因素有(　　)。

A. 资产结构　　B. 资金结构

C. 总资产净利率　　D. 主营业务净利率

三、判断题

1. 财务活动及其结果都可以直接或间接地通过财务报表来反映体现。(　　)

2. 无论是企业的投资人、债权人还是企业经营管理层等,都十分关心企业的未来发展能力。(　　)

3. 财务报表有可能会扭曲公司的实际情况。(　　)

4. 如果会计报表严重歪曲了被审计单位的财务状况、经营成果和现金流动情况,会计师事务所可以出具无法(拒绝)表示意见的审计报告。(　　)

5. 在比较分析时必然要选择比较的参照标准,横向比较时应该使用同业标准。(　　)

6. 财务指标分析就是指财务比率分析。(　　)

7. 比率分析法能综合反映比率与用来计算其会计报表之间的联系。(　　)

8. 存货周转率(次数)越多,说明存货周转越快,在主营业务成本不变的情况下,存货的资金占用水平越高。(　　)

9. 财务综合分析实际上就是同时对企业或分析对象的偿债能力、盈利能力和运营能力进行的分析。(　　)

10. 杜邦分析法就是要找出影响净资产收益率的深层次原因,并提出对策。(　　)

四、简述题

1. 简述财务分析的作用。

2. 简述财务分析的目的及内容。

3. 简述财务分析的局限性。

4. 简述在运用趋势分析法时必须注意的问题。

5. 简述连环替代法的计算程序。

五、计算题

1. 根据某公司 2015 年、2016 年两个年度的资产负债表、利润表及其附表资料以及会计报表附注,给出以下分析数据(见表13—22)：

表13—22 **分析数据** 单位:千元

项　目	2015年	2016年
平均总资产	9 638	15 231
平均净资产	8 561	11 458
利息支出	146	189
利润总额	821	1 689
所得税税率(%)	25	25

要求:请计算并比较公司2015、2016年度总资产和净利润变化及其原因。

2. 某企业2016年3月某种原材料费用的实际数是4 620元,而其计划数是4 000元。实际比计划增加620元,如表13—23所示。

表13—23 **原材料费用表** 单位:元

项　目	单　位	计划数	实际数
产品产量	件	100	110
单位产品材料消耗量	千克	8	7
材料单价	元	5	6
材料费用总额	元	4 000	4 620

要求:请用因素分析法分解各因素变动对材料费用总额的影响。

3. 某企业年末货币资金为900万元,短期有价证券为500万元,应收账款为1 300万元,预付账款为70万元,存货为5 200万元,待摊费用为80万元,流动负债合计数为4 000万元。

要求:分别计算该企业的流动比率、速动比率和现金比率。

4. 某企业年产品销售成本为8 500万元,年初存货余额为2 850万元,年末存货余额为2 720万元。

要求:计算该企业存货的周转天数和周转次数。

5. 某公司流动资产由速动资产和存货构成,年初存货为145万元,年初应收账款为125万元,年末流动比率为300%,年末速动比率为150%,存货周转天数为90天,年末流动资产余额为270万元。一年按360天计算。

要求:

(1)计算该公司流动负债年末余额;

(2)计算该公司存货年末余额和年平均余额;

(3)计算该公司本年主营业务成本。

6. 某公司年初应收账款额为30万元,年末应收账款额为40万元,本年净利润为30万元,销售净利率为20%,销售收入中赊销收入占70%。

要求:计算该企业本年度应收账款周转次数和周转天数。

7. 某公司2016年年初存货为15 000元,年初应收账款为12 700元,2016年年末计算出流动比率为3,速动比率为1.5,存货周转率为4次(按销售额计算),流动资产合计为27 000元。

要求:

(1)计算该公司的本年销售额;

(2)如果除应收账款以外的速动资产是微不足道的,计算其平均收账期。

8. ABC 公司简要资产负债表、利润表及同行业财务比率的平均标准分别如表 13－24、表 13－25 和表 13－26 所示。

表 13－24　　**资产负债表**

编制单位:ABC 公司　　2016 年 12 月 31 日　　单位:万元

资　产	年初数	年末数	负债及股东权益	年初数	年末数
流动资产:			流动负债:		
货币资金	66 835	91 211	短期借款	3 400	3 400
交易性金融资产	179 911	204 283	应付票据	0	46 200
应收账款	56 495	89 487	应付账款	22 008	23 974
存货	31 712	55 028	预计负债	31 006	56 717
其他流动资产	15 519	25 271	流动负债合计	56 414	130 291
流动资产合计	350 472	465 280	长期负债:		
固定资产:			长期借款	7 650	4 250
固定资产净值	67 863	92 778	股东权益:		
无形资产及其他资产:			股本	140 191	182 932
无形资产	17 373	88 428	盈余公积和未分配利润	231 453	329 013
			股东权益合计	371 644	511 945
资产总计	435 708	646 486	负债及股东权益总计	435 708	646 486

表 13－25　　**利润表**

编制单位:ABC 公司　　2016 年度　　单位:万元

项　目	本月数	本年累计数
营业收入		659 347
减:营业成本		275 939
减:销售费用		117 781
管理费用		115 784
财务费用		11 854
利润总额		137 989
减:所得税		34 614
净利润		103 375

表 13－26　　**同行业标准财务比率**

流动比率	2.01
资产负债率	56%

续表

存货周转天数	55
应收账款周转天数	39
销售净利率	13.12%

要求：

(1)根据资产负债表和利润表计算下列比率：流动比率、资产负债率、存货周转天数、应收账款周转天数和销售净利率。

(2)根据上述计算结果和同行业标准财务比率，评价该公司的偿债能力、运营能力和盈利能力。

◎ 应会考核 ◎

★观念应用

【背景资料】

某公司 2016 年的销售额为 62 500 万元，比上年提高 28%，有关的财务比率如表 13—27 所示：

表 13—27　　相关财务比率

财务比率	2015 年同业平均数据	2015 年本公司	2016 年本公司
应收账款回收期(天)	35	36	36
存货周转率	2.5	2.59	2.11
销售毛利率	38%	40%	40%
销售营业利润率(息税前)	10%	9.6%	10.63%
销售利息率	3.73%	2.4%	3.82%
销售净利率	6.27%	7.2%	6.81%
总资产周转率	1.14	1.11	1.07
固定资产周转率	1.4	2.02	1.82
资产负债率	58%	50%	61.3%
已获利息倍数	2.68	4	2.78

备注：该公司正处于免税期。

【考核要求】

(1) 运用杜邦分析法，比较 2015 年公司与同业平均的净资产收益率，定性分析其差异的原因。

(2) 运用杜邦分析法，比较公司 2016 年与 2015 年的净资产收益率，定性分析其变化的原因。

★技能应用

已知某公司 2016 年会计报表的有关资料如表 13—28 所示。

表 13—28　　2016 年会计报表的有关资料

资产负债表项目	年初数	年末数
资产	13 000	15 000

续表

资产负债表项目	年初数	年末数
负债	8 000	8 800
所有者权益	5 000	6 200
利润表项目	上年数	本年数
主营业务收入净额	（略）	35 000
净利润	（略）	700

已知该公司2015年按照平均数计算的资产负债率是75%，总资产周转率是2次，主营业务净利率是1.8%。

【技能要求】

计算杜邦分析法中的下列指标（时点指标按平均数计算）：(1)净资产收益率；(2)主营业务净利率；(3)总资产周转率（保留两位小数）；(4)权益乘数。

★案例分析

【情景与背景】

龙源五金股份有限公司是一家五金工具制造企业，2016年和2014年终会计报表的部分项目数据如表13－29和表13－30所示：

表13－29　　龙源五金股份有限公司损益表　　单位：元

项　目	2016年	2014年
销售收入	590 000	600 000
销售成本	340 000	375 000
毛利	250 000	225 000
营业费用	133 000	141 500
利息	—	4 000
税前利润	117 000	79 500
所得税	40 000	24 000
税后利润	77 000	55 500

表13－30　　龙源五金股份有限公司资产负债表　　单位：元

资　产	2016年12月31日	2014年12月31日	负债及所有者权益	2016年12月31日	2014年12月31日
流动资产：			流动负债：		
货币资金	16 000	2 000	短期借款	0	13 000
应收账款	51 000	78 000	应付账款	30 000	38 000
存货	74 000	118 000	其他应付款	44 000	44 000

续表

资　产	2016年12月31日	2014年12月31日	负债及所有者权益	2016年12月31日	2014年12月31日
			未付税金	40 000	24 000
合　计	141 000	198 000	合　计	114 000	119 000
固定资产净值	351 000	343 500	长期借款	0	25 000
			实收资本	250 000	250 000
			留存利润	128 000	147 500
总　计	492 000	541 500	总　计	492 000	541 500

【分析要求】

请仔细阅读龙源五金股份有限公司2016年和2014年损益表和资产负债表项目，并回答以下问题：

(1)利用以上会计报表的数据，分别计算2016年和2014年的下列财务比率：总资产利润率、速动比率、营业利润率、应收账款周转率、毛利率、存货周转率、流动比率与资产负债率。

(2)运用各项财务比率，就该公司的盈利能力、偿债能力及流动资金管理效果进行对比分析和评价。

◎ 项目实训 ◎

【实训项目】

财务分析

【实训情境】

东方股份有限公司是一家汽车零配件生产商。该公司十分重视新产品和新工艺的开发，引进国外先进技术，拥有国内一流的生产线，其生产的产品在国内具有较高的市场占有率。但由于该公司近两年扩张得太快，经营效率有所下降，为了把握未来，该公司对未来几年可能面临的市场情况和风险进行了预测。预测结果表明，在未来几年里，伴随着国民经济的快速发展，以及汽车工业的迅速崛起，市场对汽车零配件的需求激增，这种发展势头给公司带来了良好的发展机会。同时，公司未来面临的风险也在逐步加大，如国内介入该产品的企业逐步增多，国外生产同类产品的公司也欲打入中国市场，以及能源的涨价等，这些都会给公司未来的生产经营活动带来严峻的挑战。

东方股份有限公司发行在外的普通股2014年为1 000万股，2015年为1 200万股，其平均市价分别为2.2元/股和2.5元/股，2015年分配普通股股东现金股利为400万元。东方股份有限公司2015年度资产负债表、利润表资料如表13－31和表13－32所示。

表13－31　　**资产负债表**

2016年12月31日　　单位：万元

资　产	年初数	年末数	负债和股东权益	年初数	年末数
流动资产：			流动负债：		
货币资金	880	1 550	短期借款	200	150
交易性金融资产	132	60	应付账款	600	400
应收账款	1 080	1 200	应付职工薪酬	180	300
其他应收款			应付股利	500	800

续表

资　产	年初数	年末数	负债和股东权益	年初数	年末数
预付账款	200	250	一年内到期的长期负债	120	150
存货	808	880	流动负债合计	1 600	1 800
流动资产合计	3 100	3 940	非流动负债：		
非流动资产：			长期借款	200	300
可供出售金融资产			应付债券	100	200
长期应收款			非流动负债合计	300	500
长期股权投资	300	500	负债合计	1 900	2 300
投资性房地产			股东权益：		
固定资产	1 750	1 920	股本	1 500	1 800
在建工程			资本公积	500	700
无形资产	50	40	盈余公积	800	1 000
开发支出			未分配利润	500	600
其他非流动资产			股东权益合计	3 300	4 100
资产总额	5 200	6 400	负债和股东权益总额	5 200	6 400

表 13—32　　**利润表**

2016 年度　　单位:万元

项　目	本年累计数	上年累计数
一、营业收入	17 000	13 000
减:营业成本	8 500	6 900
营业税金及附加	750	575
营业费用	500	450
管理费用	840	750
财务费用	60	50
加:投资收益(亏损以"—"号填列)	70	50
二、营业利润(亏损以"—"号填列)	6 420	4 325
加:营业外收入	50	60
减:营业外支出	30	50
三、利润总额(亏损以"—"号填列)	6 440	4 335
减:所得税	2 576	1 732
四、净利润(亏损以"—"号填列)	3 864	2 603

证券投资分析师王杰认为，东方股份有限公司的资产总额、净利润总额都在增加，股票价格也呈上涨态势，因此，公司的财务管理及其成效是无可挑剔的。

【实训任务】

(1)你是如何看待王杰的观点的?

(2)根据报表资料，分别计算该公司 2016 年的偿债能力、运营能力、盈利能力、发展能力等各项财务指标。

(3)运用杜邦分析法对净资产收益率的差异进行分析，并确定各因素变动对差异影响的金额。

(4)运用上述分析结果，归纳影响该公司经营变动的有利因素和不利因素，找出产生不利因素的主要问题和原因，并针对不同的问题提出相应的改进意见，进而使这些改进建议付诸实施，以完善该公司的生产经营管理，提高竞争力，最后完成一篇不少于1 000字的财务分析报告。

参考文献

[1]丁增稳.财务会计[M].大连:大连出版社,2014.

[2]丁增稳.财务会计习题与实训[M].大连:大连出版社,2014.

[3]袁建国,周丽媛.财务管理[M].大连:东北财经大学出版社,2014.

[4]袁建国,周丽媛.财务管理习题与实训[M].大连:东北财经大学出版社,2014.

[5]徐哲,李贺,路萍.财务管理基础[M].上海:上海财经大学出版社,2016.

[6]张红梅,王晓云,赵昂,张晓韫.财务会计基础[M].上海:上海财经大学出版社,2016.

[7]张红梅,王晓云,赵昂,张晓韫.财务会计基础习题与实训[M].上海:上海财经大学出版社,2016.

[8]刘永泽,陈文铭.会计学[M].大连:东北财经大学出版社,2015.

[9]中国注册会计师协会.会计[M].北京:中国财政经济出版社,2015.

[10]宁建,丁增稳:会计[M].北京:中国商业出版社,2010.

[11]财政部会计资格评价中心.中级会计实务[M].北京:经济科学出版社,2012.

[12]财政部会计资格评价中心.初级会计实务[M].北京:中国财政经济出版社,2010.

[13]中华人民共和国财政部.企业会计准则[M].上海:立信会计出版社,2015.

[14]朱小英.中级财务会计[M].上海:上海财经大学出版社,2011.

[15]沈路.中级财务会计[M].上海:上海财经大学出版社,2010.

[16]陈德萍.财务会计[M].大连:东北财经大学出版社,2014.

[17]何和平.财务会计实务[M].北京:电子工业出版社,2015.

[18]张志凤.全真模拟测试·初级会计实务[M].北京:北京大学出版社,2014.

[19]潘煜双,杨火青,王建萍,刘勇.中级财务会计学[M].大连:东北财经大学出版社,2013.

[20]张志凤.注册会计应试指南及全真模拟测试[M].北京:北京大学出版社,2015.

[21]张志凤.初级会计实务应试指南及全真模拟测试[M].北京:北京大学出版社,2015.

[22]李贺,王阳,于艳杰.基础会计学[M].上海:上海财经大学出版社,2013.

[23]陈立军,崔凤鸣.中级财务会计习题与案例[M].大连:东北财经大学出版社,2015.

[24]王倩,刘春霞,曹婷.财务会计实务[M].上海:上海财经大学出版社,2013.

[25]刘春华,刘静中.财务管理[M].大连:大连出版社,2013.

[26]李贺.会计学原理[M].上海:上海财经大学出版社,2017.